Calvin's Geneva
By E. William Monter

Calvin's Geneva
Copyright ⓒ 1967, 2012 By Monter, William

Trans. By Rev. Bock Eyun Shin, Th.M., Ph.D.
Copyright ⓒ 2015 Hapdong Theology Seminary Press

Published by Hapdong Theological Seminary Press
50, Gwanggyojungang-ro, Yeongtong-gu,
Suwon-si, 16517, Korea
All rights reserved

칼빈의 제네바

1판 1쇄 인쇄 | 2015년 10월 28일
1판 1쇄 발행 | 2015년 11월 07일

저 자 | 윌리엄 몬터
역 자 | 신복윤
발행인 | 조병수
펴낸곳 | 합신대학원출판부
주 소 | 16517 수원시 영통구 광교중앙로 50 (원천동, 합동신학대학원대학교)
전 화 | (031)217-0629
홈페이지 | www.hapdong.ac.kr
출판등록번호 | 제22-1-1호
인쇄처 | 예원프린팅 (031)957-6551
총 판 | (주)기독교출판유통(031)906-9191
정 가 | 16,000원
*잘못된 책은 교환해드립니다

ISBN   978-89-97244-29-4 93230 : ₩16,000
칼뱅(인명)[Calvin, Jean]
교회사(역사)[教會史]
주네브[Geneve]

236.904-KDC6
270.6-DDC23   CIP 2015028883

이 도서의 국립중앙도서관 출판예정도서목록(CIP)은 e-CIP 홈페이지
http://www.nl.go.kr/cip.php에서 이용하실 수 있습니다.
(CIP제어번호: CIP 2015028883)

칼빈의 제네바

윌리엄 몬터 著

신복윤 譯

합신대학원 출판부

이 책이 처음 출판되었을 때 미국인들은 베트남 전쟁에 빠져 있었다. 그 와중에서도 계속해서 이 책은 널리 읽혀졌으며, 가끔 도용(盜用)되기도 하였으나, 내가 알고 있는 한 1978년에 일본어로 번역된 것 외에는 재발행되거나 번역된 일은 없었다. 이 책이 처음 출간된 이래 칼빈 당대의 제네바에 대해 추가된 연구가 많고 분명히 가치가 있음에도 불구하고 나는 나의 주요 논증이 기본적으로 여전히 유효하다고 믿는다. 그러므로 각주와 지도, 그리고 삽화가 있는 원본을 그대로 재발행하는 것이 가장 지혜로운 일이라고 생각한다. 칼빈이 죽은 해인 1564년에 그는 제네바의 행정관들에게 자기의 교회 규칙을 변경하거나 갱신하지 말라고 강하게 명하였다. "그것은 나의 개인적인 공명심에서 요구하는 것이 아니며, 변하는 것은 모두가 위험하기 때문에 더 좋은 것을 구하기보다는 지금의 것을 잘 보존해야 한다는 것이 나의 마지막 취지"라고 설명하였다. 얼마 후 칼빈은 가끔 여가가 있으면 수정하기로 생각했었다는 것을 인정하였다. 그러나 그는 늘 너무 바빠서 그렇게 할 수 없었다고도 하였다. 물론 나의 형편이 그와 같지는 않다. 나는 당시(1564년) 칼빈의 나이보다 스무 살이나 많고, 10여년 동안 은퇴 중에 있기 때문이다. 그렇지만 나는 아직도 나의 접근이 기본적으로 건전하다고 믿고 그것을 포기하지 않으며, 오히려 일정한 수준의 대중화를 이끌어 낼 것이라는 기대감을 가지고 있다

　　앞의 단락이 암시하는 대로 『칼빈의 제네바』를 뒷받침해주는 학문성은 1967년 이래 여러 면에서 뒤떨어져 있다. 첫째로 이것은

상대적으로 최근의 유용성과 칼빈의 생존 시 이후의 매우 중요한 제네바 정부의 의사록이 훌륭하게 편집 출판된 두 편의 출판물의 가치에서 알 수 있다. 한 권으로 된 종합판 시리즈에는 칼빈이 창설한 그 유명한 제네바감독원(Genevan Consistory)의 재발행된 세칙이 들어 있다. 그리고 감독원은 1542년에 운영되기 시작하였다. 그리고 다른 시리즈에는 제네바 정부가 1536년에 종교개혁을 채택한 후 제네바 정부의 공적 기록들을 재발행하였다. 이 두 편의 시리즈는 현재 협력 작업으로 진행 중에 있다. 감독원 시리즈는 처음에는(부분적으로 미국자본으로) 조직되고, 1966년에 출판을 시작했다. 지금까지 미국-스위스 팀은 감독원의 첫 세대(1542-1551)의 불완전한 기록들을 담은 5권을 발행하였다. 1542-1544년을 담고 있는 제1권은 역시 영어로 번역되었다(*Registers of the Consistory of Geneva in time of Calvin*; General editor, Robert M. Kingdon; edited by Thomas A. Lambert and Isabella M. Watt; translated by M. Wallace McDonald. Grand Rapids: Eerdmans, 2000).

동시에 의회 의사록들은 전적으로 스위스의 자본으로 2003년에 발행되기 시작하였으며, 지금까지 그 팀은 1540년 12월에 7권을 발행하였다. 16세기 제네바 역사의 기본적인 출처의 부분적인 유용성, 즉 1967년 이래 출판된 다른 것들을 무시하면서까지 칼빈의 제네바를 시대에 뒤떨어지게 하였다. 2011년 11월에 1540년을 위한 제네바 공화국 의회 세칙의 천 쪽이나 되는 비판적 간행을 공식발표한데 대하여 나는 지방 전문가들을 위하여 그 해의 제네바의 정치적 폭동의 의의를 재평가하려고 하였다. 이 경험은 나로 하여금 1536년과 1555년 사이의 제네바 정치를 기록한 나의 책 제3장을 새롭게 하겠다는 확신을 갖게 하였다.

감독원 시리즈와 의회 시리즈는 제네바의 드로쯔 출판사에 의해서 아주 훌륭하게 출판되고 있다. 이것은 3명의 익명으로 된 종교개혁 소책자를 칼빈의 작품으로 함으로 칼빈의 방대한 저작물을 확대하기까지 하였다(Edited by Francis Higman and Olivier Millet. Geneva: Droz, 2006). 오래 전에 칼빈의 제네바는 칼빈의 생존 시 제네바 목사회의 두 권으로 훌륭하게 편집된 공식기록에서 큰 도움을 얻어 이와 동일한 출판사에 의해서 출판되었다. 이 책은 대부분 각주 없이 Philip E. Hughes에 의해서 신속하게 영어로 번역되었다(Grand Rapids: Eerdmans, 1966). 그 후 드로쯔 출판사는 1619년까지 11권을 더하여 이 시리즈를 확대하였다. 1960년에 드로쯔는 역시 그와 같은 협력사업에 추가하여 칼빈의 후계자인 베자(Theodore Beza)의 방대하고 전 유럽적인 서간집을 출판하기 시작했다. 이 사업은 몇 가지 추가된 계획으로 지금은 36권에 달하였다.

1960년대 초의 제네바 역사를 나에게 가르쳐 준 두 주요 출판사 배후에는 성령의 인도하심이 있었다. 그 한 분인 로버트 킹돈(Robert M. Kingdon)은 이미 제네바와 프랑스에서의 종교전쟁의 도래에 대한 선구자적 연구서를 출판하였다. 1956년에는 그 후속편인 제네바와 프랑스 프로테스탄트 운동의 강화를 완성하고 있었다(Madison: University of Wisconsin Press, 1967). 오랜 후에 킹돈은 제네바와 미국에서 감독원 사업을 진행시키기 위해 지칠 줄 모르고 열심히 일했다. 1963년에 뒤휘르(Alain Dufour)는 16세기 제네바의 필사본(handwriting)에 대한 판독의 방법을 나에게 가르쳐 주었다. 따라서 칼빈의 제네바에 대한 한 장을 새롭게 하므로, 베자를 수반으로 하고 있는 목사회의 기록 몇 권뿐만 아니라, 역시 지금은 적어도 30권의 그의 서간집을 소화하고 있다. 제네바의 필사본에 대한 소유권을 소유하고 있었던 드로쯔는 제네바 목사회 세칙에 관한 킹돈의 편집한 것을 이미 출판하기 시작했다. 1960년에 뒤휘르는 베자의 서간집 작업에 합류하여 지금은 80대의 고령임에도 불구하고 그 일에 종사하고 있다. 그는 역시 칼빈의 후계자: 시인이며 신학자인 베자에 관한 최상의 전기를 저술하였다(Geneva: Droz, 2006). 이 두 사람은 모두가 매우 중요한 역사적 증거를 표현하는데 학적으로 월등하고 부단한 관심을 일으키게 하는데 예찬할 만한 실례를 마련해 주었다.

물론 제네바 지방에 근거를 두고 있는 출판사 외에도 1550-1800 사이에 제네바에 칼빈에 대한 가치 있는 역사적 학문이 부족한 것은 아니었다. 이 모든 것들은 1980년대에 출판되었으며, 그 중에는 초기 현대 유럽에 있어서의 강요된 도덕성이라는 제목이 붙은 문집(文集)으로 재발행된 것도 있다(London: Variorum Reprints, 1987).

1980년 이래 나는 수시로 16세기 제네바 역사만을 연구하였다. 프랑스의 종교개혁: 특히 16세기 프랑스 의회의 이단 재판에 대한 나의 판단을 기록한 나의 책 4-6장 등을 넘어서, 흩어진 프랑스의 초기 칼빈주의자에 대한 몇 가지 특징들을 생략한다(Cambridge: Harvard University Press, 1999). 나의 가장 중요한 공헌은 "프랑스 의회와 제네바의 신화 1548-1555"(In *Eidgenössische "Grenzfälle": Mülhausen und Genf,* edited by Wofgang Kaiser et al., 221-33. Basel: Schwabe, 2001). 나는 역시 제네바의 이태리 인 교회에서 크레모나 (Cremona) 이민단의 역할을 강조하므로 제네바 이민에 관하여 보충적으로 설명하였다. 영어로 지금도 이 문제는 이태리(2006)와 프랑스(2009) 두 나라에서 논의되고 있다. 결국 종교적 이민단의 제네바 식민지에 관하여 기록한 나의 책은 1559년 크리스마스 때 칼빈이 제네바 시민권을 획득했기 때문에 훨씬 더 가장 중요하다. 아마 그 것은 대부분의 다른 것들보다 덜 새로워졌을 것이다.

1967년과 후년에 그 압축된 프랑스어 번역에서 나의 서지(書誌)학적 메모는 16세기 제네바 경제사에 관한 우리의 보잘 것 없는 지식을 한탄하였다. 그것은 분명히 어느 도시 공동체의 상황이었다. 지금까지 한 연구만이 그 주제에 관한 우리의 지식을 현저히 풍부하게 하였다: Liliane Mottu-Weber, *Economie et refuge à Genève au siècle de la réforme: la draperie et la soierie(-)*(Genevea: Droz, 1987). 의류제조업은 대부분의 다른 유럽의 도시들에서와 마찬가지로 제네바 경제에 활력을 주었다. 그리고 스위스 은행 조직은 정확한 것으로 유명했기 때문에 마르틴 쾨르너(Martin Körner)가 16세기 제네바의 공공재정에 관한 나의 계산을 제자리에 갖다 놓은 것은 잘한 것 같다. 한편 그것은 지역적 상황과 관계가 있다.

그러나 제네바의 이민단 중심의 경제의 가장 특수한 상황은 개혁파 학자들을 위한 출판단지의 급격한 출현이었다. 이 전통은 오늘도 드로쯔 출판사에 의해 계속되고 있다. 나의 프랑스어 종합판 종교개혁 시대의 제네바는 브렘(H.-J. Bremme)의 도움을 받았다, *Genfer Buchdrücker und Buchhändler zur Zeit des Glaubenskampfes, Studien zur Genfer Druckgeschichte,* - (Geneva: Droz, 1969). 그러나 Francis Higman, *Piety and the People*의 프랑스 *Vernacular Religious Printing* 외에는 다른 출판사는 없었다(Aldershot, UK: Ashgate, 1996). 그 후 상대적으로 제네바의 이 본질적이며 특수한 상황에 대하여 쓴 책들이 거의 가치가 없는 것은 아니었다. 이 주제에 대하여 가치 있는 정보가 지난 45년 동안 여러 방면에서 늘어났지만 새 시대의 독자들을 위해 다시 한 번 이 가치 있는 저술을 읽을 수 있게 된 것을 매우 기뻐하는 바이다.

2012년 4월
일리노이 윌메테(Wilmette, IL)에서
E. 윌리엄 몬테

대부분의 도서관에는 칼빈의 전기로 채워진 서가들이 있으나, 제네바에 관한 서적은 거의 없든지 혹은 전혀 없는 상태이다. 물론, 서유럽의 역사에 있어서 칼빈이 칼빈의 제네바보다 더 위대하고, 더 중요하기 때문에 이에 대한 역사적 정당성이 있는 것이다. 그럼에도 불구하고, 청교도의 충격을 연구하는 학생들에게 제네바 시는 항상 매혹적인 곳이었으며, 그 규모가 보여주는 것보다 훨씬 더 크게 세속적으로 중요한 어떤 역할들을 달성하였다. 루소에게는 애매한 의미의 출발점이었으나, 국제 적십자의 본거지이며, 국제연맹의 소재지이기도 하였던 제네바는 18세기에서 20세기까지에는 특별히 중요한 곳이었다. 유럽의 역사에서 제네바의 역할은 흔들림이 없이 안전하였으며, 견실하고, 진지하였으며, 박식하고, 씨족적이며, 자부심이 강한 그 성격은 제네바가 칼빈의 시대에 처음으로 유명하게 된 이후 줄곧 실질적으로 변하지 않았다. 이 책이 말하고자 하는 것은, 이 영웅적인 시대, 즉 칼빈의 시대이며, 이와 함께 영속적인 제네바의 성격이 어떻게 형성되었는가 하는 것이다.

16세기의 제네바에 관한 이야기는 기본적으로 성공의 이야기이다. 제네바는 방금 쟁취한 매우 불안정한 독립을 강적을 대항하면서 유지하는데 성공하였다. 제네바의 명성(혹은 역으로 그 악명)은 반세기 후에는 급속하게 유럽 대부분의 나라에 알리어졌다. 제네바의 인구는 급격히 증가하였으나, 도시의 번영은, 1536년에 칼빈이 처음 도착했을 때의 낮은 수준에서 서서히 증대되고 있었다. 그러나 겨우 한 세대 안에 칼빈의 제네바는 훌륭하게 경영되는 국가와 눈부시게 세워져가는 교회를 창조해낸 것이다.

　이 연구는 가능한 한, 부분적으로 제네바와 유럽의 다른 몇 곳의 도시들과 비교하므로 제네바의 성공을 기술하고 탐구하려는데 있다. 본래 이 연구가 제시하는 것은, 때로는 재발견되고, 때로는 재고된 제네바의 역사이다. 그것은 경제보다는 정치와 교회에 강조점을 둔 역사이지만(도시의 역사로서는 분명히 균형을 상실하고 있다), 그 이유는 1540년 이후의 제네바의 상업과 공업에 대한 우리의 지식이 극히 적었기 때문이었다. 그것은 중세기의 사람들이 고대를 다룬 것과 꼭 같은 방법으로 다룬 제네바의 역사이며, 옛 시대의 제네바의 역사가가 책임을 지고 서술한 것이다. 이 방법을 사용하므로, 우리는 때로는 그들이 한 것보다 훨씬 더 멀게 볼 수 있지만, 단순히 다른 방향을 보는 때도 있다. 어느 경우에도 이것은 순수하게 제네바의 역사이며, 매우 흥미있는 문제이기 때문에, 제네바 인에게만 남겨둘 수 없다.

　이 책은 3부로 되어있다. 처음 4장은 16세기 초부터 1564년의 칼빈의 죽음까지의 제네바의 역사를 개설한다. 이 여러 장들은, 주로 칼빈이 활동한 시기의 소란한 상황과 그 곳의 그의 반대파들이 최종적으로 소멸되어 해산된 방법에 대하여 묘사한다. 3장으로 구성된 제2부는, 칼빈의 제네바의 주요한 여러 제도와 사회집단, 즉 확립된 교회, 시 정부, 그리고 외국인 망명자 공동체를 서술한다. 제3부는 제네바에 대한 칼빈의 유산을 평가하고, 그 창설자의 사망 후의 칼빈주의의 활동을 개설한다.

　나는 칼빈을 직접 그리고자 하는 것이 아니라, 그를 둘러싸고 있는 환경을 통하여, 즉 좋다면, 바닥에서부터 칼빈을 보고자 하는 것이다. 나는 제네바에서의 칼빈의 권력의 기초와 그의 성공의 주요한 이유를 개설하고자 하는 것이다. 내가 보여주고 싶은 것은, 그의 승리는 대부분 그가 혁명적 공동체의 미숙하고 혼란한 상황 중에서도 빛나는 정신과 불구의 의지를 투자한 결과였다는 것이었다. 나는 또한 칼빈을 둘러싸고 있는 환경의 독특함을 보여주기를 원하고 있다. 왜냐하면 그는 종교개혁시대에 그 정치적 독립을 확립하고 유지한 유럽의 유일한 도시에서 생활하고 활동했기 때문이었다.

　　아마 지금이야말로, 칼빈시대의 제네바 공화국의 역사를 종합해 봐야 할 때가 된 줄로 안다. 15년 전 반관(半官) 출판물인「기원으로부터 1798년까지의 제네바의 역사」라는 책이 나온 이래 상당히 많은 양의 중요한 역사 전공 논문들과 사료집들이 출판되었다. 특히 다음 세 사람이 16세기 제네바에 관한 우리의 지식을 풍부하게 하였다. 그 중 한 사람이 로버트 M. 킹돈(Robert M. Kingdon)인데, 그는 1956년에「제네바와 프랑스에서의 종교전쟁의 도래」를 저술하였다. 다음은 알랑 듀후르(Alain Dufour)인데, 그의 연구「1589년으로부터 1593년까지의 전쟁」은 그 2년 후에 출판되었다. 그리고 세 번째 사람은 쟝 후랑소와 베르지에(Jean-François Bergier, 제네바 대학교의 경제 사회사 교수)인데, 그는 1963년에「제네바와 르네상스기의 유럽의 경제」라는 책을 저술 출판하였다. 이들 세 사람은 그 출판물과 대화를 통하여 내가 칼빈의 제네바에 관한 어떤 국면을 이해하는데 도움을 주었다.

　　이 책을 준비할 때, 제네바의 국립 공문서 보관소의 기록 보관계의 조수 루이 빈쯔(Louis Binz)로부터 특별한 도움을 받았다. 그는 지금까지 출판되지 않은 원본에서, 칼빈이 목사회에서 행한 마지막 고별사 본문을 확보하고 있었는데, 나는 그것을 이 책의 부록으로 인쇄해 두었다. 뉴베리 도서관의 죤 A 테데스키(John A. Tedeschi)는 제7장을 읽고, 몇 가지 오류를 지적해 주었다. 나의 아내는 원고 전부를 자세히 읽고, 중요한 번역문을 개선해 주었다. 존경하는 베드(Bede)처럼 '나는 충실히 베꼈으며, 이 책에 있는 모든 오류는 다 다른 사람 때문이라'고 말하고 싶지만, 불행하게도 나는 (위대한) 20세기에 살고 있는 사람이다.

　　　　　　　　　　　　　　　　　　　윌리엄 몬터

　　　　　　　　　　　　　　　　　　　제네바에서 1966년 9월

차례

▪그림자료 목록

약어표

G., on publications — Geneva.

AEG   Archives d'État, Geneva.

BPU   Bibliothèque publique et universitaire, Geneva.

MDG   *Mémoires et documents publiés par la Société d'histoire et d'archéologie de Genève.*

BHG   *Bulletin de la Société d'histoire et d'archéologie de Genève.*

MIG   *Memoires de l'Institut national genevois.*

BHR   *Bibliothèque d'humanisme et renaissance.*

ARG   *Archiv für Reformationsgeschichte.*

BSHPF   *Bulletin de la Société de l'histoire du protestantisme francais.*

R.C.   Rivoire and Van Berchem, eds., *Les Registres du Conseil de Genève,* 13 vols. (G., 1900–1940). Magnificent and painstaking piece of work which stops in May, 1536.

Sources du Droit Rivoire and Van Berchem, eds., *Les Sources du Droit du Canton de Genève,* 4 vols. (Aarau, 1920–1935).

R. C.   Registres du Conseil, mss. at AEG.

P.H.   Portefeuilles historiques, mss. at AEG.

L.H.   P.-F. Geisendorf, ed., *Le Livre des Habitants de Genève,* 2 vols. (G., 1957–64). We have used only vol. I, 1549–1560.

C.O.   Baum, Cunitz, and Reuss, eds., *Ioannes Calvini Opera quae supersunt omniae,* 59 vols. (Berlin-Brunswick, 1859–1900).

Herminjard   A. L. Herminjard, *Correspondance des réformateurs dans les pays de langue francaise,* 9 vols. (G.-Paris, 1866–1897).

R.C.P.   Kingdon and Bergier, eds., *Registres de la Compagnie des pasteurs de Genève au temps de Calvin,* 2 vols. (G., 1962–64).

Roget, *HPG*   Amédée Roget, *Histoire du peuple de Genève depuis la Réforme jusqu'à l'Escalade,* 7 vols. (G., 1870–87). Stops in 1568.

Studies   E. William Monter, *Studies in Genevan Government, 1536–1605* (G., 1964).

Babel, *HEG*   Antony Babel, *Histoire économique de Genève, des origines au début du XVIᵉ siècle,* 2 vols. (G., 1963).

제1장 대성당과 시장

제네바는 레만 호(Lake Leman) 끝자락에 자리 잡고 있다. 북쪽 비세 (Bise)에서 미디(Midi)로 흘러내려 도시를 둘로 나누는 론(Rhone)강 하구에 위치하고 있다. 도시의 큰 부분은 강 동쪽에 있고, 작은 부분은 서쪽에 있다. 아르브(Arve)강은 남쪽을 향한 면의 큰 부분에 인접하고 있다. 두 강 사이에는 평야가 있는데, 이 평야를 플렝팔레(Plainpalais) 라고 부른다. 산들은 왕관처럼 제네바를 둘러싸고 있다. 이 도시는 한 때 멋있는 교외, 교회들, 그리고 수도원들을 소유하고 있었다. 그런 데 지금 제네바는 성벽으로 둘러 싸여 있고, 교외는 깎아 내려지고, 수도원들은 파괴되었다. 제네바에는 지금 네 곳의 주요한 교회가 있 는데, 고지대(高地帶))에 있는 상삐에르교회(St. Pierre)와 상제르멩교 회(St. Germain), 그리고 일반지대에 있는 상제르베교회(St. Gervais)와 상마들레느교회(La madelaine)등 이다. 중학교는 전에 리브(Rive)강 후 란씨스칸파 수도원이었던 곳에 자리잡고 있다. 제네바의 유명한 광장 은 상삐에르교회 가까이에 있는 브르 드 후르(Bourg-de-Four), 휴스테 리(Fusterie), 모라르(Molard), 롱제말(Longemalle), 그리고 상제르베(St. Gervais) 등이다. 제네바 시청사는 플렝팔레를 바라볼 수 있는 고지대에 자리 잡고 있다. 세 곳의 정육시장, 두 곳의 곡물시장, 몇 군데의 수원과 충분한 양의 샘이 있다. 두 개의 병원이 있는데, 하나는 빈민을 위한 병원이요, 다른 하나는 시 외곽에 있는 전염병 환자를 위한 병원이다.

제네바의 가장 유명한 행정장관 미셀 로제(Michel Roset)가 1562년에 편집한 사실상의 연대기는 이처럼 시작하였다.[1] 그는 빌라니(Villani)처럼 통계상의 완전함이나, 인문주의자의 사료편찬처럼 웅변적인 것은 없었으나 근실하고 정확한 안내자이다. 그의 근실성 자체는 그를 칼빈의 실험장으로서 유럽의 명성을 (동시에 악명도) 얻은 매우 작지만 근실한 그 알프스 공화국을 우리에게 소개하는 데 있어서 참으로 어울리는 인물로 만들었다.

I

제네바는 이태리와 남(南)독일의 중심도시들과 비교하거나 혹은 론 강 하류의 이웃도시인 리용(Lyon)과 비교해도 특별히 큰 도시는 아니었다.[2] 그러나 교외가 파괴되고, 16세기 초에 몇 번의 이민 파동이 있었음에도 불구하고, 1536년의 제네바는 상당히 큰 지역에서 가장 큰 도시였다. 제네바는 사보이가(the House of Savoy)에 속해있는 광대한 지역에서 그 어느 도시보다도 훨씬 큰 도시였다. 그리고 제네바는 다른 하나의 정치적 이웃도시인 '베른 도시공화국'보다 훨씬 더 큰 도시이기도 하였다. 베른은 1536년 사보이 공(公)을 패배시켰으며, 그 농촌지역은 시 자체의 인구보다 14배가 더 많은 인구를

소유하고 있는 도시였다.3

16세기의 제네바의 인구는 대략 계산할 수밖에 없다. 가장 믿을 수 있는 추정인구(推定人口)는 1537년의 10,300명이다. 제네바의 정기시(定期市)가 그 도시를 국제적인 상업의 중심도시로 만든 전(前) 세기와 비교할 때 이 수는 경미하게 감소된 인구이다. 그러나 프랑스와 다른 곳에서 종교적 망명자가 물밀듯이 놀라운 속도로 제네바에 들어오기 시작한 칼빈의 생애 마지막 때에 그 수는 갑자기 증가하였다. 1560년대 말에 맹렬한 전염병이 있었음에도 불구하고, 1589년 사보이 공과의 전쟁이 일어났을 때에 제네바의 인구는 약 13,000명이었다.4 이러한 인구의 계산은 다소 유용하고 정확한 제네바인의 통계에 기초하고 있다. 즉, 여기에는 새 도시 성벽 안에 1,000채의 건물과 100채의 창고, 그리고 12개의 제분소가 있는 것을 보여주는 1537년의 제네바의 완전한 재산 목록, 1549년 1월과 1560년 1월 사이에 약 5,000명의 이름을 등록하고 있는 제네바의 새 주민등록부, 그리고 군복무에 적합하다고 생각되는 2,186명을 보여주고 있는 1589년의 전쟁 발발시에 작성된 인구조사서 등이 있다.5

칼빈의 제네바에 살고 있는 이들 10,000명의 제네바 태생의 주민들과 수천 명의 종교적 망명자들은 막대한 돈을 들여 만든 성채 뒤에서 상대적으로 좁은 공간에 갇혀 살고 있었다. 1540년대의 후랑소와 보니바르(Francois Bonivard)는 다음과 같이 말한다.

도시는 아직도 아름답고 즐거운 곳이지만, 사보이 공과의 전쟁이 발발하기 이전의, 최근의 기억 속에 남아 있는 것과 비교하면 그것은 아무것도 아니다. 그것은 지금의 도시 전체보다 넓은 교외가 있었을 뿐만 아니라, 역시 거리 한 가운데에는 즐거움을 주는 많은 건물들이

있었는데, 적으로부터 보호하기 위해서, 혹은 교황주의자들의 미신을
제거하기 위해서 지금은 그 도시가 헐리어져 있었다. 말하자면 거리
의 아름다움은 거리의 힘을 강화하기 위해 감소되었다는 것이다.[6]

군사적 안전을 위해 새로운 교외의 건설을 금했기 때문에, 18세기 말
까지 제네바 성벽 배후는 혼잡하였다. 제네바는 빈 공터에 새 건물들
을 물건을 쑤셔 넣듯이 지었다(1558년의 칼빈의 새 아카데미가 그
가장 극적인 실례이다). 제네바는 1537년에 창고와 마구간이 있던
곳에 집들을 세우고, 이미 세워졌던 집에 증축도 하였다. 그러나
도시의 면적은 확장되지 않았다. 제네바는 우선적으로 강한 요새로
남아있었다.

　　1536년 칼빈이 도착했을 때 제네바에서 일반적으로 유행하고
있던 건축양식과 집의 종류는 소유주의 부에 따라 상당히 다양했
다.[7] 부유한 상인이나 사보이가의 귀족들(적어도 12인의 귀족이 제
네바에서 훌륭한 고급 주택을 소유하고 있었다)은 지하실에 포도주
와 곡물을 저장하기 위한 멋있는 아치형의 동굴이 있는 크고 4각형
의 3층짜리 석조 가옥을 선호했다. 이러한 가옥은 흔히 적당한 방어
용 기구를 구비하고 있었으며, 일반적으로는 포위를 견디어 낼 수
있게 하는 망대가 있었는데, 여기서 "성채가옥"(maison-forte)이라는
이름이 생겨났다. 그러한 집은 14세기와 15세기에 세워졌는데, 아마
부유한 시민이 동일한 군사문제를 품고 있는 북이태리 도시들을
모방하지 않았나 생각이 든다. 제네바에 살고 있던 부자들은 그들의
요새화된 집 근처에 반드시 안뜰이나 정원이 있었으며, 그리고 길
가까이에는 창고, 혹은 마구간이 있었다(제네바의 상류지대 <Upper
City>에는 아직도 곡물창고의 거리가 남아있다).

　　제네바의 기계공들은 일반적으로 도로가에 좁으나 상당히 긴 장방형의 집에 살고 있었다. 이런 집들은 보통 타일과 같은 불연성의 재료로 만든 2층 건물이었다. 14세기 이후부터는 목재의 사용이 시 당국자들에 의해 금지되었다. 가옥 뒷면에는 집주인의 침실과 거실로 가는 계단이 있었고, 2층에는 부엌이 있었다. 좀 더 부유한 기공들 중에는 어린 아이와 하인들이 사용할 수 있는 3층 방이 있었다. 가구는 튼튼하였으나 단순하였으며, 참나무나 호두나무로 만든 탁자, 의자, 걸상, 창고, 그리고 주인 부부가 사용하는 커튼으로 두른 침대가 있었다. 모든 부지는 15세기에 29피트와 50피트의 부지로 분할된 쿠탕스(Coutances)가의 동쪽, 상제르베(St. Gervais)교구에 있는 규격이 같은 가옥들까지도 집 후면에 작은 정원을 만들 수 있을 정도로 넓었기 때문에, 집 주인은 가족을 위해서 다소의 신선한 채소를 심을 수 있었다.

　　칼빈시대의 제네바의 건축은 주교도시의 건축과 거의 변하지 않고 있었다. 도시의 좁은 정면(正面)과 고딕 풍의 창문은 17세기 초까지 르네상스 양식으로 바꾸어지지 않았다. 1618-1620년에 건축된 튜레티니(Turrettini) 가옥은 그 새로운 경향을 보여주는 최초의 예증이다. 칼빈의 제네바는 인구의 밀집지대에는 새로운 큰 건물을 건축하기에는 여유가 없는 가난하고 검소한 도시였다. 사실 15세기 이후에 유일하게 나타난 중요한 변화는 보통 제네바 주민에게 신선한 공기와 생활공간이 적어졌다는 사실이다. 17세기와 18세기에 제네바가 부유한 도시가 되기 시작했는데, 영웅적이었으나 불안한 칼빈시대에 있던 그 당시의 건물들은 일반적으로 교체되었다. 제네바의 구 시가지를 둘러보는 오늘의 관광객들은 사실 칼빈시대의 거리가 아니라, 루소와 볼테르(Rousseau and Voltaire) 시대의 거리를 둘러

보고 있는 것이다. 16세기에 건축된 개인의 집들은 현재 제네바에는
한 채도 남아있지 않는다. 1911년에 마지막으로 남아 있는 집이 헐
리어진 것이다. 옛 시청사의 나선형의 경사로와 칼빈의 아카데미의
몇몇 단편들 외에는 칼빈의 세기로부터 남아 있는 공공건물들의
흔적은 거의 찾아 볼 수 없다. 몇 곳의 교회 외에는 칼빈의 제네바는
거의 완전히 보이지 않게 되었다. 그것을 재구성하는 것은 사람의
역사적 상상력이 해야 할 일이다.

　　그러나 도시는 건물의 덩어리가 아니라, 사람의 집합이다. 1536
년 제네바에는 어떤 종류의 사람들이 살고 있었나, 그들은 어디서
온 사람들인가, 그들은 무슨 직업에 종사했는가, 그리고 그들의 종
교적 감정은 어떠했는가? 이러한 질문들은 모두 어느 정도 정확하게
답할 수 있다. 1501년과 1536년 사이에 1112명에게 제네바 시민권이
허락되었는데, 그중 90%가 그들의 출생지와 직업을 기록하였다.[8]
지리적으로 5분의 3이상(전체가 612명)이 사보이 공의 땅에서 왔으
며, 그중에는 보 지방(Pays de Vaud)에서 43명과 피드몽(Piedmont)에
서 온 28명이 포함되어있다. 제네바는 174명의 시민을 프랑스에서
받아들였는데, 그중에 124명은 버건디(Burgundy) 공국에서 온 사람
들이다. 제네바의 새 시민의 약 6분의 1(162)은 제네바 시내에서,
그리고 주교 혹은 참사회에 속하는 가까운 지역에서 태어난 사람들
이다. 20명의 중산층(bourgeois)은 스위스 동맹을 포함한 독일에서,
3명은 이태리에서, 7명은 버건디의 일부지역에서, 그리고 3명은 네
덜란드에서 온 사람들이다. 그들의 직업을 보면, 새 시민의 8분의
1(127명)은 구두수선공들이었으며, 나머지는 다양한 직업에 종사하
고 있었다. 재단사가 58명, 빵 상인이 55명, 목수가 47명, 상인이
39명, 일용노동자가 37명, 정육점운영자가 32명, 공증인이 26명, 이

발사가 25명, 석공이 20명, 약제사가 16명, 모피상인이 12명, 그리고 그 외에 20종 이상의 직업이 이천 명 중에 들어있다.[9]

제네바의 직업구조는 1550년대 종교적 망명자들이 오므로 급속하게 변화되었다. 이들 새 이주자들(2247명)의 약 절반은 그들의 직업을 명부에 기록하고 있다.[10] 여기에 그 대다수(1536명)는 직공들인데, 181명의 구두수선공, 67명의 금 세공인들이 포함되어 있으며, 672명의 이주자는 여러 가지 형식의 직물 생산과 관계되어 있다. 그러나 이 명부에는 180명의 상인, 113명의 인쇄업자와 서적상, 그리고 70명의 귀족이 포함되어 있는데, 여기 세 개의 숫자는 약 50명의 상인과 단 3명의 인쇄업자, 그리고 귀족은 아마 거의 없었던 1536년의 제네바와는 너무도 잘 비교되는 모습이다.[11]

제네바에서 수공업의 배치는 아무렇게나 분포되어 있었다. 모피상인, 큰솥제조업자, 그 이름이 제네바의 거리 이름으로 붙여진 통닭구이장수와 같은 직업은 뚜렷이 한 군데 집중되어 있다. 제혁업자(製革業者)와 같은 몇몇 직업은 론강 가까이의 좁은 지역으로 한정되었다. 그 이유는 공장에서 나는 냄새가 사람들에게 불쾌감을 덜 주기 위해서이며, 또는 그들이 물을 필요로 했기 때문이었다. 강다리 양쪽에는 상점들과 제분소가 집단적으로 늘어져 있었다. 공증인은 대개가 대성당 주위이거나, 상제르멩(St. Germain) 교구의 도시의 상부지역에 살고 있었다. 이에 반하여 약제사와 상인들은 론강다리에서 후랜씨스칸 파 수도원 가까이 리브강(Rive) 성벽 문까지 연장되는 일련의 넓은 상업 지구에서 살고 있었다.[12]

제네바에 있어서 중요한 경계선은 성벽 내의 지역을 상부지역과 하부지역으로 분리하고 있는 점이다. 이 구분은 로마시대 후기까지 거슬러 올라가서 제네바의 정치적 생활에 깊이 뿌리를 내리고

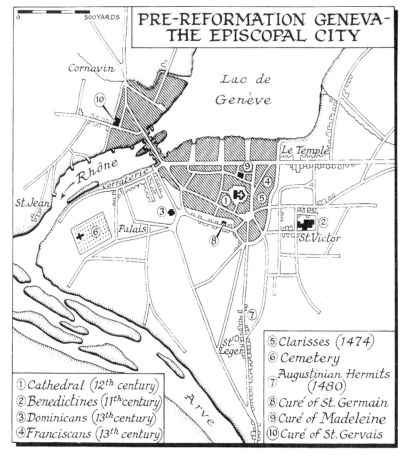

PRE-REFORMATION GENEVA-THE EPISCOPAL CITY

500YARDS

Cornavin

Lac de Genéve

Le Temple

Rhône

Corraterie

St.Jean

Palais

St.Victor

St.Leger

Arve

① Cathedral (12ᵗʰ century)
② Benedictines (11ᵗʰ century)
③ Dominicans (13ᵗʰ century)
④ Franciscans (13ᵗʰ century)
⑤ Clarisses (1474)
⑥ Cemetery
⑦ Augustinian Hermits (1480)
⑧ Curé of St.Germain
⑨ Curé of Madeleine
⑩ Curé of St.Gervais

▶ 종교개혁 이전의 제네바 –주교좌가 있던 중세도시

①성당(12c) ②베네딕트 수도원(11c) ③도미니칸 수도원(13c) ④프란시스 수도원(13c)
⑤클라라 수녀원(1474) ⑥공동묘지 ⑦아우구스티누스 수도원(1480) ⑧성 제르맹 사제관
⑨마들레느 사제관 ⑩상제르베 사제관

있다. 14세기에서 1603년까지 제네바의 4명의 시장, 혹 지방행정장
관 중의 2명은 매년 시의 절반 부분에서 각각 선출되었다. 자연과
역사가 하나가 되어, 제네바를 가파른 언덕 부분과, 서쪽에는 론강,

북쪽에는 제네바 호수에 의해서 경계를 이룬 언덕 밑의 긴 활모양의 평야 부분으로 나누어져있다. 상부지대 언덕 꼭대기에는 스위스족이 그들의 성(城)을 건설하였다. 거기에 제네바의 주교들이 6세기에 대성당을 세우고, 또한 거기에 제네바의 시정부가 15세기에 시청사를 세웠다. 언덕의 보호를 받으며 호수와 강으로 구성된 자연의 통상로와 아주 가까이 접하고 있는 평야를 끼고 제네바 시는 성장하였다. 로마시대로부터 15세기의 대정기시(大定期市)의 시기를 거쳐 오늘의 많은 은행과 백화점에 이르기까지 그곳은 제네바의 상업 활동의 중심지였다. 문필가, 법률가, 서기, 그리고 관리들은 항상 상부지대에 살았으며, 실업인은 하부지대에 살았다. 정부는 제네바 언덕에 상업은 그 밑에 집중되어 있었다. 그러므로 제네바의 많은 유명한 가문들은 상업에서 자유직업으로 사회적으로 상승하기 위해 몸부림칠 때 그들 가문의 역사를 캡슐 안에 감추려는 세계관이 생기게 되었다.

이 구분을 마음에 두고, 제네바의 각 절반의 부분을 우선 간단하게 생각해보자. 그리고 칼빈이 1536년에 도착했을 때 존재했던 상부지대와 하부지대의 전형적인 대표자 한 사람씩을 생각해보자. 그 두 사람은 제네바 시민이며 연대기 작가인데, 그들은(매우 다른 이유로) 1536년 제네바에서 주목을 받은 인물들이었다.

Ⅱ

「저개발 거리」(*rues-basses*)의 중심은 세 개의 큰 공설광장(휴스테리, 모라르, 그리고 롱제말, Fusterie, Molard and Longemalle)에 의해 나누어진다. 이 세 광장은 모두가 호수 언저리까지 뻗어나간다. 간선공로(幹線公路)는 구역마다 각각 다른 이름으로 되어있었다. 즉, 론강으로부터 휴스테리 광장까지는 독일인 거리, 휴스테리 광장에서 모라르 광장까지는 리비에르(Rivière) 거리, 모라르 광장에서 롱제말 광장까지는 어시장 거리, 그리고 롱제말 광장 저쪽에는 리브 거리가 있다. 이들 바쁘게 돌아가는 거리를 따라 펼쳐지는 가장 흥미로운 광경은「높은 걸상」(hauts-bancs)이라고 부르는 목조로 된 아주 작은 꼬마 상점들(겨우 7×8 피트)이다. 이 상점들은 돔(dômes)이라고 불리고 있는 높은 지붕 때문에 바람과 비를 피할 수 있었다. 제네바 시는 이「높은 걸상」을 직공들과 상인들에게 임대하고 있었는데, 1538년에 새로 부임한 학교 교장의 호기심을 끌게 되어, 그는 이 사실을 소책자에 다음과 같이 기록으로 담았다.[13]

 "가장 붐비고, 가장 길고, 그리고 가장 상업이 번창한 거리는 매우 폭이 넓고, 매우 광대하여 양쪽에 매우 길고 높은 특별한 지붕이 있다. 이 지붕은 가로지른 들보와 수평을 유지하기 위한 기둥들에 의하여 훌륭하게 유지되고 있다. 그것은 상품을 보호하고, 비와 바람, 혹은 몹시 더울 때 보행자를 위해 대피소 역할을 한다."

늘어선「높은 걸상」(hauts-bancs) 사이에는 짐수레가 통과할 수 있는 공간이 있었다. 이 노점(露店)들은 15세기의 정기시(定期市, fair)가 열리고 있는 동안 외국 상인들의 편의를 위해 세워졌는데, 이 상점들은 정기시가 쇠퇴할 때에도 계속 사용되었으며, 16세기에는 외국 이주민과 제네바 태생의 상인들, 그리고 공증인들에게 임대되기도 하였다.

　제네바에서 스물넷 채의 여인숙 중에서 가장 유명하고, 가장 호화로운 여인숙은 「저개발 거리」, 혹은 그 가까운 곳에서 발견된 다. 왜냐하면 그것들도 역시 15세기에 외국상인들의 편의를 위해서 세워졌기 때문이었다.[14] 1530년 대 말기에는 이들 여인숙의 주인 중 두 사람은 제네바의 행정관들, 즉 소의회의 의원들이었다. 즉 어시장 거리에 있는 「검은 머리」상점의 후랑소와 로제(Roset)와 독 일인 거리 가까이에 있는 「청녹색의 망루」상점의 후랑소와 뤼랭 (François Lullin)이다. 대부분의 제네바의 여인숙들은 십자가, 태양, 별, 왕관, 열쇠, 탑 혹은 방패와 같은 평범한 문장의 상징적인 것들에 서 그 이름을 취했다. 칼빈이 살아 있는 동안 이들 여인숙에서 있었 던 가장 흥미있고 상징적인 변화는 「백십자」(사보이가의 상징)라고 불리는 세 여인숙의 쇠퇴와 쟝 뤼랭이 경영하는 곰(베른의 상징)의 명성이 높아졌다는 것이었다. 그것은 제네바가 사보이의 보호령에 서 베른의 보호령으로 옮겨졌다는 말과 같은 말이다. 칼빈시대의 제네바의 여인숙들은 자주 방문하는 스위스의 외교사절들과 공적 성격이 적은 다른 외국 방문객들(그들 중에는 미카엘 세르베투스가 가장 저명했다)을 맞이하면서 축소된 규모이지만 외국방문객들을 계속 영접하였다.

「높은 걸상」과 여인숙은 외국 상인들을 위해 건축되었는데, 칼빈이 도착했을 때 제네바에는 아직도 소수의 외국상인들이 살고 있었다. 그 중에 네 사람은 1537년의 재산목록에서 그 이름이 확인 되었는데, 이들은 모두가 잘 알려진 독일인 거리에서 살고 있었다. 그들은 앙리 앙불레, 혹은 "독일인 앙리 씨", 자크 망리히, 죠르지 데 클레후, 그리고 요한 클레베르제(Henri Embler, or "Sr. Henri Ìallemant"; Jacques Manlich; George des Clefs; and Johann Kléberger 등이다.[15] 그들은 흥미있는 집단을 형성하고 있다. 클레베르제

(1486-1544)는 뉘른베르크 태생의 금융업자로, 1521년에 베른의 시민권을 얻었으나, 1536년에는 그것을 프랑스 시민권과 교환하였다. 그는 리용(Lyon)과 파리에 광대한 도시 재산과 제네바에는 거의 사용하지 않는 두 채의 집과 제분소와 정원을 가지고 있었다. 그는 국제적으로 알려진 인물로, 1526년에 그의 초상이 뒤러(Dürer)에 의해서 제작되었으며, "훌륭한 독일인"으로 알려져 있는 리용에서는 그의 조상(彫像)이 건립되어있기도 하였다.[16] 클레베르제 만큼 능력이 있는 상인이며 금융업자는 제네바에는 또 없었으나, 그 자신은 여기서는 거의 나타나지 않았다. 중요한 독일인 무역 상인 중에 다른 하나의 대표자로 망리히 라는 사람이 있었는데, 그는 그의 아우구스부르크의 사업이 1574년에 파산될 때까지 여러 번의 난국을 타개해 나아갔다.[17] 그 회사의 지배인의 조카인 쟈크(Jacques)는 1516년 이래 제네바에서 상업에 종사하면서 1517년에는 제네바 시민이 되었다. 1538년에 제네바 시민이 된 그의 동생 마튜(Matthew)는 16세기 제네바의 소의회 의원을 산출하는 한 가문을 창시하였다.[18] 앙블레(Embler)는 적당한 정도의 산을 가진 베른의 상인으로, 그의 친척들은 1494년에 제네바의 시민권을 얻었으며, 그리고 그의 자손들을 1550년대에 제네바의 조폐국을 운영하였다.[19] 데 클레후(Des Clefs)는 그 태생이 확실하지 않으나, 베른파와 반(反) 칼빈파에 강하게 개입하였다. 그는 1540년 6월의 폭동 때에 죽었다.[20]

독일인의 거리는 제네바의 주요한 상인들의 본거지일 뿐만 아니라, 제네바 종교개혁의 요람이기도 하였다. 1533년 후에 화렐의 도움으로 형성된 복음주의 단체는 이 거리의 사저(私邸)에서 모임을 가졌으며, 설교자들 자신은 일반적으로 쟝 랑베르(Jean Lambert)가

(家)와 같은 도심지에 있는 집에 머물렀다. 베른 정부는 제네바의 복음주의 단체의 "전진 기지"로 사용하기 위해 1533년에 독일인 거리에 있는 한 채의 집을 반란에 가담한 사보이 귀족에게 매각하기까지 했다.[21] 그러나 도심지가 종교개혁의 요람이며, 제네바에 있어서의 베른 영향의 교두보라고 한다면, 바로 그 이유 때문에, 그것들은 칼빈과 1550년대의 프랑스 이주민에 대한 반항의 중심지가 될 수밖에 없다. 1540년의 최초의 반칼빈파의 지도자 쟝 휠맆(Jean Philippe)은 휴스테리 광장(Fusterie) 가까이에 살고 있었으며, 제 2의 반대파의 지도자인 아미 뻬랭(Ami Perrin)은 라비에(la Riviere) 거리에 살고 있었다. 그들의 후원자들은 부분적으로는 이들 도심지의 거리에서 사는 사람들이지만, 아마 대부분은 제네바의 수공업지구인 강 우편 상제르베(St. Gervais)의 교외 지구에서 사는 사람들일 것이다. 이 지구는 칼빈이 살아있는 동안 줄곧 "후롱드 파"(frondeur) 정신을 유지하고 있었다.[22]

III

도심지(Lower City)에서 선출된 우리의 대표자는 독일인 거리에서 살지 않고, 저개발 거리의 동쪽 끝, 즉 리브 거리 동문(東門)에서 겨우 여섯 번째 집을 지난 곳에서 살고 있었다. 1487년에 제네바의 시민권을 받은 사보이가의 아들, 쟝 발라르(Jean Balard, 1488-1555경)는 철제품을 전문적으로 취급하는 상인이었다.[23] 발라르는 신중하고 존경할만한 시민으로, 1520년대와 1530년대의 제네바 시민혁명의 급하게 변화하는 상황에 순응하였다. 그는 1515년 이후의 시의회에서 적극적으로 활약하고, 그 후 10년 동안에 149회기 중 40회기에 참석하였다. 그는 1525년에 갑작스럽게 4인의 지방행정관, 혹은 수석행정관의 한 사람으로 정치적으로 탁월한 위치에 오르게 되었다. 발라르는 분명히 1520년 중반의 제네바의 정치적 당파나, 친 사보이파의 마멜루크파(Mammelukes), 혹은 친 스위스파의 서약동맹파(Eidguenots)에도 속하고 있지 않았다. 그는 시종일관 절제와 신중을 보여주었기 때문에, 제네바 정치의 폭풍이 일듯 하는 한 세대를 무난히 넘어갈 수 있었다. 그는 1527년부터 1529년까지 시의 재무관으로 일하고, 1530년에 다시 지방행정관이 되었는데, 그 후 1536년까지 줄 곧 시의 일상 업무를 집행하는 24인으로 된 제네바 소의회의 의원으로 일했다(발라르의 일기는 1531년 10월에 끝이 나있다).[24]

발라르는 독일어를 말하지 않았으며, 1526년의 스위스동맹에 미온적이었다. 그는 역시 분명히 1532년 이후 베른이 제네바에서 진전시키기 시작했던 프로테스탄티즘을 좋아하지 않았으나, 1536년 1월까지는 성격상 이들 종교적 혁신에 대하여 반대하는 발언을 하지 않았다. 그러나 그는 제네바에서 미사가 폐지된 후 화렐에게 싸움을 걸었다. 발라르는 공개적으로 주장하기를, "만일 미사가 아무런 가치가 없는 것이라면, 예수 그리스도의 죽음과 수난도 아무런 가치가 없는 것이 될 것이다"라고 하였다. 이 때문에 그의 동료 몇 사람은 그를 이단자라고 부르며, 설교자들이 해석하는 하나님의 말씀을 듣기 위해 그에게 가라고 명령하였다. 그러나 발라르는 곧 소의회의 회집에 불참하였다.[25] 그의 동료들은 마음에 내키지 않았으나 발라르의 종교적 견해를 바꾸기 위해 노력하였다. 그는 설교(예배)에 출석하라는 명령을 받았으나 이에 거절하였다. 그 후 그는

1년 동안 시에서 떠나 있으라는 명령을 받았으나, 그것도 거절하였다. 그의 상점이 폐쇄되도록 명령이 내려졌으나, 그것은 분명히 오랫동안 폐쇄되지 않았다. 7월 24일 그의 종교적 신념에 대하여 질문을 받고, 그는 작은 종이쪽지에, "나는 복음에 따라 살기를 원하고 있으나, 개인의 해석을 통해 그것을 따르는 것이 아니라, 내가 믿고 있는 거룩한 보편적 교회를 통한 성령의 해석에 따라 살기를 원한다"고 하였다. 설교(예배)에 출석하겠는가, 안 하겠는가 하고 질문을 받았을 때, 발라르는 자기 양심이 그것을 허락하지 않을 것이며, 자기는 양심에 반해서 출석하기를 원하지 않는다고 대답하였다.[26] 6개월 후, 12월에 쟝 발라르는, 제네바의 신공화국이 독립전쟁 때 진 거액의 부채를 베른 사람들에게 지불하는데 도움을 주기 위해 50에큐(écus)라는 상당히 큰 돈을 기부하였다.[27]

1537년 발라르는 어떤 자물쇠 제조업자에 의해서 기소된 반역죄의 고발을 논박하였다. 그의 무죄는 명백하였으며, 종교문제 외에는 그의 평판은 결백하였다. 1537년에 소의회 의원에서 낙선되었으나, 1539년에 다시 소의회 의원으로 당선되었다. 그러나 1539년 크리스마스 때 그는 공화국의 검찰관 토마스 제노(Thomas Genod)에 의하여 그의 종교적 신념에 대하여 다시 한 번 심문을 받았다. 제노는 이전에는 상제르베 교구의 사제였으나, 지금은 종교개혁을 받아들인 제네바의 유일한 수녀와 결혼한 사람이다. 발라르는 "제네바 시 전부가 믿고 있는 신앙의 모든 조항을 믿는데 전적으로 준비가 되어있으며, 그리고, 충성스러운 시민이 하는 것처럼, 자신의 몸이 시의 몸과 하나가 되기를 원한다고 답하였다." 그러나 그의 심문자는 만족하지 못했다. 크리스마스 전야에 두 번째 심문이 있었는데, 발라르는 이 심문에서 "나는 내가 알지 못하던가, 혹은 이해하지 못하는 것을 판단할 수 없으나, 미사가 악하다고 말하는 것이 정부를 기쁘게 하기 때문에, 나는 미사가 악하다고 말할 것이다."라고 답변하므로 심문이 끝이 났다. 곧 이어서 그는 "아무도 사람의 마음을 판단할 자가 없으며, 그리고 복음서는 하나님을 경외하는 자는 살고, 하나님을 경외하지 않는 자는 멸망할 것이라고 말한다"고 덧붙였다. "후에 그는 미사는 악이라고 고백하였다"는 말을 시당국의 기록은 냉정하게 기록하고 있으며, 틀림없이 발라르는 그 크리스마스 때 성찬식에 참석하였다.[28]

그러나 이 에피소드 후에 발라르는 소의회에서 낙선되어 다시 회복되지 못했다. 1542년 1월에 감독회(Consistory)가 주장한대로 "아직도 우상숭배자"[29]로 의심을 받으면서, 그는 조용하게 제네바에서 생활을 계속하였다. 그는 1541년 이후에도 200인 의회에 계속 출석하였으며, 1546년에는 60인 의회에 추대되기도 하였다. 발라르는 그의 긴 생애의 마지막 10년 동안, 제네바의 정치사를 가득 채우고 있던 칼빈파와 아미 뻬랭의 「제네바의 아들들」(enfants de Genève)과의 당파적 논쟁에는 전혀 관여하지 않았다. 발라르는 늙고 병들어 있었으며, 또한 그 당시 권력 다툼을 하고 있던 어느 파에도 공감을 갖고 있지 않았기 때문에, 그는 중요한 공적 요직에는 참여하지 못했다. 그의 아들 쟝(Jean)이 1541년에 결혼식을 했는데, 춤과 단시(短詩)와 무언극으로 축하를 받았으나, 그것은 당시 새로 구성된 감독회의 진노를 사게 되었다. 그러나 쟝은 1549년 이후 200인 의회의 의원이 됐으나, 그는 분명히 뻬랭파와는 아무런 관계가 없었다. 발라르의 손자는 시장 선거를 반대했다는 이유로, 1557년에 의회에서 낙선되었으며, 1558년 아버지의 사후 겨우 3년 만에 죽었다.[30]

쟝 발라르는 흥미있는 사람으로, 1539년에 "선량한 시민이 행동하는 것처럼, 자기와 시가 한 몸이 되기를 원했을" 정도로, 옛날 공동체의 정신으로 깊이 물들어져 있는 제네바 인이다. 발라르는 특별히 부자는 아니었다. 그의 동료들 중에는 여섯 채의 집을 소유한 사람도 있었으나, 그는 시내에 겨우 한 채의 집을 가지고 있었을 뿐이었다. 그리고 시 남쪽 보세(Bossey)에 작은 포도원과 목초지를 소유하고 있었다.[31] 그러나 그는 제네바가 급히 돈을 조달할 필요가 있을 때에는 언제나 자유롭게 돈을 기부하였다. 예를 들어, 1530년에 스위스 인의 군사 원조를 받은 후에 탐욕스러운 스위스 인들에 대한 지불을 돕기 위해 40에큐(écus)를, 그리고 1536년에는 동일 목적으로 50에큐를 기부하였다.[32] 연대기 작가로서 그는 편견이 없었으며, 사실에 충실하고, 놀랍도록 비개인적이며, 결코 자신의 개인적 역할에 대해서는 말하지 않았다. 그는 신중한 사람으로, 온건하면서도 결단력이 있었고, 제네바 시와 그리스도교 공동체를 다 같이 옹호하였다. 그는 1525년에서 1536년까지 소의회를 계속 봉사한 제네바의 유일한 행정관이었다. 발라르의 정서는 아마 1530년 11월 그의 일기의 한 구절에서 가장 명확히 표현되었을 것이다.[33]

나는「제네바」시의 선과 악의 원인을 보아왔기 때문에 경고의 말을 주고 싶다. 악의 원인은 교만이다. 선의 원인은 사람보다는 하나님을 먼저 신뢰하는 겸손이다. 왜냐하면, 선을 행함에 있어서 사람은 제네바를 위해서 그 일이 순조롭게 진행되지 않을 것이라고 두려워해서는 안 된다. 은혜로 제네바 시를 격려하시고, 시를 모든 불행에서 보호하는 것은 하나님의 크신 자비로 행하시는 일이기 때문이다. 아멘.

IV

제네바의 상류 지역은 성 삐에르 대성당의 지배하에 있었다. 성 삐에르가 1447년에 443교구를 포함하는 매우 큰 교구의 중심이었다는 것을 생각한다면, 제네바가 웅대한 대성당을 소유하였다고는 말할 수 없다.[34] 성 삐에르는 중세기 건축의 강한 인상을 주는 작품도 아니었다. 칼빈시대에는 그것은 각양각색의 로마네스크식과 고딕양식이 혼재하는 그야말로 갈피를 못 잡을 정도로 뒤범벅이 된 건축이었다. 12세기 중엽에 그 기초가 세워진 이후, 그것은 몇 사람의 다른 건축가들에 의해서 여러 번에 걸쳐 수리되었기 때문이다. 14세기의 제네바의 격렬한 투쟁은 그 건물에 막대한 손상을 주었다. 1430년에는 대화재가 있었고, 1441년에는 본당의 한 쪽 벽이 낭하 위에 무너지는 또 다른 재해가 있었다. 대성당을 수리하도록 명령을 받은 제네바의 성당 참사회는 1529년에 그 손상을 지우려고 노력하였으나, 그 일이 완성되기 전에 종교개혁이 제네바에 일어나므로, 성 삐에르의 내부를 파괴하는데 도움이 되게 하였다. 아마 제네바의 대성당의 가장 인상적인 부속물은 1407년에 북쪽 탑에 설치된 큰 종일 것이다. 이 「자비」(La Clémence)라는 종은 수세기 동안 지나오면서, 오늘날에도 제네바에서 울려 퍼지고 있다. 이 종의 풍부하고 깊은 소리는 16세기에는 여러 마일 밖에서도 들을 수 있었으며, 신 공화국의 좁은 국경을 훨씬 넘어서까지 들을 수 있었다. 종의 기초석 주위에 새겨진 고딕체의 비문은 종의 사명을 다음과 같이 선언하고 있다. "나는 참되신 하나님을 찬양하고, 사람들을 소환하며, 성직자를 소집하고, 죽은 자를 위해서 눈물을 흘리며, 역병을 쫓아버리고, 축제일들을 제정한다. 나의 소리는 모든 악마의 공포이다."

제네바의 대성당은 1535년과 1536년에 세속화의 재난을 만나게
된다. 이 때 사제의 미사복장과 은제로 된 헌금쟁반이 현금으로 바꿔
지기도 하고 또한 불에 용해되기도 하였다. 그러나 정면 꼭대기에
걸려있던 큰 십자가는, 제네바의 서기가 기록하고 있는 대로, "교황
의 악행의 인장, 혹은 휘장으로서" 부끄럽게도 본래 그대로 손상되지
않은 채 남아 있었으나, 하나님의 섭리에 따라 1556년 8월에 벼락을
맞고 파괴되었다.[35] 이때 비로소 처음으로 이 개혁이 된 로마의 성
베드로 교회는 칼빈의 설교를 위해서 최적의 무대가 되었다.

대성당 북쪽에는, 한때 제네바의 성당 참사회의 소유였던 수도
원이 있었다. 종교개혁 이전과 이후에도, 매년 2월에는 제네바의
4인의 행정관을 선출하기 위해, 그리고 매년 11월에는 제네바의 가
장 중요한 재판관인 사법대리자를 선출하기 위해, 여기서 시민 총회
가 개최되었다. 종교개혁 이전에는, 대성당 광장은 한 개의 문이
있는 성벽으로 둘러싸여 있었고, 내부의 공간에는 작은 목재 의자들
이 배치되어 있었는데, 그 곳들은 주로 공중인들과 교회 법정에 소
속되어 있는 하급관리들에 의해 사용되었다. 종교개혁 이후에는 이
성벽은 철거되었으나, 의자들은 그대로 남아 있어서, 1550년대에는
제네바의 인쇄업자들과 서적상들이 사용하였다.

이 대성당을 둘러싸고 있는 광장에는 수도원뿐만 아니라, 주교
의 공간이 있었는데, 공화국은 이 공간을 형무소로 사용하였다. 이
광장 주변과 서쪽의 샤노와느(Chanoines)거리 일대에는 주교좌 직원
들과 제네바 성당 참사회원 32명 중의 많은 사람의 주택이 있었다.
이 곳은 1536년에 칼빈이 오기 전 10년 동안의 전쟁과 혁명에 의해서
제네바에서 가장 황폐화 된 곳이었다. 1537년의 재산목록에 의하면,

건물의 절반 이상이 망명자들, 혹은 행방불명자들이 소유하고 있는
이 지역의 세 개의 소구(小區)뿐이었다는 것을 보여준다.[36] 여기 가구
가 완전히 비치된 일단의 공가(空家)에는, 샤노와느 거리의 옛 주민
대신에 새 국가에 봉사하는 종교개혁파의 설교자들이 입주하였다.
그러나 종교개혁파의 제네바는 구체제가 필요로 한 성당참사회원보
다도 적은 수의 설교자를 필요로 했기 때문에, 1550년대에 프랑스
인 부자들이 올 때까지 이 많은 집들은 빈집으로 남아있었다.

　　상부지대에서 생활의 제 2의 중심은 시청사(Maison de Ville)였
다.[37] 15세기에 시작해서 이 시청사는 1455년에 보데 탑(Tour Baudet)
건축에 의해서 대폭 개량되었다. 정부의 요새이며 중심이기도 한
이 건물은 오늘날까지도 남아서 그 16세기의 기능의 얼마를 계속
채우고 있다. 1504년에는 이 건물 지하에 예배당이 가설되었으며,
종교개혁파의 공화국은 즉시 그것을 공화국의 공문서 보관소로 만
들었다. 이 자그마한 동굴 위에는 호두나무 의자로 갖추어진 매우
불편한 방들이 몇 개가 있었는데(칼빈이 죽을 때까지 천으로도 덮어
두지 않았다), 그곳에서 제네바의 행정을 담당하는 의회의 정규적인
회의가 개최되었다. 보데 탑 옆에는 공용 마구간이 있었고, 또한
시당국이 나라의 무기와 식량을 저장하는 몇 채의 작은 집들도 있었
다. 칼빈이 살아있는 동안, 제네바 시청사에 유일하게 있은 큰 변화
는 보데 탑 정면에 멋있는 나선형의 통로가 건설된 것이었다. 그것
을 완성하는데 거의 20년이 걸린 대공사였다.

　　칼빈의 제네바에는 이들 교회와 국가의 중요한 건물들 외에
시 상류지대에는 눈에 띌만한 뛰어난 풍치는 거의 없었다. 대성당
동쪽에는 이전에는 여자 수녀원이 있었으며, 지금은 구빈원(救貧
院), 즉 종합병원으로 변경되었다. 상류지대에는 몇 개의 작은 교회

들이 있었는데, 새 국가는 그것을 곡물창고로 사용하였으며, 1550
년대에는 외국인 망명자를 위한 교회로 배당하였다. 그 중 두 곳은
오늘날도 여전히 같은 기능을 다하고 있다. 즉 대성당 광장의 옛
법정터에 있는 스코틀랜드 장로교회와 이전의 성 제르망(St.
Germain) 교구교회에 있는 구가톨릭교회 등이다. 그 밖에 제네바의
이 지역에는 거의 중요한 것이 없으며, 상류지대에는 상업 활동이
매우 적었다. 이것은 한 때 법률가들, 즉 긴 의복을 입은 사람들의
집이었으나, 그들의 떠나간 모습은 일찍이 1526년에 쟝느 드 쥐시
(Jeanne de Jussie)수녀에 의해 슬프게 묘사되었다.[38] 1637년에 프랑
스의 우주형상지(宇宙形狀誌) 학자 삐에르 다비티(Pierre Davity)가
기술한 대로, 이것은 후에 문학자와 재판관, 외국인과 서적상들의
거점이 된 것 같다.[39] 그러나 1536년의 제네바에는 이런 종류의 사
람들은 없었다. 상부지역의 샤노와느 거리에서 칼빈 가까이에서
살기 위해 학자와 경건한 사람들을 끌어들이고, 그 결과 제네바의
상업과 학식의 균형, 즉 제네바 시민에 의한 주교의 추방 후 일시적
으로 파괴된 균형을 회복시킨 것은 제네바의 역사에 대한 칼빈의
특별한 공헌이다.

V

1536년 칼빈이 도착했을 때 상부지역에 살고 있던 소수의 전통을
따르는 주민들 중에는 아주 잘 알려진 한 사람이 있다. 제네바의
성벽 바로 옆에 있는 베네딕트 파의 성 빅토르 수도원의 전 원장이
며, 제네바의 전 성당 참사회원이요, 시인이며 연대기 작가요, 르네

상스풍의 문학가이기도 한 후랑소와 드 보니바르(François de Bonivard, 1493-1570)가 그 사람인데, 그는 시용(Chillon)요새에서 6년 동안의 투옥 생활 후에 최근에 석방되었다.[40]

13세기 후 사보이가를 섬겨온 귀족 가문의 둘째 아들로 론강변의 세셀(seyssel) 거리에서 태어난 후랑소와는 교회에서의 출세를 준비하도록 계획된 우수한 교육을 받았다. 그는 1513년에 브라이스가우의 후라이부르크(University of Freiburg-in-Breisgau)대학에 입학하여, 독일어와 법학을 공부하였다. 보니바르는 곧 16세기 학자들의 메카인 이태리에 가서 1515년에 튀린대학교(University of Turin)에서 로마법과 교회법의 박사학위를 받는다. 그는 또한 그의 주임교수요, 유명한 정치이론가인 폴리비우스(Polybius)의 번역가이기도 한 끌로드 드 세셀로부터 인문주의 연구에 대한 취미를 배웠다. 공부를 끝마치고 나서 보니바르는 제네바에 정착하였으며, 거기서 1514년에 숙부로부터 성 빅토르 수도원을 상속받았다. 이 젊은 사람은 얼마 안 있어서 서품을 받고, 성 빅토르의 소유자가 자동적으로 얻게 되는 직위인 성당참사회원의 직책에 오르게 됐다. 그는 곧 지방 정치에 휘말리게 되어, 스위스 동맹의 열렬한 지지자로 평판이 자자했다. 보니바르의 이름은 1519년에 후리부르주(Canton of Fribourg)와의 도시 동맹에 조인한 86명의 제네바인 맨 앞자리에 나타난다. 사보이의 샤르르 3세 공작은 보니바르의 행위에 대하여 격분하였는데, 그의 행위는 아마 거의 복수의 동기에서 일어나게 된 것으로 안다. 왜냐하면 샤르르 3세의 사촌인 제네바의 주교는 역시 보니바르의 숙부에게 속하고 있던 부유한 수도원을 최근에 압수했기 때문이었다.[41] 보니바르는 아첨하여 다시 한 번 그를 자기편으로 삼으려는 공작의 시도를 물리쳤지만, 이 경솔한 행동 때문에 1년 동안의 투옥 생활과 성 빅토르의 상실이라고 하는 대가를 치러야 했다. 레오 10세 교황은 그의 훌로렌틴의 친구 레오나르도 토르나부니(Leonardo Tornabouni)를 위하여 1521년에 보니바르에게서 수도원의 수입을 박탈하였다.42

우리는 1520년대 제네바에서의 보니바르의 생활에 대하여 거의 알지 못한다. 그는 분명히 대부분의 시간을 문필 활동에 사용했으나, 그의 수도원을 도로 찾기 위해서 외교적 수완으로, 혹은 한번은 무력 공격으로 시도해보았으나 헛수고였다. 1530년에 부모를 방문하여 거기서 오랫동안 머물고 있는 동안, 보니바르는 로잔 근처에서 공작의 관리에 의해 체포되어 죄수가 되었다. 이 때 그는 6년 동안 감금생활을 보냈는데, 그는 이것을 "제2의 수난"이라고 간단하게 기술하고 있다. 이 동안에 그는 시를 쓰며 시간을 보냈다.

보니바르는 석방되어 1536년 4월에 제네바에 돌아왔다. 그는 군주 겸 주교로부터 완전히 독립하고, 새로 종교개혁이 된 제네바에 립 반 윙클(Rip van Winkle)처럼 나타났지만, 이 새 사태에 적응하기 위해서는 분명히 다소의 시간을 필요로 하였다. 공화국은 그에게 이전의 주교 직원의 집을 제공하였으나, 성 빅토르의 수입을 지불하는 것은 거부하였다. 신정부는 전쟁을 이유로 하여, 그것을 정부의 것으로 정했기 때문이다(수도원 자체는 교회의 나머지 부분과 함께 파괴되었으나, 수도원을 지탱하는 세금은 아직도 정기적으로 수집되고 있었다). 제네바는 보니바르에게 200에큐의 연금을 지불했으나, 그것은 수도원의 옛 수입의 약 3분의 1에 해당하는 금액이었다. 그는 이러한 상태에서는 살아갈 수 없다고 말하고, 다음 해에 로잔으로 가서 거기서 베른의 시민이 되고, 얼마 안 있어서 독일어를 말하는 여자와 결혼했다. 5년 이상을 외국에서 살다가 보니바르는 1543년 제네바에 돌아와서 죽을 때까지 거기서 살았다. 공화국은 공식 역사를 기술하기 위해 그를 초청하고, 1536년 보다는 적은 액수의 연금을 다시 그에게 지불하였다.

이 때 보니바르는 27년 동안 제네바에서 살았으나, 사치스럽게 살지는 아니하였다. 그는 계속 빚을 지고 살았으나, 정부는 그 때마다 그를 빚에서 구출해 주었다. 그는 여러 번 새 감독원과 다투었다. 감독원은 1543년에, 주사위 놀이를 하고, 시인 끄레망 마로(Clément Marot)와 함께 물건들이 탁탁 부딪치는 소리의 놀이(Trique-trac)를 했다는 이유로 그를 소환하고, 또한 1564년 말에는 칼빈 사후에 선동적인 시를 썼다는 이유로 그를 출교한 것이다. 보니바르는 특별히 소란스러운 결혼생활을 하였다. 그의 두 번째 부인은, 칼빈의 위안을 위해서 그가 1544년에 결혼한 미망인이었는데, 그녀는 얼마 안 있어서 그를 버리고, 심지어는 그들의 가구를 팔아치우기까지 했다. 그녀는 1552년에 죽었으며, 보니바르는 그 후 매우 조용한 여인과 결혼하여, 그녀와 함께 6년 동안을 같이 살았다. 마지막으로 그는 1562년에 감독원과 시 당국자들의 강요로 성적으로 무기력함에도 불구하고, 이전 수녀이며 그의 가정부이기도 하였던 네 번째 아내와 결혼하게 된다(이 사실을 의회 의사록은 성실하게 기록하고 있다). 이 소극(笑劇)은 즉시 간통죄로 1565년에 그 젊은 수녀는 익사형에 처해지고, 보니바르의 하인은 교수형에 처해지므로 비극으로 끝이 났다.[43]

보니바르의 문학 작품들은 거의 전부가 생동감 넘치는 토착어로 저술되었는데, 작품들도 놀라우리만큼 다양하다. 그의 시는 더 이상 손댈 필요가 없는 명문들로, 다량의 4행시와 14행시들이 남아 있다. 이들의 일부가 "작은 생각"이라는 소책자에 수록 편집되었으며, 나머지는 그의 산문 작품집들 속에 여기저기 산재해 있다. 그는 평행난에 알파벳순으로 배치하여, 약 3,000항목이나 되는 불어, 독일어, 라틴어로 된 독특한 사전을 제작할 정도로 연구의 능력과 재간을 가지고 있었는데, 그는 1540년대 거의 대부분의 시간을 이 일을 위해 소비하였다. 이 작품은 그가 그 서문에서 말하고 있는 대로, "유익할 뿐만 아니라, 그 이상으로 필요하였다". 그리고 그것은 다른 작품과 함께 원고에 그대로 남아있다(이러한 3개 국어 사전은 1611년까지 제네바에서는 발행되지 않았다).44

그러나 보니바르가 제네바에서 주로 한 일은 관선역사(官選歷史)를 편찬하는 것이었다. 그는 이 일을 약 3년간 열심히 진행하여 1530년 자신의 투옥생활이 끝마치는 해에는 모든 집필을 완성하였다. 그는 1551년에야 이 원고를 소의회에 제출하였다. 그러나 제네바 정부는 이 책의 출판을 거부하였다. 그 이유는 스위스 동맹국들이 충분하고 정중하게 다루어지지 않았으며, 그리고 용어가 "조잡"(crude)하다는 것 때문이었다. 그 원고는 이리 저리 버림받은 신세가 되어 사라져 버렸다(1556년에 한 시의원의 미망인은 그녀의 남편이 그것을 잃어버렸다는 것을 인정하였다). 이 세기의 모든 다른 제네바의 연대기와 같이 19세기까지 출판되지 못했다.

보니바르는 역시 라틴어와 독일어에서 프랑스어로 몇 권의 책을 번역하였다. 그 중의 한 책은, 그가 1549년에 슈툼프의 스위스 연대기(Stumpf's Schwyzerchronik)에서 번안한 반(反) 성직자적인 공포의 이야기인데, 이 책은 그가 출판한 유일한 저술이었다. 그러나 보니바르는 여러 주제에 대한 논문과 담론(談論)들을 집필하였으며, 그는 여기에 논설집이라고 하는 표제를 붙이기를 좋아했다. 그의 논문은 대체로 그 당시에 존재한 라틴어의 저작물에 근거를 두고 있었고, 보니바르는 그것을 번역함과 동시에, 원저자의 의견과 지식에 자신의 것을 첨부하였다. 그는 1550년대와 1560년대에 그와 같은 논문을 적어도 8편을 썼는데, 그것은 귀족의 등급, 언어, 죄의 기원, 세 가지 정치적 계급과 그들의 부패, 우상숭배와 교황의 폭정의 원천, 종교개혁의 다양성, 참 기적과 거짓 기적, 그리고 제네바의 신구 정부 등이다.[45]

　　보니바르는 저술을 직업으로 하는 지식인이었으며, 아마 이 부분에서 새로운 공화국으로부터 보수를 받은 유일한 사람이었을 것이다. 제네바는 보니바르의 전기 작가가 기술하고 있는 대로, 그의 학문과 그의 충성심 때문에 그를 보호하였다. 그들은 1558년에는 "충분히 일하지 않아서 자기 일을 훌륭하게 수행하지 못했다"는 평을 했으나, 1551년과 1561년에는 그는 "항상 우리에게 호의를 갖고 있다"고 평하였다.[46] 그의 유서는 1557년에 작성되었으며, 그 후 사실상 수정되지 않았다. 그 유서에 그의 전 재산을 공공 자선 사업에 기부한다고 명기되어 있는 대로 마침내 그렇게 처리되었다. 보니바르는 루터를 맹렬히 반대하면서 모하메드처럼 약탈의 복음을 설교한다고 주장하였다. 그는 교황의 폭정에 대하여는 한층 더 맹렬히 반대하였다. 그럼에도 불구하고 그는 열광적인 칼빈주의자는 아니었다. 보니바르의 저작들은 이 점을 훌륭하게 보여주고 있다. 그의 문장론은 사실상 마로(Marot)와 라벨레(Rabelais)의 그것과 동일하다. 그리고 그의 철자법은 음성학상으로 그가 사보이 태생이라는 것을 속이고 있다. 또한 그는 그의 책에서 칼빈이라고 하는 이름을 거의 언급하지 않았다. 그리고 그의 전기 작가가 그를 칼빈에 의하여 그의 문체가 수정되지 않은 최후의 제네바의 저술가로 부른 것은 아마 정확하다고 할 수 있을 것이다.[47] 보니바르는 근대적 저자들을 많이 좋아했는데, 그 중에는 에라스무스(Erasmus)와 라무스(Ramus)가 있었으나, 그러나 라벨레보다 더 자주 인용한 근대 저자는 없었다. 그리고 보니바르는 칼빈이 1550년의 「추문에 대하여」(De Scandalis)에서 이 "무신론자"를 통렬히 탄핵한 후에도 라벨레의 책을 읽고 인용하였다.

종교개혁 이전의 제네바의 성격에 대한 보니바르의 의견은 매우 공정하게 자신에게 적용될 수 있었다. 즉 "예의 바르고, 친절하고, 공손하고, 자유롭고, 신중보다는 더욱 관대하였다. 대부분의 사람들은 태평스러웠다. 그러나 전쟁은 필연적으로, 종교개혁은 자발적으로, 그들을 훨씬 더 신중하게 했다"[48]

VI

제네바의 배후지를 기술하면서, 미셀 로제(Michel Roset)는 1562년에 진술하기를, 제네바 시는 "베른의 주권자의 영토에 포위되어 있었고, 바로 그 뒤에는 사보이 공작의 토지가 있었다"고 하였다. 이전에는 사보이의 토지가 제네바를 완전히 둘러싸고 있었다. 보니바르가 기술하고 있는 대로, 옛날에는 제네바 사람들은 사보이의 땅을 밟지 않고는 성벽을 넘을 수가 없었다.[49] 제네바 근교의 사보이 점령지와 베른의 점령지의 분수계(分水界)가 정확히 그어진 것은 1536년 칼빈이 도착한 때였다. 그리고 그것은 기묘한 일치였으나, 이 땅들은 칼빈이 사망한 1564년에 조인된 로잔 조약을 통해서 가톨릭파의 사보이에게 반환되었다. 이 날짜들은 결정적으로 중요하다. 제네바 근교의 소량의 땅만이 주교와 성당 참사회에 속하게 되었고, 그래서 새 공화국은 1536년 이후 이 땅들을 직접 통치하게 되었다. 사실 제네바는 주교의 영지의 일부를 상실하였다. 그것은 1536년에 프랑스 인에 의해 점령된 지역 내의 티에(Thiez) 마을이, 1539년 프란시스 1세(Francis I)에 의해 제네바에서 취해졌기 때문이었다.[50] 대부분의 자유도시와 마찬가지로, 제네바는 그 경제적 배후지의 극히 적은 부분만을 통치했을 뿐이었다. 물론 칼빈의 공화국이 십일조 헌금을 받고, 종교개혁을 소개하고, 하급 재판권을 행사하고 있던 약 30여 개의 농촌 공동체가 있었지만 말이다. 그러나 누가 이 배후지를 정치적으로 통치했느냐 하는 문제는 이 도시국가로서는 결정적으로 중요하였다. 그리고 흥미있는 사실은, 칼빈이 제네바에 체재하고 있던 1536년에서 1564년까지 이 땅들이 제네바의 종교적, 정치적 동맹인 베른의 법적 소유로 되어있다는 것이었다. 그 이전과 그 이후에도 제네바는 사보이에 둘러싸여 있었는데, 그 사보이의 군주는 1526년 이래 이 도시의 영원한 적이었으며, 그 후 수세기 동안도 그러했다(오늘날에는 제네바의 많은 버스 노선이 한때 사보이의 땅이었던 곳에까지 확대되었다). 다른 말로 하면, 칼빈의 생존 시에만, 제네바는 정치적, 종교적 완충지대에 둘러싸여 있었다.

그러나 제네바와 베른과의 관계는, 곧 알게 되겠지만, 자주 긴장과 곤란한 것이었다. 충돌이 자주 있었고, 평화의 속도는 느렸다. 베른은, 칼빈이 제네바에서 매우 정력적으로 진행시키고 있는 다소 독특한 종교적 확립을 특별히 싫어하였다. 그럼에도 불구하고, 베른 정부는 확실히 제네바를 이웃으로 택하였다. 왜냐하면 칼빈이 제네바에 도착하기 수개월 전에, 그들은 "주민이 질서와 정의, 그리고 하나님의 말씀의 은혜를 즐길 수 있도록, 이 토지를 그들에게 주신 하나님의 도우심을 힘입어" 이 점령 지역을 보존하기로 서약했기 때문이었다.

그들은 그 일을 정확히 실천하였다. 베른은 교회법을 폐지하고, 모든 공증인에게 라틴어 대신 프랑스어로 그들의 문서를 작성하도록 명령하고, 그리고 시민 투표를 통해서 종교개혁을 받아들이기 위해 각 행정구에서 일련의 공개토론회를 가질 수 있도록 조정하였다.[51] 칼빈의 제네바가 그 하루하루의 존재를 유지할 수 있었던 것은, 이 농촌의 배경지였던 젝스, 테르니에 그리고 토농(Gex, Ternier and Thonon)이라고 하는 베른의 관할구에 대항했기 때문이었다.

16세기의 제네바는 그 배후지의 적은 부분만을 지배하고, "농촌이 없는 도시"였다고 해서, 우리는 제네바를 이 배후지와 연결시키는 수많은 끈이 있었다는 것을 못보고 지나가서는 안 된다. 경제적으로 제네바와 사보이는 상호의존 관계에 있었다. 제네바 자체는 반(半) 농촌이었으며, 1536년 이후까지도 성벽 안에서는 돼지와 산양을 사육할 수 없도록 금지하는 법을 제정해야만 하였다. 제네바의 모든 가옥 소유자는 자신의 정원을 소유하였고, 부유한 가옥 소유자는 모두가 성벽 내에 마구간을 소유하고 있었다. 거의 모든 제네바 시민은 역시 성벽 밖에 농지가 있어서, 거기서 곡식을 재배하고 포도를 심었다. 제네바의 보다 큰 부자들 역시 꽤 넓은 목초지를 가지고, 거기서 소들을 방목하였다. 모든 생활필수품, 즉 빵, 포도주, 그리고 유제품들은 제네바의 배후지에서, 자주는 제네바의 통치 밖에 있는 땅에서 생산되어, 마을 시민 집에 운반되고, 거기서 지하실에 저장되었다. 더욱이 제네바의 상업 활동의 상당한 부분은 주변의 농민들을 상대로 운영되었다. 영리한 늙은 상인들은 대부업으로 상당한 이익을 얻고 있었는데, 그것은 농민이 매년 수확 후에 곡물과 포도주로 반환하는 현금대부였으며, 그 이익은 대부분의 경우 상당히 높은 고리대금이었다.[52] 목재 쟁반이나 유리그릇을 팔고 다니던 아미 뻬랭의 아버지와 같은 사람들은 기물들을 등에 메고 인근의 관할구를 순회 판매하고 있었으나, 그들은 행상인으로 시작하여 마지막에는 정착 상인이 되었다.[53] 칼빈의 제네바는 1546년 이후 농촌상인, 행상인, 그리고 마상인(馬商人)들을 위하여 풀렝빨레(Plainpalais)의 새 문 바로 남쪽에 연(年) 4회의 정기시(定期市)를 열었다.[54] 제네바의 농촌 이웃들과의 관계는 일상적이며, 친밀하였다. 반드시 그럴 수밖에 없었던 것은, 어느 도시든지 주로 경제적으로 하나가 되어있었으며, 그리고 어느 정도까지 지방 농민들에게 양육을 받는 기생물이기 때문이다. 인구에 관해서도, 16세기의 제네바는 전적으로 주변 농촌에 의존하고 있었다(1501-1536년 동안에 새로 시민이 된 자의 5분의 3은 사보이에서, 6분의 1은 제네바 자체의 주교 겸 군주의 땅에서 왔으며, 한편 5분의 1만이 80마일 멀리 떨어진 곳에서 왔다는 것을 상기 해보자). 대체로 칼빈의 제네바에서 도시와 농촌의 구분은, 많은 학자들이 상상했던 것만큼 명확하지는 않았다.

1536년의 제네바 시에 대한 이 서론을 마감하면서, 그 도시의 독특한 성격에 대해서 두 가지 점을 강조할 필요가 있다. 첫째로, 제네바는 사업에는 번영하였으나, 사실상 어떤 형태의 제조업도 없는 도시였다(16세기가 이 용어를 이해하고 있다).[55] 15세기에 제네바의 정기시는 물자의 집산지로 전 유럽에서 그 명성이 높았으며, 그리고 대 메디치 은행의 지점이 거의 40년 동안이나 거기에 설치되어 있었다. 그러나 제네바 자체는 한 사람의 은행가도 만들어내지 못했다. 더욱 나쁜 것은, 제네바는 어떠한 상업도 만들어내지 못했으며, 그리고 인근의 프리부르(Fribourg)에서 번창하고 있는 직물공업인 그 중세의 위대한 중요상품도 만들어내지 못했다. 16세기의 제네바의 상인들은 아미 빼랭의 아버지와 같이 근면한 소매상인이었다.
그러나 전형적인 제네바의 직공들은 수출을 위해서가 아니라, 지방
적인 소비만을 위해서 물품을 생산하였다. 아마 그러한 이유 때문에
제네바에는 1536년 이전에는 종교적, 사회적 기능을 가진 신심회(信
心會, confreries) 단체가 50곳 이상이 있었으나, 수공업 동업자 조합
은 칼빈의 만년까지는 없었던 것으로 안다. 제네바 최초의 수공업
규약은 1557년에 만들어졌다[56]. 제네바에서 최초로 수출용상품을
생산한 것은 1550년대인데, 프랑스와 이태리를 떠나면서 돈과 기술
을 가지고 피해 온 수천 명의 망명자와 함께 그 시기를 같이한다.
프랑스 인들은 제네바 최초의 수출 산업인 출판업을 시작하였다.
이태리 인들은 견직물업을 소개하였는데, 16세기 말경에는 제네바
의 기간 수출품으로서 점점 서적이 자리를 잡게 되었다. 그러나 칼
빈이 1564년에 죽었을 때에는, 제네바의 제조업의 발전은 시작일
뿐이었으며, 그리고 제네바가 생산한 유일한 수출 가능한 제품, 즉
인쇄된 서적들은 경제사업인 동시에 종교사업이기도 했다.[57]

　둘째로, 칼빈 당대의 제네바는 종교적으로, 정치적으로, 심지어
는 문화적으로도 대단한 개척자의 도시였다. 칼빈이 살아있을 때,
제네바는 조직화된 프로테스탄티즘의 남서쪽 끝에 위치하고 있었
는데, 그것은 앙리 2세(Henri Ⅱ)의 가혹한 정책과 로마의 종교재판
을 피해 도망 온 프랑스 인과 이태리 인이 왜 이 도시에 끌렸는가를
어느 정도 설명해 준다(북프랑스의 망명자들은 스트라스부르에 갔
으며, 사실 자주 갔다. 그리고 메리 여왕 시대의 도망자들은 일반적
으로 제네바보다는 보다 더 가까운 영국의 어떤 지점에 머물렀다).
제네바는 부분적으로는 칼빈을 통해서, 부분적으로는 지리적 사정
에서, 거대한 망명자들을 맞이할 수 있었다.

정치적으로 칼빈의 제네바는 제국의 자유도시라고 하는 공적인 칭호를 원해서도 아니고, 얻으려고 하지도 않았지만, 독립도시였다. 제네바는 역시 정치적 고아와 같은 것이었다. 독립을 달성하려는 장구하면서도 위험한 과정, 즉 칼빈이 처음 도착했을 바로 그때에 완성했을 뿐인 그 과정 중에, 제네바는 15세기의 사실상의 주권자인 사보이가에 대한 모든 충성을 벗어 던졌다. 그러나 제네바의 역사에 흥미를 끄는 부분은, 사보이를 교체할 수 있는 군주적, 혹은 국민적 충성의 대상을 구하지 않았다는 점이다. 칼빈의 도시는 정치적으로나 문화적으로나, 스위스 지향적이거나 프랑스 지향적이지도 않았다. 이것은 제네바의 주민이, 특별히 칼빈의 생존 시에, 이 나라, 혹은 저 나라에 공감을 표시했다는 명백한 사실을 부정하려는 것이 아니다. 그러나 제네바 독립 공화국의 역사 전체는 정확히 말해서 스위스 인(당시 제네바에서는 독일 인이라고 불리어졌다)과 같이 외국인인 프랑스 인 사이의 완충국의 역사였다는 것이 강조되어야 한다. 프랑스의 법률과 언어는 16세기 제네바에서 유행하던 사보이의 관습과 방언과는 매우 다른 데가 있었다.[58] 궁극적으로 제네바의 운명은 칼빈과 프랑스 혁명과 같은 영향에 의해서 결정되었으며, 그리고 제네바는 문화적으로는 프랑스적이며(1815년 이후) 정치적으로는 스위스적이었다.

　　제네바 인의 애국심은 지독하게 지역적이었으며, 지금도 역시 그러하다. 호수 북쪽을 따라 로잔을 향해있는 길은 지금도 스위스 가(街)라고 하는데, 도로는 일반적으로 목적지를 따라 그 이름이 붙여진다. 제네바의 명칭 중에서 "국민적"이라는 말은 "스위스"를 의미하지 않고 "제네바"를 의미한다. 이것은 "프로테스탄트 국민교회"와 제네바 대학의 "국민사" 강좌 모두에 해당한다. 이러한 것이

작으나 자유국가의 특징이다.

미주/ 제1장

1 16세기 제네바의 모든 연대기와 마찬가지로 로제의 저서도 19세기에 출판되었다. *Les Chroniques de Genève*, ed. H. Fazy(G., 1894)

2 16세기 중엽에는, 리용은 약 50,000명의 인구에 프랑스 제2의 도시였다(1544년에 소집된 건장한 남자 8,500명과 1577년에 소집된 7,400명에 기초한 추정). A. Kleinclausz, *Histoire de Lyon*(Lyon, 1939), Ⅰ, pp. 486-87; R. Mols, *Introduction à la demographic historique des villes d'Europe du XIVᵉ au XVⅢᵉ siècle*(Louvain, 1954), Ⅱ, pp.515-17.

3 16세기의 베른은 4,000명과 5,000명 사이의 인구를 가지고 있었으나, 7만명 이상의 산간지역의 주민들을 지배하고 있었다. Richard Feller, *Geschichte Berns*(Bern, 1954), Ⅱ, pp. 23-24. 바젤과 쮜리히를 제외하고는 스위스에는 제네바와 같은 도시는 없었으며, 제네바보다 더 큰 도시도 없었다.

4 Louis Blondel, *Le Developpement urbain de Genève à travers les siècles*(Geneva-Nyon, 1946), pp.115-17.

5 AEG, Recensement A2; P.-F. Geiseindorf, de., *Le Livre des Habitants de Genève, Tome 1; 1549-1560*(G., 1957) : A. Dufour, *La Guerre de 1589-1593*(G., 1958), p.22.

6 Bonivard, *Les Chroniques de Genève*, Ⅰ, p.35, H. Naef, *Les Origines de La Réforma à Genève*(Geneva-Paris, 1938), p.7에 인용되었다.

7 Antony Babel, *Histoire economique de Géneve des origines au début du XVIᵉ siècle* [hereafter *HEG*](G., 1963), Ⅰ, pp.514-21; Blondel, *Developpement urbain de Genève*; pp.52-54, 65-66; Emîle Doumerque, *Jean Calvin; les hommes et les choses de son temps*(Lausanne, 1905), Ⅲ. pp.406-48 등을 참조하라.

8 Babel, *HEG*, Ⅱ, pp.610-11에 있는 분석과 목록.

9 Babel, *HEG*, Ⅱ, pp.620-23은 1464년의 제네바의 과세장부에서 알 수 있는 직업과 매우 유사한 범위를 제공한다. 1446년의 직업과 유사한 범위에 대해서는 Kleinclausz, *Lyon*, Ⅰ. 277ff.,과 대조하라.

10 R. Mandrou, "Les Français hors de France au XⅥ "siècle," in *Annales: Histoire; economics, civilisation*, 14(1950), pp.665-66.

11 1536년의 제네바의 200인 의회에는 46명의 상인이 있었다. 저자의 저서 *Studies in Genevan Government 1536-1605*(G., 1964), p.92f를 참조하라.

12 Babel, *HEG*, Ⅱ, pp.83-85, 619-19.

13 Doumergue, *Calvin*, Ⅲ, pp.185-90(p.188 인용-).

14 Babel, *HEG*, Ⅱ, pp.428-36.

15 AEG, Recensement A2, fols. 43-44.

16 클레베르제에 관한 주요 연구는 다음과 같다. Th. Heyer, "Jean Kléberger le bon allemand," in MDG, 9(1855), pp.421-53; R. Ehrenburg, "Hans Kleberg, der 'Gute Deutsche'," in *Mitt. des Vereins für Gesch. der Stadt Nürnberg*, 10(1893), pp.1-51; E. Vial, "Jean Kléberger," in *Revue d'hist. de Lyon*, 11(1912), pp.81-102.

17 망리히의 사업 활동의 개요는, R. Ehrenburg., *Les siècle des Fugger*(Paris, 1955), pp.105-06.

18 마튜의 아들 쟈크는 1578년에 제네바 소의회 의원에 선출되고, 1602년 죽을 때까지 다섯 번이나 시장직을 맡아 봉사했다. 이 제네바 사람 망리히의 역사는 풍부하였으나 복잡하였다. 그에 관한 많은 자료는 제네바 기록보관소의 여기 저기에 분산되어 있다.

19 Babel, *HEG*, Ⅱ. p.333; *Dict. hist, et biographique de la Suisse*, Ⅱ, 772.

20 Bonivard, *Advis et devis sur l'ancienne et nouvelle Police de Genève, ed. G. Revillod*(G., 1865), p.49.

21 AEG, P. H. 1666; Herminjard, *Corr. des Reformateurs*, Ⅲ, pp.461-62; Doumergue, *Calvin*, Ⅱ, pp.198-99.

22 Doumergue, Calvin, Ⅲ, pp.48-50.

23 *Journal de Syndic Balard, 1525-1531*(G., 1854)에 대한 J. J. Chaponnière의 주석이 달린 100쪽의 풍부한 서문을 보라.

24 P.-F. Geisendorf, *Les Annalistes genevois du début du XVIIe siècle*(G., 1942), pp.156-70, 는 발라르가 1545년까지 일기를 계속 썼다는 것을 지적한다.

25 *Chaponnière, Balard*, pp. lxvi - lxvi 와 주(註).

26 *Ibid.*, pp.lxvi - lxvi 와 주.

27 *Ibid.*, p.lxviii n.1,는 AEG, Finances T1에 의해 확인되었다.

28 Chponnière, pp.lxxiv-lxxv 와 주.

29 *Ibid.*, p.lxxxi n.1.

30 *Ibid.*, pp.lxxxvil, xciii-xcvi.

31 *Ibid.*, pp.xcii-xciii.

32 *Ibid.*, p.xxxix n.1; 앞의 주(27).

33 *Journal du Syndie Balard*, p.309.

34 Doumergue, *Calvin*, Ⅲ, pp.263-92; H. Naef, *Les Origines de la Réforme à*

Genève, pp.10-12.

35 Doumergue, *Calvin*, Ⅲ, pp.269-71; Roget, *Les Chroniques de Genève*, Bk. Ⅵ, Ch.9(pp.386-88).

36 AEG, Recensement A2, fols. 5-8, 8-11, 26-28. 노틀담-라-노부, 쌍 삐에르, 부랑 제리 등, 이들 적은 구(區)에는 155동 중의 91동은 이런 상태에 있었고, 그 중에는 11동의 긴 가옥 한 채가 있었다(fol 11).

37 Doumergue, *Calvin*, Ⅲ, pp.314-24; Ch. Martin, "La maison de Ville de Genève", in *MDG* in 4°, v.3(1906).

38 *Le Levain du Calvinisme*, ed. G. Revilled(G., 1856). p.2.

39 Doumergue, *Calvin*, Ⅲ, p.399에 인용되다.

40 Joseph-E. Berghoff, *François de Bonivard,"* sein Leben und Seine *Schriften*(Heiderberg, 1922)를 보라. 보나바르의 제네바에서의 생활은 J.-J. Chaponniere, "Notice sur François Bonivard," in *MDG*, 4(1856), pp.137-304에 풍부한 사료를 사용하여 서술되었으며, 이 논문의 절반 정도는 증거서류이다.

41 Berghoff. pp.49-61는 보니바르의 상당한 근거가 있는 동기를 논하고 있다.

42 *Ibid.*, pp.72-73. 성 빅토르의 수입은, 저명한 제네바 시민 베장송 유그(본서 81쪽 참조)에 의해서 연 640에큐의 돈을 토르나 부오니에게 위탁되었다.

43 Chaponnière, pp.191-99, 206-11에 풍부한 사료가 있다.

44 Berghoff, pp.143, 150-65, 그것은 로베르 에스티엔트의 1539년의 佛羅辭典과 페트루스 다시포디우스의 1537년의 獨羅辭典을 기초로 해서 제작되었다.

45 *Ibid.*, pp.191, 207, 167ff, 237ff, 263ff, 272ff, 284ff, 312ff, 314.

46 *Ibid.*, pp.119-20.

47 *Ibid*, pp.285-95, 332-47(p.337 인용).

48 *Les Chroniques de Genève*, Ⅰ, p.35. 이것은 Naef, *Origines de la Reforme à Genève*, pp.29-30에서 인용되었다.

49 Roget, *Chroniques de Genève*, Bk. Ⅰ, Ch.1; 보니바르는 A Roget, *Les suisses et Genève*(G., 1864), Ⅰ, p.52에서 인용되었다.

50 본 저자의 *Studies in genevan Government*, pp.76-80와 그 참조문헌을 보라.

51 Chas. Gilliard, *La Conquète du Paysde Vaud par les Bernois*(Lausanne, 1935), pp.245-75(p.255 인용).

52 Jean-françois Bergier, *Genève et l'économie europeene de la Renaissance*(Paris, 1963), p.84 n.6. 그리고 pp.88-89의 루이 벡크(Louis Bec, 1520년 사망)에 대한 우수한 기술. 제3부 「도시와 시골」 전체는 제네바 농촌사 이해에 기본적인 것이다.

53 Bonivard, *Advis et devis sur l'ancienne et nouvelle police de Genève*, ed. G.

Revillod(G., 1865), p.55.

[54] Bergier, *Genève et l'écon européene*, pp.96-97.

[55] *Ibid.*, pp.244-48; 또한 Babel, *HEG*, II, pp.145-73을 참조하라.

[56] Babel, *HEG*, II, pp.240-71.

[57] 뒤의 179-183 페이지.

[58] 칼빈의 제네바의 공인역사에 사용된 프랑스어는 여러 면에서 1536년에 그것을 교체한 라틴어와 같이 인위적인 언어였다. 그러나 제네바의 방언으로 기록된 사료는 칼빈을 반대하는 긴 유행가 하나와 몇개의 불쾌한 협박 외에는 남은 것이 없다. 전자에 대해서는 A. Burger, ed., *Cé qu'è lainô*(Geneva-Lille, 1952; Soc. des publ. romanes et françaises, #37); 후자에 대하여는 Roget, *HPG*, II, p.323.

제1부: 도시의 발전

제2장 제네바의 혁명

1536년 9월 칼빈이 도착했을 때, 제네바는 바로 폭군의 멍에에서 겨우 벗어난 신생 도시국가였다. 제네바는 주교의 지배에서 해방되었으나, 아직 정치적으로는 바꾸어지지 않은 상태에 있었다. 제네바는 로마 가톨릭 교회에서는 해방되었으나 아직 종교적으로는 바꾸어지지 않았던 것이다. 제네바는 사실상 2중의 혁명의 절정에서 방금 벗어난 백지상태(tabula rasa)였다. 칼빈이 도착하기 전 수십 년 동안 제네바 시민은 비상한 업적을 이루어 놓았다. 대다수의 군주들이 이전에 자치도시들에 대한 지배를 급속히 강화하고 있을 때, 그들은 그 시대의 풍조를 거슬러 제네바의 독립을 성공적으로 완성한 것이다. 16세기에는 제네바와 같이 작은 도시들이 현실적으로 독립을 유지한 곳은 극히 적었으며, 그리고 제네바 정도의 도시가 독립을 영원히 확보하는데 성공한 도시도 없었다. 그러나 1536년 8월 8일, 제네바 시민이 그들의 보호자인 베른과의 조약이 조인되었다

는 소식을 들었을 때 제네바 시의회 의사록은 기쁨에 넘쳐 다음과
같이 기록하고 있다. 즉 "우리는 우리 제네바 시의 군주로 계속 남을
것이다."[1] 사실 그들은 1798년까지 군주로 남아있었다.

　　제네바 시민은 어떻게 독립을 이루었는가? 제네바의 역사를
대충 훑어보면, 16세기 초 제네바 시민에게 영향을 미친 그 용감한
불굴의 정신과 애국심의 거센 파동에 대한 이해에서 몇 가지 실마리
를 얻을 수 있다. 사실 중세의 제네바의 역사에서 얻을 수 있는 가장
강한 인상은 도시의 발전이 늦어졌다는 것이다.[2] 13세기 중엽 이전
에 정치적 특권들이 제네바 시민에게 주어졌다는 흔적은 전혀 없다.
제네바의 최초의 시민공동체(commune)는 1285년에 이루어졌는데,
그것은 프랑스의 자치제 운동의 최전성기보다 약 60년 후에, 그리고
론강(Rhone) 하류에 있는 리용(Lyon)보다는 80년 후에 이루어졌다.[3]
주교는 1308년에 제네바의 시민 공동체만이 법적 존재임을 인정하
였다. 시민권에 대한 최고(最高)의 문서는 1339년에 작성된 것이었
다. 주교는 1387년에 제네바 인에게 자유증(lesfranchises)을 부여하
였다. 이것은 제네바 주교 관구 내에 있는 19개의 작은 마을이 이미
그러한 특허증을 받은 상태에 있었고, 그 중 4개 마을은 1세기 이상
오래전에 받고 있었다.[4](그 이유는 부분적으로 제네바 주교의 재정
형편이 사보이 백작들보다 좋았으며, 그 결과 그러한 특허증을 팔
필요가 없었기 때문이었다). 제네바 시의회의 기록에는 1409년에
시작해서, 1455년에 겨우 시의회가 자신에게 걸맞은 아름답게 장식
한 시청사를 갖게 되었다고 기록되어 있다.

　　제네바는 대단히 큰 주교관구(主敎管區)의 중심이었으나, 대주
교 관구는 아니었다. 황제는 1365년에 대학교 설립의 특허장을 주교
에게 허락했으나, 제네바는 고등교육기관을 소유하지 못하고 있었

다. 중세기의 제네바는 상당히 큰 상업도시였으나, 실제적으로 수출할 수 있는 물품을 만들지 못하였으며, 수공업 조합도 없었다. 제네바 시의 번영은 거의 전적으로 매년 4회 정기적으로 열리는 정기시(定期市)에 의존하고 있었다. 이 정기시는 15세기 중엽에 기독교권의 많은 지역에서 상인들을 유인하였다.5 그러나 100년 전쟁 후 프랑스의 루이 11세(Louis XI)는 제네바(그리고 그의 적인 버건디 편에 서 있던 사보이)를 희생시키고 자기 왕국의 번영을 회복시키려고 1462년 리용에 특권시장을 만들었다. 그는 시장의 개최되는 날짜를 제네바 시장의 날짜와 정확하게 일치하게 하였다. 훌로렌스 사람들(Florentines)은 그 유력한 메디치 은행(Medici Bank)을 따라 즉시 그들의 업무를 리용으로 옮겼으며, 그리하여 1475년에는 제네바에서 이태리 은행은 단 한 곳만이 남아있을 뿐이었다.

제네바 정기시의 국제적 상황은 루이 11세와 리용의 정기시 때문에 절름발이 시장이 되었으나, 제네바 정기시의 지역적 상황은 지속되었다. 제네바 시는 여전히 사보이의 영토, 버건디의 자유 주(州), 그리고 스위스 연방의 도시들에게 상업적 매력이 있는 도시였다.6 훌로렌스 사람들의 부와 매력을 박탈당하였음에도 불구하고, 제네바의 정기시는 16세기까지 지역적 규모로 훌륭하게 존속되었다. 종교개혁 후에도 1536년, 1539년, 1541년, 1544년, 그리고 1545년에 예년의 정기시에 관한 포고령이 여러 번 발표되었다.7 그러나 제네바의 그 위대한 날들은 지나갔으며, 상업상의 중앙시장으로서의 제네바의 중요성은 점점 더 감소되어 갔다. 1530년대에 제네바 시 자신의 많은 지도적 상인들은 리용의 경제적 정기시에 규칙적으로 참석하였다. 그리고 칼빈시대와 16세기의 나머지 많은 시기에도 그들은 역시 후랑크후르트(Frankfurt)의 국제적 박람회에 규칙적으로 참석하였다. 제네바가 정치적 종교적 혁명으로 몸부림치고 있던 16세기 초에는 제네바에는 2세대전과 같은 그런 번영은 찾아볼 수 없었다. 제네바의 경제적 퇴보는 가벼웠으나 현저하였다.

정치적으로 제네바 시당국은 16세기 초기까지 자치권을 향해 큰 전진을 보지 못했다. 군주 겸 주교는 시민에게 범죄자에 대한 재판권을 허락했으나, 범죄자를 체포하거나 처형하지 못했으며, 또는 일반 시민의 민사사건의 재판도 허락하지 않았다. 도시 안에서의 세입원의 대부분은 주교의 손 안에 있었다. 그는 제네바 시의 공인된 시장에서 징수한 관세의 3분의 2와 재판 수입을 차지했다. 제네바 지방자치제의 통상적인 예산은 매우 적었다. 물론 절대적으로 정확한 숫자를 얻어내기에는 기록이 너무 단편적이어서 산출할 수가 없었지만 말이다.8 지방자치제의 구제적인 표현인 시민총회는 15세기 제네바에서는 여전히 규칙적으로 소집되고 있었다. 그 당시 그것은 리용에서, 혹은 바젤, 취리히, 또는 베른과 같은 스위스 동맹의 더 발전된 도시에서는 이미 소멸되어가는 진기한 것이었다.9 제네바의 시민공동체(the commune of Geneva)는 1484년 때처럼 가끔 사보이의 신분제의회(Estates)에 소집되었으나 출석한 일은 없었다.10 제네바의 주교는 분명히 시의 이해관계를 대표하고 있었다. 제네바에게는 이 신분제 의회에의 출석 면제는 거의 아무런 이익이 되지 못했다. 왜냐하면 사보이가가 제네바에 일련의 자발적 기부를 부과했기 때문이었다. 그러한 보조금은 15세기에는 적어도 20회 거두어졌다.11

중세기 제네바에서의 유일하게 중요한 충돌은 사보이가와 군주 겸 주교 사이에 있었던 일이다. 군주 겸 주교는 대성당 참사회와 하나가 되어 제네바는 황제로부터 직접 주어졌다고 주장하였다. 사보이가는 13세기에 제네바에 기반을 굳혔으며, 1265년에 주교는 재판의 집행과 시의 범죄자를 기소할 수 있는 vidomne, 즉 재판관의 직책을 그들에게 부여하였다. 사보이 백작은 다음에 제네바의 최상급의 요새, 즉 론강의 섬에 있는 주교의 옛 성을 1287년에 획득하였다. 사보이가에 의한 그러한 침식은 제네바의 주교로 하여금 그들의 독립을 유지하기 위해 14세기 초 시민 공동체와 화해하지 않을 수 없게 만들었다.

그러나 제네바의 군주 겸 주교(the Prince-Bishop)와 시 주변에 있는 모든 토지를 취득한 사보이가 사이의 이 경쟁 관계는 15세기에 와서 끝이 났다. 사보이의 세력이 강해져서, 1424년에는 공국(公國, Duchy)이 됐다. 그 최초의 공작 아마데우스 8세(Amadeus Ⅷ)는 후에 은둔자가 되었으며, 바젤 의회에서 교황으로 선출되고, 휄릭스 5세(Felix Ⅴ)라 불려졌다. 이 공작 겸 교황은 1449년 교황의 칭호를 포기하고, 제네바 사교 관구(the See of Geneva)의 관리자의 칭호를 보유하였다. 1451년 그가 죽은 후 그의 여덟 살짜리 손자가 제네바의 주교로 임명되었다. 사교 관구는 사보이가의 한 가족으로부터 다른 가족으로, 일반적으로 중단 없이 조카에게로 계승되었다. "휄릭스 5세"(Felix Ⅴ)가 1444년 자신을 위해서 제네바의 사교 관구를 보류한 때로부터, 1522년 사보이가의 아첨꾼 삐에르 드 라 봄(Pierre de la Baume)의 임명 때까지 78년 중 70년 동안 사보이가의 여섯명이 이 주교직을 차지하였다. 이들 고위성직자들은 거의 모두가 사보이 궁중에서 살지 않았으며, 그러므로 그들 중 한 사람도 교회법에 의거한 생활을 한 사람이 없었다. 그들 중에는 서품을 받지 않은 사람이 없었다. 그러나 이 세부적인 것들은 중요하지 않다. 현대의 어느 스위스 작가가 기록한대로, "제네바는 이웃 도시 로잔보다 더 시민적, 자치적 특권을 증진시킬 수 있었으나, 좋던지 나쁘던지 제네바는 사보이가의 태양 주위를 회전하는 성좌(星座)의 일원이라는 것을 알고 있었다. 제네바는 여기서 피하려고 하지 않았으며, 그럴 필요도 느끼지 않았다.[12"]

약 1,500년 경, 제네바는 사보이가의 광대한 영토 내에서 최대의 도시이며, 사교 관구 중에서 최대의 관구였다. 제네바는 이전과 같이 부요하지는 않았으나 여전히 번영하는 도시였다. 제네바에는 성클라라회 수녀원과 어거스틴파 은둔자 수도원 등, 두 곳의 새 수도원과 15세기 말 25년에 네 곳의 옛 수도원이 있었다. 제네바는 일곱 교구 교회 중 많은 교회를 재단장 하였다. 1478년 아담 슈타인쇄버(Adam Steinschaber)라고 하는 스와비아 사람(Swabian) 방랑자가 제네바에 최초의 인쇄업자로 왔다. 두 번째 인쇄업자는 1480년에 나타났고, 세 번째는 1493년에 나타났다. 로잔과 제네바의 대관구의 일 때문에 그들은 바쁘게 일하였던 것이다. 제네바는 1495년에 유대인 거주지를 몰아내고, 최초의 마녀를 화형에 처하므로 제네바 시를 정화하였다(1531년 이전에는 12명 이상의 마녀가 동일한 운명에 처해졌다).[13]

I

지금까지 제네바의 역사가 16세기 초의 혁명운동의 발생에 대한 이해의 실마리를 거의 주지 못한 이유는, 부분적으로는 우리가 제네바의 지리적 위치에 대하여 충분한 관심을 갖고 검토하지 않았기 때문이다. 제네바는 1477년 샤르르(Charles)와 버건디(Burgundians)를 패배시킨 후, 스위스의 여러 주들, 특히 베른(Bern)과 후리부르(Fribourg)에 의해서 서쪽을 향해 활모양으로 팽창하고 있을 때, 제네바는 그 전초기지 중의 하나였다. 스위스의 정치적 활동은 서쪽 멀

리 뇌샤뗄(Neuchatel)까지 뻗고 있었다. 그들은 이곳을 1512년 오르
레앙(Orleans)의 프랑스 공작인 세습 백작으로부터 강탈하였다. 6년
후에 그들은 버건디에 있는 제국 자유도시 베장송(Besancon)과 짧게
끝마친 도시동맹(Combourgeoisie)을 체결하였다. 베른은 1477년부
터 제네바 호수 북쪽의 광대한 지역을 포함하는 사보이가의 보 지방
을 향해 탐욕스러운 눈을 던지고 있었다.14

보 지방(Pays de Vaud)의 서쪽 끝자락에 있는 정치적 요충지인
제네바는 1475년에 처음으로 스위스의 존재를 알게 되었다. 불행하
게도 버건디와 동맹을 맺고 있던 제네바는 스위스군의 협박을 받고
28,000 에큐(ecus, 옛 금화 혹은 은화)라고 하는 거액의 배상금을
강요받았다. 배상금 중에 2,000 에큐는 일 주안에, 10,000 에큐는
한 달 안에, 그리고 잔액은 일 년 내에 지불하라는 것이었다. 이
최후통첩에 응하기 위해 제네바는 시중의 전 재산에 대하여 6퍼센
트의 세금을 과하였으며, 스트라스부르와 리용의 메디치 은행에서
거액의 돈을 빌릴 뿐만 아니라, 시내에 반입되는 모든 포도주에도
과세할 수밖에 없었다. 19세기의 한 역사가가 기록한 대로, 스위스
사람은 "버건디 전쟁 후 특별히 예찬할 만한 행동을 보여주지 못했
다. 그들은 하찮은 이유로 다투기 시작하고, 매우 탐욕스러웠으며,
불쾌한 방법으로 자주 인간성과 사람들의 권리를 짓밟곤 하였다"15

그러나 제네바는 한층 더 우호적인 방법으로 이들 무례한 산(山)
사람들과의 접촉을 신속히 회복하였다. 설명하자면, 그것은 제네바
의 정치적 구조의 특수한 성질에서 찾을 수 있다. 제네바 시는 항상
단일체로 간주되었는데, 그 수장은 군주 겸 주교였으며, 그리고 두
개의 구성원은 32명의 대성당 참사회원과 시민으로 되어있었다.16

주교는 우리가 위에서 보아온 대로 사보이가와 밀착되어 있었

다. 그러나 이론적으로 주교를 선출할 권리를 갖고 있던 대성당 참사회와 시민은 제네바의 상업적 번영과 군사적 안전을 보증할 수 없었던 그 사보이가에게 그처럼 밀착되어 있지는 않았다. 오히려 제네바 시민들 사이에 사보이가에 대한 충성심이 낮았던 것은 15세기와 16세기 초에 제네바에서 단지 13개 가족만이 사보이 귀족의 칭호를 얻었다는 사실이 이를 전적으로 설명해준다(샹베리 Chamberry의 작은 마을의 42개 가족을 포함해서, 이 시기에 사보이로부터 263개 가족만이 귀족의 칭호를 얻었다).[17] 제네바의 대성당 참사회는 그들의 불안정한 독립을 사보이로부터 얻기 위해 가끔 외부의 후원을 찾아 스위스에 호의를 보여주었다.

1482년부터 1490년에 이르는 주교 공백 기간에 그 세력이 증대된 대성당 참사회는 제네바 시민의 시민의식을 북돋아 주었다. 「저명하고 부유하며 관대한 제네바 시민에게 속하는 자유, 특권, 뛰어남, 그리고 면제에 관한 논문」이 1493년 간행되었는데, 이 논문이 저명한 주교좌성당 참사회원인 말방다(Malvenda)에게 헌정되었다. 이 참사회원은 역시 1419년에 "한 사람에게 감동을 주는 자는 모든 사람에게 감동을 준다"라는 표어를 세워 시민 민병대, 즉 "제네바의 우리 주 성 삐에르 수도원"을 되살아나게 했다. 이 조직은 제네바의 최초의 참된 시민 방위군이었으며, 그 사령관(후에는 총사령관이라는 칭호로 바뀌었다)은 1555년 칼빈의 승리의 순간까지 그 기능을 발휘했다. 제네바의 사보이로부터의 완전 독립을 증명하기 위해 1483년에는 소위 "황금 교서"까지 날조되었다. 그것은 후에 사라졌지만, 도시 공동체가 난처하게 되었으며, 대성당 참사회가 당황하지 않을 수 없었다. 스위스의 여러 도시에는 다른 중간 규모의 의회에 해당하는 50인의 자문 성격의 시의회가 1502년에 제네바에 설립되었다.[18]

그럼에도 불구하고, 제네바는 대성당 참사회와 제네바의 많은 저명한 가족을 사보이 궁정에 연결하는 연결고리를 못보고 넘어갈 수는 없다. 공작의 학식 있는 왕자들과 주교의 서기들, 로마 교황의 주요 공증인들, 그리고 공소재판관들 다음 가는 봉건 왕자들이 제네바의 종교적, 정치적 구조의 상층부를 채우고 있었다. 주교직에 연고자를 등용하는 것은 여기서도 유행하고 있었다.[19] 한 가문이 이해관계 때문에, 사보이가를 떠나 스위스에 접근한 사람이 있었는데, 그는 제네바의 저명한 대성당 참사회원 에몽 드 젱젱(Aymond de Gingins, 1455-1537년 경)이었다.[20] 보 지방에서 가장 오래된 귀족의 자손이며, 대규모의 성직 겸 임자인 그는 난쟁이 광대와 일남일녀를 생산한 잘 차려 입은 멋쟁이 부인과 함께 모든 형식의 우아한 생활에 빠져 있었다. 그가 1513년에 대성당 참사회에 의하여 주교로 선출된 것은 분명히 그의 사회적 명성 때문이었다. 제네바의 시민들은 7년 전에 그가 "시민법과 교회법의 근본 원리를 무시했다"는 것을 보아 왔기 때문이었다. 그의 선출은 교황 레오 10세(Leo X)에 의하여 조용히 무시되고 정식으로 사보이 왕자를 주교로 서임하였다. 에몽 드 젱젱은 저명한 서약동맹파 (Eidguenot)요, 스위스 동맹의 지지자인데, 어째서 그가 1527년에 주교 대리가 되었는지는 무엇인가 신비스러운 데가 있다. 베른의 개혁파 정부에 자신의 전 재산을 유증(遺贈)한 이 성당참사회원은 제네바에서 의 종교개혁 도입에 뒤늦게, 그리고 전적으로 효과 없는 반대 이외에는 성직자로서의 일을 한 흔적을 전혀 찾아볼 수 없다.

대체로 제네바의 상인들은 대성당 참사회원들보다 열심히 스위스 동맹을 지지하였다. 그 이유는 부분적으로 경제적인 것이었다. 이태리 은행가들이 떠난 후 제네바의 번영은 거의 전적으로 스위스 와 독일의 상인들이 제네바 정기시(定期市)의 계속적 참가에 의존하고 있었다. 더욱이 많은 제네바의 상인들은 약간의 스위스의 여러 도시들과 특히 후리부르(Fribourg)와 상업상의 관계와 가족(혈연)관계를 갖고 있었다.[21] 그러나 그 상인들 중에는 스위스와의 명백한 동맹에 대한 제네바의 충격은 처음에는 적었다. 사보이가의 새 공작 샤르르 3세(Charles Ⅲ, 1504-1544)는 1506년의 발레(Valais) 전투를 위하여 성공적으로 제네바를 설득하여 포병부대를 빌려오는 데 성공하였다. 그는 역시 제네바에 대한 스위스의 공격을 예상하고, 상 제르베(St. Gervais)의 오른쪽 둑방 교외 주위에 성벽을 쌓을 수 있도록 설득하였다. 그러나 공작의 사촌이 대성당 참사회원 선출에 에몽 드 젱젱(Aymon de Gingins)을 이겨 1513년 주교직에 임명되었을 때, 6명의 유명한 제네바 상인은 사보이가의 분노를 피하기 위해 후리부르의 시민권을 얻는 예방 조처를 취하였다. 이 예방책은 이미 6년 전에 제네바의 한 행정관을 보호한 바 있다.

제네바의 많은 시민은 1517년 그들의 주교, 혹은 사보이가를 여러 가지로 모욕한 것 때문에 체포되었다. 시민과 주교 사이의 소원이 증대되고 대성당 참사회의 명성이 갑자기 떨어지자 제네바 시에서는 당파적 대립이 일어나게 되었다. 체포된 시민들은 주교 살해의 대음모의 일부로 재판 받았다. 마지막으로 비교적 신분이 낮은 두 사람, 즉 나비(Navis)와 불랑세(Blanchet)라는 제네바 인은 참수형에 처해졌다. 제네바 시내에는 긴장이 고조되었다. 후랑소와 보니바르 (Francois Bonivard)의 인솔 하에 86명의 제네바 대표단은 후리부르에 가서 1519년 1월 7일 거기서 시민권을 얻었다.[22] 그들의 행위는 계속 제네바 시의 주교 파와 공작 파의 비난을 받았으며, 1520년 5월의 제네바 시의회 의사록에 eyguenots(서약동맹파)와 mamellus파(마메루쿠 파)로 나타난 당파가 구체적 형태를 얻기 시작했다.[23]

1월의 이 책략이 있은 직후, 제네바의 전시(全市)는 1519년 2월 후리부르와의 도시동맹(Combourgeoisie) 조약에 조인했다. 그러나 이 조약은 짧은 기간 지속되었다. (보니바르가 설명한대로) 사보이 파가 제네바 시의회에서 과반수의 의석을 차지하고 있었고, 역시 후리부르와 스위스의 다른 도시에는 사보이가의 연금수령자가 대세를 이루고 있었기 때문이었다.[24] 사실 사보이 외교는 3월에 후리부르-제네바 조약을 무효로 하도록 스위스 의회를 설득하였다. 이것은 샤르르 3세(Charles Ⅲ)로 하여금 4월 5일 완전무장하고, 수 10명의 귀족들과 수백 명의 군인들에 둘러싸여 승리의 제네바 입성을 감행할 수 있도록 그 길을 준비하게 하였다. 4일 후에 공작은 제네바의 모든 교회의 특권을 보증하고, 특사(特赦)를 약속하는 특허장을 발부하였다. 다음 4월 11일에는 시민총회가 소집되었는데, 이 총회는 후리부르 조약을 엄숙히 취소하였다. 이 회의에 참석한 18명의 스위스 대표단은, 그들이 제네바의 구원을 위하여 소집한 군대를 해산하기 위해 즉시 6,000 에큐를 지불한다는 조건으로 그 조약의 폐기를 받아들였다.

후리부르 조약에 의해서 몹시 힘들게 타협된 많은 제네바의 시민들은 보니바르의 본을 따라, 샤르르 3세가 입성했을 때 제네바를 조심성 있게 떠났으나 특사가 포고된 후 다시 돌아왔다. 8월 말 샤르르 5세가 황제로 선출된 후, 제네바의 주교 쟝 드 사부아(Jean de Savoie)는 500명의 수행원과 함께 엄숙히 제네바에 입성했다. 그는 이틀 후에 후리부르 동맹의 주도자 휠리베르 베르뜨리에(Philibert Berthelier)를 체포하여 처형했다. 일주일도 채 못 되어 주교는 또 하나의 시민총회를 소집하였으며, 거기서 시민의 반란과 그들 특권의 위반을 열거하고, 제네바 시의 4명의 행정관을 해고 처벌하는 한편, 그들을 대신하여 다른 4명의 행정관을 임명하였다. 그는

또한 앞으로는 주교의 동의 없이는 제네바의 행정관은 선출될 수
없다고 포고하였다.

　베르뜰리에가 즉결 처형되었을 때, 제네바 시의 한 행정관은 "비
둘기가 떨어졌다"라고 하면서 기뻐 날뛰었다. 다음 수년 동안은 그를
대신할 만한 멋진 비둘기가 제네바 시민 중에는 나타나지 않았다.
다음 2년 동안에는 다소 의심스러울 정도의 고요함이 크게 유행하였
다. 1521년 선거에서 대립적인 시민 당파 사이에 한 조약이 결정되었
다. 그리고 주교 역시 온건하게 누그러졌다. 그는 행정관 후보 명단에
서 과격한 반(反) 스위스 파 한 사람을 공격하였다.25 당파주의의 명백
한 특징은 간단히 기울어졌다. 서약동맹파(Eidguenots)는 스위스 양식
의 수탉의 깃털 부치는 것을 자제하고, 마멜루크파(Mammelukes)는
서양 감탕나무의 가지를 부치는 것을 중지하였다. 제네바 시민들 간
의 이 새로운 조화와 사보이가와의 화해는 샤르르 3세가 1523년 8월
부터 1524년 3월까지 제네바의 장기 체류하는 동안에 그 절정에 달
했다. 공작과 그의 신부 포르투갈의 베아트리스(Beatrice)의 즐거운
입성(入城)을 준비하고 있던 시민들은 가면을 쓰고 드라마를 연출하
고, 공중용 샘에 포도주를 흘러 보내는 등 참된 사육제 때처럼 그들
의 입성을 받아들였다. 이런 때에는 가장 정력적인 서약동맹파
(Eidguenots)까지도 누가 더 멋있는 옷차림을 했는가를 보기 위해 서
로 경쟁하였다. 훗날 1526년의 도시 동맹 지도자가 된 베장송 휴그
(Besançon Hugues)는 명예로운 민병수비대를 지휘하였다.26

　샤르르 공작은 제네바에 머물고 있는 동안 "호화로운 궁정"을
운영하였으며, 샹베리(Chambery)에 있을 때처럼 만족하게 혹은 더
나은 복종을 제네바에서 받았다. 그는 시에서 많은 돈을 사용하였으
며, 그의 주위에는 이익을 얻을 목적으로 어중이떠중이 그를 사랑한

다는 사람들이 모여들었다. 죽음을 비웃는 베르틀리에와 같은 사람은 다시는 더 나타나지 않았다.[27] 공작은 1524년의 제네바의 행정관 선출을 인정된 르네상스 양식으로 주재하였다.

1520년대 초기에 제네바의 반(反) 스위스와 친 사보이 정책의 성공은 유스타세 샤쀠이(Eustache Chapuys)의 활동에 많이 기인한다.[28] 아라곤의 캐서린(Catherine of Aragon)의 이혼재판기간 주영제국대사가 된 현명하고 야심적인 이 사보이 사람은 1517년에 제네바의 주교로 공적으로 임명되었다. 샤쀠이는 다음 8년 동안의 많은 부분을 제네바에서 보냈으며, 1519년 스위스 동맹을 폐기한 시의회에서, 그리고 베르뜰리에의 체포와 처형에 중요한 역할을 담당하였다. 뛰렝(Turin)에서 보니바르의 친구이며, 동급생이었던 샤쀠이는 쟝 드 사부아(Jean de Savoie)와 그의 후계자 두 사람 모두에게 봉사하면서 주교의 권위를 보강하고 제네바 시민의 조화를 회복하는 데 크게 공헌하였다.

1522년에 주교가 된 이 후계자는 그 다음 해에 샤르르 3세가 의기양양하게 입성했을 때 조심스럽게 그의 주교의 도시를 떠났다. 쟝 드 사부아의 이전 보좌 주교였던 삐에르 드 라 봄(Pierre de la Baume, 1477-1544)은 제네바의 세속적 사법권을 행사하거나, 또는 거기서 거주하거나 한 마지막 주교였다. 그는 어떤 점에서 진기한 선택에 의하여 제네바의 사보이 주교가 되었다. 전임자와 같이 그는 에몽 드 젱젱(Aymon de Ginggins)의 교회적 선출을 물리치고 교황에 의해서 주교에 임명되었기 때문이었다. 봄은 버건디, 프랑스, 사보이의 가신(家臣)이었던 국제적인 가문의 출신이었다.[29] 그의 아버지는 버건디의 황금양털기사당(Order of the Golden Fleece)에 속해 있었다. 그의 형은 프랑스군의 육군 중장이 되고, 동생은 황제 샤르르 5세에 의하여 버건디의 원수로 임명되었다. 봄은 사보이가와는 아무런 관계가 없었으나, 샤르르 3세는 일찍이 1513년에 그의 "뛰어난 재능"에 감명을 받고, 1515년에 라테란 회의(Lateran Council)에 관찰자로 파견하였다. 봄은 틀림없이 제네바의 사교 관구를 주로 큰 영예의 발판으로 이용하였으며, 마침내는 그 영예를 손에 넣을 수 있었다. 그는 1539년에 추기경이 되고 1542년에는 베장송의 대주교가 되었다.

그러나 그의 "뛰어난 자질"과 뒤이어 주어진 영예에도 불구하고, 봄은 사보이가와 제네바의 주교 관구에 대하여 다 같이 큰 재앙의 선택을 해야만 하였다. 제네바의 주교로서 그는 공작의 정책을 충실히 수행하려고 하지 않았으며, 또한 효과적으로 그것들을 반대할 수도 없었다. 봄은 매우 현명한 사람이었으며, 전형적인 르네상스형의 고위성직자였다. 그는 노새의 마구(馬具)를 금으로 장식하고, "로마의 주교들처럼" 녹색 염주(로자리오)를 몸에 붙였으며, 그리고 이태리어를 유창하게 말하였다. 그의 좋은 친구 보니바르(Bonivard)는 다음과 같이 말한 바 있다. 그는 "모든 종류의 불필요한 것들의 대 낭비자이며, 많은 고급 포도주와 함께 매 끼 31종류 이상의 호화스러운 식사를 하는 것이 고위성직자의 최고의 덕"이라고 생각하였다. 그는 하인들에 대하여 관대하였으며, 덕행보다는 자신이 귀족출신이라는데 매우 자랑스러워했다. 신비의 여성 마담 드 그뤼에르(Mme. de Gruyere)가 가끔 그의 주택에 머물곤 했다.

제네바의 주교는 이처럼 충분히 갖춘 일상생활에 더하여 자신의 정치적 수완과 웅변을 자랑으로 여겼다. 그는 모든 일들을 자기에게 편리하도록 짜 놓았다. 그에게 있어서 인생의 주요 목적은 손에 넣을 수 있는 한 많은 명예와 수입을 즐기는 것이었다. 이 목적을

이루기 위해서 그는 지방적 수준이든 국제적 수준이든 간에, 몇 가
지 잠재적 적대 요소들을 청산하고, 또한 그것들을 조정해야만 하였
다. 그는 자신의 많은 수완을 믿고, 제네바에서 자신의 복잡한 정치
적 놀이를 시작하여 당파 간에 서로 반목하게 하였다. 즉 제네바
시는 공작을 반대하게 하고, 공작은 스위스를 반대하게 하고, 그리고
마침내는 제네바 시로 하여금 대성당 참사회와 반목하게 하였다.
그러나 봄(Baume)이 제네바의 독립이나 사보이의 특권을 시종일관
지키려는 의지가 없었다는 것은, 그에게 무장한 추종자가 없었다는
것과 연결되어 있으며, 그들 사이에 다음 10년 동안의 분쟁에서 그
를 고립무원의 곤경에 처하게 하였다.

II

1524년에는 두 개의 에피소드가 제네바의 일반 시민의 평온을 소란
하게 하였다. 주교재판관(episcopal judge) 엠 르브리에(Aime Levrier)
는 샤르르가 머물고 있는 동안, 주교와 시민의 특권을 옹호한 것
때문에, 공작의 미움을 받아 그가 공작의 출발 직전에 체포되어 처
형되었다.[30] 그 해 늦은 가을에, 시 청사 안에서 말다툼을 하는 사이
에 제네바 시 재무관이 횡령했다는 고발을 당하자 그는 사보이에게
로 도피하였다. 다음 해의 많은 부분은 제네바와 샹베리(Chambéry)
의 공작 궁정 사이에 아무런 결실도 없는 열변으로 시간을 소비했
다. 공작의 궁정은 전 재무관에 대한 모든 고발을 취소하고, 그에게
많은 액수의 배상금을 지불하도록 제네바에 선고하므로, 그것이 불
공정한 판결임을 선언하였다. 제네바는 그의 재산을 몰수하고 봄의

제의에 따라 사건 전체를 로마에 상고하겠다고 위협하였다. 1525년 9월의 시민총회는 마지막으로 53대 42표로 이 후자를 부결하였다.[31]

샤르르 3세는 그와 같은 불안정과 불순종의 징후를 염려하여 다시 제네바 문제에 주의를 기울이기로 했다. 그가 1525년 가을에 또 한 번 진지한 입성(入城)을 준비하고 있을 때, 르브리에 사건에서 "분노는 죽음의 첫 걸음"이라는 옛 격언의 진리를 배운 제네바의 서약동맹파(Eidguenots) 중의 가장 타협적인 사람들은 점점 더 신경이 예민해졌다. 마지막으로 공작의 정식 입성 일주일 전에 그들 중 20명이 시에서 도피하였다. 그들의 지도자가 훗날 말한 대로 "이것은 게임이 아니었다" 그들은 사보이의 대리인에 의해서, 버건디(Burgundy)에 있는 주교의 영지까지 추적되었으며, 그 중 몇 사람은 후리부르에 도착할 때까지 한 주일 내내 삼림을 통해 여행하였다. 제국주의적인 스위스와 야심적인 사보이가 사이의 제네바 지배를 위한 투쟁은 지금 절정에 달해 있었다. 제네바 시의 운이 나쁜 "주권자" 군주 겸 주교는 그들 사이에서 몸부림치고 있었다.

샤르르 3세가 최초로 공격을 가했다. 그가 말한 대로 "나는 악한 자를 벌하고, 받을 가치가 있는 자에게 보상하기 위해 제네바에 입성하였다" 그는 제네바에 대한 불공평한 판결을 폐지하겠다고 약속했으나, 한편 제네바의 지방 행정관 선출에 대한 거부권을 사보이에게 주기로 한 1519년의 칙령의 확인을 요구했다. 그의 스위스 사람과의 협상은 서서히 진행되었으며, 그리고 제네바에는 심각한 구조적 장애가 있었다. 도망자 한 사람이 시의 새 재무관이었는데, 그는 분명히 시의 정식 관인(官印)을 갖고 있었다. 그러나 이런 것들은 제네바에서 그의 권력을 확장하려고 준비하고 있던 샤르르에게는 결국 적은 장애에 불과했다. 마지막으로 그는 1525년 12월 10일에 제네바 역사에서 유명해진 시민 총회를 소집하였다(이론적으로는 주교만이 그러한 회의를 소집할 권리가 있었는데, 그의 대리 주교가 이 회의를 반대했으나 아무런 효과가 없었다). 무장한 가신(家臣)들을 수반하고 있는 공작은, 제네바 시민은 스위스 사람과는 어떠한 동맹도 맺을 수 없다는 것, 자신과 주교의 어떠한 특권도 폐지될 수 없다는 것, 그리고 지방 행정관의 선출에 대한 그의 거부권을 인정할 것 등을 요구했다. 한편 그는 샹베리에 있는 그의 각료회의가 제네바에 부과하는 모든 벌금을 취소하는데 동의하였다. 목격자인 쟝 발라르(Jean Balard)가 보고한 대로, "출석한 모든 사람은 생각할 시간의 여유도 없이 '찬성, 찬성'하고 대답하는 것이었다." 그처럼 쿠데타에 성공한 공작은 부인과 다시 만나고, 더욱 중요한 정치적 문제를 추구하기 위해 이틀 후에 말을 타고 제네바를 떠났다.[32]

 이 소식을 알리는 문서는 즉시 망명자들과 베른과 후리부르 정부에 전달되었다. 제네바의 행정관들은 12월 16일 주교의 허락 없이는 제네바의 어떠한 시민도 외국의 시민권을 얻을 수 없으며, 또한 공적 동맹을 맺을 수도 없다는 것을 공고하였다. 한편 도망자들은 1519년에 폐지된 것과 같은 스위스 사람과의 일반적인 동맹 조약을 마무리 짓기 위해 수개월 동안 교섭하고 있었다. 이것은 세심한 주의가 필요한 일이었다. 한편 샤르르 3세는 그들을 대항하여 계속 강력한 외교적 공세를 폈는데, 특별히 정부의 지도적 인물들 중에 몇 사람의 연금 수령자가 있는 베른을 향해 공격을 가했다. 다른 한 편 주교가 없는 동안 이런 동맹을 체결하려고 하는 제네바의 망명자들의 법적 권리는 너무도 명확하지가 않았다. 1519년의 후리부르와의 동맹의 파기는 엄격한 법적 근거에 따라 스위스 의회에 의하여 확인되었다. 그러나 그 합법성은 7년 내에 분명히 변해버렸다. 베른과 후리부르는 1525년 12월 4일에 독립 주교 도시 로잔(보 지방에 있는 영토를 포함해서)과 도시동맹(combourgeoisie) 조약을 조인했다. 이 협상의 소식은 같은 달 제네바에 입성하려는 샤르르 3세의 결심에 크게 도움이 되었다. 제네바의 망명자들은 1519년에 서처럼 후리부르의 후원을 열심히 받았으나, 베른은 마지못해 후원 했다. 2개월 동안의 정치적 책략 끝에 드디어 베른은 양보하고, 1526 년 2월 7일에 제네바와의 도시동맹에 동의했다. 제네바의 망명자 중 한 사람이 부재중에 지방행정관의 명예의 자리에 선출되었다는 소식은 아마 이 결정을 구체화하는데 도움이 되었을 것이다. 삐에르 봄은 제네바의 선거의 날인 2월 5일에 두 사람의 메신저를 베른에 보냈는데, 그 중 한 사람은 동맹에 찬성하고, 다른 한 사람은 그것에 전혀 반대되는 편지를 지참하고 있었다. 이 진기한 정책은 위기의 순간에 그에게 아무런 유익을 주지 못했다. 동맹을 단호하게 비난하 는 그의 다음 메시지는 2월 7일에 문제가 해결된 다음에 베른에 도착하여 결국 무시되었다.[33]

　　이때를 지나서 봄 주교의 몰락과 추락은 빨리 진행되었다. 그는 이미 그 해 초겨울에 샤르르 3세의 계획을 몰래 손상시키므로 자신 의 위치를 지독히 약화시켜 놓았다. 그리고 1526년 2월 1일에 제네 바 입성을 급히 서두른 후, 그는 망명자를 지방행정관으로 선출하는 일을 취소하는데 실패했다. 베른의 비준소식을 듣는 즉시 그는 2월 9일 조약 전체를 거부했다. "불행하게도 우리의 군주는 우리에게 호의적이 아니었으나, 우리는 최선을 다 할 것이다"라고 망명자 지 도자에게 보내는 제네바의 연락문서는 기록하고 있다. 그리고 군주 겸 주교에 대해서 "나는 그를 신임하지 않는다"라는 말도 첨부되어 있다.[34] 제네바, 샤르르 3세, 베른, 그리고 후리부르 사이에 많은 광기 어린 서신의 교환이 있었음에도 불구하고, 2월 21일 망명자들이 제네바에 개선의 재입성을 하기 전까지는 그 이상 더 아무 일도 이루어 놓은 것이 없었다. 시의 포병 부대의 예포(禮砲)인사를 받고, 하나하나가 주요한 망명자와 함께 그의 새 스위스 동맹국의 두 사람의 호위를 받으면서, 이 일행은 시민들의 환영을 받았다.

지금 사태는 강한 인상을 줄 정도로 빨리 움직이고 있었다. 몇 사람의 제네바의 행정관과 시 서기가 2일 후에 서약동맹파(Eidguenots)에 의해 교체되었다. 망명자의 지도자로 인정되었던 베장송 휴그(Besançon Hugues)는 "거의 총회에 가까운 시민 총회를 소집하고, 거기서 그가 휴대하고 있던 새 스위스 조약을 번역하고 설명하였다. 휴그는 2월 25일 완전한 시민총회를 요구하였으나 주교는 이를 거부하였다. 다음날 아침, 제네바의 대성당 참사회원은 서약동맹파가 시민을 소집하기 위해 대성당의 종을 치는 것을 저지하려고 하였으나 성공하지 못했다. 다시 한 번 주교의 반대는 그러한 집회를 방해할 수 없었다. 자비의 종소리가 울려 퍼지고, 거대한 군중이 모여들었으며, 스위스의 대사들이 소개되었다. 이 때 예상 밖에 봄이 나타나서 가장 높은 의자에 앉아있었으나, 집회는 망명자들의 계획에 따라 진행되었다. 베장송 휴그는 망명자들의 사명과 그들이 도망 중에 겪은 어려움을 웅변적으로 설명하였다. 그는 다시 한 번 양피지(羊皮紙)에 기록된 조약문을 프랑스어로 번역하였다. 수석 지방행정관은 그 때 그 비준을 위한 투표를 요구했다. 조약은 5, 6표의 반대 의견이 있었으나 그대로 승인이 되었다. 조약을 반대하는 연설을 시도했던 한 남자는 그 옆에 앉아있던 사람의 칼로 저지되었다. 주교는 이 때 이 성급한 비준을 항의하고 모든 사람이 그 문제에 대하여 신중하게 생각한 후에 그 문제를 결정하도록 두 번째 총회를 소집하는 것이 좋겠다고 요구했다. 이에 대하여 휴그는 퉁명스럽게 어떠한 지연도 고통의 위험을 겪게 되고 또는 2, 3천명의 스위스 인을 제네바에 들어오게 할 것이라고 대답하였다. 그래서 주교는 로마와 황제에게 호소하고, 이런 취지로 쓴 문서를 작성하여 공중인 에게 증명하도록 하였다. 아마 그것은 그가 타협한 중에 최악의 타 협일런지도 모른다. 만일 제네바 시민이 군주의 동의 없이 그와 같 은 동맹을 체결할 법적 권리를 가지고 있었다면 그는 더 이상 반대 하지 않았을 것이라고 봄 주교는 선언하였다(이 말은 제네바 시의 새 서기에 의하여 축자적으로 복사되어, "불가사의한 비준, 혹은 그와 동등한 것"이라는 표제로, 라틴어의 정식 의사록 중에 프랑스 어로 삽입되었다). 휴그는 제네바 시민이 사실 그러한 권리를 소유 하고 있다는 것을 주교에게 보증하고, 자신의 견해를 증명하기 위해 몇 가지 특별한 사례를 인용하였다. 나머지 집회는 용두사미격으로 계속 되었으며, 주교는 스위스 사람이나 샤르르 3세하고도 적을 만 들지 않았다고 자화자찬하였다.[35]

　　스위스 조약의 이 논쟁적인 비준은 적어도 1525년 12월의 공작 의 부정집회와 같이 비합법적이요, 더욱이 "대단한 곡예"와 같은 것이었다. 발라르(Balard)는 샤르르 3세의 친구는 아니지만, 1526년 2월 24일의 준비위원회에서의 휴그의 지지자들은 대부분 청년이었 으며, 그리고 스위스 사람들 앞에서는 어느 한 사람도 감히 조약을 공공연히 반대하여 말하는 사람은 없었다고 말한다.[36] 스위스 사람 들은 사실상의 비준이 있는 동안 무력충돌을 피하기 위해 최선을 다했다고 말하지 않을 수 없다. 그러나 중요한 것은, 제네바의 군주 겸 주교가 부당한 방법으로 이루어진 두 집회에 다 반대를 받았으 며, 그리고 어느 쪽도 저지할 수 없었다는 것이다. 두 번째로 중요한 사실은 스위스 동맹이 제네바에서 1526년 이후 중단되지 않고 꾸준히 유지되었는데, 이것은 제네바에서의 사보이의 영향력이 착실히 쇠퇴하고 있었다는 것을 의미한다. 제네바의 두 번째의 도시 동맹(Combourgeoisie) 조약은 첫째 것보다 더 강하고 영속적이었다. 그것은 주로 후리부르보다 덜 적극적이었으나, 후리부르보다 더 큰 베른이 지금 여기에 포함되어 있었기 때문이었다. 서약동맹파 (Eidguenots)는 급속히 그들의 승리를 공고히 하였다. 조약에 사용하기 위해 새로운 인장이 조각되었다. 제네바 정부는 명칭과 기능에서 스위스의 여러 도시의 의회와 유사하게 200인 의회라고 하는 자문 의회를 창설하였다. 비준 2주 후에 제네바의 저명한 12명의 마멜루크파(mammelukes) 사람들은 도망하여 다시 돌아오지 않았다. 패배한 주교는 3월 12일 그들의 뒤를 좇아 제네바 시를 빠져나가 공작의 궁정으로 향했다. 발라르는 다음과 같이 말하고 있다. "이것은 주목할 만하고 기억할만한 일이다. 그것이 선한 것인지, 악한 것인지는 그 판단을 하나님께 맡길 수밖에 없을 것이다"[37]

마멜루크파(mammelukes)에 대한 제네바의 서약동맹파의 이 승리를 무엇으로 가장 잘 설명할 수 있을까? 첫째로, 스위스는 큰 군사적 세력이었으나, 사보이는 그렇지 않다는 사실이다. 둘째로, 지도력이 우수하다는 것이 그 요인이다. 1519년 베르뜰리에(Berthelier)가 처형된 후 서약동맹파의 지도자가 된 배장송 휴그(Besançon Hugues)는 사보이의 이익을 증진시키는데 있어서 어느 누구보다도 훨씬 더 유능하고 현명하였다(제네바에 간헐적으로 거주하여 거기에 생활의 기초가 없었던 유스타쉬 샤뿌이 <Eustache Chapuys>를 제외하고). 셋째는, 알프스를 걸치고 있으며 2중 언어를 사용하고 있는 나라들의 집합체이며, 프랑스와 이태리 두 나라의 정치에 깊이 연류되어 있는 사보이 공국(公國)의 표리부동한 성질이다. 사보이의 군주들과 고문관들은 분명히 제네바의 이익을 위해서 제네바의 문제를 해결할 수 있는 그들의 연합된 정력을 충분히 바칠 수가 없었던 것이다.38

1520년 대의 제네바의 경쟁적 당파들의 사회적 구성에 대하여는 아직까지 충분히 연구된 일이 없다. 1519년의 경쟁적인 지방행정관 가문에 대한 앙리 네후(Henri Naef)의 빨리 이루어진 연구는 "처음에는 가문들이 주의(主義)로서만 나뉘어져 있었다"고 하는 것 외에는 거의 구체적인 결과는 없었다.39 그리고 두 당파가 다같이 외국의 적에 대한 군주 겸 주교의 주장을 지지하였으나, 그 적이 누구인가에 대하여는 의견을 달리한 것 같다. 1525년-1526년의 위기의 순간에 이 당파들 사이의 다른 계급적 배경과 다른 "양식"(style)을 식별하는 것은 그리 힘들지 않다. 1525년의 망명자와40 1526년의 망명자를41 비교하면, 서약동맹파(Eidguenots)의 지도력은 주로 새로 제네바에 온 가문의 도매상인들로 구성되어 있는 것이 명백해진다. 이 상인들은 제네바 정기시(定期市, fairs)가 크게 번영했던 시대 후에 성숙해졌으며, 그들의 주된 상업적 접촉은 스위스와 남독일 상인들이었다. 공작과 주교에 대한 그들의 불평의 대부분은 성질상 경제적인 것이었다.42 1526년에 그들은 보잘 것 없는 옛 제네바인 가문의 한 집단, 즉 베르소네, 드 벰, 도르시에르(Versonnay, de Pesmes, d'Orsières) 등과 같은 집단에서 권력을 탈취하였는데, 그들은 15세기에 부(富)를 얻었으며, 그 후 줄곧 제네바의 정치적 권력을 장악하고 있었다. 발라르가 기록한대로, 젊은 부자, 즉 젊은이들이 그러한 명문의 옛 가문을 타도하는 데 성공한 것이었다. 그들의 가장 지속적인 적들은 1526년까지 대다수의 제네바 대성당의 참사회원들, 주교와 공작의 일단의 관리들, 그리고 상부지역에 살고 있는 법률가들과 재판관들 중에서 발견되었다.

Ⅲ

제네바의 서약동맹파(Eidguenots)는 1526년의 승리를 보완하면서 다음 수년간을 보냈다.[43] 그들이 원하는 주요한 제물(victim)은 봄(Pierre de le Baum)이었다. 동맹을 취소할 수 없었던 제네바의 주교는 1527년 7월에 교묘한 책략을 시도하였다. 그는 제네바 시민들에게 자기에게 시민권을 부여해서 스위스 도시동맹(combourgeoisie)에 자동적으로 참여할 수 있게 해달라고 요구하였다. 그 대신 자기는 동맹을 확인하고, 지방 행정관에게 민사재판권을 양도하겠다고 하였다. 베른과 후리부르는 제네바의 주교가 동맹에 가입하는 것을 거절하였다. 한편 그는 방금 인정한 양보를 취소하려고 하였으나 아무런 소용이 없었다. 문제를 더 악화시킨 것은, 샤르르 3세가 봄에게서 사보이의 두 개의 귀중한 성직록의 수입을 박탈하고, 그를 납치하려고 시도까지 하였다. 난처하게 된 주교는 1527년 8월에 야음을 타서 버건디(Burgundy)에 있는 자기 가족의 성채로 피신해 버렸다.

제네바의 시민은 재빨리 주교의 특권을 더 많이 접수하였다. 그들의 판결에 불복하여 제네바의 대주교의 법정에 호소하는 것은 금지되었다. 총독(vidomme)의 권한, 즉 수세기 동안 사보이가에 속해있던 제네바 재판의 속권(俗權)이 박탈되고 1528년 7월에는 그 직책 자체가 사실상 폐지되었다. 장시간의 교섭 끝에 봄은 성직자를 재판할 수 있는 권리를 유지할 수 있었다. 1529년 11월의 법률적 혁명의 정점은 제네바 시민에 의한 새로운 시민 법정의 창설이며, 이 법정은 새로 일반적으로 선출된 관리, 즉 대리자에 의해서 주재되었다. 주교가 정확하게 반란행위로 생각한 이 마지막 혁신은 제네바에서 주교재판권의 나머지를 사실상 폐지하였다.[44]

동시에 제네바 시민은 주교의 권력과 주교 정부의 또 다른 하나의 성채(최후의 본거지)를 공격하는데 성공하였다. 제네바의 대성당 참사회의 회원들은 거의 만장일치로 1526년의 동맹 비준을 저지하려고 노력하였다. 그러나 더욱 나쁜 것은, 그들의 하수인들에 대한 공개재판의 결과 그들이 1527년 7월의 주교 유괴사건에 깊이 관련되어 있었다는 사실이다. 이 시도가 실패한 후 대성당의 많은 참사회원들은 제네바를 떠났으며, 그들의 집은 성난 애국자들에 의해 약탈당했다. 제네바의 행정장관은 새 주교대리 에몽드 젱젱(Aymon de Gingins)의 동의를 얻어 같은 해 9월에 대성당 참사회원의 칭호를 없애기로 하였다. 최후 단계는 1528년 4월에 취해졌다. 제네바에서 그의 권력의 얼마라도 구해보려고 노력한 주교는 베장송 휴그에 의해 꾸며졌을지도 모르는 계획에 동의했다. 제네바 시민만(베른과 후리부르를 포함해서)을 임명하므로 대성당 참사회를 제네바 화하고, 그리하여 제네바 시 안에서 사보이의 모든 영향력을 제거하려는데 그 목적이 있었다. 제네바의 대성당 참사회는 1535년까지 제도로서 존속하였으나(이에 대한 최후의 기록은 1530년 4월일 것이다) 그것도 지금은 역시 사실상 서약동맹파(Eidguenots)의 도구였다.[45]

삐에르 드 라 봄(Pierre de la Baum)은 자신의 사법적 권력에 대한 이런 반항행위에 대하여 뒤늦게 폭발적인 행동으로 싸웠으며, 샤르르 3세는 제네바에서의 자신의 영향력의 상실을 무기력하게 받아들이지 않았다. 그러나 사보이의 활동수단은 제한되어 있었다. 스위스와의 외교적 교섭은 헛수고로 끝났으며, 그것은 매우 값비싼 것이었다. 교황 클레멘트 8세(Pop Clement Ⅷ)에 드리는 호소는 더욱 성공적이었으며, 제네바는 1528년 4월 성직정지령하(聖職停止令下)에 있게 되었다. 샤르르의 가장 효과적인 활동수단은 제네바 근교에 살고 있는 소규모의 귀족을 통해서였다. 사보이의 백십자에 충실하고, 제네바에 온 마멜루크파(mammeluke) 도망자들에 의해 보강된 지방 귀족은 1528년 여름에 스픈(Spoon)단을 조직하였다. 이 단체는 사보이 공작의 포고와 1530년 8월 이후에는 반란과 음모를 처벌하라는 주교의 명령에 따라 제네바를 봉쇄하였다.[46] 그들은 시골에 사는 제네바 시민의 재산을 약탈하고, 공로(公路)에서 상인들을 기습하는 등 끊임없이 게릴라전을 저질렀다. 1529년 1월에 이 단체의 지도자가 죽었는데, 그는 대담하게 야음을 타서 말을 타고 제네바를 통과하려고 하다가 창에 맞아 죽었으나, 그의 죽음은 그들에게 용기를 잃게 하지는 않았다. 2개월 내에 그들은 제네바 시를 향해 야간공격을 가했으나, 마지막 순간에 경보가 울리면서 그 시도는 실패하게 되었다.

1529년 1월과 1530년 12월의 가장 심각한 사건들이 그들의 스위스 동맹국에 군사적 원조를 요청하게 하였으나, 제네바는 이 단체의 고통을 막을 수 있었다. 그리고 스위스는 두 경우 모두에 응하여, 첫 번에는 두 주 동안에 수백 명의 군대를 보내고, 두 번째에는 12,000명의 거대한 후원군을 모집하여 제네바에 진군하였다. 이 군대는 10일 동안 시내에 머물렀는데, 발라르는 다음과 같이 기록하고 있다. "밖에서는 적에 의해서 약탈당하고, 안에서는 그의 우군(友軍)에 의해 식량과 돈이 소비되었다"[47]. "공짜로는 일을 못 시킨다"는 볼테르(Voltaire)의 격언은 1526년 동맹 후의 제네바에 꼭 맞는 말이다. 베른과 후리부르는(조약이 규정하고 있는 대로) 제네바의 비용으로 제네바를 원조하기로 협력하였다. 이 게릴라전을 종식시키기 위한 1530년 12월의 스위스의 중재는 1526년 도시동맹(Combourgeoisie)을 정식으로 재확인했으나, 동시에 총독(Vidomne, 사교령재판관)의 지위를 샤르르 3세에게 회복시켰다. 스위스는 사보이 공작이 최근의 분쟁에 대하여 책임이 있다고 선고하고, 매우 많은 금액을 동맹 3도시에 지불하라고 명령했다. 그러나 베른과 후리부르는 그들의 군사적 원조에 대하여 그보다 훨씬 더 많은 금액을 즉, 사보이에게 부과한 전쟁 피해의 2배 이상의 15,000 에큐(écus)를 제네바 시에 부과했다. 샤르르와 제네바는 1531년에 이 부채를 다 지불하려고 분발하였으나, 전액을 다 지불하지는 못했다. 제네바는 1531년 1월에 바젤에서 8,000에큐를 차용하기로 결정하므로 여기서 정확히 123년 후에 지불을 끝마친다는 공채(公債)가 시작된 것이다.[48]

　　제네바의 베른, 후리부르와의 동맹은 어떤 심한 긴장관계에서 보다 오래 살아남게 했다. 그들 동맹관계의 계속은 1526년부터 1531년까지의 스위스 동맹 내에서의 종교적 상태를 생각할 때 더욱 복잡하기까지 했다. 종교개혁의 보급으로 일으켜진 동맹 내의 많은 긴장은 1526년의 바덴의회(Diet of Baden) 이후 점점 더 증대되어, 제 1차 스위스 종교전쟁과 쯔빙글리(Zwingli)의 전사(戰死)로 절정에 달했다. 후리부르와 베른은 제네바와의 동맹을 조약한 후 2년 만에 심한 종교적 대립관계에 있었다. 후리부르의 가톨릭적 정통신앙은 전혀 흔들리지 않았으며, 그들의 이단 박해는 신속하고 엄격하였다. 지금도 그 원본이 남아 있지만, 신앙의 공적고백은 1527년 제네바의 시민들과 하인(下人)들에게 강요되었다. 후리부르는 유럽에서 그러한 가톨릭적 충성의 서약을 요구한 최초의 도시였다.[49] 마지막으로 의심을 받은 루터파 신자들은 1530년 크리스마스 때 후리부르 대성당 참사회에 의해서 추방되었으며, 까펠(Kappel)에서의 가톨릭의 승리는 후리부르시와 그 영토에서 개혁파 교리를 심으려는 모든 시도를 철저히 종식시켰다.[50]

　　그러나 베른은 몇 차례의 오랜 공개토론회를 가진 후 1528년 1월에 종교개혁의 도시가 되었다.[51] 베른 시의 수석설교자는 여러

해 전에 쯔빙글리 주의에 개종하여, 재빨리 베른의 상인단체에서
동조자를 확보하였다. 종교개혁에 대한 반대는 베른의 귀족계급과
농촌지역의 대다수의 주민이 중심이 되어 있었다. 베른에서의 정치
적 돌파 작전은 1527년 부활절에 있는 연중(年中)선거 때 있었는데,
그 때 새 교리에 가장 적대적이었던 6명의 행정장관 중에 5명이
상인단체의 투표에서 시의회로부터 제거된 것이다. 미사가 시에서
폐지되고, 그 후 한 포고령에 의해 종교개혁이 베른의 농촌지역으로
확대되었다. 이것은 1528년 여름, 베른의 남부지방에서 무서운 농민
봉기를 자극하였으나, 베른의 행정장관들(그들은 이때에도 후리부
르의 원조를 받고 있었다)은 이 반란을 신속하게 진압하였다. 같은
해 10월에 "그들의 힘이 그처럼 강한지를 나는 상상도 할 수 없었다"
고 제네바의 한 관찰자는 말하였다.[52]

　　제네바와 스위스 동맹의 첫 6년 동안, 제네바는 사보이 공작의
지방권력을 제거하고, 군주 겸 주교의 세력을 약화시키기 위해 여러
가지 중요한 정책들을 수립하였다. 이러한 정책은 우유부단하고 현지
에 없는 주권자를 대항하여 자신의 실제적인 권한의 한계를 시험하는
도시공동체에 의하여 조심스럽게 취해졌다. 이 시기에 교회와 사보이
공국의 권력의 침식은 대부분 한 시민, 즉 베장송 휴그(Besançon
Hugues, ca 1480-1532)가 한 일이었다.[53] 1478년 제네바의 시민권을
얻은 스트라스부르의 부유한 모피상인의 아들인 휴그는 결혼에 의해
서 제네바의 가장 저명한 가문과 관계를 맺게 되었다. 그는 역시 후리
부르에 많은 친구들을 가지고 있었으며, 1513년 거기서 시민권을 구
입하고, 후에는 뻬롤(Pérolle)의 적은 영지(領地)를 사 들이기까지 했
다. 휴그를 그렇게 좋아하지 않았던 보니바르(Bonivard)는 휴그를 가
리켜서 제네바의 수공업자들 사이에서 많은 신임을 얻은 부유한 상인

이라고 기록하였다. 휴그의 뛰어난 수완은 분명히 상업적인 모험보다는 정치적인 모험에서 더 잘 드러났던 것 같다. 그는 먼저 1521년의 서약동맹파(Eidguenots)와 마멜루크파(Mammelukes)의 단명으로 끝난 화해에 중요한 역할을 하였다. 그는 분명히 1525년의 서약동맹파 망명자들의 지도자였으며, 그리고 같은 해 겨울에 이 망명자들이 베른과 후리부르의 두 강력한 정부의 원조를 받을 수 있게 된 것도 후리부르에서의 그의 영향력과 베른에서의 그의 웅변 덕분이었다. 1526년 2월 25일 집회에서 영리한 봄(Baum)주교를 책략으로 이긴 것도 휴그였다. 그리고 그를 시의 군사령관으로 승인하기 위해서, 주교좌 대성당 참사회를 제네바화하기 위해서, 그리고 1년 후에 한 유명한 서약동맹파의 사람을 주교대리에 임명하기 위해, 주교를 설득한 사람도 휴그였다. 베장송 휴그는 1528년에 제네바의 사실상의 독재자가 되었는데, 이 때 그는 수석 행정관과 총사령관의 지위를 겸임하였다. 1532년 10월 그가 죽을 때까지 그는 제네바 시민들 사이에 압도적인 영향력을 완전히 유지하고 있었던 것 같다. 1528년 이후의 어려운 때에도, 가톨릭의 후리부르와 프로테스탄트의 베른과의 제네바 동맹이 순조롭게 유지될 수 있었던 것은 대부분 그의 역량 때문일 것이다. 제네바의 주의 깊은 한 역사가가 오래 전에 기술한 대로, 휴그의 죽음은 "종교개혁의 흐름이 정치적 해방 운동의 흐름과 혼합되는 순간"과 정확하게 일치하고 있다.[54]

IV

제네바의 혁명은 그 기원과 발전에서 종교적이라기보다는 정치적이었다는 것을 잊어서는 안 된다. "루터주의"의 최초의 명백한 징후는 1532년 여름에 제네바에서 나타났다. 종교개혁자들의 무기라고 할 수 있는 적은 인쇄물이 어느 날 아침 이상하게도 대성당을 포함한 여러 곳에 살포되었다. 얼마 안 있어서 그 유명한 순회전도사 기욤 화렐(Guillaume Farel)이 베른의 안전 통행증을 가지고 제네바에 처음으로 방문하였다. 그러나 1532년 이전에는 제네바에서의 개신교의 징후는 극히 적었으나 산발적으로 드러나고 있었다. 다루기 힘든 제네바의 관리 르부리에(Levrier)는 1524년 봄 샤르르 3세(Charles III)의 대리인에 의해 처형되었는데, 그는 루터의 책들을 소유하고 있었던 것으로 인정되었다. 그는 루터를 현대식 교황들을 반대하여 영웅적으로 반항한 위대한 권위 있는 박사로 존경하고 있었다.[55] 틀림없이 제네바에는 루터의 책들을 표본으로 삼아 읽던가, 또는 1532년 화렐의 방문 이후 복음주의적 회중을 구체적으로 형성한 다른 사람들이 있었던 것이 확실하다. 그러나 1520년대에 제네바의 개신교에 대하여 놀라운 것은 허약하다는 것이다. 베른의 하급 관리인 토마스 휜 호휀(Thmas von Hofen)은 1527년 1월 쯔빙글리(Zwingli)에게 다음과 같이 탄식하기를, '어떠한 복음전파도 "전력을 다하여" 반대하고자 하는 수 백 명의 수도사들 때문에 제네바에서의 복음 전파는 무익한 노력이 될 것이다'라고 하였다.[56] 발라르(Balard)의 연대기(年代記)는 먼저 "루터주의"의 존재를 기록하고(제네바에서가 아니라, 다른 곳에서) 1529년 12월에야 이에 대한 진기한 정의(定義)를 시도한다.[57]

개신교의 적은 핵(核)은 1532년 이전에 제네바에 존재하고 있었다. 1521년에서 1523년 사이에 떠돌이 연금술사인 코넬리우스 아그립바(Cornelius Agrippa)를 중심으로 하여 모인 인문주의자 서클이 있었는데, 그들 중에 소수의 에라스무스파 외에 더 많은 사람들이 있었는지, 없었는지가 의심스러우며, 그리고 이 서클과 제네바의 복음주의적 회중과의 직접적인 관계가 어떠한 것인지를 추적하는 것은 불가능하다. 루터주의의 온상이라고 할 수 있는 아우구스부르크(Augsburg)나 뉴렘부르크(Nuremburg)와 자주 접촉하고 있었던 보디숑 드 라 메소뇌브(Baudichon de la Maisonneuve)와 같은 제네바의 상인들은 적어도 맹렬한 반성직권주의자(反聖職權主義者)라고 할 수 있을 정도로 새 교리에 영향을 받고 있었다. 보디숑 자신은 1526년에 이미 오순절에 고기를 먹은 상태에 있었다.[58] 그러나 제네바의 종교 혁명은 제네바의 정치혁명이 완성에 가까울 때 성취되도록 되어있었다. 그리고 이 두 혁명에 있어서 결정적인 힘은 베른(Bern)으로부터 오게 되어 있었다.

화렐과 개신교의 출판업자 삐에르 드 뱅글(Pierre de Vingle)에게 베른의 안전통행증이 없었더라면, 제네바는 종교개혁 파 회중을 조직하지 못했을 것이다. 베른의 끊임없는 위협과 동시에 격려가 없었다면, 제네바가 1536년까지 개혁파가 되었겠는가 혹은 못 되었겠는가를 말하기가 힘들 것이다. 이것은 마치 1526년의 도시동맹(the Combourgeoisie)에 대한 베른의 지지가 없었다면, 시민들이 어떻게 공작과 군주 겸 주교(Prince-Bishop)를 타파할 수 있었을까하고 의심하고 있는 것과 같다. 1532년과 1536년 사이에 제네바의 종교개혁의 역사는 대부분 어떻게 베른의 세력이 군주 겸 주교(그의 이전 권력은 이미 파편으로 산산조각으로 부서져 있었다)의 희생에 의해서가 아니라, 1526년의 다른 도시동맹, 즉 후리부르(Fribourg)의 희생에 의해서, 제네바에서 승리하게 되었는가 하는 점을 주목하는 것이 역시 매우 중요하다.

제네바의 "루터파" 벽보 사건에 대하여 듣고, 후리부르는 즉시 1532년 6월 당황한 제네바 대사에게, 만일 제네바가 루터주의에 빠지게 된다면, 그들은 제네바에 대규모의 사절을 파송하여(물론 제네바의 비용부담으로) 동맹조약에 대한 후리부르의 보증을 당장 취소할 뿐만 아니라, 그들을 영구히 떠나게 될 것이라고 통보하였다.[59] 그들은 정확하게 22개월 후에 그대로 실행하였다. 베장송 휴그 (Besançon Hugues)의 때 아닌 죽음으로 불리하게 된 후리부르는 베른의 세력을 견제할 수 없었으며, 한편 화렐에 의해 증진되는 이단은 제네바에 급속히 퍼져 나아갔다.

한 프랑스인 망명자 모자 제조업자는 1532년 10월에 제네바 최초의 복음주의 공동체를 세웠다. 한 달 후에 개신교도인 한 교사가 프랑스에서 왔으며, 역시 프랑스의 개신교도인 인쇄업자가 1533년 2월에 도착하여 그들과 합류하였다. 베른의 후원을 지지하고 있던 제네바의 복음주의 파는 지금 공세를 취하게 되어 시의 행정관은 빈번히 일어나는 싸움을 막을 수 없어 몇 사람이 상처를 입고 마침내는 한 사람이 살해되는 일이 있었다. 1533년 성금요일에, 제네바의 개혁파 사람들이 한 정원에서 최초의 공개 예배를 시행하였는데, 거기서 프랑스 인 모자 제조업자와 순회설교자가 성찬식을 거행하였다. 그의 대담한 행위 때문에 모자 제조업자는 추방되었다.

그러나 적대적인 당파간의 거리의 싸움은 계속되었다. 1533년 5월 4일에 대소동이 일어났는데, 그 때 종교개혁 파 사람들 중에는 리용 정기시(定期市, the fair)에 간 사이 몇몇 지도적인 상인의 자리를 박탈당하였다. 경종이 울렸다. 제네바의 대성당 참사회 회원이며, 후리부르 시민이기도 한 월리(Werly)라고 하는 자가 "모든 그리스도인이여, 나를 따르시오"라고 외치면서, 큰 무리를 이끌고 고지대에서 모라르(Molard) 광장으로 돌격해 내려왔다. 이 소동에 말려든 수백 명 중에는, 여러 명의 부상자가 있었는데, 그 대부분이 종교개혁 파에 속한 사람들이었다. 질서를 회복하려고 시도한 시 행정관은 정체불명의 폭도로부터 머리에 강타를 당하였다. 이 난 투극 속에서 자기파로부터 벗어난 윌리는 부상을 입고 도망가려고 하였으나 추적되어 혼란이 최고조에 달했을 때 제 2의 습격을 받고 살해되었다.[60]

윌리의 죽음의 결과는 중대한 사건이었다. 제네바는 두 사람의 성직자를 포함하여 열 두 사람을 폭동의 선동자로 체포하였으나, 윌리를 살해한 자를 발견할 수 없었다. 이 사건에 대한 보도는, 루쩨른(Lucerne)에 주재하고 있는 밀라노 외교관으로 하여금, "루터파"가 제네바에서 널리 보급되기 시작하였으며, 만일 하나님이 간섭하지 않는다면 베른 정부는 시 전체를 "루터파"로 만들게 될 것이라고 흥분된 목소리로 외쳤다.[61] 그러나 실제로 가장 격분한 것은 후리부르였다. 그 정부는 이 기회에 제네바에서 루터주의를 단번에 추방하기로 결심하였다. 그들은 처음으로 삐에르 드 라 봄(Pierre de la Baume)에게, 그 피고인을 조사하기 위해 5년 내에 제네바에 돌아오도록 설득하였다. 그리고 그들은 7월 1일 호송자를 보내 제네바까지 수행하게 하였다. 한편 베른은 프로테스탄트가 자유롭게 예배드릴 수 있도록, 제네바의 한 교회를 허락해 주기를 요구했으나, 허락되지 않았다. 제네바의 주교는 즉시 복음주의 파 주모자의 대부분을 체포했으나, 시 행정관은 성공적으로 제네바에서의 주교 법정은 살인사건에 대한 어떠한 사법권도 가질 수 없다고 항의하였다. 봄은 이 점을 인정하고, 이 사건을 취급하는 전통적인 법정에 베른과 후리부르의 재판관을 참여하게 해달라고 요구했을 뿐이었다. 제네바의 주교는 너무 분개하여 도착한 지 두 주간도 채 못 되어 그의 주교의 도시를 떠나서 다시는 돌아오지 않았다. 용두사미로 윌리의 살해자는 체포되어 한 달 후에 처형되었다.

가톨릭파와 종교개혁파 사이, 즉 후리부르와 베른 사이의 미묘한 균형관계는 이 에피소드 후에도 여러 달 동안 계속되었다. 화렐은 베른의 사자(使者)와 함께, 솔본느의 도미닉파 성직자가 1533년 12월에 제네바에서 행한 설교에 대하여, 베른의 공식적인 불만을 전달했다. 후리부르는 화렐을 제네바에서 즉시 추방하라고 요구하며 항의했다. 어느 편의 요구도 승인되지 않았다. 그 대신 1534년 1월 27일에, 제네바의 200인 의회 앞에서 화렐과 도미닉파 수도사 사이에 대공개 토론회가 개최되었다. 도미닉파 수도사가 화렐을 스위스의 꼭두각시라고 매도하자 토론회는 클라이맥스에 달하였다. 소동이 일어나고, 도미닉파 수도사는 그 비난을 취소하라는 명령을 받았다. 그는 지정된 시간과 장소에 정확하게 나타났으나, 단한마디의 사과도 거부하였다. 이 일은 앞의 소동보다 더 큰 소동을 일으켜, 또 하나의 사망자를 나게 했다. 그 도미닉파 수도사는 그의 생각을 바꿀 때까지 제네바의 감옥에 투옥되었다(그는 프로테스탄트의 학교 교사와의 교환으로 석방될 때까지 만 2년 동안 감옥에서 살았다).[62]

이 때를 지나고 균형이 무너지면서 착실히 종교개혁자들 편에 유리하게 돌아갔다. 독일인 거리에 있는 베른 사람의 집에서, 화렐은 사적으로 몇 사람에게 세례를 베풀고, 또 한 가정의 결혼식을 거행하였다. 3월 1일, 분명히 보디숑 드 라 메소뇌부(Baudichon de la Maisonneuve)에 의해서 선동된 또 하나의 소동으로 종교개혁자들은 후랜씨스칸파의 수도원의 한 쪽을 점령하고, 문자 그대로 화렐

을 그 의자에 밀어 넣어서 설교를 하게 했다. 더 심각했던 것은 살인
용의자를 보호하고 있던 주교의 공증인을 체포하고 재판한 것이었
다. 그 재판 심리의 결과 그의 문서에서 군주 겸 주교가 서명했으나
날짜가 기록되지 않은 정식문서가 발견되었다. 이 문서는 시를 위해
서 어떤 군정장관을 후리부르에서 초청한다는 내용이었다.[63] 이것
은 마지막 무거운 짐이 되었다. 제네바 정부는 동맹조약을 갱신하기
위해 4월에 도착한 후리부르의 대표단 일행의 영접을 거부했다. 제
네바 사람들은 자기들의 싸움은 주교이지 후리부르가 아니라는 것
을 마지막까지 주장했으나, 그들 사이에는 그 이상의 협상은 아무런
소용이 없었다.[64] 그럼에도 불구하고 후리부르의 공식조인은 5월
15일 도시동맹(Combourgeoisie)조약에서 제거되었다.

현재로서는 프로테스탄트인 베른이 제네바의 유일한 보호자이
기 때문에 종교개혁에 대하여 더 이상 정치적 반대는 있을 수 없게
되었다. 그리고 한편 종교개혁은 군주 겸 주교로부터의 완전한 정치
적 독립을 위한 투쟁과 더 밀접하게 동일시되었다. 우상파괴에 대한
중대한 공격은 제네바에서 꾸준히 일어나기 시작했다. 더욱이 심각
했던 것은, 주교와 샤르르 3세(Charles Ⅲ)에 의해 소집된 군대가
1534년 7월 30일 밤에 제네바를 기습 공격한 사건이었다. 이 공격은
성벽 안에 있는 소수의 공범자의 후원을 받아 이루어졌다. 감사하게
도 민첩한 경비원에 의해 공격은 저지되었다. 위태롭게 된 40명의
주교의 도당들은 가까운 곳에 있는 페니(Peney) 성으로 도망가 버렸
다. 소수의 저명한 유구노파까지도 포함하고 있는 이 한 무리의 도
망자들은 제네바 시민에 대한 일련의 게릴라 활동을 수행하기 위해
지금 지방의 하급 귀족들과 손을 잡았다.[65] 이 사건 전체는 마멜루크
파(Mammeluke) 망명자와 스픈(Spoon)단체의 활동과 매우 유사한

데가 있었다. 페니파(Peneysans)로 불린 이 새 망명자들은 베른에 의해 정복되는 순간까지, 제네바에 가끔씩 행하는 형태로 활동계획을 계속하였다.

제네바에서 종교개혁자들의 승리를 공고히 하는 것은 기대했던 것보다 더 오래 걸렸다. 그것은 주로 제네바의 지배 계급의 행정관들이 보여준 완고한 중립성 때문이었다. 이들 행정관 대부분은 종교적 보수파가 아니면, 종교적 온건파였다. 그들은 1535년 1월 6일에 구세주의 현현축제(Epiphany)때, 폐점을 거부하는 자는 처벌하겠다고 상점 주인을 협박하였으며, 한편 우상파괴자를 처벌하고, 1534년 12월에는 화렐의 과격한 행동을 경고하기도 하였다.[66] 그러나 이들 행정관들은 페니 파와 단호하게 싸웠으며, 1534년 9월 13일에는 론 강 동쪽 제네바 교외의 전 지역을 파괴하기로 결정하는 동시, 상제르베(St. Gervais)의 남은 교외를 포함한 제네바 시 전체를 감싸는 새롭고도 매우 크게 개량된 성(城)을 건설하기로 하였다. 그 중에서도 가장 중요한 것은, 이들 신중한 행정관들은 1534년 10월에 군주 겸 주교직이 공석이라는 것을 선언하는 급진적인 수단을 취했다는 사실이다.

또 하나의 극적인 사건이 있었는데, 그것은 1535년 3월에 극단적인 복음주의 파를 돕게 되었다는 사실이다. 화렐의 주요한 협력자이며, 베른의 시민인 삐에르 비레(Pierre Viret)가 시금치국을 먹은 후 치명적은 아니었으나 중독되었다. 이 사건은 세상을 깜짝 놀라게 했다. 그리고 독살을 계획한 하녀(下女)는 제네바의 대성당 참사회원과 짜고 그 일을 저질렀다고 고백했다. 그러나 한 유능한 변호사의 영리한 변호에 의해 그 참사회원은 무죄 판결을 받았다.[67] 종교개혁자들은 이 에피소드를 두 번째의 대공개토론회를 개최하는데 이용하고, 정부는 6월에 그 회의를 여는데 동의하였다. 새로 개종한 후랜씨스칸파 수도원장의 후원을 받고, 또한 어떤 유력한 사람의 반대를 하나도 받지 않고(솔본느의 도미니칸 파 수도사는 교회의 주장을 변호할 수 있는 이 기회에 감옥에서 나와 출석하기를 거부했다) 화렐과 비레는 만 한 달 동안을 계속 의논하였다. 두 진영에서 4명씩의 8명의 심판자가 이 집회를 사회하고, 4명의 서기가 의사록을 기록하였다. 그러나 토론회가 끝마쳤을 때, 제네바의 신중한 정부는 화렐의 강력한 압력에도 불구하고 어떠한 직접적인 결론도 내리기를 거부하였다. 겨우 한 달이 지나서 대성당에서 우상파괴가 시작된 후에, 화렐은 200인 의회에서 미사가 일시 정지된다는 포고를 받았다. 이 포고는 더 이상의 우상파괴 행위를 금한다는 내용이었다. 그러나 그 중요한 결론은 오랫동안 기다리고 있던 미사의 정지였다. 그 후 즉시 제네바의 대성당 참사회와 클라라(St. Claire)수녀원의 25명의 수녀 중 한 사람을 제외한 수녀 전체가 제네바를 떠나 아네씨(Annecy)에 있는 새 수녀원으로 사라졌다. 12월 5일에 제네바의 후랜씨스칸파와 도미니칸파 수도사들은 새 설교에 참석하던가, 아니면 제네바를 떠나던가 하라는 명령을 받았다. 분명히 후랜씨스칸파 수도사 20명 중에 7명만이 떠나기로 하였다.[68] 이 법령으로 제네바의 전체 성직자는 개종하던가, 혹은 추방하기로 되어있었다. 동시에 전체 교회 재산의 재고품을 조사하고, 이전의 수입은 옛 여자수녀원에 위치한 새 공립 구빈원(救貧院) 유지비로 전환되었다. 주교 통치권의 마지막 특권도 제네바의 행정관들이 자신들의 조폐국을 신설한 1535년 11월 26일에 붕괴되었다.

1535-1536년의 겨울은 제네바의 독립을 위한 장기간의 투쟁의 위기와 종결을 증명해주고 있다. 샤르르 3세는 드디어 페니파와 지방의 하급 귀족을 강화하기 위해 500명의 이태리 용병을 소집하였으

며, 사보이는 지금 제네바를 본격적으로 포위하기 시작했다. 제네바
는 베른의 원조를 호소했으나, 아무런 반응을 얻지 못했다. 어느 독
지가가 뇌샤뗄에서 그들 모두가 베른의 시민인 500명을 모집하는데
성공하여, 1535년 10월 제네바를 후원하기 위해 진군하게 하였다.
그들은 사보이 군대와의 작은 충돌을 성공적으로 싸웠으나, 제네바
로 가는 길이 그들 앞에 크게 열려있는 그 때, 그들은 베른 정부의
명령으로 해산되었다. 제네바의 지도적인 행정관들은 역시 프랑스
의 후랑수아 1세의 하급 궁중관리와 교섭하고 있었다. 이 관리는
당시 종교적 이유로 제네바에 망명하고 있던 자로, 멋진 메그레(le
magnifigue Meigret)라는 기묘한 이름의 사람이었다. 메그레는 프랑
스의 원조를 약속하고, 프랑스에서 봉사하고 있는 사보이 귀족들을
설득하여, 시의 구원을 위해 200명의 기병대를 모집하는데 성공하였
다. 겨울 한 가운데, 알프스를 넘어 제네바에 가려고 했던 이 군대는
사보이의 농민군에 의해 기습공격을 받았다. 기마병의 대부분은 도
망가고, 그 중 겨우 일곱 사람과 지휘관만이 제네바에 도착했으나,
그들은 제네바가 프랑스의 영지라는 것을 재빨리 주장하였다.[69]

　　무익하였으나 그럼에도 불구하고 이 프랑스의 모험은 베른 사
람들의 마음에 건전한 공포심을 던져주었다. 중요한 것을 놓칠까
두려워하면서, 한편 국제 정세에 용기를 얻어, 베른은 마침내 사보
이를 대항해 행동하기로 결심하였다. 베른은 1536년 1월에 6,000명
의 막강한 파견군단과 16문의 대포를 급히 소집하였다.[70] 베른은
사보이에 대한 적대 행위를 실제적으로 시작할 때까지도 이와 같은
준비를 하고 있다는 것을 제네바의 동맹국에게 알리려고 하지 않았
다. 제네바의 행정관인 후랑수아 화브르(François Favre)는 1536년
1월에 로잔에 있는 자기 형제에게 편지를 쓰기를, "우리는 우리를

받아주고, 우리의 자유와 특권을 그대로 누리게 하고, 또한 새로운 종교개혁에 따라 살게 하겠다고 약속할 뿐만 아니라, 우리가 독일에서 빌린 모든 부채를 다 갚아 줄 것으로 여겨지는 「프랑스」왕에게 우리를 넘겨주었다"고 하였다. 그는 베른의 원조의 가능성에 대하여는 언급하지 않았다.[71] 베른의 군대는 즉시 독립적으로 샤르르 3세를 공격하고 있던 프랑스 군의 도움을 받아(명목상의 저항이 아니라) 사보이의 북부지역으로 의기양양하게 진군하였다.

이 군대는 1536년 2월 2일 공식으로 제네바를 해방시켰다. 베른은 20세기적인 언어의 뜻으로 제네바를 해방시켰으나, 옛날의 동맹자를 자신의 종속국으로 삼으려고 하고 있었다. 2월 5일, 베른의 군사령관은 정식으로 제네바의 행정관과 의회에 대하여 총독(Vidomne)의 옛 재판관의 직책과 함께, 주교의 옛 권위, 재판권, 그리고 탁월성을 요구했다. 제네바의 시 당국자에게는 이 요구를 숙고하는데 10일 간의 여유가 허락되었으나, 그 동안 베른은 제네바 호수의 남단을 완전히 정복하였다. 이 때 제네바는 다음과 같이 답변하였다. "우리는 사보이 공작과 주교에 대항하여 17년 간, 혹 20년 동안 싸우며 참아왔는데, 그것은 이 도시를 어떤 세력에 종속시키기 위해서가 아니라, 그처럼 많이 싸우고 고난을 겪은 이 가련한 도시가 마땅히 자신의 자유를 가져야 하기를 원했기 때문입니다." 제네바 시의 서기는 매우 조심스럽게 표현하기를, 베른은 이 답변에 비참함을 느끼고 있었다. 그들은 200인 회의를 요구했는데, 그것은 그들이 시의 군사적 구세주에 대해서는 더 관대하게 행동할 것이라고 생각했기 때문이었다. 200인 회의는 2월 17일에 보고하기를, "우리의 도시동맹(Combourgeois)은 우리를 종속시키기 위해서가 아니라, 우리를 포로에서 해방시키고, 우리에게 자유를 주기 위해 왔는

데, 이것은 마치 우리가 한 때 그것을 소유하였던 것과 같은 자유이
다"72. 이것은 정복군에게 주는 대담한 답변이었으나, 성공한 답변
이었다. 제네바는 이 동일한 전쟁에서 독립을 상실한 로잔
(Lausanne), 즉 베른의 다른 하나의 동맹도시의 운명을 피할 수 있었
다. 베른 군대에 동반하고, 그리고 베른의 사령관으로부터 자기들은
제네바를 돕기 위해서만 싸웠다는 말을 자주 들은 스위스의 대표자
들이 있었기 때문에, 제네바는 독립을 유지할 수 있었을 것이다. 그
리고 또한 3일 후에 주권을 요구한 프랑스 국왕의 군대가 바로 옆에
있었기 때문일 것이다(후랜씨스는 베른군 이상으로 실패하였다. 제
네바의 시 당국자들은 왕의 요구를 듣는 것조차 거절하였다).73

프랑스 군대가 밀란(Milan)을 향해 남진(南進)을 계속하고, 베른
이 새로운 정복 준비를 서두르고 있을 때, 제네바의 시 당국자들은
종교개혁과 혁명을 끝마쳤다. 베른과의 협상이 끝마치기 바로 전에
제네바는 1536년 5월 25일 시민총회를 소집했는데, 이 총회는 "지금
부터 복음의 법과 하나님의 말씀에 따라 살며, 모든 교황주의의 악
습을 폐지한다"74는 것을 만장일치로 결정하였다. 새 교회가 옛 주
교의 도시 안에 설립되어야 하였다. 3개월 후에 화렐은 존 칼빈이라
고 하는 젊고 재기에 넘치는 신학자를 설득하는데 성공하여, 그를
도와 새 교회를 세웠다.

V

제네바는 1519년 후리부르와의 동맹을 시도한 후 정치적, 교회적
조직에서 완전한 혁명을 경험하였다. 제네바의 행정관들은 합법적

으로 자신들을 스스로 군주로 부를 수 있게 된 1536년 8월 그 때에, 시의 독립된 군주 겸 주교(Prince-Bishop)의 명예와 특권을 탈취하는 데 성공하였다. 그 과정은 물론 평탄하지도 용이하지도 않았다. 왜냐하면 제네바는 특별히 자기들의 주장을 유지하기 위해서는 항상 외부의 원조에 의존할 수밖에 없었기 때문이었다. 내용을 살피건대, 제네바의 정치적 미래는 위태로웠다. 10년 동안에 세 번이나 그 결과는 불확실한 상태에 있었다는 것을 알 수 있다. 1325년 12월에서 1526년 2월까지 사보이의 샤르르 3세는 제네바의 패권을 잡기 위해 스위스 인과 전쟁을 벌였다. 1532년 6월에서 1534년 4월까지에는 제네바의 스위스 동맹들 간에 제네바의 종교적 미래 때문에 격렬하게 싸웠는데, 마침내는 그들 중 큰 편인 베른이 승리하게 되었다. 그리고 1535년 10월에서 1536년 2월까지, 베른은 제네바에 대한 지배권 문제로 후랜씨스 1세와 경쟁하였다. 이 세 경우 모두에서, 제네바는 어느 편이든지 군사적으로 정복될 것이라는 중대한 위험에 처해있었다. 그런데 제네바는 독립된 완충국이 된 것이다.

이처럼 제네바가 성공한 이유를, 그 정치지도자들의 완강함이나 노련함, 그리고 그 위기의 순간에 나타난 한 조각의 작은 행운은 별문제로 하고, 우리는 그것을 찾기가 힘들다. 제네바의 역사가들은 제네바의 미래가 이 10년 동안에 어느 정도까지 위험에 처해있었는지를 잊어버리고 있었으며, 그 결과 제네바가 달성한 그 진정한 위대함을 깨닫지 못하고 있는 것 같이 보인다. 그럼에도 불구하고, 1536년의 이 승리는, 1519년의 독립된 군주 겸 주교의 국가와의 전혀 다른 국가인 제네바 공화국 250년의 역사의 시작을 의미한다. 이 혁명의 과정에서 제네바의 시민들은 그들 주교의 여러 가지 특권을 하나씩 하나씩 강탈하였다. 즉 시민을 소집하는 권리, 민사 소송을 재판하고, 형사소송을 판결, 집행하는 권리, 종교의 형식을 규정하는 권리, 그리고 화폐를 찍어내는 권리 등이었다. 탐욕스러우면서 운이 나쁜 제네바의 주교 봄(Pierre de la Baume)은 자기 지위를 지키는데 실패하였다. 그것은 부분적으로는 자기 주위에 있는 시민들의 마음을 잡지 못했기 때문이었다. 발라르(Balard)와 같은 본래 선한 행정관까지도, 1528년에 "군주들이 자기의 성직록 중에 두 개를 잃을까 겁이 나서 제네바 시와 시민에게 등을 돌렸기 때문에 신뢰를 상실하게 되었다는 것을 주목하라"고[75] 기록하고 있다. 어떤 의미에서 시민들이 1534년 10월에 주교의 자리(座)가 공석(空席)이 되었다고 선언한 것은 정당하였다. 왜냐하면 주교는 사실상 그들을 버렸기 때문이었다.

이 제네바 혁명에 대해서 가장 주목할 만한 것은, 제네바의 공식기록에는, 그것은 적어도 혁명적이었다고 생각되지 않았다는 것이다. 16세기 사람들에게 합법적인 군주를 반항한다는 생각만큼 더 혐오감을 주는 일은 없었다. 결과적으로, 제네바 시민들은 그들이 발견할 수 있는 옛날의 모든 헌장을 던져 버려야했다. 그리고 1536년 2월에 200인 의회가 베른에 대한 답변에서 호소한 이들 "옛 자유"를 증명하기 위해, 그들의 취지를 많이 역설해야 하였다. 파스칼(Pascal)이 한 때 말한 대로, 우리는 강탈이라고 하는 사실에 대하여 결코 의식해서는 안 된다는 것이다.

제네바는 자신이 혁명의 10년을 경험하였다는 것을 인정할 여유가 없었다. 제네바의 역사가들은 그들의 공식사료에 따라 이와 같은 견해를 그대로 되풀이 하였다. 일 세기 전에 제네바에서 가장 유능한 역사가의 한 사람은 다음과 같이 주장하였다. "우리는 온건함의 정신과 합법성의 존중을 찬양하지 아니할 수 없었으나, 그 시대의 제네바 시민들도 예외일 수는 없었다. 그처럼 헌신한 사람들을

혁명가와 공통점이 있다고 말하는 것은 얼마나 어색한 일인가.[76]
20세기에 이르기까지, 제네바의 역사가들은 그들의 꽤 좋은 세습
재산 때문에 혁명의 존재를 계속 부정하였다. 최초로 그것을 승인한
것은 1926년이었지만, 1951년의 공인된 역사는 1526년 이후 10년
동안 「정치적 해방」이라는 완곡어법을 사용하였다"[77] 제네바의 주
교들은 보다 더 잘 알고 있었다. 봄(Pierre de la Baume) 주교는 1532
년 10월에 임종상태에 있는 베장송 휴그(Besançon Hughes)에게 한
통의 사나운 편지를 보냈다.

> 나는 당신이 군주의 역할을 탐내고 있다고 생각합니다. 그러나 당신
> 은 당신의 선조와 같은 관습적인 방법으로 사는 것으로 만족하십시오.
> 그들은 선량한 상인이었으며, 그들 지위에 어울리는 이상의 명예를
> 바라지 않았습니다. 당신이 론 강의 흐름을 바꾸려는 것은 어려운
> 일이 될 것입니다. 그리고 교회를 파괴하려는 것도 마찬가지로 어려
> 운 일이 될 것입니다.[78]

어떠한 법정에서도, 심지어는 사탄의 법정이라 하더라도 제네바 시민
의 그 극악한 불순종에 대하여 유죄 판결을 선언할 것이다라고 그는
주장하였다. 봄의 후계자 중에 가장 유능한 성 후랑수아 드 살(St.
Francis de Sales)이라는 사람이 있었는데, 그는 1601년에 앙리 4세
(Henry Ⅳ)의 궁정에 들어갈 목적으로 각서를 작성한 바 있다. 그는
이 각서에서 다음과 같이 변명하고 있다. 한 편으로는 제네바 백작의
후계자로서의 사보이 공작의 주장이 있고, 다른 한 편으로는 제네바
의 주장이 있음에도 불구하고, 제네바의 주교는 제네바와 그 보호령
의 유일한 합법적인 군주라고 기록하고 있다. 그리고 성 후랑수아는
계속해서 황제의 직속 가신(家臣)으로서의 주교에 의해서 행사 된 모

든 특권들을 열거하였다. 그는 주교들이 중요하지 않은 특권들을 사보이가에게 내주었다고 하나, 제네바의 시민들은 그것을 강탈에 근거하였을 뿐이라고 하였다.[79] 빠뒤아(Padua) 대학교 출신의 로마법과 교회법의 한 박사에 의해 작성된 이 법률적 개요서는 반박하기가 어려웠다. 16세기의 정치가들은 1526년에서 1536년까지의 그들의 행동의 엄밀한 적법성을 맹렬하게 변호하였다. 그들은 가끔 프랑스와 스위스의 강력한 동맹국을 향해 자기네 주권의 합법성을 설명하는데 어려운 때가 있었다. 영국의 제임스 6세와 1세(James Ⅵ and Ⅰ)는 1603년에 제네바의 독립국으로서의 권리를 의심하였으며, 그리고 제네바의 행정관들은 사보이가의 관리들과(성 후랑수아는 아닐지라도), 1605년과 1606년에 이 문제에 대해서 팜플렛전(戰)으로 싸웠다.[80]

제네바 혁명의 절정, 즉 오랫동안 주저하고 나서 제네바의 행정관들이 1535년에 취한 가장 과감한 수단은 제네바의 기성교회를 파괴하고, 교회의 막대한 재산을 압수한 것이었다. 이것은 "종교개혁" 즉 순수복음과 원시 기독교의 회복으로서 정당화 되었다. 그것은 도시의 "옛 자유"에 대한 교회의 대응이었다. 보수적인 혁명가들은 그들의 적이 혁명의 활동을 비난할 때에는 항상 진정으로, 그리고 거짓 없이 난처함을 나타냈는데, 그들의 프로그램, 혹은 논리를 그 이상 더 훌륭하게 설명할 수는 없었을 것이다.

미주/ 제2장

1 Amédée Roget, *Les Suisses et Genève... au XVIᵉ siecle*, 2 vols(G., 1864), 11, p.238.
2 중세 제네바에 관한 기본적인 기술은 학자들의 공저인 *Histoire de Genève*

des Origines à 1798(G., 1951).에 있으며, 특히 Henri Grandjean, "De la feodalitè à la communaute," pp.91-137.과 Fréd. Gardy, "Genève au XVe siecle," pp.130-60.의 여러 장을 보라.

3 A. Kleinclausz. ed., *Histoire de Lyon des Origines à 1595*(Lyon, 1939), p.155f.; Chas. Petit-Dutaillis, *Les Communes françaĺsses*(Paris, 1947), p.132를 보라.

4 Babel, *HEG*, Ⅰ, p.479. 가까운 곳의 사교구에 있는 유사한 경우에 대해서는 Kleinclausz, *Lyon*, Ⅰ, p.174 n.1을 보라.

5 Jean-François Bergier, *Genève et l'économie europénne de la Renaissqnce*(Paris, 1963). pp.217-431,는 1480년에 폐지된 정기시장을 크게 다루고 있다. Babel, *HEG*, Ⅱ, pp.345-427은 16세기를 광범위하게 포함하는 개요를 제공한다.

6 Babel, *HEG*, Ⅱ, pp. 413-27에 있는 Bergier의 미공개된 연구에 기초하고 있다.

7 *Ibid.*, Ⅱ, p.423.

8 *Ibid.*, Ⅱ, pp.19-28. 역시 L. Michel;, *Les institutions municipales de Genève au XVe siècle*(G., 1912), pp.144-72.

9 L. von Muralt, "Reformation und Stadtgemeinde in der Schweiz." in *Zeitschrift Für Schweizerische Geschichte*, 10(1930) p.350; Kleinclausz, Lyon, Ⅰ, pp.291, 318f, 그리고 특별히 Renè Fedon, *Les Hommes de Loi Lyonnais à la Fin du Moyen age*(Paris, 1964), pp.381-92. Petit-Dutallis, *Les Communes françáses*, pp.253-54,는, 시민의 서약은 프랑스에서는 1500년까지는 거의 모든 곳에서 소멸되었다고 기록되어 있다.

10 Roget, *Suisses et Genève*, Ⅰ, p.64 n.2.

11 Babel, *HEG*, Ⅱ, pp.9-13에 완전한 목록이 있다.

12 Henri Naef, *Les Origines de la Réforme à Genève*(Geneva-Paris, 1936), p.101(이하 Naef, *Origines*로 약기한다. .

13 *Ibid.*, pp.12-13, 16-19, 299-306, 216-18.

14 Feller, *Geschichte Berns*, Ⅱ, p.350f.

15 Roget, *Suisses et Genève*, Ⅰ, p.41. 당시의 재정적 조치의 목록에 대해서는 Babel, *HEG*, Ⅱ, pp.32-35를 보라.

16 Naef, *Origines*, p.31.

17 A. Dufour, "De la bourgeoisie de Genève à la noblesse de savoie, XVe siecles," in *Mélanges … Antony Babel*(G., 1963), Ⅰ, pp.228-38, 특별히 235.

18 Naef. *Origines*, pp.106-23.

19 *Ibid.*, pp.28-29, 45-46.

20 *Ibid.*, pp.75-81.

21 그와 같은 관계(의심의 여지없이 그중의 가장 중요한 것)에 대한 철저한

연구를 위해서, Henri Naef, "Besançon Hugues, son ascendance et sa posterité, ses amis fribourgeois," in *BHG*, 5(1933), pp.355-585를 보라.

22 *Registres du Conseil*, VIII, p.290 n.1에 완전한 목록이 있다.

23 Henri Naef, *Fribourg au secours de Genève, 1525-1526*(Fribourg, 1927), p.22 n.4(이하는 Naef, *Fribourg*로 약기한다).

24 Henri Naef, "L'occupation militaire de Genève et la combourgeoisie manquée de 1519," in *Zeitschrift für Schweigerische Kirchengeschichte*, 52(1958), pp.48-86.

25 *Reg. du Conseil*, IX, pp.41-42.

26 Naef, *Origines*, p.126.

27 Bonivard, *Chroniques de Genève*, II, pp.215-25.

28 Garrett Mattingly, "Eustache Chapuys"(미출판의 Ph.D. diss., Harvard University, 1927), pp.11-91.

29 Naef, *Origines*, pp.64-72.

30 *Ibid.*, pp.462-64.

31 Naef, *Fribourg*, pp.28-36; Mattingly, "Eustache Chapuys," pp.80f., 82-85.

32 *Ibid.*, pp.99-130 passim. Ed. Favre, *Combourgeois: Genève-Fribourg-bern, 1526*(G., 1926), pp.59-74를 비교하라. 후자는 이 동맹의 400년을 기념하여 공금으로 출판된 매우 애국적인 저술이다. 화브르는 스위스의 정책과 특히 이 협상에 있어서의 후리부르의 중심적 역할에 대해서는 거의 주의를 기울이지 않는다. conseil des hallebarded 라는 말은, 네후가 논증한대로(*Fribourg*, p.130 n.3), 그 당시에 만들어진 말이다. 제네바의 공식 의사록은 이 회의에 대한 기록을 하는 부분에서는 공백을 크게 남겨 놓고 있다. R.C., X, p.170 n.1을 보라.

33 Naef, *Fribourg*, pp.139-218 passim.

34 *Ibid.*, pp.220-226에 인용되었다.

35 이 중요한 집회에 관한 기초적인 설명은 *Journal de Syndic Balard*, pp.51-52, 와 그리고 R.C., X, pp.207-10, 593-45과 Favre, *Combourgeois*, pp.107-09에 있다.

36 *Journal du Syndic Balard*, p.51(이 절은 현대 제네바의 역사가의 대부분의 관심에서 사라졌다).

37 *Ibid.*, p.54.

38 이 사실은 Lino Marini, *Savoiardi e plemantesi nella state Sabaude, I: 1418-1536*(Rome, 1962), pp.312-96 passim, esp.356ff.

39 Naef, *Origines*, pp.129-30.

40 *R. C.*, Ⅹ, p.106 n.1에 완전한 목록이 있다.

41 *Ibid.*, p.418 n.2; *Journal du Syndic Balard*, p.72를 비교하라.

42 Jean-Francois Bergier, "Recherches sur les foires et sur le commerce international de Genève de 1480 à 1540"(l'Ecole des Charter의 출판되지 않은 학위 논문, 1956년) pp.225ff를 보라.

43 1526년에서 1536년까지의 제네바에 관한 이 설명은 주로 *Histoire de Genève des Origines à 1798*, pp.187-217에 있어서의 Henri Naef에 의한 뛰어난 기술에 기초한다. 또한 H. D. Foster, "Genèva before Calvin," in American Hist. Rev., 8(1903), pp.217-40의 낡았으나 이해력이 있는 논술과 Chas. Borgeaud, "La conquête religieus de Genève," in *Guillaume Farel*, 1489-1565(Neuchatel-Paris, 1930), pp.298-342의 비교적 새로운 논술이 있다. 이 시기의 가장 완전한 기술은 여전히 A. Roget, *Les suisses et Genève*이다.

44 G. Werner, "Les institutions politiques de Genève de 1519 à 1536," in *Etrennes genevoises*(1926), p.34은 이것을 전체가 소란으로 차 있던 시대의 가장 중요한 정치적 변혁으로 생각하는데 나는 동의한다.

45 Henri Naef, "La conquête du Vénérable Chapître de St. -Pierre par les bourgeoise," in *BHG*, 9(1939), pp. 36-126.

46 *R. C.*, Ⅺ, p.620.

47 *Journal du syndic Balard*, p.303.

48 *Ibid.*, p.315; *R. C.*, Ⅺ, pp.525-26. 바젤에 대한 제네바의 의무는 AEG, Finances L의 20권에 채워져 있다.

49 Bernd Moeller, *Reichstadt und Reformation*(Gutershoh, 1962), p.26 n.34.

50 Naef, *Origines*, pp.352-59.

51 Feller, *Geschichte Berns*, Ⅱ, pp.147-66; Naef, *Origines*, pp.359-72를 보라.

52 L. Marini, *Savoiaardi e piemontesi*, p.386에 인용되었다.

53 그에 관한 고전적인 전기는 *MDG*, 11(1859), pp.197-451의 J-B-G.Galiffe에 의한 서술이지만, 그것은 허용될 수 있을 정도의 제네바 애국주의로 가득 채워져 있다. 또한 여기에는 앙리 네후에 의한 수많은 수정과 추가문(1933년)(전기주지의 인용)이 있다.

54 Roget, *Suisses et Genève*, Ⅰ, p.390.

55 Naef, *Origines*, pp.462-63. 루터의 저작은 리용과 아비뇽에서는 1520년에, 투루나이와 베자송에서는 1523년까지는 알려져 있었다. W.G. Moore, *La Réforme allemande et la littérature francaise*(Strasbourg, 1930), pp.61ff, 를 보라.

56 Herminjard, Ⅱ, pp.9-11.

57 *Journal du Syndic Balard*, pp.268-69.

58 제네바의 종교개혁을 인문주의에 연결시키고 있는 *Origines*, pp.309-41, 405-70의 네후의 주장은 *Histoire de Genève* ⋯ *à 1798*, pp.193-94의 그가 집필한 장에서 단정하게 요약되었다. 그 주장의 허약함은 Hektor Ammann, "Oberdeutsche, Kaufleute und die Anfänge der Reformation in Genf," in *Zeitschrift für Württemburgische Landesgechichte*, 13(1954), pp.150-93에 의해 논증되었다. 암만의 명제는 그의 표제가 암시해준다. 주교의 도시 로잔의 종교개혁의 정치적 기원은 제네바와는 대조적이며 흥미가 있었는데, 이 로잔의 조직적 설교는 베른의 제국주의 한 국면에 지나지 않았다. Chas. Gilliard, "Les débuts de la Réforme à Lausanne," in *Etudes et documents inédits sur la Réformation en Suisse Rommande*(Lausanne, 1936), pp.5-29.

59 Herminjard, Ⅱ, pp.421-24.

60 당시의 기술(베른에 유리한)은 Herminjard, Ⅲ, pp.46-51; R.C., XⅡ, pp.264-65, 599-600에 있다. 종교적으로 헌신한 목격자의 기술은 Antoine fromment, *Les actes et gestes merveilleusses de Geneve*, pp.57-59; Jean de Jussie, *Le levain du Calvinisme*, pp.64-67에 있다.

61 *R.C.*, XⅡ, p.604.

62 Herminjard, Ⅲ, pp.119-24, 132-36; *R.C.*, XⅡ, pp.437-42, 447-49, 474, 623-28.

63 *R.C.*, XⅡ, pp.613-14.

64 *Ibid.*, pp.510-12, 523-24, 629-30.

65 1530년대 초기의 제네바의 복음주의 파와 주교 파의 기본적인 구성을 확정하려고 한 저작은 아직 없었다. 그 문제는 이전 10년 동안의 서약동맹파(the Eidquenote)와 마멜루크파(Mammelukes)의 구성과 같이 흥미가 있었으나 또한 분명하지가 않았다. 1532년의 복음주의 파의 중심인물들의 이름에 대해서는 Herminjard, Ⅱ, pp.459-62를 보라. 그리고 월리(Werly) 소동에 대한 1533년 5월의 베른보고소의 20명의 서명에 대해서는 *R.C.*, XⅡ, pp.639-42에 있다.

66 Naef, in *Histoire de Genève* ⋯ *à 1798*, p.201.

67 J.-F. Bergier, "L'empoisonneus de Pierre Viret," in *Revue de Théologie et de Philosophie*(1961), pp.236-50.

68 Naef, *Origines*, pp.23, 256. 다른 곳의 실례를 위하여는, Moeller, *Reichstadt und Reformation*, p.35 n.2를 대조하라.

69 *Histoire de Genève* ⋯ *à 1798*, pp.204-06; Chas, Gilliard, "Les combots de gingins et la Faucille," in *BHG*, 9(1939), pp.3-27; Alexis François, *Le Magnifique Meigret*(G., 1947), pp.27-52; 과 J. Freymond, *La politique de François Iᵉʳ à l'égard de la Savoie*(Lausanne, 1939), chap. 5.

70 Chas. gilliard, *La Conquête du Pays de Vaud par les Bernois*(Lausanne, 1935), pp.32-77.

71 *Ibid.*, p.45 n.3.

72 *R.C.*, ⅩⅢ ppl433, 444-47; Gilliard, *Conquête*, pp.97-99, 149-50.

73 Gilliard, *Conquête*, pp.150-51; M. Roset, *Les Chroniques de Genève*, Bk. Ⅲ, ch.64-65(pp.230-31).

74 베른은 꼭같이 시민 전체의 서약을 통하여 종교개혁을 받아들였다. Feller, Ⅱ, p.163f.를 보라. 다른 실례를 위하여, Moeller, *Reichstadt und Reformation*, p.28 n.45를 비교하라.

75 *Journal de Syndic Balard*, p.164.

76 Roget, *Suisses et Genève*, Ⅰ, p.391.

77 Georges Erner, "Les institutions politiques de Genève de 1519 à 1536" in *Etrennes genevoises*(1926), p.25를 보라. 「사실상, 1526년의 동맹체결은 대담한 행동이며, 참된 혁명이다」라고 씌어져 있다. *Histoire de Genève ⋯ à 1798*, p.187ff 중에 있는 네후의 「정치적 행방과 종교개혁」이라는 글을 대조하라.

78 *R.C.*, ⅩⅡ, p.152 n.1.

79 *Oeuvres de St. Francois de Sales*, ⅩⅩⅣ, pp. 270-79. 그 내용과 Ruth Kleinman, *St. François de Sales and the Protestants*(G., 1962), pp.105ff에 요약되어있다.

80 G. Bonnant, "Les relations politiques entre Genève et l'Angleterre sous Jacques Ier"(Prix Harvey, 1936), AEG에 있는 원고. Jean Sarrasin, *Le citadin de Genève, ou responce au Cavalier de Savoye*(Paris: P. le Bret, 1606)는 이와같은 80년 동안의 법적인 논의를 요약하고 결론을 지었다.

제3장 독립의 소란 (1536-1555)

독립 후 첫 30년 동안 제네바 공화국은 베른 관할구의 보호망에 굳게 갇혀있었다. 제네바의 중요성, 혹은 그 존재까지도 외부 세력의 주의를 결코 끌지 못했다. 1500년대의 제네바가 사보이가의 궤도를 선회하는 위성이었던 것처럼, 당시의 제네바는 베른의 궤도를 선회하는 위성에 불과했다. 베른과의 1536년의 조약은 베른의 동의 없이는 제네바가 다른 나라들과의 동맹을 체결하던가, 혹은 외교관계를 맺는 것조차도 금지하는 중요한 조항이 포함되어 있었다. 제네바의 제 3자와의 관계, 특별히 스위스의 다른 주들, 혹은 프랑스 국왕과의 관계는 보기 드문 일이었으며, 그리고 그것은 인위적으로 되었다. 1540년 8월 샤르르 5세(Charles Ⅴ) 황제는 베른에 대한 충성의 서약을 반대하여 그의 제국도시(帝國都市)에 경고의 서신을 보냈는데, 이것은 전혀 근거가 없는 것은 아니었다.[1]

그러나 제네바는 평온한 위성은 아니었다. 1540년의 경쟁적인 정치적 당파들 간의 대결에서 절정에 오른 독립 후 첫 5년 동안은 혼돈의 계속이었으며, 기력이 왕성한 풋내기들에 의하여 연출되는 희비극이었다. 그러나 이 소란한 무대 배후에서는 많은 건설적인 활동이 이루어지고 있었다.[2] 제네바 시 독립의 새로운 문제에 응하기 위해서 많은 새로운 제도와 새로운 행정수단의 도입이 필요하였다. 개혁파 교회, 공립학교, 그리고 공립구빈원(救貧院)은 직원을 채용하고, 몰수 된 각종 교회 재산에서 그 비용을 지불해야 하였다. 제네바 시 성벽 안에 종교상의 정통적 관행과 유기된 가옥의 소유권을 명확히 하고, 표준화하고, 기록해야만 하였다. 이 두 가지의 조사는 동시에 한 집, 한 집 행하였으나, 정부는 1537년에 이를 위해 많은 시간을 소비하였다. 공식 기록은 새 공문 기록 보관소에 보관되어 있다. 제네바의 공증인과 대법원은 교황파가 사용하고 있던 라틴어를 프랑스어로 바꾸어야 하였다.[3] 고리대금업자와 인쇄업자는 엄중한 감독 하에 있었다. 공공자금을 위한 많은 징수자와 사용자를 감독하기 위해 중요한 회계감사원이 창설되었다. 1539년에 제네바는 도로를 확장하는 계획까지 세웠다. 제네바의 재판 조직이 수정되고, 확장되었으며, 상소 법정이 민사소송을 위하여 설립되었다. 군주 겸 주교와 대성당 참사회에 속해있던 농촌의 토지가 제네바의 토지가 되고, 농민들은 새로운 주인을 섬기게 되었다. 제네바 주변의 농촌 교구 사제들은 종교개혁을 받아들이지 않을 수 없게 되었다. 새로운 국가로서 요리문답서를 승인하는 것으로부터 시작해서 농민들을 책망하는 일에 이르기까지 할 일이 수 없이 많았다. 그러나 제네바 정부는 어떤 정치적 당파가 무슨 권력을 가졌던 지에 관계없이 항상 이 일들을 만족하게 수행하였다.

그처럼 많은 변화가 동시에 있었기 때문에, 자연히 혼란이 있을 수밖에 없었다. 그 뛰어난 실례는 제네바의 공식기록에는 프랑스어와 라틴어가 사용된 것이다. 1536년 2월까지는 제네바의 모든 의사록에

는 라틴어가 사용되었는데, 이 때 갑자기 동일한 서기가 그것을 프랑
스어로 바꾸게 된 것이다. 그 해 여름 소의회는 시와 농촌의 모든
재판은 지방어로 행하라고 명령을 내렸다. 그러나 7월에 의회 의사록
은 갑자기 라틴어로 되돌려 놓았는데, 그 해 말까지 라틴어로 그대로
존속되었다. 1537년에는 서기가 라틴어로 기록하기 시작하여, 처음
한두 줄을 힘차게 써내려가다가 도중에 프랑스어로 변경되었다. "Joh.
Balardi : expedevit quatour scur. solis ultra sexdecim jam expedevit et
se ypothequera sus ce quil dira"4 이와 같은 잡동사니 문체는 라틴어의
비율이 확실히 줄어들었으나, 프랑스어의 승리가 결정적이 된 1537년
까지 계속된다. 종교적 교리(오랜 후에 칼빈이 말한 대로, 그가 왔을
때에는 설교 외에는 아무것도 없었다)에서부터 재정상의 기록에 이
르기까지, 제네바 생활의 거의 모든 국면은 그와 비슷한 정도의 혼란
을 보여주고 있다. 이 같은 혼란은 제네바 정부 내에서 당파의 경쟁이
증대된 때문이었다. 19세기의 사가(史家)가 말한 대로, "종교개혁을
달성한 세대가 자신이 스스로의 손으로 찢어냈다." 그리고 그것은
두 행정관들 사이의 사소한 싸움이었는데, 이 경쟁이 시작된
1535-1536년의 독립전쟁 동안에 있은 단순한 에피소드에서 싹이 튼
것이다.5 그러나 그것은 급속히 성장하였으며, 1537년에는 미셀 세트
(Michel Sept)가 기욤파(Guillermins), 혹은 화레(Farets, 다 타버린 양초)
로 알려진 화렐파를 인도하여, 의용군 사령관 장 휠립(Jean Philippe)
과 그의 친구들, 즉 그 후 곧 그들 적들에게 Articulants 혹은 articha
uds로 알려진 자들에게 대항할 수 있게 되었다. 부분적으로는 이 대립
관계 때문에, 부분적으로는 시대의 전반적인 불안정과 혁명적인 분위
기 때문에, 제네바의 성속(聖俗) 양쪽의 관리들의 인사이동이 두드러
지게 심하였다. 1536년과 1541년 사이에 소의회의 의석을 지킨 의원
은 겨우 4인에 불과했으며, 그리고 앙리 드 라 마르(Henri de la Mar)라

는 목사 한 사람만이 이 동안에 고용되었다.

　1537년에 제네바의 정치적 걸음걸이는 활기를 띠기 시작했다. 이 때의 4명의 행정관들 모두가 다 화렐의 가까운 친구들이었다. 그런데 이 네 명 중 한 사람은 8명의 후보자들의 예비명단에도 기재되지 않았던 사람이었다. 그 해의 활동의 대부분은 제네바 교회를 조직하고, 신앙의 공적고백서를 작성하여, 시민에게 그것을 받아들이도록 하는데 사용되었다. 그러나 이 종교적 충성의 서약은 어떤 구역에서, 특히 독일인 거리에 사는 독일 상인들의 반대에 부딪쳤다. 이 반대의 얼마는 쟝 발라르(Jean Balard)와 같이 진실하고 이론이 정연한 사람들에게서 볼 수 있었으나, 그 대부분은 타성에 젖어 있는 자들, 그리고 화렐과 그의 친구들이 강요하고자 했던 매우 엄격한 규정, 즉 주일설교에 규칙적으로 참석해야 한다는 규정을 혐오하는 사람들이었다. 1538년 선거에서는 여론의 추가 반대방향으로 흔들려서, 화렐파는 모두가 최고의 공직에서 물러나게 되었다.

　선거 후 즉시 6명의 기욤파(Guillermins)는 소의회에서 의원직을 정지당하고, 프랑스 앞잡이와 정치적 음모를 꾸몄다는 혐의를 받고 공개적으로 고발을 당하였다.[6] 그리고 계속해서 기욤파가 조폐국에서 부정을 행하고(그것은 아마 사실이었다), 서기록의 기록을 위조했다고 고발당하기도 하였다. 그러자 화렐의 지도를 받고 있는 제네바의 목사들은 새 행정관들을 대항하는 설교를 하기 시작했다. 이 때 목사들은 정치 문제에 간섭하지 않도록, 그리고 베른 교회의 의식에 더 충실하도록 엄격히 경고를 받았다. 이 일후에 화렐과 칼빈은 4월에 200인 의회와 시민 총회에 의해 면직되었다. 이 결정을 듣고 나서 칼빈은 소의회를 향해, "좋소, 좋습니다. 만일 우리가 사람을 섬겼더라면, 우리는 부정한 보상을 받을 것입니다. 그러나 우리는 하나님을 섬기고 있기 때문에, 하나님은 우리에게 보상할 것입니다"라고 하였다.7 베른은 오랫동안 자신의 예배 형식, 즉 세례반(洗禮盤) 사용, 결혼식 축제, 부활절, 크리스마스, 성령강림절 등의 전통적 예배(이 모든 것들은 제네바에서는 화렐에 의해서 폐지되었다)를 채용하도록 제네바에 압력을 가해왔는데, 지금은 추방된 제네바의 목사들을 정중히 영접하고, 그들을 데려가도록 제네바 소의회에 "권고와 요구" 문서를 보냈다. 그러나 문제 전체는 정치적, 또는 제네바의 사법적인 문제가 되고, 자신들의 위신이 위태롭게 되기 때문에, 이를 완강히 거절했다. 화렐과 칼빈은 지금 완전히 싫증이 나서 취리히와 스트라스부르를 향해 떠나고 말았다. 제네바는 몇 명의 새 목사를 채용하고, 지방의 재능 있는 목사를 채용했으나, 몇 분의 명망 있는 목사를 뇌샤뗄(Neuchâtel)에서 초청하고, 그 해 말에는 새 학교 교사도 한 명 채용하였다. 개혁은 중대한 방해 없이 계속되었다. 크리스마스에는 교회의 건물들이 수리되었으며, 행상인들은 주일설교가 이루어지는 동안에는 고기를 팔지 못하도록 경고를 받았다.

1539년의 선거는 중립적인 행정관을 선출하는 것으로 끝이 났다. 매우 소수의 행정관이 교체되었으며, 기욤파는 중요한 자리에 오르지 못하고, 수세에 남게 되었다. 새 정부는 즉시 이전에 대성당 참사회가 소유하고 있던 토지문제로 제네바의 권리의 정확한 범위를 확정하는 것 때문에 베른과 분쟁에 휩싸이게 되었다. 1536년 조약에는 이 권리들이 명확히 규정되어 있지 않았기 때문에, 어느 국가가 무슨 죄로 어느 농부를 체포할 권리를 가지느냐 하는 문제로 사소한 싸움이 계속되고 있었다. 마침내 이 논쟁을 해결하기 위해, 세 사람의 반(反) 기욤파의 대표단이 베른에 파송되었다. 그들은 2주간의 교섭을 끝마치고, 돌아와서는 자기들이 최선을 다했다는 것을 신중하게 발표하였다. 2개월 후에 베른이 사절단에 동의한 1536년 조약의 설명서의 프랑스어 번역 문서를 보내왔다. 제네바의 사절단이 그들이 받은 훈령과 반대로, 모든 논쟁점 하나하나에 다 동의했다는 것이 즉시 명백해졌다.

그들의 실수는 단순하였다. 베른은 3인의 사절단 중에 한 사람(쟝 류렝, Jean Lullin)만이 알고 있는 독일어로 교섭을 진행하자고 주장하였다. 세 사람 모두가 베른 시민을 매우 좋아하고 있었기 때문에, 그들은 틀림없이 수락 가능한 타협안을 작성해 줄 것으로 알고, 동맹국의 선의와 세련된 외교적 능력을 신뢰하고 있었다. 류렝은 자신의 스위스 사투리의 독일어에 대한 지식을 과대평가하여 문자 그대로 무엇이 어떻게 돌아가고 있는지를 알지 못하고 있었다. 이 조약의 설명서는 즉시 제네바에 의해 거부되고, 이 세 사람은 베른에 돌아가도록 명령을 받았다. 창피를 당한 류렝은 이를 거절하였다. 베른은 계속 이 설명서에 만족하고 있음을 반복하므로, 난국은 곤경에 처하게 되었다. 이 외교상의 대실패가 있은 지 한 달이 채 못 되어, 프랑스 영내의 영토인 티에(Thiez)의 망드망(mandement)이 후랑수아 1세에 의해 점령되었다. 이 일은 거만한 국왕의 사자(使者)에 의해 제네바에 전달되었는데, 이 때 사자는 "제네바가 티에 사람들을 부추겨 자기 신앙을 따르도록 하였으나, 이 신앙은 자기들을 크게 불쾌하게 하므로, 우리로서는 그것을 허용할 수 없다"고 선언하였다.[8] 이 이중의 타격은 류렝파와 휠립파(Philippe)의 신용을 파국적으로 손상시켜 놓았다.

그러나 이들 3인의 「조항 파」(1539년의 사절단은 지금 그들이 동의한 조항에 따라 그렇게 불렸다)는 1540년에 소의회에서 모두가 의원으로 선출되었는데, 그들은 제네바의 모든 지도적 정치가들 사이에서 정성들여 만든 예선(豫選)의 평화의 연회가 있은 후에 선출되었다. 그러나 이 세력의 균형은 얼마 안 있어서 1540년 봄과 여름에 절정에 이른 시민 총회의 힘에 의해서 파괴되었다. 폭풍우가 4월에 불었는데, 이 때 베른은 1536년 조약의 설명서의 서명을 촉구하기 위해 제네바에 또 다른 사절을 파송했다. 이 사절단은 소의회에서 미온적 대접을 받고 나서 시민총회에 나타났다. 그 시민총회는 두 달 전만해도 보다 좋은 정부를 필요로 한다고 표명하고, 동시에 베른 헌법의 프랑스어 역을 요구한 바 있다.[9] 이 때 폭동이 이루어졌다. 많은 사람은 조항파(條項派)의 체포를 요구했으며, 집회는 베른 사람들의 말을 듣기도 전에 벌써 혼란에 빠지고 말았다. 세 사람의 조항 파는 모두가 마침 사법관의 경고를 받고 제네바를 빠져나갔다. 진절머리가 난 베른 사람들은 무거운 발걸음으로 집을 떠났으며, 제네바의 사절이 곧 그 뒤를 따라가 그들을 달래려고 하였으나 성공하지 못했다.

대규모의 국가적 재판이 지금 제네바에서 시작되었는데, 이 때 32인의 증인이 "제네바를 베른에 넘겨주려고 하였던" 조항파의 음모를 폭로하였다. 피고를 위하여 간섭하려고 하였던 베른의 노력은 피고에 대한 제네바 시민의 의혹을 오히려 더 깊게 하여 재판의 속도에 박차를 가하게 하였을 뿐이었다. 1540년 6월 5일에 이 세 사람은 모두가 결석 재판에서 사형선고를 받았다. 다음 날 쟝 휠립(Jean Philippe)은 연회가 있은 후 길거리에서 고함을 지르며 거칠게 날뛰기 시작했다.[10] 그는 한때 서양엉겅퀴(artichoke)라고 불렸는데, 그가 혹은 그의 친한 친구가 그것을 증명하기 위해 "반역자" 한 사람에게 심한 상처를 입혔다. 휠립과 2층 창문에서 그에게 큰 소리로 고함을 지른 미셸 세트(Michel Sept) 사이에 격한 논쟁으로 독설이 교환되었다. 이 때 폭넓고 지저분한 거리와 호숫가에 접한 거리에는 혼란스러운 소동이 일어났다. 휠립은 자신의 인기를 과대평가하고 있었다. 그는 곧 수적으로 압도당하고, 지지자 두 사람이 살해되자 피하지 않을 수 없게 되었다. 다음날 아침 범인 추적자는 그가 마차 세놓는 집의 밀짚 단 밑에 숨어있는 것을 발견하였다. 그와 그의 지지자 25명은 공화국에 대한 이 새로운 음모에 따라 체포되었다.

한 번 더 총회의 계속되는 압력을 받으면서, 신중한 재판이 소의회에 의해서 수행되었다. 다시 한 번 베른은 죄수들을 위해서 간섭하려고 시도했으나 실패하였다. 휠립과 그의 경호원 중의 한 사람이 처형되고, 늦은 아침에는 그의 수행원이 이슬처럼 사라졌다. 행정관 한 사람은 갑자기 자기 고향으로 돌아가고, 소의회의 의원 3인은 도망갔으며, 무슨 일로 베른에 머물고 있던 또 한 사람의 의원은 돌아가지 않기로 결심하였다. 사법관 대리(Lieutenant of Justice)는 자기 자리에 머물고 있었으나, 승리감에 도취되어 있는 반대파에 의해서 곧 추방되었다. 이 모든 빈자리는 충실한 기욤파에 의해서 채워졌다.

베른과의 관계는 지금 파국 직전에 이르렀다. 왜냐하면 추방된 당파는 모두가 베른과 교회의 열렬한 예찬자였기 때문이었다. 그들의 패배가 주로 하층계급의 시민총회의 음모 때문이었다는 사실로 인해서 불안하였다. 베른의 대사는 어떤 점에서 "이 일들은 이상한 행동이며, 행정관으로서는 부끄러운 일이다"라고 주장하였다. 사실 제네바는 5개월 동안에 20회나 국민투표를 실시했는데, 이것은 공화국 역사상 가장 높은 수(數)의 형태이며, 군중 정치와 무정부상태가 임박했다는 것을 보여주는 듯 했다. 기욤파는 즉시 시민 총회 안의 무법(無法)한 자들을 억제하기 위해 전쟁의 위협을 훌륭하게 사용하였으나, 1538년에 새로 고용된 설교자 몇 사람이 도시를 도피할 정도로 사태가 악화되어있었다. 베른이 외교적 압력을 한 층 더 가하자 제네바는 노골적인 거절과 변명 섞인 회피로 응하였다. 그리고 성채를 수리하였다.

제네바가 사보이에 있는 프랑스 정부 당국자에게 특사를 파견했다는 소식을 베른이 듣게 되면서 전쟁의 위기는 피할 수 있게 되었다. 베른은 그의 도시동맹(combourgeois)이 새로운 동맹을 결성하지 않을까 걱정하며 그의 요구를 약화시켰다. 10월에 제네바는 내적으로나 외적으로 평화를 회복하였으며, 국가의 새 지도자들은 다음 사업, 즉 화렐(Farel)과 칼빈을 소환하는 일을 진행시키고 있었다.

화렐은 뇌샤뗼(Neuchâtel)에 정착하였으며, 그의 사용자인 베른은 그를 유인할 수도 없고 놓아줄 수도 없는 형편이었다. 스트라스부르에 있던 칼빈이 돌아오는 것도 화렐보다 더 쉬운 일은 아니었다. "이 세상에는 내가 그 이상 더 두려워 할 곳은 없다"떠나기 수개월 전에 칼빈이 기록한 글이다. 그러나 1536년에 칼빈은 마침내 자신을 설득시켰다. 그리고 정권파의 한 젊은 당원인 아미 뻬랭(Ami Perrin)이라고 하는 사람이 칼빈의 귀환을 위해서 파견되었다. 6월 6일의 소동으로 투옥되었던 죄수들이 즉시 석방되고, 베른과의 그 미해결의 논쟁문제는 바젤의 중재위원회로 넘어갔다. 사실 이 논쟁은 싸울 가치가 없는 것이었다. 발라르(Balard)가 주장한대로, 1540년의 소동은 "이여러 조항 때문이기도 하지만 역시 화렐 때문이기도 하였다."[11] 휠립을 타도하고, 베른과의 평화를 회복하는 직접적인 목적이 일단 달성되자, 기욤파는 그 진정한 목적을 향해 나아갈 수 있게 되었다. 그러나 그들은 기대했던 것보다 더 많은 것을 얻었다. 화렐의 교회를 회복하는 대신, 그들은 부지중에 칼빈의 교회를 시작하게 된 것이다.

I

15년 후에 제네바는 1540년의 위기와 같은 또 다른 정치적 위기를 경험하게 되었다. 독립 후 첫 수 년 동안의 양식이 느린 동작으로 재현되었다. 즉, 경쟁하는 당파의 성장, 공화국의 적으로 여기고 있던 프랑스, 혹은 베른의 배신행위에 대한 고발, 예비군 사령관의 역할을 겸하고 있던 패배한 당파의 수령, 그리고 소의회의 패배한 당파의 대량 해고 등이 그것이다. 1555년에 결정적인 가두전이 벌어졌을 때에도 1540년 보다 겨우 3주간이 빨랐을 뿐이었다.

　　물론 제네바는 1540년에 몇 가지 교훈을 얻었다. 베른에 다시는 한 당파만의 멤버만으로 구성된 외교 사절을 보내지 않고, 당파 간의 세력 균형을 전복하기 위해 시민 총회를 다시는 사용하지 않았다. 파벌주의가 1526년과 1536년의 승리자들을 분열시킨 것처럼, 그것은 1540년의 승리자들을 분열시켜 제네바 공화국을 계속 괴롭혔지만, 많은 중요한 점에서 새 국가는 제도적으로 안정되어가고 있었다. 소의회는 과두정치로 변하여 25인의 의원 중에 14인이 1541년에서 1555년까지 계속 의원의 일을 하였다.

　　더 중요한 것은, 제네바 교회가 칼빈의 귀환 후 수 년 동안에 교리와 인사 두 방면에서 모두 안정을 얻었다는 사실이다. 1538년 제네바로부터 추방당한 후 존 칼빈은 그의 청년의 성급함에서 벗어나 있었다. 3년 동안 스트라스부르의 프랑스의 교회를 시무하고 나서, 그는 많은 신선하고 중요한 자산인 실제적인 경험을 갖고 있었다. 지금 겨우 30세가 된 칼빈은 두려워하기에 충분한 이유가 있는 이 도시에 돌아왔는데, 목회 사역을 제네바에서 하게 되었다는 것은 참으로 하나님의 뜻이라는 것을 1541년 2월 화렐에 의하여 다시 한 번 설득되었다.

　　칼빈이 만일 마지못해 돌아왔다 하더라도, 그는 역시 제네바에서 행할 일들에 대하여 매우 명확한 생각을 갖고 왔을 것이다. 1541년 9월 13일, 도착한 그날 칼빈은 소의회에 출두하여 귀국을 오랫동안 주저하였던 이유를 설명하고, 시 당국이 제네바 교회를 위해 교회 법규를 준비할 수 있는 위원회를 임명해 줄 것을 요구했다. 다음 주일, 칼빈은 귀국 후 처음으로 대성당에서 설교를 했는데, 이 때 그는 과거 일에 대해서는 한 마디의 말도 하지 않고, 다만 1538년에 추방의 판결이 내려졌을 때, 그가 읽었던 그 성경 구절을 읽고 설명하였다.[12] 그것은 매우 인상적인 처사였다. 그 후 수개월 동안에 칼 빈이 소의회로부터 받은 대대적인 협력은 의심의 여지없이 그의 확고부동함과 성숙함 때문이었다. 1537년의 미완성의 교회 법규는 칼빈과 6인의 자문위원회에 의해서 6주간 동안에 수정되고 증보되 었다. 이 새 규약은 교회 내에서의 평신도 강도권을 강화하기 위해 소의회와 200인 의회에 의해 약간 수정되어(즉, 목사는 소의회에 의해 임명되고, 장로는 소의회로부터 위임받도록 강조하고 있다) 2개월 안에 시민 총회에 의해서 비준 되었다. 제네바의 유명한 장로 회는 칼빈의 귀환 후 3개월 만에 회의를 시작했다.

칼빈은 스트라스부르에서 돌아온 그 날에 역시 제네바 시 당국 에 봉사하기를 원한다는 것을 소의회에 말하였다. 그들은 칼빈의 말을 그대로 받아들여, 교회 법규가 승인된 다음 날 소의회는 그를 공화국의 정치적 헌법을 준비하는 위원회에서 일하게 하였다. 칼빈 은 많은 일을 위임 받았기 때문에, 그 일을 완수하기 위해 그의 다른 일들을 그만 두어야 할 정도였다. 그러나 그의 역할은 수동적인 것 이어서 사실상 서기가 하는 일과 다를 바가 없었다. 제네바의 관청 과 관리에 대한 1543년의 포고는 본질적으로 현재의 관례를 성문화 한 것이었다. 가장 저명한 정치가들은, 제네바의 근본적인 정치적 경향은 그것들에 의해 조금도 변경된 것이 없다는 판단에 일치하고 있었다. 아마 칼빈 자신도 그 일을 따분하게 느꼈을 것이다. 왜냐하 면 그는 그의 편지에서 한 번도 이에 대하여 언급한 바가 없었기 때문이었다.[13] 이 규약에서 몇 가지 흥미 있는 것 중의 하나는, 200인 의회는 소의회에서 이미 논의된 것만을 심의할 수 있고, 시민 총회 도 200인 의회에서 논의된 것만을 심의할 수 있다는 단서가 붙어 있는 것이었다. 이 마지막 규정은 1539년 11월의 시민총회에서는 부결되었으나, 이 때에는 가볍게 승인되었다.

제네바 공화국은 칼빈이 귀국한 지 얼마 안 되어 역병(疫病)과의 첫 전쟁에서 살아남았다. 그것은 1542년 가을과 이어서 1543년 봄(부분적인 기록에 의하면, 환자 3인 중의 2인이 살아남았기 때문에 아직 매우 심각한 것은 아니었다). 그리고 1544년 가을에 간헐적으로 발생하였다. 흔히 있는 가벼운 기근의 결과와 각종 관리들(목사들을 포함하여)의 직무수행에 대한 나태 외에도 이 제네바의 역병은 대대적인 마녀사냥과 함께 1545년에 막을 내렸다.14 분명히 이 마녀 사냥은, 한 베른의 관리가 역병을 유포했다고 고백한 자를 제네바의 공범자와 함께 체포하므로 시작됐다. 역설적으로 이 공포가 제네바를 엄습했을 때에는 역병이 대부분 가라앉았으나, 위험이 줄어들면서 사람들의 공포와 증오심은 점점 더 강해진 것처럼 보였다. 희생자는 모두가 40인이었다. 그들은 먼저 역병을 퍼뜨린 자들이었으며, 그리고 다음은 노출된 마법사들이었다. 흔히 고문이라고 하는 무서운 절차, 가축을 독살하였다는 고백, 마녀의 연회, 그리고 그 밖의 이러저러한 고백이 있었다. 희생자의 대부분은 페니성(*mandement* of Peney)의 사람들이었으며, 제네바의 시민보다 하층 계급의 주민이었다. 제네바에서는 그런 타입의 희생자들의 정체가 드러나 고문을 받았다. 즉, 소수의 불행한 하인들, 이발사 겸 외과의사, 그리고 전염병원에서 종사하는 무덤 파는 인부 등이 역병을 만연시켰다고 해서 체포되었다.

제네바는 역시 1540년 초에 대성당 참사회의 토지에 대한 베른과의 분쟁을 해결하므로 마침내 성공하였다. 1544년에 이 두 나라 사이에 최종적으로 종결을 지은 외교적 해결은 제네바 정치의 특색을 훌륭하게 보여주고 있다.15 1542년 1월 바젤의 중재자들은 18개월 동안의 협의 끝에 결정에 도달했다. 그들은 두 개의 예외를 제외하고 거의 모든 쟁점을 제네바에 유리하도록 결정하였다. 행정관들의 첫 반응은, 완전한 승리에 미치지 못하는 것은 무엇이든지 불합리하므로 거부한다는 것이었다. 그러나 8명의 고문관으로 구성된 특별위원회와 칼빈, 그리고 샤블레(Chablais)에서 온 중립적인 법률가들은 매우 중요한 점에서 제네바의 권리는 침해되지 않았다고 결론을 내리고, 수락을 권고하였다. 그러나 아직도 불만을 품은 소의회는 두 가지 비위에 거슬리는 점에 대하여 바젤의 결정을 변경하기 위해 마지막 사절을 바젤에 파송하였으나, 아무 효과가 없었다. 1543년 4월에 소의회는 그들의 이전 결정을 재심의하기 위해 전혀 새로운 위원회를 구성하였다. 이 위원회가 열리고 있는 동안에, 베른이 바젤의 타협안을 거부했다는 소식이 전해졌다. 이 소식은 제네바 사람들을 안심시켜, 그들이 9월에 바젤에서 교섭을 재개하는데 동의하였다. 이 교섭에서 제네바는 만일 1536년의 군사원조에 대한 지불 요구를 베른이 포기한다면, 문제의 토지의 일부에 대한 자신들의 요구를 포기하겠다고 제의하였다. 칼빈은 비레에게 보낸 편지에서, 소의회에 미친 자신의 영향으로 선동가들에 대하여 승리하였다고 기뻐하였으나, 이 기쁨은 시기상조였다. 의회는 1543년 10월까지 이 문제를 다시 한 번 재검토하기로 하였다. 사실 최초로 마음을 바꾼 사람은 아미 뻬랭(Ami Perrin)이었다. 맹목적인 애국심의 이 새로운 분출은 11월에 질정에 달했는데, 이 때 소의회는 여관 주인이 베른에서 곰의 기호로 영업하는 허가를 취소하였다. 그는 얼마 안 있어서 정치와는 관계가 없는 타조의 기호로 영업을 재개하였다.

베른과 제네바의 두 냉정한 지도자는 그 겨울에 교섭을 재개하였다. 두 사람 모두가 주최 측의 경제적 부담의 경감을 원했기 때문에, 한 회의는 개최 장소에 대한 의견차이로 연기되었는데, 두 사람

모두가 주최 측의 가벼운 역할을 원하고 있었다. 마침내 7인의 제네
바 위원회는 베른에서 두 주간을 체류했는데, 거기서 그들은 1540년
의 도망자들에 의하여 많이 괴롭힘을 받았다. 그들은 계약을 맺고,
그 계약서를 제네바에서 신속히 프랑스어로 번역하여 칼빈을 포함
한 대위원회에서 자세한 조사를 받았다. 1540년의 제네바 3인의 조
항 파를 전원 사면한다는 추가 조항 하나를 제외하고는 본문(本文)은
1542년 1월의 최초의 바젤의 타협안과 동일하다는 것이 증명되었
다. 그래서 제네바는 몇 가지를 보류하고 곧 이 조약을 승인하였다.
1543년 12월에 교섭이 계속되어 쟁점이 하나로 줄어들었으며, 이
마지막 장애도 2개월 후에는 제거되었다.

　　제네바의 외교는 지방적 애국심과 조항파(articulants)의 전례를
따라 박차가 가해졌기 때문에, 교섭 테이블에서 단 한 치의 양보도
할 수 없었다. 그들의 확고부동한 결의는 가끔 유리한 약속과 때로
는 서면으로 기록된 양보를 얻어내곤 하였으나, 때때로 그러한 쏠쏠
한 약속도 무가치 한 것으로 입증되었다. 아미 뻬랭(Ami Perrin)을
수반으로 하는 제네바 대표단은 티에(Thiez) 마을을 회복하려는 그
가망이 없는 시도를 하면서 1544년과 1545년에는 프랑스의 후랜씨
스 1세에 의해 속임을 당했다[16]. 조항파는 용서를 받고, 1544년에
제네바에 돌아올 수 있었다. 1540년의 정치적 분열은 제네바의 도망
자들이 영속적 단체를 만들지 않은 유일한 사건이었으며, 그리고
4년 만에 화해가 이루어진 것은 시민의 화합정신의 훌륭한 실례였
다. 그것은 부분적으로 가장 중요한 기욤 파가 적절한 시기에 실종
되었다고 하는 데에도 그 이유가 있었을 것이다. 기욤 파의 수령,
미셸 세트(Michel Sept)와 그의 두 사람의 유력한 동지 아미 뽀랄
(Ami Porral)과 끌로드 베르땅(Claude Pertemps)은 1544년에 모두 죽

은 것이다.17 그러나 이 행복한 결말임에도 불구하고 제네바의 혁명은 자신의 자식을 계속 망치게 했다. 다소 순수한 애국심에 기초한 새 당파는 휠립을 대신하여 민변사령관이 된 아미 **뻬랭**의 주변에서 이미 형성하기 시작하고 있었다.

당파의 대립은 칼빈의 제네바에서 최초의 그 유명한 재판인 1546년의 **뻬에르 아모**(Pierre Ameaux)의 재판 때에 이미 강하였다.18 이 경우의 윤곽은 잘 알려져 있었다. 트럼프를 제작하고 있던 아모가 아내의 간통을 이유로 그녀와 이혼하기를 원했으나, 칼빈은 당분간 그 생각에 반대하였다. 마침내 그녀는 투옥되고, 아모는 이혼하였으나, 그의 분노는 가라앉지 않았으며, 지금은 그 분노가 칼빈과 그의 사상을 반대하는 쪽으로 돌아가기 시작했다. 소의회는 즉시 아모를 투옥시키고, 칼빈을 용서할 것을 그에게 요구했다. 그러나 칼빈은 아모의 독신 죄에 대해 더 엄격한 처벌을 요구하였으며 결국 그의 의견이 관철되었다. 뻬에르 아모는 와이셔츠 바람으로 모자도 안 쓴 채 제네바 시내를 가로질러 걸어 다니고, 무릎을 꿇고 자비를 구하고, 앞으로는 복종할 것을 맹세하였다. 제네바의 범죄자에게 사용해야할 처리법은 칼빈이 말한 대로, 그것은 마치 "거친 당나귀에 거친 굴레"였다. 그러나 이 사건에는 특별히 강조해야 할 몇 가지 자세한 항목이 있다. 첫째로, 문제는 아모의 범죄가 아니라, 그의 처벌이 공개적으로 다루어져야하는가 혹은 아닌가 하는 것이었다. 둘째로, 그가 처벌받은 것은 독신 죄 때문이지, 칼빈을 반항한 것 때문이 아니었다. 셋째로, 아모는 소의회에 3회의 회기에 참석하였음에도 불구하고, 제네바의 정치적 지도자도 아니고, 번영하는 **뻬랭**파와 결탁되어 있는 것도 아니었다.

당시 제네바에서 칼빈의 권위와 연루된 대부분의 다른 사건들

은 유력한 사람들(예를 들어, 장로회와 일련의 논쟁을 버리기 시작
한 화브르 일족)에 의한 하찮은 범죄가 아니면, 천박한 사람들(예를
들어 쟈크 그뤼에, Jacques Gruet)에 의한 중대한 범죄들이었다. 칼빈
과 화브르(Favre)와의 싸움은 1546년 봄에 시작해서 3년 동안 간헐적
으로 계속되었다.[19] 이 일종의 족장(族長)은 지금은 은퇴하였으나,
옛 서약동맹파의 행정장관으로, 그는 어떤 종류의 종교적 권위도
좋아하지 않았다. 그에게는 아들과 딸들이 있었는데, 딸 중의 하나
가 뻬랑과 결혼하여 그의 의견에 동조하였다. 칼빈은 그들을 조롱하
며 싸웠다. "화브르의 가족은 신성하여 법에 대한 복종에서 면제되
었는가?" 그는 계속 또 질문하기를, "그들은 아마 그리스도에게 굴
복하여 살기를 원하지 않기 때문에, 그들이 원하는 대로 살 수 있는
곳에 도시를 세울 수 있을 것이다." 칼빈의 동료들은 한층 더 무뚝뚝
하게 그중 한 사람이 그 노인은 "개처럼 뻔뻔하다"고 하였다. 화브르
일족은 마침내 그들의 반대세력, 특히 감독원이 한 때 폭력으로 잠
잠하게 했던 뻬랑 부인과 맞먹을 정도로 그들에게 악담을 퍼부었다.
그들이 고발당한 비행은 대부분 간음, 부활절 성찬식 중에 투창(投
槍)한 것, 춤춘 것, 상호 동의에 의한, 혹은 목사회의 의사록이 표현하
고 있는 대로 공모에 의해서 이혼하려고 한 시도 등 대부분 사소한
것들이었으나, 그들의 거만과 다루기 힘든 태도는 더욱 심각한 문제
였다. 그들의 사회적 입장도 그러했다. 예를 들어, 1547년에 후랑수
아 화브르는 그 때 신분이 낮은 두 사람이 동시에 투옥된 반항 사건
이 있은 후에도 감독원은 다만 그에게 재출두하라는 명령을 내렸을
뿐이었다. 이 게릴라전의 가장 중요한 결과는, 아마 칼빈이 이전에
그의 가장 열성적인 지지자였던 아미 뻬랑(Ami Perrin)과의 사이가
심각하면서도 영속적으로 틀어지게 되었다는 사실일 것이다. 그뤼

▶ 제네바의 무장 군인들

베른의 귀족 그라펜레이드家의 스테인드글라스 창. 제네바 무장군인을 '베른의 곰'으로 상징하고 있다. 표시된 연대는(1540) 베른이 제네바를 지배했던 전성기와 일치한다. [베른, 역사박물관]

에(Gruet)의 범죄는 칼빈에게는 훨씬 더 심각한 것이었다.[20] 그뤼에는 몇 사람의 목사들에 대하여 악의에 찬 글을 써서 대성당 강단에 붙일 뿐만 아니라, 그의 재판 역시 그가 분명히 상습적인 독신자(瀆神者)라는 것이 입증되었다. 그가 처형되고 나서 오랜 후에 더 창피할 정도로 고약한 다른 문서들이 그의 집에서 발견되었다. "그리스도는 많은 협잡을 이적이라고 한 사기꾼, 공상적인 시골뜨기이며,

사도들은 불한당, 바보, 멍청이였다. 성경 어디서도 이솝 이야기만
큼 좋은 지식을 볼 수 없다"고 의회 의사록은 보고하고, 그러한 무서
운 추행은 나라 전체를 지옥에 떨어뜨리기에 충분하였다고 결론을
내리고 있다. 그뤼에가 쓴 이 원고는 16세기 제네바에서 작성된 반
(反)성직자적 문서 중에 가장 대담한 것으로, 그것은 교수형 집행자
에게 넘겨져서 공중 앞에서 소각되었다.

　　이 시기의 제네바는 일류급의 중요성을 갖는 정치 재판에 의해

▶프랑수와 화브르의 아들(칼빈 반대자의 우두머리)과 그의 아내.
화브르 家의 로고와 함께 있다. 이 둘은 1551년 저개발 거리(Rues-basses)에 지어진 파브르
의 집 장식물이다. [제네바, 역사와 예술 박물관]

서 움직이고 있었다. 1547년 가을과 겨울에 아미 뻬랭과 메그레(le magnifique Meigret)가 반역죄로 투옥되었다.[21] 메그레는 칼빈의 가까운 친구로, 그는 칼빈을 위하여 일종의 국제뉴스통신사의 일을 하고 있었다(지금까지 밝혀지지 않는 메그레의 사업상의 활동은 분명히 제네바를 경유하여 스위스 주재 대사에게 보내는 프랑스 국왕의 서신을 개봉하는 것으로 되어있었다). 프랑스에서의 메그레의 관계, 특별히 1535년에서의 그의 활동 때문에,[22] 베른은 전심전력으로 그의 재판에 몰두하여, 그의 유죄판결과 제네바로부터의 추방을 확실하게 하려고 하였다. 제네바 전문가인 베른의 시민 네굴리(Någueli, 그는 1536년에 베른의 군대를 지휘하였다)는 그가 발견할 수 있는 한 모든 유죄의 증거를 소의회에 연락하였다. 아미 뻬랭은 네굴리의 도움을 얻으면서 자신의 정치 생명을 위해 싸우고 있었다. 메그레는 주로 칼빈의 도움을 받으면서 자신의 명예와 제네바에서 받는 연금(年金)을 위해 싸우고 있었다. 이 두 사람에 대한 증거는 변호보다는 기소에 더 알맞은 것이었다. 외교문제에서 아주 무식했던 뻬랭은, 그가 50기로 된 프랑스의 기마병대를 지휘하고, 그들을 수비대로 사용하여, 프랑스 왕의 이름으로 제네바를 통치하라는 1545년의 프랑스 왕의 제안에 열심히 귀를 기울였다. 메그레는 이 제안에 대한 소문을 알아채고, 그것을 소의회에 통보하였다. 그러나 메그레는 지나치게 영리하였으나, 뻬랭은 그것이 부족하였다. 왜냐하면, 메그레는 황제에게 거액의 돈을 갖다 바쳤다는 혐의로 리용(Lyon)에 있는 저명한 제네바의 상인을 체포하도록 하였기 때문이다. 뻬랭은 생각건대 죄가 없는 이 상인을 국왕의 감옥에서 석방시키는데 성공하였다. 메그레에 대한 고발은 이것이 끝이 아니었다. 용의자의 체포 후에 작성된 소환장(monitoire)은 본래의 기소장에

▶르네상스 스테인드글라스 창에 출처 미상인 제네바의 구호.
"어둠 후에 빛이 있으라"(POST TENEBRAS LUX: 1547년, 최초 기록)와 이사야 40:8의
말씀이 기록되어 있다. 그라펜레이드家에서처럼 제네바 무장군인이 있고 그 위에 합스부르
크의 두 독수리와 왕관이 놓여져 있다. [베른, 역사박물관]

많은 경범죄가 더해지는 것이 보통 있는 일이었다. 그리고 "위대한
사람"의 일건 서류는 즉시 66건의 고발로 채워졌으며, 거기에는 "연
금술을 위해서만 사용되는 용광로를 소유하고 있다"(#40)는 것도
들어있다.

두 개의 재판은 제네바의 대립적인 당파에게는 즉시 공개적인

문제가 되었다. 허식적인 만찬은 그들 후원자들에 의하여 두 사람의
작은 방에서 베풀어졌다. 10월 20일에 삐랭에게 최초의 변환점이
찾아왔는데, 그 날 사보이가의 최고법원장이 삐랭에 대한 국왕의
제안이 진정으로 의도된 것이 아니라는 것을 소의회에 통보하였다.
두 사람을 석방하려고 하는 동요가 사람들의 마음을 잠시 동안 혼란
케 하였다. 이 때 삐랭을 싫어하는 검사는 행정관들을 모욕하여,
법률가들의 한 패라고 하였으며, 그리고 베른의 새 대표단이 반(反)
메그레 감정을 부채질하였다. 제네바 사람이 아닌 3인의 법률가들
의 조언(助言)으로 삐랭은 11월 말에 석방되었으나, 그의 모든 관직
은 박탈당하고, 2년 동안 추방되었다. 그 동일한 법률가들은, 메그레
는 프랑스 스파이였다고 결론 내렸다. 한 달 동안 아무런 판결이
그에게 선고되지 않았으나, 그동안 칼빈은 맹렬하게 적의(敵意)에
차 있는 200인 의회 앞에 생명의 위험을 무릅쓰고 극적으로 나타났
다. 마침내 1548년 1월 2일에 소의회는 메그레를 추방하는 대신 제
네바의 시민권을 박탈하기로 결정하였다. 투표자격이 없는 삐랭의
친척 다섯 표를 포함해서, 투표는 9 대 8로 추방을 반대했기 때문이
었다. 칼빈은 즉시 200인 의회에서 이 결정을 뒤집는 것이 좋겠다는
것을 화렐과 비레에게 호소하였다. 3일 후에 200인 의회는 메그레를
석방하고 그 이상의 처벌을 하지 아니할 것과 그리고 삐랭을 소의회
에 복귀시킬 것 등 총괄적인 결의를 통과시켰다. 그들이 이렇게 행
한 것은, 제네바의 예년의 선거가 바로 2주 전에 끝마쳤기 때문이며,
이런 종류의 연극적인 타협은 그와 같은 시기에 제네바의 정치적
대립자들에 의해서 자주 실시되었다. 네굴리나 칼빈도 모두가 승리
를 주장할 수 없었으며, 여기에 표시된 당파간의 미묘한 세력 균형
은 수년 간 계속 되었다.

1548년에 칼빈은 친구나 친척 등 뻬랭의 파벌에게서 완전히 소원하게 되었다. 그들의 싸움은 1546년에 감독원에서 시작되어 마침내는 격심한 싸움이 됐다. 서약동맹파의 순교자의 버릇없는 아들이며, 뻬랭의 좋은 친구인 휠리베르 베르뜰리에(Philibert Berthelier)는 "옛날에는 나는 칼빈에게 악담하는 자들을 대항하여 리용에서 검을 들고 싸웠으나, 지금은 그를 위하여 손톱 하나도 다치고 싶지 않다"고 하였다. 화브르(Favre) 일족의 사람들은 감독원에 출두하라는 명령을 계속 받았으며, 부인들은 집시에게 그들의 운수를 점치게 했다고 해서 고발되었고, 남자들은 거만하고 독신적인 이야기를 했다고 해서 고발되었다. 그들은 어떤 경우에는 법정 앞에서 알기 어려운 몸짓까지 하여 깜짝 놀라게 하는 거만한 행동을 계속하였다.[23] 문제는 하찮은 것이었으나, 신경전은 계속되었다.

중대한 범죄와 관계된 몇 가지 경우가 있는데, 그 중의 하나는 1549년의 것으로, 그것은 칼빈과 뻬랭이 다 같이 싫어하였으며, 평판이 나쁜 루 모네(Ruox Monet)와 관계 된 사건이었다.[24] 단편적인 증거에 의하면, 피고는 4인의 행정관들의 처를 사랑한다고 크게 허풍을 떨며, 또한 음란한 그림으로 가득 채워진 한 책을 자기의 "복음"이라고 부르면서 두루 돌린 것 때문에 고문을 받고 교수형에 처해진 것 같다. 이 여러 해 동안에 제네바에서 일어난 가장 심각한 사건은 틀림없이 전(前) 수도사요 박사인 제롬 볼섹크(Jerome Bolsec)에 의해서 시작된 칼빈의 예정론에 대한 공격이었다. 그러나 이 사건은 당연히 제네바 교회사에 속하는 것이다. 왜냐하면 그것은 본질적으로 세속 권력 앞에서 논한 신학논쟁이기 때문이었다.[25] 볼섹크는 제네바의 시민이 아니었으며, 뻬랭은 그를 만나본 일이 없었다. 간단히 말해서, 이 경우는 그 신학적 가치에 따라서만 결정되어야 하였으며, 그것은 볼섹크에게는 큰 손해가 되었다.

전(前) 수도사요 공증인인 쟝 트로와이에(Jean Troillet)는 볼섹크와 비슷하게 칼빈을 비판했는데, 그는 제네바의 시민이요 뻬랭의 친구였다.[26] 칼빈에 대한 트로와이에의 소송은 1552년 6월에서 11월까지 지루하게 계속되었다. 그 소송은 칼빈에게 유리한 판정이 내려짐으로 끝마쳐졌으나, 그것은 화렐과 비레가 와서 변호하고 그를 도왔기 때문이었다. 칼빈은 트로와이에가 "존 칼빈과 논쟁하므로 무식한 사람들 사이에서 명성을 얻기 위해" 논쟁을 시작했다고 추측하고, "내가 지금까지 한 번도 사용해보지 않은 수도사의 용어"를 자기에게 강요하려는 트로와이에의 시도를 강하게 반대한 것이었다. 의회의 최종적인 결정은 칼빈의 기독교강요를 지지하고, 장차 그 책, 혹은 그 교리를 아무도 반대하지 못하도록 하였다. 그러나 트로와이에는 처벌을 받지 않았으며, 오히려 수일 후에는 소의회로부터 그가 존경할만한 사람, 또는 훌륭한 시민이라는 정식문서까지 받을 수 있었다.

동시에 아미 뻬랭은 1547년 추방에서 간신히 목숨을 건진 후 그에게 정치적 행운이 계속 주어졌다. 그의 일파는 제국(帝國) 잠정협정이 선언되고, 제국 자유의 도시 콘스탄스(Constance, 제네바 같이 스위스의 여러 주들과 동맹을 맺고 있었다)가 1548년에 샤르르 5세(Charles Ⅴ)에 의해서 점령되고 나서, 제네바에 퍼지고 있던 공포심을 솜씨 있게 이용하였다. 뻬랭은 국가방위의 절박한 필요성을 호소하면서, 자기는 부당하게 민병사령관의 직책을 박탈당하였다는 것을 주장하므로, 복직 요구에 성공하였다. 이 결정이 공표되고 나서 즉시 칼빈은 친구에게 쓴 편지에서 "뻬랭을 우리의 희극적인 씨져"라고 불렀다.[27] 이것은 뻬랭이 서투른 방법으로 15세기 훌로렌스의 메디치(Medici)가(家)처럼, 제네바의 사실상의 전제군주가 되려고 하였다는 것을 명백히 명시하고 있다.

콘스탄스 함락의 또 하나의 중요한 결과는 제네바는 분발하였으나, 스위스 동맹에 가입하려고 한 노력은 전적으로 무익하였다는 것이었다.[28] 샤르르 5세의 성공이라고 하는 충격으로, 베른은 1548년 12월에 제네바와의 도시동맹(Combourgeoisie)을 1551년 예정의 만료기간 후에도 5년간 더 연장할 것에 동의하였다. 베른과 다른 프로테스탄트의 주들이 콘스탄스 구원에 실패했기 때문에, 제네바는 더 강한 동맹을 요구했다. 이 때 스위스의 고민에 관심을 가지고 있던 스위스 주재 프랑스 대사가 그들을 동맹에 가입시키기 위해서 최선을 다할 것이라는 소식이 제네바에 전해졌다. 소의회는, 이 소식에 대하여 지금 당장 떠들어대는 것보다는 취리히에 있는 "남의 눈에 띄지 않는 그들 친구들"에게 타진해보는 것이 좋겠다고 결정하였다. 제네바는 1549년에 약 5명의 대표단을 베른에 파송했는데, 그들의 사명은 제네바가 스위스 동맹에 가입할 수 있도록 그들의 「도시동맹」을 설득하는 것이었다. 비공개적이지만, 제네바의 행정관들은 「1536년 조약의 제 2항」즉, 베른의 동의 없이는 다른 나라들과의 교섭을 금한다는 조항을 할 수 있는 한 폐기해야한다는 것, 그리고 그것은 비밀리에 행할 것 등을 기록하였다. 그러나 네굴리와 그의 베른인 동료들은, 새 동맹은 현재의 문제가 아니라고 부드러운 말로 대답하고, 그리고 마지막에는 다음「도시동맹」후 어느 때엔가 그 문제를 재심의할 것을 동의하였다. 1550년에 제네바는 바젤(Basel)에게 제네바의 동맹가입을 후원해주도록 시도했으나, 다시 한 번 막연한 약속으로 기다리게 하였다. 여기서 문제를 그대로 두고, 사실상 제네바는 1815년까지 동맹에 가입하는 것이 허락되지 않았다. 이 에피소드는, 제네바가 아직도 베른의 정치적 패권에서 풀려날 수 없었다는 것, 혹은 제 3자를 통해서 우회할 수조차 없었다는 것을 보여주고 있었다.

1550년 대 쯤에 역시 칼빈의 제네바에는 종교적 망명자들이 처음으로 대량으로 유입되었다. 1549년에 소의회는 그들을 위하여 특별 등록부를 준비하도록 포고하였다. 많은 수의 프랑스 인 이주자들은 제네바의 옛 주민들에게 즉시 영향을 끼쳤다. 1551년에 여러 선거에서, 25년 동안 모든 신시민에게 시민총회참가를 금지하도록 200인 의회에 요구하기로 결정하였다. 그러나 그것은 표면상 이들 외국인들에 의한 불순한 음모의 기회를 줄이기 위해서라고 하지만, 실제로는 현재의 권력 구조를 유지하기 위해서였다. 이 포고령은 통과되지 않았다. 1549년부터 1552년까지의 감독원의 기록은, 생활비의 상승을 프랑스 인들 때문이라고 비난하는 한편, 극악한 사람들은 모두가 프랑스 인이라고 말한 제네바 인에 대한 질책으로 채워져 있다. 1550년에 시장이었던 한 행정장관은 "그것이 누구이든지간에, 여기에 그처럼 많은 프랑스 인들을 데리고 온 사람은 뒤져라"고 말했다고 전해지고 있다.[29] 이와 같은 외국인 혐오증의 경향은 빼랭과 그의 지지자들에 의해 교묘하게 이용되어, 그들은 대부분의 신이주자가 제네바의 시민권을 얻는 것을 방해하였다.

II

제네바의 불안정한 당파간의 균형은 마침내 1553년 선거에서 깨어졌다. 그것은 소의회에 대한 새로운 피의 요구를 교묘하게 이용했기 때문이었다. 200인 의회가 치안관을 갱신하려고 할 때, 뻬랭의 친구들은 "선택의 자유를 더 크게 확대하기 위해" 16인의 현직원 외의 새로 16인의 후보자를 선거에 내세우자고 제안했다.[30] 새 후보자는 8명만 추천하기로 약속이 조정되었다. 이들 새 사람 중의 4인은 소의회에서 선출되었으나, 그 중에 3인은 뻬랭의 친척과 가까운 지지자들이었다. 그리하여 지금「제네바의 아들들」[31]이라는 이름이 붙여진 뻬랭파는 뻬랭 자신이 수석 행정관으로서 새로운 1538년을 일으킨 셈이다. 그것은 즉시「조항파」와 마찬가지로, 그들에게도 파멸이 되었다는 것이 명백해졌다.

　　그 후 즉시 뻬랭파의 정부는 그 유명한 이단 미카엘 세르베투스(Michael Servetus) 사건을 다루는 성가신 일을 만나게 되었다.[32] 이 사람은 최근에「그리스도교의 회복」(Christianissimi Restitutio)이라는 충격적인 이단서를 출판했는데, 그는 이 책에서 기독교 신앙의 두 기초가 되는 삼위일체설과 유아세례 교리를 부정하였다. 겨우 4개월 전에, 세르베투스는 리용 근처 비엔느(Vienne)에 있는 프랑스의 종교재판소 감옥을 탈옥하여 사람들을 깜짝 놀라게 하였다. 그는 전적으로 불쾌한 성격의 사람으로, 방종한 자요, 사회질서를 소란하게 하는 자로서, 어느 제네바 정부가 즉시, 또는 준비 안 된 상태에서라도 그를 고발한다고 해서 그것은 놀라운 일이 아니다. 그러나 그에 대한 추구는 신학상의 문제에 한정되어 있었으며, 그와 같은 신학상의 문제는 여러 가지 점에서 검찰관이나 재판관의 지식을 초월하는 것이었기 때문에, 그 고발의 대부분은 본래의 고발자인 칼빈에게 위임되었다. 사실상의 재판은, 칼빈과 세르베투스 사이에 난폭하게 오고 간 난해한 문제들과 욕설로 시종하였다. 세르베투스는 예정론의 가상적인 시조(始祖)에 따라 그의 반대자를 시몬 마구스(Simon

Magus)라고 불러야 한다고 주장했다. 한편 칼빈은 세르베투스는 "무익하고 보잘 것 없는 것과 불신앙적인 헛소리"로 성경의 모든 곳을 더럽혔으며, 그리고 그는 "그가 한 번도 본 일이 없는 근거를 상습적으로 또는 뻔뻔스럽게 인용하고 있다"고 하였다. 세르베투스는 삼위일체설에 대한 자신의 불신을 명확히 설명하고, 유아세례는 악마의 발명품이라고 증오하면서 그 근거를 강조했다. 마침내 제네바 정부는 공평한 의견을 얻기 위해 스위스의 다른 교회들에게 이 문제에 대하여 문의하였다. 그들의 답변은 이구동성으로 엄격하였으며, 제네바의 시당국(국가주석으로서의 뻬랭까지도 포함하여)은 선택의 여지없이 세르베투스에게 유죄판결을 내리지 않을 수 없었다. 왜냐하면 그는 악하고 왜곡된 고집으로 인쇄된 책에까지 그리스도교의 기초교리를 반대하는 견해를 뿌리며 누설했기 때문이었다. 그래서 그들은 그에게 화형(火刑)판결을 내렸던 것이다. 칼빈은 이 판결을 단순한 사형으로 경감하려고 노력하였으나, 성공하지 못했다. 세르베투스는 1553년 10월 27일 사형되었다. 그의 사건은 칼빈의 제네바에서 종교적 견해 때문에 사형에 처해진 한 남자의 유일한 사건이었으나, 동시에 지극히 중요한 사건이기도 하였다. 그 후에 근방에 프로테스탄트의 여러 나라에서 다른 희생자들이 속출하였다. 예를 들면, 1566년에 베른은 유명한 반(反) 삼위일체론자 젠틸리스(Gentilis)를 참수형에 처했으며, 취리히는 1520년대 이후 재세례파를 익사형에 처해왔다. 그러나 까스텔리오(Castellio)의 이단 처형에 관한 논문 때문에, 즉 바젤에서 출판되어 즉시 칼빈과 베자(Theodore Beza)의 반론을 이끌어낸 그 논문 때문에, 세르베투스 사건은 종교적 박해의 테스트 케이스로서 프로테스탄트의 전 유럽에서 그리 좋은 평판을 받지 못했다.

세르베투스의 재판 직후에, 뻬랭파 정부는 새로운 문제에 직면하였다. 행정관들과 감독원 사이에 출교의 문제에 대하여 질질 끌고 있던 논쟁은 휠리베르 베르뜨리에에 의하여 재연되었다.[33] 이 문제는 궁극적으로 200인 의회에 속하고 있기 때문에, 감독원은 매 사건마다 소의회로부터 특별한 허락 없이는 아무도 출교할 수 없다고 200인 의회는 결정하였다. 그래서 칼빈과 다른 목사들은 사직으로 맞섰으며, 한편 스위스의 다른 개혁파 교회들에게 회장(回狀)을 보내며 그들의 고충을 호소하였다. 그럼에도 불구하고, 칼빈의 출교권 요구에 원칙적으로 반대하고 있던 제네바의 소의회는 그 해 성탄절에 베르뜰리에는 아직 성찬식에 참여할 수 없다는 것을 신중하게 선언하였다. 모든 문제는 제네바의 연차(年次)선거 바로 일주일 전에 있은 1554년 1월의 국민적 일치, 혹은 화해 축연에서 원활하게 해결되었다. 모든 당파는 소의회에 나와서 모두가 손을 들고 그들의 의견의 차이를 잊어버리기로 서약하였다. 다음 날 의회의 의사록은 다음과 같이 기록하고 있다. "소의회의 전체의원, 사법관들(휠리베르 베르뜨리에를 포함하여), 칼빈과 제네바 시의 몇 사람의 다른 명사들은 모두가 함께 식사하고, 어제 만들어진 평화 협정을 확인했다." 그래서 곧 현직자 모두가 자기 직무로 돌아갔다.

제네바는 1554년의 대부분을 중요하지 않은 문제들을 가지고 씨름하다가, 10월에 다시 베르뜨리에를 회개 하지 않은 죄인으로 정하고, 출교에 관한 대논쟁에 들어갔다.[34] 소의회의 다른 위원회는 3개월 동안 가능한 해결책을 찾아 토의하고, 다른 도시와 교회의 증거와 조언을 구해 숙고하였다. 다시 한 번 사태는 제네바의 연차선거 직전에 위기에 빠지게 됐다. 또 한 번 "1541년의 시민총회에서 채택된 포고를 존중한다."는 수수께끼 같은 결정이 내려졌는데, 그

포고는 감독원이 출교권을 갖는다는 것을 암시하고는 있으나, 특별
하게 진술하고 있는 것은 아니었다. 1555년 선거 후에 칼빈과 장로
들은 이 중요한 문제에 대한 승리를 주장할 수 있었다.

　1555년은 결정적인 해였다. 이 때 4인의 행정관 모두가 칼빈파
였으며, 칼빈 자신도 예상하지 못했던 변화가 일어났다고 기록하고
있다. 소의회의 재선거가 이루어졌을 때, 사망으로 공석이 되어 있
던 한 의석은 열렬한 칼빈파에 의해서 채워지고, 그리고 한 사람의
현직의원(뻬랭의 자매의 남편인 가스파르 화브르, Gaspard Favre)은
칼빈파에 의하여 교체되었다. 제네바의 세력균형은 항상 미묘하였
으나, 지금은 정반대가 되었다. 그리고 이 예상하지 못한 변화를
일으킨 문제는 출교가 아니라, 한 일족의 강대한 세력에 대한 공격
이었다. 두 사람의 증인인 보니바르와 미셀 로제(Bonivard and
Michel Roset)는 이 점에 일치하였다.[35] 보니바르는 4행시(이 시는
아마 보니바르 자신이 작시하였을 것이다)가 선거전에 읽혀졌다고
보고하고 있다.

　　Esliez Comme ceux de Metz
　　Tout vostre conseil dún seul lignage
　　Afin que, comme eux a jamais
　　vous puissiez Tumber en Servage[36]

로제는 그의 간결한 문체로, "다른 사람들을 관직에 오르는 것을
막고 있는 일족(一族)의 정부에 대한 화풀이를 한 사람들의 투표의
도움을 얻어" 자신의 당이 승리했다고 보고하였다. 소의회에서의
뻬랭의 지지 세력의 핵심은 폭넓은 혼인관계에서 이루어진 것이기

때문에, 그러한 비난은 당연한 것이었다. 보니바르는 1553년과 1554
년의 의회에서 14명의 **뻬랭**과 인척관계에 있는 자들이었다고 주장
하고 있으나, 그것은 잘못된 계산이었으며, 신중하게 연구한 결과로
는 그 수의 절반이 다음과 같이 인척관계에 있음을 보여주고 있다
(이탤릭체의 이름들은 1553-54년의 의원들이다).[37]

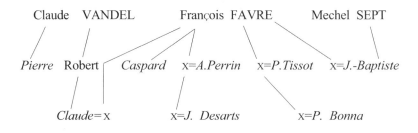

두 형제, 혹은 아버지와 아들이 소의회에서 함께 의원이 되는 것을 금하
고 있었던 제네바에서 인척관계로 이루어진 이 일족은 최고의 권력을
장악하고 있었던 것이 분명하다. 친척은 항상은 아니지만 보통 가장
신뢰할 수 있는 정치적 동맹이었다. 이 법칙에 대한 예외가 있었는데,
그것은 1555년에 가스파르 화브르 대신에 소의회 의원이 된 칼빈파에
의해서 보여 졌다. 칼빈파인 쟝 드 라 메소뇌브(Jean de la Maisonneuve)
는 가스파르의 첫째 종자매와 결혼하였던 것이다. 피는 분명히 사업상
의 관계보다 더 강하였다. 왜냐하면 **뻬랭**의 수석 부관이었던 삐에르
방델(Pierre Vandel)이 친칼빈파의 지도자인 포목상 앙부라르 꼬르뉘
(Amblard Corne)의 해외 대표로 일한 일이 있었기 때문이었다.

　　뻬랭의 반대자들은 지금 선거상의 변화로 기세를 잡게 되었다.
그들은 재빨리 '제네바의 아들들'(Enfants de Genève)을 200인 의회
에서 추방하고, 그 자리에 22명의 젊은 청년들을 대치하므로 끝까지

그들의 여세를 몰고 갔는데, 그 22명의 젊은이들은 보니바르가 주장한대로 종교개혁 아래에서 제네바에서 자라난 최초의 세대이며, 그리하여 "야만적인 교리와 습관에서 해방된 자들"이었다. 다음으로 시민권이 다수의 프랑스 인 망명자들에게 허락되었으나, 그러나 그들은 그 때까지 뻬랭파 사람들에 의해 무장해제 되고 조직적으로 괴롭힘을 당하고 있었다. 그러한 대대적인 참정권의 부여 정책은 제네바에 전례(前例)가 없었던 것은 아니었으나, 그것은 항상(예를 들어 1547년에) 자금모집의 한 방법으로 간주되었던 것이다. 1555년에 새 시민으로부터 거둬들인 제네바의 수입은 예산의 4분의 일에 해당되었는데, 그것은 외국의 부채를 갚는데 사용되었다.[38] 이 두 개의 움직임은 뻬랭으로 하여금 방심하게 하였으며, 그리고 수개월 동안 아무런 항의도 일어나지 않았다. 그들은 결국 노령의 서약동맹파 유드리오 뒤 모라르(Hudriod du Molard)를 그들의 대변인으로 사용하여 항의하였으나, 그 때에는 아무 일도 일어나지 않았다. 그래서 그들은 그들이 좋아하는 수단, 즉 협박을 다시 사용하였다.

1555년 5월 16일의 그 유명한 논쟁이 있기 전 2주 동안 제네바 전역에 풍문이 퍼지고 있었다.[39] 그날 밤 이 풍문의 소식을 들은 소의회는 하여금 정규적인 야경꾼 대신에, 전부가 200인 의회의 새 멤버인 4명의 청년을 특별 경비로 세웠다. 1540년에 있은 그와 비슷한 사건과는 달리 이 소동에서는 한 사람의 사망자도 없었다. 다만 몇 사람만이 난폭한 취급을 받았다. 고의적 상해는 언어상으로는 있었으나, 아마 그것은 계획적인 것은 아니었을 것이다. 뻬랭은 행정관의 검은 지휘봉을 불법적으로 박탈하여, 군중들 앞에서 그것을 흔들고, 군중들을 진정시키려 하였으나 (혹은 그도 그렇게 주장하였다) 뻬랭 자신을 제외하고는 "제네바의 아들들"의 소수만이 그날 밤 그들 행동에서 어떤 중대한 반동이 있을 것으로 기대하였다.

뻬랭의 가장 친한 친구 방델(Pierre Vandel)은 이 소동 때문에 밤중에 소집된 소의회의 특별 회기에 출석하여 시청사 주위에 군집한 군중들의 해산을 도왔다. 뻬랭 자신은 다음의 정례회의에 참석하여 그의 친구들 모두의 역습에 함께 하였다. 새 시민들 대부분은 제네바에서 18개월도 채 못 살았기 때문에, 제네바 정치의 자세한 부분에 익숙하지 못하다고 불평을 늘어놓았다. 뻬랭 자신은 소동이 있는 동안 선동자가 아니라, 조정자로 묘사되었다. 5월 17일에 20인의 목격자가 조사를 받고 5월 18일에 그 대부분이「제네바의 아들들」인 25인이 조사를 받았다. 그런데 선량한 칼빈파인 서기는 공식의사록에 그들의 증언 어느 하나도 기록하지 않았다.[40] 그러나 5월 19일에는 더욱이 전부가 칼빈파인 20인의 증인이 조사를 받았으나 그들의 증언은 기록되었다. 뻬랭과 방델은 한 주간 후에 200인 의회의 다음 회기까지 모든 회의에 계속 출석하였다. 200인 의회는 예비투표에서, 프랑스 인에게 대량의 시민권을 부여한 데 대한 뻬랭파의 항의 대신에, 먼저 소동에 대하여 토의하기로 결정하였다. 뻬랭과 다른 몇 사람은 즉시 선동죄 때문에 기소되었다. 그들은, 보니바르에 의하면 화장실에 가는 척하고 회의실을 빠져나온 한 친구의 신호를 따라 빨리 시내를 탈출하였다.

이것은 전환점이었다.[41] 5월 16일의 언쟁은 제네바의 대부분의 다른 재판의 대상과 같이 과거의 일을 기억하면서 증거 하는 증인이 점점 많아졌기 때문에 돌이켜 보건대, 더욱 중대한 것처럼 생각되었다. 뻬랭의 도망은 사람들에게 그의 유죄를 증거 하는 것처럼 생각하였으나, 그 사람들은 1547년의 그의 도망이 매우 애매한 고발에 따라 되었다는 것을 분명히 잊어버리고 있었다. 이 때 삐랭은 친구들의 충고에 따라 귀환하였다. 그러나 이번에는 적절한 역습도 없고, 베른으로부터의 신속한 원조도 충분히 받지 못했다. 제네바는 그의 추종자들을 대항하여 단기간의 공포정치를 시작하고, 그들 중 12명에게는 사형을 선고하였다(그 중 8명은 부재 판결). 삐랭은 자연히 베른으로 돌아갔으나, 그곳은 칼빈의 적인 볼섹크(Bolsec)이 제네바 추방 후 수 년 동안 숨어서 지내던 곳이었다. 그리고 베른의 통치자들은 자기들은 프랑스 인을 증오하고, 스위스 인을 사랑한다고 큰 소리를 치면서 자만하는 사람들을 돕는 경향이 있었다. 네굴리는, 삐랭과 그의 친구들은 제네바에서 재판 받기 위해 안전통행권이 허락되어야 한다고 하였으나, 그것은 단호하게 거절되었다고 하였다. 그 때 네굴리는 스스로 제네바에 도착하여, 도시 동맹(Combourgeoisie)의 만기가 가까웠다는 것을 소의회에 일깨우고, 또한 삐랭 재판에는 "이상하게도 증인이 동시에 판사였다"는 이유를 들어 200인 의회를 비난하였다. 그들 동맹의 조문(條文)에 의하면, 베른은 도망자들을 그 영역에서 추방했어야 했는데, 베른은 그렇게 할 의지가 전혀 없었다는 것이 명백하였다. 모든 것은 계획대로 진행되었다.

　　삐랭파에게 내려진 공식 판결은 5월 16일의 소동 외에도 "교회권징과 종교개혁, 특히 1541년의 교회 법규를 파괴하려는 조직적 음모와 그리고 개인적 회합에서 시민총회에 감독원의 폐지를 제안하기로 결정한 사건들을 말하고 있다" 이 사건들은 거의 대부분은 참이었다. 그것들은 역시 프랑스-스위스 간의 경쟁관계와 교회권징의 문제가 제네바에서의 밀접한 관계를 설명해준다. 마침내는 예비군 사령관 휠립(Philippe)과 삐랭이 분명히 같은 생각을 갖고 있다는

데 자극을 받아 다음과 같은 것이 소의회에 의해서 제안되고, 드디어 시민총회는 이를 승인하였다.

> 이 후에는 참수의 형벌을 받는다면, 아무도 예비군 사령관이 되겠다는 생각을 못할 것이다. 좋은 공화국에 어울리는 사람은 누구든지 사법관이 그러한 권력을 부여하는 경우를 제외하고는 아무도 무슨 권력이나 다른 사람에 대한 지휘권을 가지려고 하지 않고, 다만 하나의 시민이 되기를 원할 것이다. 이렇게 하여 평화가 확보되고, 선동과 폭동을 피하게 될 것이며, 하나님은 그의 영예와 영광을 위해서 하나님 앞에 겸손한 공화국에 축복을 베푸실 것이다.[42]

III

그리하여 제네바 최후의 정치적 당파는 전복되었다. 제네바에서는 1555년에 한 시대가 막을 내렸으나, 정치 혁명을 수행하고 종교개혁을 도입한 세대는 스스로를 잡아 찢는 과업을 완성하였다. 1536년에 소의회에 있던 행정관들은 1558년에는 제네바에 한 사람도 남지 않고 떠났으며, 그들의 3분의 1의 자녀들은 지금은 추방되고 없었다. 그들은 하나님의 영감으로, 집단적이며 질서정연한 통치를 믿는 행정관들에 의하여 서서히, 그리고 확실하게 교체되고 있었다. 끈기 있고 헌신적인 칼빈주의적 한 통치자, 즉 과두 정치적 통치를 점진적으로 강화하여 제네바 공화국의 남은 오랜 기간을 특징 있게 한 그 통치자는 지배권을 장악하였다.

제네바 독립 후 첫 20년 동안의 공화국의 압도적으로 중요한 문제는 베른에 대한 태도였다. 가혹한 시련이 몇 번씩이나 있었으나,

제네바의 국가와 제네바의 교회는 이 강력한 이웃으로부터 그들의
독립을 완강하게 유지하였다. 빼랭과 휠립, 그리고 그들의 추종자들
은 베른에 대하여 지나치게 고분고분 하였다. 아마 그것은 서약동맹
파 시대의 옛 기억이나, 단순히 베른의 군사력에 대한 두려움이었을
는지도 모른다. 그 이유가 무엇이었던 지간에, 이 사람들은 그들 의복
에 스위스 십자가를 꿰매 붙이고, 스위스 팬츠를 입고, 베른이 설교자
들을 확고하게 정부의 통제 하에 두고 있는 방식을 예찬하였다.[43]
칼빈과 그 지지자들은 다른 복장을 하고, 다르게 이야기를 했다. 칼빈
의 지도하에 제네바의 교회는 교리와 의식(儀式)면에서 베른의 영향
에서 완전히 독립하고 있었다. 베른의 관점에서 볼 때 더 나쁜 것은,
칼빈의 지혜와 활동이 프랑스어권의 보지방의 설교자들에게 강한 영
향력을 주고 있다는 것이었다. 이 사실은 어째서 베른의 어떤 목사가
1548년에, 자신의 고용자가 칼빈을 불한당으로 보고 있다는 것을 불
링거(Bullinger)에게 말한 이유와, 그리고 자기가 가끔 제네바로부터
편지를 받는다는 것을 어느 누가 알았다면, 자신은 의심을 받게 되었
을 것이라는 것을 첨가한 이유 등을 분명히 설명해준다.[44] 베른 정부
와 로잔의 시 당국자들이 칼빈의 친구 삐에르 비레(Pierre Viret)와
오랫동안 복잡한 논쟁을 벌인 것은 조금도 이상할 것이 없다.[45]

　　제네바와 베른과의 관계에 있어서의 한 시대는 1555년에 막을
내렸다. 칼빈의 친구들과 감독원, 그리고 프랑스의 이민자들이 공유
한 계획은 베른의 계획과 서로 강하게 반대되고 있었다. 1540년의
조항 파와는 달리 칼빈의 적들은 제네바의 공적 생활에 다시 회복되
지 못했다. 1555년 이후 제네바 사람들은, 칼빈 형식의 종교개혁의
추진을 베른으로부터의 정치적 독립의 성장과 동일시하려는 경향
을 보였다. 30년 전에는 제네바의 독립과 제네바의 종교개혁은 베른

의 그 제국주의적 간섭 없이는 불가능하였으나, 지금은 그 역설이
끝난 것이다.

제3장 / 미주

1 Roget, *HPG*, I, pp.270-71.

2 *Sources du droit*의 700-775번을 연속적으로 읽어야만 1536년에서 1540년까지
의 제네바 개혁의 규모와 범위를 적절히 이해할 수 있다.

3 베른은 1536년에 보 지방에서 꼭같은 일을 하였다(Gilliard, *La Conquête du
Pays de Vaud par les Bernois*, p.247), 그리고 후랑소와 1세는 1539년에 그
공증인과 교구 사제들 모두에게 프랑스어로 기록할 것을 명령하려고 하였다.

4 Chapponière, *Journal du Syndic Balard*, p.lxviii n.[2-1-1537]. 다른 예증은 *C.O.*,
XXI, cols, 206[15-1-1537], 210[19-3-1537]에서 볼 수 있다.

5 Roget, *HPG*, I, p.iii. 이 대립의 기원에 관한 가장 좋은 설명은 C. A. Cornelius,
Historische Arbeiten, vornehmlich zur Reformationszeit(Leipzig, 1899),
pp.124ff("Die Dritte Spaltung der Genfer Burgerschaft").

6 다음의 4항은 Roget, *HPG*, I, pp.113-229와 Cornelius, *Historische Arbeitten*,
pp.137-282에 기초하고 있다.

7 *C.O.*, XXI, cols. 226-27.

8 Roget, *HPG*, I, pp.199-200. 제네바의 티에 점령에 대해서는 Paul-E Martin,
Trois cas de pluralisme confessionel(G., 1961), pp.25-39를 보라.

9 Roget, *HPG*, I, p.209와 n.1.

10 가장 좋은 설명은 *ibid.*, pp.231-54에 있다.

11 P.-F. Geisendorf, ed., *Les Annalistes genevois du début du XVIIe siècle* (G.,
1942), p.488에서 사비온에 의해서 인용되었다. 제네바의 프로테스탄트의
연대기 작가 보니바르와 로제는 이 견해에 함께하지 않았다. 후자
(*Chroniques*, Bk. IV, ch.37)는 티에의 상실과 협정의 조항들은 다같이 여론을
일으켰을 뿐이라고 말한다.

12 Williston Walker, *Jean Calvin, l'homme et l'oeuvre*, trad. N. Weiss(G., 1909),
pp.284-85. 프랑스어 판에는 영어 원서보다 더 좋은 각주가 기재되어 있다.

13 Roget, *HPG*, II, pp.62-68. 이 법규는 *Sources du droit*, #807에 있다. 이 사업에
종사하고 있는 동안의 칼빈의 메모는 고타(Gotha)에서 발견되고, M.-E.
Chenevière, *La pensée politique de Calvin*(G., 1937), pp.211-17에 인쇄되어

있는 몇가지 보충적인 메모와 함께 C.O.,X, cols에 있다.

14 Roget, *HPG*, II, pp.60f, 70-78, 154-67. 몇개의 추가적인 본문은 Oskar Pfister, *Calvins Eingriefen in die Hexer-und Hexenprozes von Peney, 1545*(Zurich, 1947), pp.15-57에 기재되어 있을수도 있다. 그러나 이 작품은 매우 조심스럽게 사용되어야 한다. 왜냐하면 이 책은 과격하게 논쟁적이며 때로는 부정확하기 때문이다.

15 Roget, *HPG*, II, pp.85-109.

16 *Ibid.*, pp.122-35.

17 Walker, *Jean Calvin*, p.304.

18 Roget, *HPG*, II, pp.209-23. 재판기록은 J.-B.-G. Galiffe, "Nouvelles pages d'histoire exacte" in *MIG*, 9(1863)

19 Roget, *HPG*, II, pp.226-32, 265-69, 272, 284-85; *R.C.P.*, I, p.41 본문은 Henri Fazy, "Procédures et documents du XVI" siècle: Favre et le Consistoire," in *MIG*, 16(1886)에 인쇄되어 있다.

20 Roget, *HPG*, II, pp.289-309, 324-29. 재판기록은 *MIG*, 16(1886)에 Henri Fazy 에 의해서 인쇄되었다.

21 Roget, *HPG*, III, pp.1-39. 이 두개의 재판에 관한 자료는 Cornelius, *Historische Arbeiten*, pp.523-57에 있으며, 추가적인 정보와 메그레 측의 주장은 A. François, *Le Magnifique Meigret*(G., 1947), pp.99-154에 있다.

22 본서 pp.90-92 참조.

23 Roget, *HPG*, III, pp.44, 46-48과 메모 62, 255.

24 *Ibid.*, pp.112-16 특히 p.115 n.1.

25 뒤의 기록. pp.128-31.

26 Roget, *HPG*, III, pp.57, 235-43, 246-48.

27 *Ibid.*, pp.73-79.

28 Léon gautier, "Les efforts des Genevois pour être admis dans les Ligues Suisses de 1548 à 1550" in *MDG* in4", IV(1915), pp.99-128.

29 Roget, *HPG*, III, pp.132-37, 149, 208, 219-21; IV, p.156 n.1.

30 Roget, *HPG*, III, pp.275-77.

31 뻬랑 파에게 자주 적용되는 리베르 땅(Libertines)이라는 용어는 1580년대로 부터 시작되는 시대착오적인 말이다. F. Kampschulte, *Johann Calvin sein Kirche und sein Staat in Genf*(Leipzig, 1869-95), II, p.19 n.1을 보라. 보니바르 (*Ancienne et nouvelle*, p.54)는 "esgrenez" 혹은 쓰레기라는 말을 사용하였는데, 그것은 1555년의 그들의 도주 이후에만 사용할 수 있었다. 굳게 결합되어 있지 않은 다른 당파는 기록 중에서만 칼빈파로 되어 있었으나, 물론 그것은

1555년 이전에는 치욕적인 언어였다.

32 가장 좋은 기술은 R. H. Bainton, *Hunted Hereric: The Life and Death of Michael Servetus, 1511-1533*(Boston paper ed., 1960), pp.183-215.

33 Roget, *HPG*, Ⅳ, pp.142-56.

34 *Ibid.*, pp.174-76, 186-92.

35 *Ibid.*, pp.197-202. Bonivard, *Ancienne et nouvelle police*, pp.116, 125; Roget, *Chroniques*, Bk. 5, ch.62(p.366)을 참조하라.

36 *Elect the way the do in Metz*
All your council from a single clan
So that, like them, you can
Fall into serfdom forever.

37 *Ancienne et nouvelle police*, pp.116, 64. 화브르 가에 대한 A. Choisy, *Généologies Genevoises*(G., 1946), pp.118-38 과 다소 불정확한 Galiffe의 *Notices généalogiques*의 가계적(家系的) 정보.

38 *Studies*, p.25 n.34; Roget, *HPG*, Ⅲ, p.133 n.1.

39 Roget, *HPG*, Ⅳ, pp.245-67에 기초한 설명.

40 그들의 이야기는 1556년에 그들이 스위스 의회에 제출한 변명의 보고서에서 재구성 되었을 수도 있다. 이 보고서는 J.-A. *Gautier's Historie de Genève*, iv, pp.34-41에 충분히 요약되어있으며, 그 일부는 Emil Dunant, *Les relations Politques de Genève avcc et les Swisses de 1536 à 1564*(G., 1894), pp.211-14에 본래의 독일어로 인쇄되어있다. 그들의 경우는 제네바에게 매우 큰 상처를 주었기 때문에 두 가지로 논박하였다. 하나는 칼빈에 의해 작성되었으며, 1555년 11월에 바젤과 취리히에 발송되었다. 두 번째 보다 긴 논박은 1556년 스위스 의회 다음으로 스위스의 모든 주에 발송되었다.

41 Roget, *HPG*, W, pp.274-329.

42 *Sources du droit*, #924.

43 Roget, *HPG*, Ⅲ, pp.56-59; Walker, Jean Calvin, p.334.

44 *C.O.*, XⅢ, #1055(p.19).

45 Henri Meylan, "Viret et MM. de Lausanne," in *Revue hist. voudoise*, 69(1961), pp.113-73, 그리고 Robert Linder, *The Political Theought of Pierre Viret*(G., 1965)를 보라.

제4장 칼빈의 전성기 (1555-1564)

1564년 봄, 칼빈은 샤노와느(Chanoines) 거리에 있는 그의 수수한 집에서 임종상태에 있었다. 그는 마지막 수 년 동안 자주 중병으로 고생하였으나, 이번에는 그 증상이 알아차릴 수 있을 정도로 더욱 나쁜 상태에 있었다. 그는 2월 초부터 설교와 아카데미에서의 신학 강의를 중단하고, 거의 집에 머물고 있었다. 3월 초, 소의회는 칼빈이 위독하다는 소식을 듣고, 그의 건강을 위해 기도하도록 명령하였다. 칼빈은 대성당에서 거행되는 부활절 성찬식에 참석하기 위해 남은 힘을 다 쏟았으나, 그 후 즉시 그의 상태는 더 악화되어 사실상의 병자가 되었다. 4월 25일 그는 유서를 작성하여 그의 적당한 재산 225에큐(ècus) 중에 먼저 10분의 1을 제네바의 각종 자선단체에 기부하고, 나머지 부분을 4명의 조카딸과 3명의 조카에게 분배하였다. 이틀 후에 그는 소의회에 사람을 보내어 그들과 마지막 면담하기를 요청했다. 그들은 칼빈의 집으로 칼빈을 방문한다는 전례 없는 방법

을 취하는데 동의하였다.[1]

　그들이 도착했을 때, 칼빈은 소의회 의원들에게 감당할 수 없는 넘치는 경의를 베풀어준 데 대하여 감사하였다. 그리고 서기에 의하면, 칼빈은 "여기 제네바에 있는 동안, 자기는 여러 번 말다툼이나 논쟁을 버렸는데, 그것은 여러분의 잘못 때문이 아니었습니다"라고 말하였다고 한다. 칼빈은 또한 자기는 항상 마땅히 해야 할 일을 다 했다고는 생각하지 않으나, 그러나 적어도 항상 좋은 뜻을 품고 있었다는 것만은 알아주었으면 좋겠다고 하였다.

　칼빈은 제네바 시의 행복을 바라고, 또한 그것을 달성했으나, 가끔 그의 노력은 표적을 훨씬 벗어난 때도 있었다. 사실 그는 자기가 한 적은 일에서도 하나님께서 자기를 사용하셨다는 것을 부정하지 않았다. 그리고 만일 그가 그렇게 말하지 않았더라면, 그는 위선자가 되었을 것이다.

칼빈은 특별히 행정관들에게 "지나치게 격렬한 감정과… 그리고 하나님께서 그에게 붙이신 다른 결점들"을 용서해주기를 요구했다. 그 외에도 칼빈은 하나님의 부르심에 따라 하나님의 말씀을 항상 순수하고 오류 없이 설교하려고 하였으며, 인간의 변덕스러운 마음으로 성경을 왜곡하게 하는 악마의 덫을 피하려고 노력하였다는 것을 하나님과 행정관들 앞에서 주장하였다.

　그리고 칼빈은 소의회 의원들에게 "격려의 짧은 말"을 하였다. 여러분들은 위협을 느낄 때마다, 하나님은 언제나 영광 받으시기를 원하신다는 것, 그리고 하나님만이 국가를 보존하고 유지할 수 있다는 것을 항상 생각하라고 권하였다. 번영의 한가운데서 범죄 한 다윗의 실례를 들어, "우리는 겸손하여, 하나님의 날개 아래 숨어야 할 훌륭한 이유를 가진 자들이다"라고도 하였다. 비록 우리들의 운명이 매우 위태로운 상태에 있는 것처럼 보일지라도 그럼에도 불구하고, 하나님은 이전과 같은 방법으로 제네바를 계속 지켜주실 것이라고도 말하였다.

만일 주께서 우리에게 번영을 주신다면, 우리는 기뻐한다. 그러나 사방으로부터 수백의 다른 악에 의해서 포위되었을 때에도 우리는 주님에 대한 신뢰를 저버려서는 안 된다… 무슨 중요한 일이 일어날 때마다, 하나님께서 우리를 겸손하게 하기 위하여 우리를 시험하신다고 생각하라. 우리가 만일 우리의 현재의 상태를 보존하기를 원한다면, 하나님께서 우리에게 허락하신 그 자리를 더럽혀서는 안 된다. 왜냐하면, 하나님은 하나님께 영광 돌리는 자에게 영예를 주시고, 하나님을 비웃는 자를 넘어뜨리실 것이라고 하셨기 때문이다. 나는 우리들이 이전보다 더 주의 깊이 하나님의 말씀을 따르기 위해 이 말을 하는 것이다. 왜냐하면 우리들은 우리들이 충분히 그렇게 할 만큼 그것을 지키기에는 아직 먼 거리에 있기 때문이다.

공식 의사록은 "더욱이"라는 말로 계속한다.

그는 우리들의 습관과 행동방식에 대하여 어느 정도의 지식을 갖고 있기 때문에, 우리 각자는 자신의 불완전함을 개선하기 위해 권고를 받을 수 있어야 한다고 하였다. 자신의 불완전함을 생각하고, 그것과 싸우는 것이 우리들의 의무이다. 몇 사람의 행정관들은 냉정하고, 자기 개인 사업에만 열중하고, 공적인 일에는 거의 봉사하지 않는다. 격정에 빠져 행동하는 사람들도 있다. 하나님으로부터 신중한 정신을 받았으나, 그것을 사용하지 않는 사람들도 있다. 자기 의견을 고집하면서, 부당한 신용과 명성을 얻으려는 사람들도 있다. 노인은 청년이 어떠한 하나님의 은혜를 받더라도 그들을 질투하지 않는다. 그리고 청년은 너무 빨리 전진하려는 욕심을 버리고, 겸손하게 스스로 만족할 줄 알아야한다. 우리는 낙심해서는 안 되며, 다른 사람의 방법에 끼어들어서도 안 된다. 불쾌할 때 격정에 지배되어서는 안 된다. 모든 사람은 자기 입장에 따라 움직일 것이며, 하나님께서 이 공화국의 유지를 위해서 부여하신 것은 무엇이던지 충실하게 사용해야 한다.

마지막으로 자신의 병 때문에 이 이상 더 책임을 다 하지 못한 데 대하여 용서를 구하고, 칼빈은 간단하게 기도하므로 이 모임을 끝마쳤다. 그리고 칼빈은 소의회의 25명의 의원 한 사람 한 사람과 악수를 나누고, 시의 실권자들에게 작별하였다. 그것은 정중하였으나, 슬픈 회합이었으며, 칼빈은 이 때 매년 개학식에서의 교장처럼, 인사말을 건넸다. 그들에게 준 칼빈의 마지막 말은 미래에 대한 막연한 희망이 섞여있는 훈계, 또 훈계였다.

　　이 의식적인 고별이 있은 다음 날, 칼빈은 목사회의 마지막 방문을 자기 집에서 받아들였다. 칼빈이 그의 동료 목사들에게 조언한 이 모임은 처음부터 제네바의 행정관들에게 이야기한 경건한 말과는 다른 어조와 메시지를 가지고 있었다. 그것은 놀랍도록 솔직한 말투에 주관적인 것이었으며, 그 어조는 그의 저술 어느 곳에서도 찾아볼 수 없는 것이었다. 행정관들에게 한 말과 한 가지 공통점은, 처음부분에서 칼빈이 자신의 최근의 병이 심각하다고 강조하고, 이번이 틀림없이 그들을 만날 수 있는 마지막 기회가 될 것이라고 선언한 점이다. 그리고 칼빈은 제네바에서의 자신의 생활을 설명하기 시작했는데, 여기에 그 이야기를 쟝 삐노우(Jean Pinault) 목사의 장황하면서도 세련된 기술에 따라 다음과 같이 번역해둔다.[2]

　　내가 처음 이 교회에 부임했을 때에는 아무것도 없었습니다. 설교는 있었으나, 그것이 전부였습니다. 사람들은 우상을 찾아 그것들을 불 태우고 있었으나, 종교 개혁은 없었습니다. 모든 것이 혼란 속에 있었습니다. 확실히 훌륭한 목사 화렐(William Farel)과 맹인목사 꾸로 (Courault)가 있었습니다. 또한 앙트완느 소니에(Antoine Saulnier)선생과 훌륭한 설교자 후로망(Froment)이 있었습니다. 나는 여기서 이상한 전쟁을 하면서 살았습니다. 나는 저녁에 문밖에서 50, 내지 60발의 화승총(火繩銃)탄을 쏘아대는 조롱거리의 인사를 받았습니다. 당신들은 이것이 나와 같이, 늘 그랬습니다만, 초라하고 소심한 학자를 얼마나 놀라게 했는지를 충분히 상상할 수 있을 것입니다.

그 후 나는 이 도시에서 추방되어 스트라스부르에 가서, 여기에 돌아올 때까지 잠시 동안 거기서 살았습니다. 그러나 나의 의무를 다하는데 이전 못지않게 고통이 있었습니다. 그들은 '철면피야, 철면피야'하고 외치면서, 개로 하여금 내 뒤꿈치를 물게 하고, 내 의복과 발을 물어뜯게 했습니다. 한번은 싸움이 벌어지고 있는 200인 의회에 출석하고 있었는데,[3] 이 때 나는 다른 목사들, 즉 들어가기를 원하는 목사들과 또는 들어가지 못한 목사들을 제지했습니다. 드 솔 선생(M. de Saulx, Nicholas Desgallars)과 같이 계속 출석했다고 자랑하는 사람도 있었지만, 나도 거기에 출석하고 있었습니다. 그리고 내가 회의장에 들어갔을 때, 그들은 "나가시오. 우리는 당신에게 아무런 원한이 없소"하고 말했습니다. "나는 안 나가겠소. 계속하시오 악당들아. 나를 죽이시오. 당신들은 나의 피를 맛보게 될 것이다. 이 의자도 그것을 증언할 것이오"라고 나는 말했습니다.

이처럼 나는 전투 한 가운데 있었으나, 여러분들은 그것보다 작은 것이 아니라, 보다 더 큰 전투를 경험할 것입니다. 왜냐하면 여러분들은 심술궂고 불행한 국민들 가운데 있기 때문입니다. 그들 중에는 존경할만한 사람들도 있지만, 국민은 심술궂고 사악합니다. 하나님께서 저를 부르신 후에, 여러분은 분주했을 것입니다. 왜냐하면 저는 아무것도 아닌 사람이지만, 제네바에서 일어난 3,000번의 폭동을 막을 수 있었기 때문입니다. 그러나 용기를 내서 강해지시오. 하나님은 이 교회를 사용하여 옹호하실 것입니다. 저는 하나님께서 그것을 보호하실 것을 확신합니다.

나는 태어나면서부터 지금까지 많은 결점을 가지고 있는 사람이라, 내가 행한 것들은 모두 아무 가치가 없는 것들입니다. 악한 사람들은 이 말에 매질 할 것입니다. 그러나 나는 내가 한 일들이 모두 아무 가치가 없으며, 나는 불행한 피조물이라는 것을 여전히 말할 것입니다. 그러나 나는 선의를 마음에 품고 있으며, 나의 악은 항상 나를 불유쾌하게 만들며, 그러나 하나님 경외의 뿌리는 마음에 두고 있다고 말할 수 있습니다. 그리고 나의 의사는 선하였다고 말할 수 있습니다. 나의 나쁜 점들을 용서해 주기를 바랍니다. 그러나 무엇이 좋은 것이 있다면, 그것을 확인하시고, 따라 주시기를 원합니다.

나의 교리에 대하여 말하고자 합니다. 나는 성실히 가르쳤으며, 하나님은 나에게 저술할 수 있는 은혜를 주셨는데, 나는 내가 할 수 있는 한 그 일을 성실히 행하였습니다. 나는 성경의 단 한 구절도 개악하지 않았으며, 고의적으로 왜곡하지 않았습니다. 그리고 내가 이전에 민감한 문제를 연구할 때, 미묘한 의미를 끌어내고 싶을 때에도 나는 이 모든 것들을 발밑에 짓밟아 버리고, 항상 단순성을 찾는데 노력하였습니다. 나는 어느 한 사람에게도 증오하는 마음을 품고 글을 쓴 일이 없으며, 하나님의 영광이 되는 것으로 생각되는 것이라면 항상 성실히 기술하였습니다.

내부적인 문제에 대해서 말하고자 합니다. 여러분은 베자 선생(M. de Bèza)을 나의 후계자로 택하셨습니다. 그를 소중히 도우십시오. 그의 짐은 무거워서 그것에 반드시 정복될 만큼 어렵기 때문입니다. 잘 버틸 수 있도록 그를 보살펴 주십시오. 그에 관해 말한다면, 그는 선한 의지를 가지고 있으며, 그가 할 수 있는 것을 하리라고 나는 믿고 있습니다. 모든 사람은 교회뿐만 아니라, 번영이나 역경에서 봉사하기로 약속한 제네바 시에 대해서도 자신의 의무를 다 하기를 바랍니다. 그러면 각자는 자신의 의무를 계속하여, 물러나거나 음모를 꾸미거나 하지 않을 것입니다. 사람들은 몰래 도망 갈 때에는 대체로 계획적으로 한 것이 아니었다고 말하던가, 또는 이것, 저것을 모색하다가 한 것이 아니었다고 말하곤 합니다. 여러분은 지금 여기에 갖고 있는 의무를 하나님 앞에서 지키시기를 바랍니다.

여러분은 역시 집적거리거나 거슬리는 말을 하지 않도록 조심하십시오. 마음을 뒤흔들어 놓기 때문입니다. 이것은 비록 농담으로 한다고 해도 마음을 괴롭게 하는 것입니다. 이 일들은 사소한 일들이지만, 그런 일을 하는 사람은 그리스도인이 아닙니다. 그러므로 그런 것들을 자제하고, 훌륭한 조화와 성실한 우정 속에서 살기를 바랍니다.

나는 역시 아무것도 변화되지 않고, 혁신되지 않기를 여러분에게 요구합니다. 왜냐하면 신기한 일은 자주 요구되기 때문입니다. 내가 한 일이 그대로 남아있기를, 또는 어떤 것보다 좋은 것을 찾지 않고, 내가 한 일은 그대로 보전되어야 한다는 개인적인 야심에서 그렇게 원하는 것이 아니고, 변화라고 하는 것은 모두가 위험하기 때문입니다.

스트라스부르로부터 돌아와서 나는 즉시 요리문답서를 저술하였습니다. 왜냐하면 나는 그들이 이 두 가지 일, 즉 요리문답과 권징을 지키겠다고 서약하지 않았으면, 나는 이 사역을 받아들이지 않았을 것이기 때문입니다. 내가 그것을 쓰고 있는 동안, 그들이 와서 손만큼이나 큰 종이조각을 들고 가서 그것을 인쇄소에 넘겼습니다. 그때 비레 선생이 이 도시에 있었으나, 나는 아무것도 그에게 보이질 않았습니다. 여가가 있으면 수정을 해보겠다는 생각을 여러 번 했으나, 여가 시간을 가질 수가 없었습니다. 주일 기도문에 대해서 말한다면, 나는 스트라스부르 형식을 사용하였는데, 그 대부분을 거기서 차용하였습니다. 스트라스부르에는 다른 기도문이 없었기 때문에, 그것들을 스트라스부르에서 차용할 수가 없어, 나는 전부를 성경에서 취했습니다. 나는 역시 스트라스부르에서 세례의식서를 만들지 않을 수 없었습니다. 이 때 스트라스부르의 사람들이 주위의 5개, 또는 6개의 지역으로부터 세례를 받도록 하기 위해 재세례파 어린이들을 나에게 데리고 왔던 것입니다. 나는 그 때 이 미숙한 의식서를 만들었으나, 그것을 변경하지 않기를 권하는 바입니다.

베른의 교회는 이 교회를 배반하였으며, 그들은 나를 사랑한 것 이상으로 나를 항상 두려워했습니다. 그들에 대한 이와 같은 생각을 갖고 내가 죽는다는 것을 그들이 알아주었으면 합니다. 그들은 나를 사랑하는 것 이상으로 나를 두려워하였으며, 여전히 나를 사랑하는 것 이상으로 나를 두려워하고 있습니다. 그리고 그들의 성찬식에 내가 관여할 것이라고 항상 두려워했습니다.

이와 같은 주의를 주고 칼빈은 갑작스럽게 말을 끊었다. 그는 목사회원 한 사람, 한 사람과 악수를 나누었으며, 대부분의 목사들은 눈물바다가 되었다. 그 후 한 달이 채 못 되어서 그는 소천하였다.

I

목사들에 대한 칼빈의 고별사는 진기한 문서이다. 그것은 칼빈 생애의 가장 위대한 측면의 많은 부분에 대하여 침묵하고, 그의 많은 저작들에 대하여도 한 마디 말로 지나가고, 많은 나라의 국왕과 군주들과의 교섭을 완전히 도외시하고, 또한 목사회의 국제적 활동에 대해서도 전혀 언급하지 않는다. 그것은 제네바에서 목사회의 회원으로서의 그의 생활에 집중하고 있으며, 여기서도 그것은 충분한 것은 아니다. 여기에는 16세기 제네바 역사에서 가장 유명한 에피소드에 대한 최후의 논평, 즉 세르베투스, 볼섹크, 그리고 빼랭(Servetus, Bolsec, and Perrin)등에 대한 한마디의 이야기도 없다. 그럼에도 불구하고, 그의 이야기의 요지는 매우 중요하다. 그것은 칼빈이 죽음의 침상에서, 혁명을 하고 있는 제네바에 대하여(사람들은 우상을 찾아내어 그것들을 불태우고 있었으나, 거기에는 종교개혁은 없었다), 그리고 제네바 전반에 대하여(여러분은 고집과 불행한 국민 속에 살고 있습니다), 무엇을 생각하고 있었던가 하는 것을

잘 보여주고 있기 때문이다. 칼빈은 역시 그의 신학의 요점 몇 가지
와 그의 성격의 주요 특징의 많은 것들을 약술하였다. 즉, 자기중심
주의의 완전한 결함과 인간의 능력에 관한 냉소주의(내가 한 것은
모두가 아무런 가치가 없는 것들이며, 그리고 나는 불행한 피조물입
니다), 그의 말의 표현의 순수성(나는 항상 단순성을 위해 노력하였
습니다), 그리고 심오한 보수주의(나는 여러분에게 아무것도 변하지
않기를 요구합니다. 왜냐하면 변화라는 것은 모두가 위험하기 때문
입니다) 등이 그것이다. 칼빈이 여기서 그리고자 한 자화상은 정직
한 자화상이며, 인간의 그 무서운 고결성과 진정성이 훌륭하게 조화
를 이루고 있다.

칼빈은 자기는 항상 "가련하고 소심한 학자"였다는 것을 말할
뿐, 자신의 개인적인 특징에 대해서는 말을 하지 않았다. 사실 그는
보기 드문, 혹은 매우 중요한 개인적 특성을 거의 갖고 있지 않았다.
단순히 한 인간으로서만 연구한다면, 칼빈은 특별히 흥미를 가지게
하는 사람은 아니다. 물론 그는 "다른 사람이 잠자고 있는 동안
500회 이상을 눈을 뜨고 잠자지 않을 정도의 습관적 불면증에 걸려
있었다."4

그는 참을성이 없었으며, 이것 때문에 그는 특별히 행정관들에
게 사과까지 했다. 그에게는 다소 여자를 싫어하는 경향이 있었다.
그가 8년 전에 결혼한 재세례파의 미망인이 죽었을 때, 그녀는 한
번도 자기 일을 방해한 일이 없었다고 하는 따뜻한 감사의 말을
그녀를 위하여 말할 수가 없었다.5 그러한 자세한 것들을 여기 더
가해봐도 거의 의미는 없다. 칼빈의 인격은 비범하지 않다. 그는
자신이 다른 사람과 다를 것이 하나도 없으며, 절망적으로 가련하
고, 타락한 죄인일 뿐이라는 것을 우리에게 말해준 최초의 사람일

것이다.

칼빈은 마음의 여유를 가질 만큼의 사람은 아니었다. 기본적으로 그는 자기 일을 위해서 살았다. 즉 가르치고, 설교하고, 저술하기 위해 살았다. 그의 일은 본질적으로 도덕적이고 지적이었으며, 그러므로 제네바에서의 그의 권위도 본질적으로 도덕적이며, 지적이었다. 대부분의 경우, 칼빈의 영향력은 그가 무엇인가에 대해서 어느 누구보다도 더 많이 알고 있었으며, 그것에 대하여 더 쉽게 자기의 생각을 표현하였고, 그리고 자신의 의견을 좀처럼 바꾸지 않았다는 사실에 있었다. 그의 정신적 지식은 16세기 사람들에게는 특별히 탁월하였다. 이것은 칼빈이 독창적인, 혹은 창의력이 풍부한 정신의 소유자였다는 것을 의미하지 않는다. 그의 탁월한 인문주의적 교사들은 그에게 현대적 변혁에 대한 혐오감을 서서히 가르쳐 주었다. 그리고 칼빈은 종교개혁가로서, 새 교회를 세우려고 하지 않고, 옛 교회를 개건하려고 하였던 것이다. 그 세기의 다른 사람들과 같이 칼빈은 엄밀하게 논리적, 혹은 변혁적 정신의 소유자는 아니었다. 즉 그를 데카르트(Descartes)나 가장 우수한 스콜라 학자들과 비교해 보면 확실히 그렇다는 것을 알 수 있다.6 칼빈이 독창성에 있어서나, 논리적 엄밀성에 있어서 탁월하지 못했다하더라도, 그의 정신은 여전히 타의 추종을 불허하는 최상급의 두 개의 자산을 가지고 있다. 즉, 하나는 성경에 관한 한 거의 완전한 최고급의 저장된 기억력이요, 다른 하나는 그를 프랑스 산문학의 초기 대가들 중 한 사람이 되게 한 표현의 유창함이 그것이다. 칼빈은 그의 주장을 놀랍도록 훌륭하게 설명하고, 또한 그 뜻을 명백하게 해석할 수 있었다. 그 이상의 것을 그의 시대는 요구하지 않았다. 아마 그의 최대의 정신적 자산은 성경에 완전히 정통한 것이었는데, 모든 개혁파 신학자들이 성경을 대단히 잘 알고 있던 시대에도 그것은 두드러진 일이었다. 에라스무스가 「문장용어론」(De Copia)에서, 고대의 문학 전집을 기억하도록 청년들에게 권하고 있는데, 칼빈은 성경을 전부 기억하고 있었다.

이와 같이 유리한 처지에 있었기 때문에, 1555년 5월 뻬랭파가 참패한 후에 칼빈은 제네바에서 그의 지위를 안전하게 지킬 수 있었다. 칼빈의 승리는 결정적이었기 때문에, 그때부터 제네바는 참으로 칼빈의 제네바가 되었다. 한 지방의 연대기 작가가 기술한대로, "지금 모든 사람은 규칙적으로 설교에 참여했으며, 위선자까지도 참석했다"7 제네바 역사의 가장 빛나는 10년을 안내하는 칼빈의 그 영속적인 승리의 배후에는 몇 가지 이유가 있었다. 그 중 가장 중요한 몇 가지를 고찰해보자.

첫째로, 그 재능이 무엇이든지 간에, 그 지방에는 반대파가 없었다는 것이다. 제네바에는 그를 반대할만한 사람은 거의 없었으며, 호소력을 갖거나, 혹은 자주정신을 가진 사람은 한 사람도 없었다. 확실히 그의 계획의 많은 부분은 제네바 사람들을 짜증나게 하였으나, 그러나 아무도 그를 똑똑히, 혹은 한결같이 반대할 수 없었다. 사실 이처럼 중요한 반대자가 없었다는 것은 제네바뿐만 아니라, 그의 가장 중요한 두 이웃 나라, 즉 베른과 프랑스에서도 볼 수 있었다. 칼빈 생존 시에 베른에는 국제적으로 존경을 받을만한 신학자는 없었다. 취리히의 불링거(Bullinger)에 비교될 수 있고, 통치자에 대한 정치적 조언자로 평가될 수 있는 목사가 베른에는 한 사람도 없었다. 1530년대와 1540년대의 프랑스 종교개혁의 전 과정을 꼼꼼히 살펴보면, 소수 일류급의 지성인들이 있었던 것 같으나 「기독교강요」가 출판된 후에는 칼빈의 지도권에 대한 주장에 도전하는 인물은 한 사람도 없었다. 칼빈은 이 사실들을 잘 알고 있었다. 그는 정신적 귀족이 열등한 정신의 소유자에 대하여 가지는 경멸의 감정을 다소 품고 있으며, 비텐베르크의 멜랑히톤을 제외하고는 자기 시대의 개혁파 신학자들 중에는 자기에 필적할 수 있는 사람이 거의 없다는 것을 인정하였다.

둘째로, 칼빈과 그의 동료들은 제네바의 유일한 대중매체를 점령하고 있었다. 설교는 16세기에 있어서 공적인 전달의 주요형식의 하나였으며, 제네바에서는 설교의 횟수가 대단히 많았다. 1550년대에는 설교는 네 교회에서 평균 매주 12번이 있었다. 물론 칼빈과 동료들의 설교의 효과를 정확히 평가할 수는 없지만, 그 효과는 대단하였던 것이 틀림없다. 16세기의 사람들은 보는 것보다는 듣는 것으로 사물을 한층 더 잘 이해하였다고, 류시앙 훼브르(Lucien Febvre)는 주장하였다. 이 주장이 과장되어 있을 수도 있지만,[8] 이 시대의 사람들은 주의 깊게 들었으며, 읽는 것보다는 듣는 것을 더 많이 하였다는 것은 부정할 수 없다. 하나님의 말씀은, 적어도 프로테스탄트 사회에 있어서 그리스도인의 생활의 유일하며, 가장 중요한 부분이었다. 이 말씀을 설교하는 것은, 칼빈이 동료들에게 상기시킨 대로, 매우 중요한 의미였다. 그것은 순수하고 단순하게, 혹은 장식이나 교묘함, 혹은 풍유와 같은 형식적인 고안 없이 이루어져야 한다. 그러나 우리는 아직도 설교자로서의 칼빈 자신에 대하여는 매우 적게 알고 있다. 그의 설교의 많은 것은 그의 비서에 의해서 기록된 속기록으로 남아있으나, 그것들은 이제야 겨우 출판 중에 있다.[9] 설교자로서의 칼빈의 유능함이 위대하다는 것은 틀림없이 확실하다. 우리는 간혹 설교의 효과를 알 수 있다. 예를 들어, 제네바의 어떤 소의회 의원이 왕국의 몰락과 하나님의 교회의 구출에 대한 칼빈의 한 설교를 기록하였는데, 이 설교는 수주 후에 프랑스의 앙리 2세(Henri Ⅱ)가 시기에 알맞게 불의의 죽음을 죽음으로써 놀랍도록 그 사실을 증명하였다.10

셋째로, 칼빈의 계획은 제네바에서 철두철미 교화(敎化)에 의해서 실행되었다. 제네바의 어린이들은 신앙의 본질을 반복하여 기억할 수 있을 때까지 매 주일 오후에 요리문답서로 엄격히 훈련을 받았다. 성인(成人)들도 역시 같은 방법으로 종교교육을 받도록 되어 있었다. 1557년 말, 감독원은 아직도 "자기 신앙을 설명할 수 없었던" 5인의 노인을 발견하고, 가정교사를 채용하여 다음에 있을 공식 성찬 예식 때까지 요리문답서를 공부하도록 명령하였다.11 어린이와 성인 모두는 칼빈의 권징체계에 저항하는 것보다는 순종하는 것이 더 쉽다는 것을 알게 되었다. 분명히 이것은 부분적으로는, 그들이 그들의 교사들에게 반대하길 원하지 않았기 때문이요, 그리고 반대하면 반항 죄로 처벌되었을 것이기 때문이었다. 그러나 칼빈의 제네바가 이 종교교육 계획을 단순히 강압적으로 실시했다고 가정하는 것은 매우 크게 잘못된 생각이다. 예를 들면, 1549년 1월에 제네바의 목사들과 정부는 큰 재난이 제네바 시에 임하고 있다는데 의견을 같이하였다. 이 재난을 예방하기 위해, 모든 사람은 한층 더 규칙적으로 교회에 출석하고, 어린이들과 하인들은 요리문답 교육에 출석하도록 모든 가장(家長)들에게 알릴 것을 그들은 결정하였다.12 이 문서에는, 제네바의 통치자와 목사들의 의견에 대해 많은 것들이 기록되어 있으며, 그리고 그들이 정해 놓은 모범에 대해서도 많이 기록되어있으나, 처벌에 대하여는 아무것도 기록되어 있지 않다. 그것은 위협이 섞이지 않은 순수한 권유였다. 그리고 실제로 교회에 출석하지 않은 제네바 시민에게 유형(有形)의 형벌을 가한 일은 없었다. 물론 농촌의 주민이 그러한 위반을 했을 때에는 벌금이 부과될 수 있었다.

칼빈의 제네바에 있어서 하나님의 법과 인간의 법의 시행은 무엇인가 신비스러운 데가 있었다. 제네바 시는 참된 의미의 경찰을 갖고 있지 않았다. 전체주의 국가에서처럼 모든 사람은 이웃의 비정통적인 행동을 보고하도록 되어있었으나, 가장 중대한 경우를 제외하고는 그 이웃이 고문을 받던가 혹은 벌금까지도 부과되지 않았다. 제네바 시 당국은 대부분의 법이 항상 지켜졌다는 것을 확실하게 하는데 "추문"에 대한 시민의 공포심을 기대할 수 있었다. 제네바 당국(과 일반대중)이 쟉크 그뤼에(Jacques Gruet), 혹은 미카엘 세르베투스(Michael Servetus)의 심한 신성모독을 생각만 해도 소름을 끼쳤다는 사실은, 참으로 중대한 도덕적 죄를 구성하는 것은 무엇인가에 대해서 제네바 시민들 사이에 합의가 있었다는 것을 설명해준다.[13] 의심의 여지없이, 많은 평범한 제네바 시민이 이웃의 잘못을 교회 당국에 보고하도록 한 것은, 주로 제네바 시에 하나님의 진노가 내릴 것이라는 공포 때문이었다. 한편 이 교회 당국은 죄를 처벌하는 것보다는 경고하기로 하였다.

II

무기를 갖지 않고, 언론과 하나님의 말씀의 능력을 의지하고, 그리고 참으로 능력 있는 사람들의 반대를 받지 않고, 칼빈은 그를 고용한 제네바 시에서 지배적인 인물이 되었다. 제네바의 시민은 칼빈의 권위와 교훈에 어떻게 순응하였던가?

일반적으로 그들은 칼빈의 교리를 조용히, 그리고 반대없이 흡수하
였다. 물론 소수의 사람들은 반대하였는데, 그들에 대하여 우리는
많은 것을 알고 있다. 옛 서약동맹파(the old Eidguenots)의 잔존 인물
들과 그 가족, 후랑소와 화브르(Francois Favre), 또는 애국자요 순교
자인 베르뜰리에(Berthelier)의 자식들과 같은 사람들이 전형적인 칼
빈의 반대자들이었다. 그러나 그들 배후에는 조용하면서도 더 완고
한 자들이 있었는데, 그들은 비밀리에 가톨릭의 관행에 계속 빠져
있었던 소수의 제네바인 가족의 자식들이었다. 쟝 발라르(Jean
Balard)의 딸은 감독원에 의해서 자주 그러한 행위 때문에 고발되었
다. 또 다른 보수적인 소의회 의원인 지라르댕 드 리브(Girardin de
la Rive)의 딸은, 1557년 말까지 자기 방에 교황의 초상과 함께 제단
을 설치해 두었다는 이유로 책망을 받았다.[14] 그러나 제네바에는
이와 같은 가족은 소수가 있을 뿐이었으며, 그리고 이 가족들은
1550년에는 정치적 영향력을 상실하고 있었다. 더욱 전형적인 경우
는 소의회 의원인 앙브라르 꼬르느(Amblard Corne)의 경우인데, 그
는 1546년에 감독원에서 엄한 견책을 받았지만, 그 후 칼빈의 권징
에 기쁜 마음으로 순응하였다.[15] 칼빈의 제네바에서는 아무도 일기
를 쓰지 않았으며, 그리고 이 제네바의 광범한 소리 없는 대중은
공식기록에 어떠한 부정행위의 흔적도 남겨 놓지 않았다. 법을 잘
지키는 사람들은 일반적으로 역사에 이름을 남겨놓지 않았다. 대다
수의 제네바 사람들은, 특히 1550년대에 칼빈의 주일학교에서 배운
소년들은 순수하고 정직한 부류의 사람들이었다. 보니바르는 1555
년에 "제네바의 어린이"(Enfants de Geneve)의 몰락을 묘사하면서,
이 젊은 세대는 "대부분의 그들의 연장자들과 같이 야만적인 교리와
관행이 행해지던 시대에 자라나지 않았다"고 하였다.[16] 이들 젊은이

들은 삐랭과 그 동조자들의 사소한 잘못에 전적으로 저항을 느꼈던 것이다. 칼빈 밑에서 자라난 세대의 전형적인 인물로는 경건하며, 공공심이 풍부한 소의회 의원이며, 또한 연대기 작가인 미셸 로제 (Michel Roset)가 있다.

새 세대는 칼빈의 교육을 훌륭하게 배웠다. 왜냐하면 그들은 칼빈의 교리의 기초를 오랫동안 엄격하게 훈련을 받았기 때문이었다. 그들이 배운 것을 정확히 알기를 원한다면, 칼빈이 1541년 귀환 직후 저술한 제네바의 요리문답 이상으로 더 좋은 자료는 없을 것이다. 칼빈은 임종 시에 이 문서를 제네바의 교회권징서와 동일하다는 것을 말하고, 그것을 수정할 수 없었던 것을 유감으로 생각하고 있었다. 칼빈주의가 보통의 제네바 사람들, 특히 1530년 이후 태어난 사람들에게 무엇을 의미하였는가에 대하여 알기를 원한다면, 우리는 요리문답서에서 시작해야 할 것이다. 이것은 제네바의 기독교를 희미하게나마 밑에서부터 단순하면서도 매우 완전한 어린이의 교화 형식을 알게 할 것이다.

칼빈의 요리문답서는 1545년의 초판에서는 67 휠리오(folio, 全紙 절반 크기의 책)의 긴 문서였다.[17] 주석가들은 루터의 요리문답서와 같은 다른 문서들과 비교할 때, 그 길이가 엄청나다는 것을 발견하였다. 그러나 칼빈은 그 엄청난 길이의 위험을 두 가지 방법으로 최소화 하였다. 첫째는, 그 요리문답의 본문을 55개로 나누고, 매주 한 장씩을 공부하게 했다. 둘째는, 제네바의 어린이들이 처음 성찬식에 출석하는 것을 허락받기 전에, 목사가 각 어린이들을 시험하고, 그 시험에서 요리문답의 내용 전체를 요약하도록 하였다.[18] 다른 말로 하면, 이 문서는 칼빈이 기독교 교육의 본질이라고 생각하고 있었던 것의 완전한 요약이다. 의심의 여지없이, 이것은 1557년에

"자기 신앙을 설명하도록" 요구받은 다섯 사람의 노인도 공부하도록 기대되었던 것이었다.

칼빈의 종교적 입문서의 기본 주제는 무엇인가? 분명히 어린이는 기억해야 할 것 중에서 처음의 것을 가장 잘 기억하기 때문에, 칼빈은 그의 요리문답서를 몇 가지 기본적인 문제로부터 시작하기로 하였다.

교사: 인생의 제일가는 목적은 무엇인가?
학생: 그것은 하나님을 아는 것이다.
교사: 어째서 당신은 그렇게 말할 수 있습니까?
학생: 하나님은 우리를 창조하시고, 우리들 중에서 영광을 받으시기 위하여, 우리들을 지상에 두셨기 때문입니다. 그리고 하나님은 생명의 근원이시기 때문에, 우리의 생명을 하나님의 영광을 위하여 바치는 것은 당연한 것입니다.
교사: 그리고 인간의 최고의 선은 무엇입니까?
학생: 동일합니다.
교사: 어째서 당신은 그것을 최고의 선이라고 부릅니까?
학생: 그것이 없이는 우리의 상태는 짐승의 상태보다 더 불행하기 때문입니다.
교사: 그러므로 우리는 하나님의 보호 아래 살지 않는 것만큼 더 큰 불행이 없다는 것을 압니다.
학생: 확실히 그렇습니다.
교사: 그러나 하나님에 대하여 참되게, 그리고 바르게 안다는 것은 무엇입니까?
학생: 하나님께 영광을 돌리기 위해서 하나님을 알게 될 때 그 지식

은 주어집니다.

교사: 하나님께 영광을 돌리기 위한 올바른 방법은 무엇입니까?

학생: 하나님을 전적으로 신뢰하는 것입니다. 우리는 하나님의 뜻에 순종하므로 하나님을 섬깁니다. 우리는 건강과 모든 선한 것을 하나님에게서 찾으면서 궁금할 때에는 언제든지 하나님 앞에 갑니다. 그리고 모든 선이 하나님으로부터만 온다는 것을 마음과 입으로 시인합니다.

칼빈은 「기독교강요」와 마찬가지로, 인간의 기본적인 활동은 하나님을 아는 데 있다고 주장하므로 그의 요리문답서를 시작했다. 제2장은 인간의 하나님에 대한 신뢰의 근거를 다루고 있는데, "전 기독교인의 공동 신앙고백"을 가장 훌륭하게 표현하고 있다. 이것은 지금도 많은 교회에서 사용되고 있는 통상적인 사도신경이었다.

칼빈의 요리문답서 교사는 그 신경을 4부로 나누어서 설명하는데, 일부는 삼위일체의 각 품위(Person, 人格)를 다루고, 제4부는 교회를 다룬다(칼빈은 이미 그의 기독교강요에서 이 4구분을 채용하고 있다). 다음 20회의 주일은 이들 4제목을 다룬다. 각 제목에 동일한 시간이 배당되지 않고, 비율도 「기독교강요」의 것과는 매우 다르다. 성부 하나님의 전능에는 적은 부분(3장)만이 배당되고 있다. 성령의 신비적인 사역에 대하여는 거의 언급이 없다. 한 과목만이, 즉 제14과목만이 이 제목에 배당되어 있다.[19] 선택교리에 대해서는 한마디의 말도 없다. 이 교리는 19세기의 신학자들이 칼빈 체계의 중심이요 초점으로 생각하고 있던 예정론의 체계이다. 아마 그것은 어린이들에게 설명하기가 힘들기 때문에, 요리문답서에서 생략되었을 것이다 - 그러나 한편 성찬의 성질이나 선행의 무용성과 같은 어려운 다른 교리들은 매우 길게 설명하고 있는데, 혹은 그것은 어린이들을 불필요하게 깜짝 놀라게 할 수 있다고 생각되었기 때문에 생략되었을 것이다.

칼빈의 해설은 크게 두 주제로 설명된다. 즉 구세주로서의 예수 그리스도의 활동(8과)과 참된 교회의 성질(7과)이다. 교회에 관한 부분은 특별히 흥미로운 데가 있다. 이 부분은 유형교회(有形敎會)의 불완전성에 대하여, 혹은 믿음으로 말미암은 구원을 강조할 때, 특별히 자세히 설명한다. 칼빈은 믿음 없는 행위의 무효성을 조심스럽게 강조하고, 그리고 피택자의 선행은 유용하고 필요하지만 그 자체로서는 하나님을 기쁘게 해 드리지 못한다고 설명하기까지 한다.[20] 믿음은 선행의 기초가 되며, 믿음은 성령의 은사라고 요리문답서는 말한다. 인간은 자기 힘으로는 그것을 얻을 수 없다. "왜냐하면 그것은 우리에게 계시된 하나님의 영적 지혜를 이해하고 믿기에는 우리의 이해력이 너무 약하기 때문이다. 우리의 마음은 불신으로 기울어지며, 자기 자신, 혹은 다른 피조물을 잘못 신뢰하는 경향이 있다."[21] 믿음으로 구원받는다는 교리는 모든 종교개혁파의 교리의 시금석이지만, 인간의 허약함에 대한 특별한 강조는 여기에 칼빈주의자의 특수한 특징을 더하는 것이다.

삼위일체설과 교회에 관한 부분은 요리문답서의 약 5분의 2를 점령한다. 나머지 부분은 거의 같은 비율로 하나님의 계명과 기도와 그리고 성례로 3분되어 있다. 그 중의 첫 부분인 십계명에서는, 칼빈의 주요 문제는 율법의 문자를 넘어서 더 폭이 넓고, 더 상징적인 방향으로 가는데 있었다. 안식일을 지키는 일에 관한 계명은 그리스도인들보다도 유대교인들에게 적용하고, 7이라는 숫자는 상징적이요, 의식적인 의미를 갖는다고 조심스럽게 설명하고 있다.

부모를 공경하라는 계명은 모든 윗사람에게 적용되지만 역시 어린이들에게도 지적하라고 주의 깊게 말한다. 일반적으로 칼빈은 십계명은 행위와 마음에 적용된다고 지적하므로 영적으로 이해하려고 하였다.

　　기도에 관한 부분은 주기도문으로 시작하는데, 칼빈은 그것을 하나님의 영광을 다루는 세 부분과 개인의 탄원을 다루는 세 부분으로 세분한다고 세심히 지적하였다. "하늘에 계신 우리 아버지여"와 "나라에 임하옵시며"와 같은 말의 상징적 성질을 강조하면서 그는 하나하나 낱낱이 설명하고 그것은 부분적으로만 참되다고 하였다. 칼빈은 기도는 진실해야 하며, 기도하는 사람은 이해하는 말로 기도해야 하고, 성자나 천사를 향해 기도해서는 안 된다고 조심스럽게 지적하고 있다. 기도는 믿음에 근거를 두지 않는 한 아무 소용이 없다. 기도가 믿음에 기초를 두었다하더라도 "탄원자의 소원이 합당할 때에만"[22] 하나님은 그 소원을 허락하실 것이다. 칼빈은 인간의 기도의 유효성을 매우 좁은 한계 안에 배치하였다.

　　마지막 부분은 성경에 관한 간단한 토론으로 시작한다. "성경은 하나님의 왕국에 들어가는 입구와 같은 것이며",[23] 그것은 가정에서나 또는 그것을 해석하는 그리스도인의 집회에서 배워야 하는 것이다. 하나님은 성경에 있는 자신의 말씀을 통해서, 그리고 성례를 통해서 우리와 교통하신다고, 칼빈은 말한다. 이것들은 "하나님의 은혜의 외적 증거들인데, 하나님은 우리 마음속에 자신의 약속을 한층 더 강하게 각인시키기 위해서 보이는 표적을 통해서 우리에게 영적인 것들을 보여주시는 것이다". 요리문답서의 교사는 그래서 이것은 성령의 사역이지, 성례의 사역은 아니라고 반대한다. 사실 그렇다. 그러나 학생은 다음과 같이 말한다.

성령과 성례 사이에는 큰 차이가 있다. 참으로 성령은 우리의 마음을
만지시고 움직이시며, 우리의 이해력을 조명하시는 유일하신 분이시
다... 그러나 주님께서는 좋게 생각하실 때에는, 성령의 효능을 감하는
일 없이, 성례를 보다 열등한 수단으로 사용하신다.[24]

성례에는 세례와 성찬이 있는데, 이 둘은 모두 상징적인 약속이다.
칼빈의 요리문답서는 다음 4주일을 사용하여 주의 성찬에 있어서의
그리스도의 임재를 설명하는데, 이점에서 루터파와 가톨릭파의 견
해는 적정하지 않다는 것을 지적한다.

이 부분 마지막 가까이에서 칼빈은 앞에서 선행, 기도, 그리고
계명에 대해서 말한 것과 동일 주장을 하고 있다. 즉 믿음의 은사
없이는 성례는 무익하다고 말하기 보다는 더 나쁜 것이라고 말한다.
그는 맨 마지막 과에서, 어째서 위선자들에게 성례를 더럽히는 것을
허락해서는 안 되는가를 설명하고 있는데, 그들은 모두가 "교회의
충분한 찬성과 판단" 없이는 제거될 수 없기 때문이라고 설명한다.[25]
치리가 잘 이루어지는 교회에서는 그와 같은 추문을 방지하기 위하
여 특별한 사람을 임명한다고 칼빈은 말하였다. 출교와 교회 권징에
대한 시문을 끝마치고 나서, 학생은 처음으로 성찬식에 참여할 준비
를 하게 되고, 그 학생은 교육의 전 과정(신앙고백, 십계명, 기도,
그리고 성례)에 관한 시험을 통과한 후 성찬식에 참석하도록 허락받
게 된다고 그는 가정하였다.

칼빈의 제네바에서의 종교교육은 학생들의 젊고 불완전한 정
신에 적게나마 양보한 데 지나지 않는다. 주일학교와 요리문답서의
교과과정은 가능한 한 어려우면서도 엄격하게 만들었지만, 그러나
그것은 이해할 수 있는 범위 안에서 작성되었다. 구속과 성찬과 같

은 난해한 교리들은 가볍게 단순화하였다. 예정론은 생략되었으나, 1542년에 칼빈의 더욱 발전된 편람서인 기독교강요에서도 그것은 특별히 중요한 자리를 차지하지 못하고 있었다. 칼빈의 많은 주요 신학적 교훈은 그의 요리문답서 각처에서 찾아볼 수 있다. 칼빈의 입문서는 이 세상에서의 인간의 목적은 하나님께 영광을 돌리기 위하여 하나님을 아는데 있다는 기본적인 명제로 시작한다. 몇몇 구절은 인간의 허약함을 강조하고, 인간은 자신의 노력으로는 믿음과 구원에 도달할 수 없음을 반복해서 가르친다. 물론 강조점을 어디에 두는가에 따라, 요리문답서는 기독교강요나 혹은 칼빈의 다른 저작들과는 매우 다르다. 그의 요리문답서가 갖는 광범위한 서술의 중요성은 칼빈이 바로 자기 앞에 있는 청중들에게 그것을 엄격히 훈련시킨 기본 교리였다는 사실이다. 그것은 그의 완성된 신학은 아니지만, 제네바의 청년들을 위해 잘 조정된 그의 신학의 본질적 요소들이었다.

　1555년 이후에 절정기였던 칼빈의 영향력을 판단해 볼 때, 우리는 종교교육과 권징에 관한 그의 계획, 그리고 설교자로서의 그의 영향력을 곰곰이 생각할 필요가 있다. 칼빈은 목사요, 제네바 목사회의 종신회장이었으나, 제네바에서는 그 이외의 권위는 전혀 갖고 있지 않았다. 제네바 내에서의 칼빈의 영향력은, 특별히 1555년 이후에는 주목할 만하였으나, 그것은 본래 정치적인 것은 아니었다. 1561년에 칼빈을 제네바의 "주교요 시장"으로 부른 실정에 눈이 어두운 프랑스 교회는 과녁에서 멀리 벗어난 것이었다.[26]

　개선된 스위스의 용광로가 채용될 것인가 안 될 것인가 하는 1557년의 문제를 포함해서, 분명히 다양한 문제들에 대하여 칼빈의 조언이 요구되었다. 그는 역시 어린이들의 안전을 위해서, 제네바 시

내의 모든 건물에 발코니를 만들어야 한다는 것을 포함해서 몇 가지
조언을 제시했다. 칼빈은 법률상의 고문으로서, 때로는 외교관으로서
제네바 공화국에 봉사하였다. 간혹 그는 공식기록에까지 등록되었다.
그러나 그는 스위스의 종교개혁자 쯔빙글리처럼, 소의회의 전 회의에
참석하여, 모든 문제 하나하나에 조언을 한 것은 아니었다. 더군다나
1555년 이후에도 칼빈의 조언이 제네바의 통치자에 의하여 거절된
때가 몇 번인가 있었다. 예를 들어 1560년에, 다음 성찬식에 참석시키
기 위해 자격 있는 모든 평신도에게 구리로 만든 산탄(散彈)을 나누어
주자는 칼빈의 제안을 반대하였다. 그리고 그 후에도 그들은 사보이
대사를 호색가이기 때문에 투옥시키자는 또 다른 제안을 거절하였
다.27 물론 대부분의 경우, 제네바 당국자들은 칼빈의 제안을 받아들
였다. 칼빈은 시 당국자들과 협력하여, 그의 생애의 마지막 10년 동안
몇 번의 어려운 시간이 있었지만, 자기를 채용해 준 제네바 시를 도왔
다. 그러나 칼빈의 기본적인 업적은 다른 곳에 있었다. 그것은 요리문
답과 설교와 교회 권징(이에 대해서는 후에 이야기할 것이다)을 통해
서, 제네바의 전(全) 세대를 철저하게, 그리고 체계적으로 교육한 것이
었다. 칼빈이 죽을 때까지, 제네바만큼 잘 교화되고, 엄격한 권징에
익숙해 있는 유럽의 도시는 거의 없었다. 칼빈은 소란스럽고, 새로
독립한 도시에서, 하나님의 법과 인간의 법을 존중할 것을 강하게
주장하였으며, 마침내 상당한 몸부림 끝에 이에 성공하였다.

Ⅲ

칼빈의 제네바는 중요한 도시가 되었다. 어떤 제네바의 역사가는

최근에 다음과 같이 기록하고 있다. "1555년 이전에는 제네바의 역사는 스위스 동맹과 제휴하고 있는 도시의 역사였다. 그 후 칼빈의 도시는 거기서 분리하여 유럽 역사의 일원으로 특수한 길을 걸어갔다."[28] 국내 문제는 뒤로 하고, 지금이야말로 제네바는 국제 문제에 주의를 집중해야 하였다. 몇 가지 다른 문제들이 통치자의 주의와 칼빈의 조언을 요구하였다. 그 중에 네 문제는 제네바의 정치사에서 특별히 중요하였다.

첫째는, 제네바의 베른과의 동맹관계의 계속적인 문제였다. 그들의 관계는 빼랭의 도망 후 확실히 나빠져서, 외교관계가 단절되고, 두 도시의「형제시민관계」(combourgeoisie)의 만기 소멸이 승인된 1556년에 최악의 상태가 되었다. 베른의 공소재판소는 빼랭과 그의 동료 망명자들에게 거액의 손해배상금을 수여하는 판결을 확인하고, 배상으로 베른 역내에 있는 제네바인의 모든 재산을 압수하는 것을 허락하였다. 제네바는 1557년 여름에 스위스의 다른 프로테스탄트의 여러 주에 사절을 파견하여 외교적 고립을 돌파하려고 노력하였으며, 그리고 칼빈은 제네바의 요구를 지지하여 주기를 바라면서 취리히에 있는 불링거에게 편지를 썼다. 그러나 베른을 속여넘기려고 한 최초의 시도에서처럼, 다시 한 번 제네바는 스위스 인들로부터 애매한 약속을 얻었을 뿐이었다.

1557년 늦은 여름, 국제 정세는 갑자기 변했다. 사보이의 엠마누엘 휠리베르(Emmanuel-Philibert)가 지휘하는 합스부르크(Hapsburg)군이 성 캉탕(St. Quentin) 전투에서 프랑스군을 격파하였다. 1536년에 프랑스와 베른에 의하여 탈취되었던 토지의 반환을 요구할 수 있는 유리한 입장에 서게 되었다.[29] 베른과 제네바는 이 전쟁 소식에 놀라, 즉시「형제시민관계」의 재조정을 진행시켰다. 베른은 몇 가지를 양보했으나, 그 중의 둘은 중요하였다. 첫째는, 뻬랭파의 경우는 이 교섭에서 제외되고, 스위스 조정자의 훗날 결정에 위임하였다. 둘째로, 이때의 동맹은 베른이 원하고 있던 25년 동안이 아니라, 영구적인 것이었다. 이 교섭에 결정적인 역할을 담당한 23세의 제네바 공화국의 서기 미셸 로제(Michel Roset)는 이 새로운 영구적인 「형제시민관계」에 경의를 표하여 서정시를 썼다. 로제가 공식 의사록에 자랑스럽게 기록하고 있는 대로, 칼빈은 이를 인정하였으며, 네굴리(Nagueli)와 5인의 베른의 대표가 1558년 1월에 이 조약을 확고히 하기 위해 도착했을 때, 그것이 낭송되었다. 연극이 공연되고 (이것도 칼빈의 승인을 얻어서), 이 사건을 축하하기 위하여 도시 주변에는 식수(植樹)가 이루어졌다.

그러나 네굴리는 뻬랭과 다른 도망자들, 즉 "두 도시의 공동의 파괴의 근거가 될는지도 모르는 이들 지옥의 엉겅퀴들"을 용서해 줄 것을 제네바 의회에 설득 할 수가 없었으며, 그래서 새로 재연합 되었을 뿐인 두 동맹국들 사이에는 긴장이 계속되었다. 제네바의 재판관들은 마지막으로 1559년 초에 바젤의 중재자 앞에서, (독일어로) 자기들의 입장을 의논하였다. 6개월 후에 그는 제네바에 편들어 유리한 판정을 내렸다. 제네바는 기뻐서 공식기도를 드리고, 그의 노고를 위하여 200에큐라고 하는 상당한 액수의 보상금을 수여하였다.[30] 제네바가 원하는 대로, 도망자의 재산 처분을 제네바에 맡기기로 한 이 결정에 대해서, 이를 불만스럽게 생각하고 있던 베른 사람이 항의 하였으나, 효과가 없었다. 제네바와의 「형제시민관계」는 베른 측의 소리 없는 반대가 있었음에도 불구하고, 법적으로는 유효한 채로 남아있었다.

뻬랭에 대한 제네바의 법적 승리는 1559년의 몇 가지 기억할

▶새 아카데미를 장식하는 또 다른 제네바의 무장군인像 (1558).
122쪽에 나오는 것보다는 10년 정도 늦지만 아주 단순해지고 있는데 주목할 필요가
있다. (제네바, 역사와 예술박물관)

만한 사건들 중의 유일한 사건이었다. 칼빈은 그 해에 그의 위대한
편람서인 「기독교강요」의 결정판을 출판하였다. 제네바에 들어온
망명자의 홍수가 최고조에 달한 것도 그 해였다. 프랑스의 앙리 2세
(Henri Ⅱ)가 자기들을 공격하지 않을까 하고 겁을 먹고 있던 제네바
를 크게 놀라게 하여, 합스부르크와 발로와(Valois) 사이에 평화조약
이 그 해에 체결되었다. 여러 점에서 1559년은 제네바에 있어서 칼
빈의 종교개혁의 최고 수준을 기록하였다. 그리고 소의회가 크리스

마스 때에 그에게 시민권을 부여하였다는 것은 특별히 적절한 것 같이 보인다. 칼빈이 그것을 받아들인 것은 다른 동료 목사들보다 오랜 시간이 지난 후였으며, 그의 동생 안뜨완느(Antoine) 보다도 13년이 지난 후였다.

아마 1559년 제네바의 가장 중요한 사건은 6월 5일에 있은 아카데미(Academy) 개원식일 것이다.[31] 이것은 오랫동안 칼빈의 의제 중의 중요한 항목이었다. 그는 1557년 스트라스부르 방문에서 돌아온 후 줄곧, 제네바에 자유 공립학교의 설립을 위해 소의회에 압력을 가하여, 1558년 초에는 이 새 건물을 세울 수 있는 부지 선택을 도왔다. 그 해 가을 가난한 정부에 의해서 건설이 시작되었으며, 한편 칼빈은 거기서 교수할 수 있는 사람을 유럽에서 찾기 시작했다. 미셸 로제가 명쾌하게 기술한 대로, 이것은 시 당국자들과 시민의 열정이 그들의 가난을 넘어서 달성한 사업이었다. 학교는 건물이 완성되기 전에 시작되었다. 몇 사람의 저명한 교사가 칼빈의 초청을 거절한 후, 그는 1559년 1월에 가까운 로잔에 있는 베른 아카데미에서 몇 사람의 교사를 초청할 수 있었으나, 그들은 파문권을 요구한 것 때문에 로잔의 통치자로부터 추방된 사람들이었다. 그것은 기묘한 일치였다. 그리고 베른에서는 칼빈은 그 위기를 조장하고, 프랑스어를 말할 줄 아는 목사들과 교우들을 선택하였을 것이라는 비난을 받았다. 그러나 그 비난은 아무런 근거가 없었다. 왜냐하면 칼빈은 그 위기가 절정에 이르렀을 때에는 병상에 누워 있었기 때문이었다. 그렇지 않으면, 이전에 여러 번 있었던 것처럼, 칼빈은 싸움을 진정시키기 위해 베른에 갔을 것이다. 이리하여 칼빈의 아카데미를 위해서 얻은 사람들 중에 가장 중요한 사람은 데오도르 베자(Theodore Beza)였으며, 그는 목사들에 의하여 이 새로운 학원의 원장으로 선출되었다.

▶ 칼빈의 초상.
제네바 목사회의 사회자요 그의 계승자인 데오도르 베자의 소장품이었다. [제네바의 종교
개혁 역사박물관, 사진작가는 Jean Arlaud]

공식 개학식은 대성당에서 거행되었는데, 600명의 군중이 참
석하였다. 학교의 규칙이 로제 서기에 의해 낭독되고, 새 원장과

교수들이 정식으로 임명되었다. 베자는 라틴어로 긴 연설을 행하
고, 교육의 역사를 요약하는 동시, 미신에서 해방된 자유로운 연구
의 장을 설립한데 대하여 제네바 시에 축하의 말을 하였다. 칼빈은
프랑스어로 간단하게 말하고, 공식 기도로 개학식은 모두 끝마쳤
다. 새 학교는 이렇게 해서 시작됐다. 학교는 두 부분으로 이루어졌
다. 첫째는 초등학교(primary school), 즉 college 혹은 schola privata인
데, 7학년으로 되어 있으며, 제네바의 전 청년을 교육하도록 되어있
었다(최고 학년에는 첫 해에는 280명의 학생이 있었으며, 곧 임시교
사를 채용하지 않을 수 없었다). 둘째는, 정도가 더 높은 아카데미
(Academy) 혹은 schola publica 인데, 이것은 주로 신학의 고등교육
을 가르치는데 목적을 두고 있었다. 처음에는 아카데미는 신학의
두 강좌(칼빈과 베자)와 히브리어, 헬라어, 그리고 철학 등 각 한
강좌씩으로 구성되어 있었다. college와는 달리, Academy는 기독교
국의 모든 지역에서 학생을 모집하는 것을 목적으로 하고 있었는
데, 그것은 놀라울 정도의 성공을 거두었다. 1562년에는 약 162명의
학생이 입학하였다. 그 중의 5분의 4가 프랑스 인이었고, 제네바
태생의 학생은 겨우 네 사람뿐이었다.[32] 설립 후 첫 3년 동안에 아카
데미에는 다음과 같은 학생들이 있었다. 후에 하이델베르크 요리문
답의 공저자가 된 가스빠르 올레비아누스(Gaspard Olevianus), 후에
윌리암 침묵왕의 충성스러운 고문관이 된 휠립 마르닉스 환 신트-
알데혼데(Philippe Marnix van Sint-Aldegonde), 후에 앙리 4세의 가
정교사가 된 후로랑 크레티앙(Frorent Chrestien), 후에 옥스훠드 대
학교의 보들리안 도서관의 설립자가 된 토마스 보들리(Thomas
Bodley), 후에 새로운 레이덴 대학교의 교수가 된 후랑소와 뒤 용
(Francois du Jon) 등이 있었다. 칼빈이 죽을 당시에는 겨우 태어난

지 얼마 안 되는 이 아카데미에 300명 이상의 학생들이 등록하고 있었다. 그 후 수세기 동안에 그것은 칼빈을 받아들인 제네바에 그가 남긴 제도적 유산 중에 유일하며 가장 중요한 것이 되었다. 그의 아카데미는 어떠한 학위도 주지 않고, 다만 출석과 선행 증명서를 주었을 뿐이었다. 아카데미의 규칙은 장차 법학과 의학이라고 하는 지적 직업에 종사하는 사람들을 위해서 강좌를 설치하도록 되어있었으나, 칼빈이 살아있는 동안에는 이 과목들을 교수하지 않았다. 기본적으로 칼빈의 새로운 고등교육기관은 프랑스의 개혁파 교회를 위한 신학교의 역할을 하였다.

아카데미는 제네바에서 평가할 수 없을 정도의 귀중한 것이었으며, 많은 사람들이 감히 희망했던 것보다 훨씬 더 큰 성공이었다. 그러나 건설하고 유지하는데 무서울 정도로 많은 비용이 들었다. 1558년에 건설공사가 시작되었을 때, 제네바는 시 재정에 대한 긴장에 대처하기 위해 독창적인 노력을 기울였다.[33] 얼마 안 있어서 제네바 시의 공증인들은 당국의 요구에 따라, 모든 시민이 임종 시에는 반드시, 새 학교를 위해서 유산을 기증할 것을 유서에 남기도록 요구하였다. 1559년에는 이와 같은 유산이 12명의 총 1,074 홀로린(florin)에 달하고, 다음 3년 동안에 그와 같은 유산은 40건 이상이 되었다. 그러나 제네바 역사의 대역설 중의 하나는, 칼빈 아카데미의 건설비 대부분은 자기도 모르는 중에 칼빈의 정적들에 의해서 채워졌다는 사실이다. 제네바가 바젤에서의 빼랭에 대한 소송에 승리하자 즉시 공화국은 그들 재산에 대한 대 경매를 시작하였다. 다음 2년 동안에, 제네바의 재무관들은「유죄 선고를 받은 7인의 재산」에서 약 6만 홀로린을 꺼내서, 교사 건설에 5만 홀로린을 사용하였다. 그럼에도 불구하

고, 1561년에도 아직 지붕공사가 끝나지 않았으며, 건물은 1562
년까지 완성되지 못했다.

제네바는 학생에게 위험하고 생활비가 많이 드는 곳이기 때문
에, 이 모험은 실패할 것이라고 베른은 생각하고 있었다. 6월 5일의
공식 개학식 보고에서, 로제는 솔직히 그러한 공포심을 인정하였으
나, 그러나 "재원이 부족한 제네바 시가 평화와 고요함을 무엇보다
도 중요하게 생각하고 있는 연구를 제쳐놓고, 그 밖의 여러 가지
일에 대하여 생각하지 않을 수 없을 때에, 이 계획을 포기하지 않았
던 것은 참으로 놀라운 결단과 지조(志操)의 본보기였다"고 결론을
짓고 있다.[34] 사실 1559년 여름에 아카데미의 개학식으로 칼빈의
제네바는 계획된 모험을 겪은 셈이다. 왜냐하면 그 개학식은 프랑스
와 스페인 간의 카토-깜브레지 조약(Treaty of Cateau-Cambresis)의
조인과 때를 같이하고 있기 때문이다.

IV

새 아카데미의 설립이 칼빈과 제네바의 통치자들에게 있어서, 제2의
주된 활동 분야였다고 하면, 1559년 이후의 프랑스 왕과의 긴장되고,
분명치 않은 관계는 제3의 활동 분야였다. 칼빈과 의회 모두가 두려워
하고 있었던 것처럼, 카토-깜브레지 조약은 프랑스의 신교도들에 대
한 강렬한 공격의 전주곡이었다. 그 해 말에 앙리 2세가 마상시합에서
갑자기 죽었을 때에도, 제네바에는 일시적인 휴식기간이 주어졌을
뿐이었다. 1560년 3월에 프랑스의 국왕 평의회는, "주로 학문이 없는
직공들"인 설교자들을 보내고, 왕국을 혼란케 하기 위해 "가증한 책

들을 악의로 분산"시킨 제네바의 역할을 강하게 비난하였다.[35] 이것
은 1561년 1월에 샤르르 9세(Charles IX)에 의해 취해진 한층 더 엄한
행동의 서곡일 뿐이었다. 샤르르는 공화국 행정관들에게 특별한 사절
을 파송하여, 프랑스의 혼란은 제네바에서 파송한 일군의 설교자들
때문이라고 말하고, "그들은 불순한 언동을 하게 하여 우리 국민을
공공연히 선동하고 있다고 불평을 늘어놓았다." 국왕은 그러한 행동
을 즉시 중단할 것을 명령하고, 만일 복종하지 않으면 보복하겠다고
협박하였다. 그들은 답변하기를, 소의회는 지금까지 한 사람도 프랑
스에 보낸 일이 없었다고 부정하였다. 제네바의 목사들이 몇 사람을
프랑스에 보냈는지 모른다고 소의회가 인정하였지만, 그들은 최선을
다하여 음모와 소란을 저지하였다고 주장하였다.[36] (사실 칼빈은 목
사회가 프랑스에 파송한 사람들에 대하여, 제네바의 통치자들에게
알리지 않고 있었으나, 의회의 요구에 따라 알게 하였다. 1557년에
침묵이 깨졌을 때, 칼빈은 "이 일들은 매우 비밀이지만, 그리 위험하
지는 않을 것이다"라고 그들에게 말하였다. 그리고 의회 의사록은
난외에 "소의회가 이 일을 하였다고 말하면 좋지 않았을 것이다"라고
첨부하였다.[37] 잠시 동안 프랑스가 제네바를 공격할 것이라는 심각한
위협이 널리 퍼져 나아갔다. 그러나 2, 3개월 내에 또한 왕국의 정책이
갑자기 변경되어, 이 위협은 사라졌다. 그리고 곧 프랑스 프로테스탄
트의 지배자들은 프랑스 궁정 앞에서 그들의 문제를 논하기 위해 프
와시(Poissy) 회의에 베자를 초청하였다.

1559년과 1561년 사이에, 칼빈과 그 동료들은 자주 프랑스의
국내 문제에 간섭하여, 특별히 프랑스 개혁파 교회의 요구에 응하여
50명 이상의 목사들을 파송하였으며, 심지어는 나바르 왕궁에까지
사람을 파송하였다. 제네바에 있던 몇 사람의 프랑스 망명자들이

1560년 5월의 실패한 음모사건에 깊이 연류 되어 있었던 것도 사실이다.[38] 제네바 정부는 프랑스 궁정에 대한 반응에 고민하다가, 망명자들 중 한 사람에 대하여 소송을 제기했는데, 제네바의 관리가 이음모를 도왔다는 것을 프랑스 개혁파 교회에 거짓말했다고 그를 규탄하였다. 칼빈과 베자도 사실상 동일한 죄로 다른 두 사람의 망명자에 대하여 소송을 제기하였다. 이 재판기간에 제출된 증거의 대부분은 칼빈의 입장을 제외하고는 애매하였다. 칼빈은 분명히 왕족의 군주가 당사자가 아니면, 어떠한 음모도 반대하였다. 프랑스에는 아직 교의적 윤곽이 명확하게 그려지지 않았고, 프랑스의 귀족들이 대량으로 종교개혁 진영으로 개종하고 있던 시기에, 칼빈의 제네바는 혼란을 틈타 성공적으로 많은 이득을 보았다.

1562년 봄, 유그노(Huguenots)와 가톨릭 사이의 지루한 내란이 프랑스에서 시작되었다. 제네바는 반란의 우두머리인 꽁데(Conde) 왕자(그 당시 그의 비서요 보도 책임자는 바로 베자였다)의 편지로 교전상태의 폭발을 알게 되었으나, 이 편지는 꽁데 군(軍)의 오를레앙(Orleans) 점령을 정당화하고, 제네바의 지지를 요구하고 있었다.[39] 제네바의 답변은 베른에 달려 있었으나, 베른은 중립을 지키기로 결정하였다. 그러나 스위스 가톨릭의 여러 주(州)가 왕당파와 기즈파(Guisards)를 돕기 위해 군대를 모집하기 시작하자, 베른과 제네바는 의용병과 군수물자를 프랑스 프로테스탄트에게 보내는 것을 저지하는 것은 불가능하다고 생각하였다. 리용(Lyon)의 유그노 점령 소식에 접하자, 베른이 유그노 군과 함께 싸우기 위해 대규모의 군대를 리용으로 진군시켰다. 이 군대가 제네바를 향해 진군하고 있을 때, 제네바의 시 당국자들은 중립정책을 버리고, 리용까지 베른 군을 동반하기 위해, 시장의 지휘 하에 50명의 호위기병대를 파

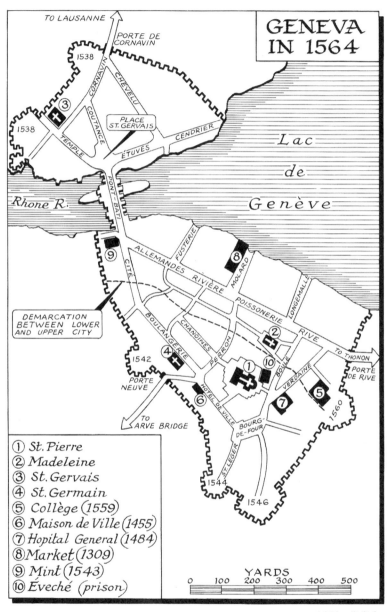

GENEVA IN 1564

① St. Pierre
② Madeleine
③ St. Gervais
④ St. Germain
⑤ Collège (1559)
⑥ Maison de Ville (1455)
⑦ Hopital General (1484)
⑧ Market (1309)
⑨ Mint (1543)
⑩ Éveché (prison)

<1564년의 제네바>

견하도록 결정하였다. 제네바는 자발적인 기부금으로 이 군비를 채웠으며, 칼빈도 2 에큐(ecus)를 기부하였다.[40] 리용에 도착했을 때, 그 지휘관은 리용 북방전투의 허락을 요구하는 일련의 편지를 보내왔다. 칼빈의 조언으로 허가가 이루어졌다. 몇 번의 산발적인 전투 끝에 50명의 기병이 9월에 제네바에 돌아왔으나, 베른도 역시 같은 달에 병력을 철수하였다. 지휘를 책임지고 있던 제네바 시장은, 리용의 유그노 지휘관들이 불충분한 존경심으로 자기를 대우했다고 불평하였다.

이 반란 기간 중에, 꽁데와 리용 교회는 제네바 당국자들에게 현금 대부를 요구했다. 한번을 제외하고는, 이 대부금은 제네바 시가 조달하기에는 큰 금액이었고, 그리고 스위스 프로테스탄트가 마련하기에도 큰돈이었다. 예외가 있었는데, 그것은 리용을 방어하고 있던 독일인 용병에게 지불하기 위해 300 에큐를 차용하기를 원했던 1563년 2월의 리용 교회의 요구였다. 제네바가 바벨에게 편지를 써서 돈을 빌리도록 되어 있었는데, 바젤은 리용시의 이름이 공식문서에 기재되지 않기를 주장했다. 그리하여 이 서류에는 바젤에서 제네바에게 주는 대부 형식을 취하고, 사실 대부도 그렇게 이루어졌다. 돈은 제네바에서 리용으로 송금되고, 그리고 즉시 반환되었다. 그러나 제네바는 전쟁이 끝난 후에도 이 돈을 반환하지 않고 가지고 있다가 5퍼센트의 이자만을 지불하였다. "제네바의 유그노 파를 위한 직접적인 재정적 후원은 아주 실질적인 것은 아니었다"고 R.M. 킹돈(Kingdon)은 기술하고 있다. 그러나 제네바는 사람, 돈, 대량의 화약을 프랑스의 유그노 군에게 제공하므로, 중립을 체계적으로 위반하였다고, 그는 결론을 내렸다.[41]

V

칼빈 생애의 마지막 10년 동안에, 칼빈과 제네바가 품었던 네 번째의 큰 관심사는 역시 카토-깜부레지 조약의 결과에 관한 것이었다. 사보이가의 재건은 프랑스의 소란한 문제들보다 훨씬 더 직접적이고, 훨씬 더 심각한 위협을 제네바의 종교적, 정치적 운명에 주었다. 사보이가의 위협이 명백해진 것은, 새 공작 에마뉴엘 휠리베르 (Emmanuel Philibert)가 스위스 가톨릭의 여러 주와의 옛 동맹을 부활시키고, 이어서 베른의 점령지를 포함하여, 1535년 당시 자기 아버지가 소유하고 있던 땅 전부를 반환해 줄 것을 요구한 때였다. 그는 스위스 의회를 통하여 베른에 압력을 가하고 1561년까지 그의 주장을 중재(仲裁)에 붙이고, 제네바 주위에 있는 땅을 그에게 반환하라는 판정을 얻어냈으나, 그러나 보 지방(the pays de Vaud)이 포함되지 않았기 때문에, 그는 이것을 불충분하다고 거절하였다. 동시에 그는 1559년 가을 일찍이 제네바에서 여론을 탐지하기 시작했다. 그의 밀사(密使)들이 만난 최초의 소의회 의원들은 그의 제안에 대해서 뜻밖의 답변을 들었다. 즉 "우리는 우리의 주권과 하나님의 말씀을 위하여 우리의 생명을 내 걸었습니다"라는 것이었다. 모든 위기의 시기와 마찬가지로, 제네바의 통치자들은 "하나님을 신뢰하고, 엄히 경계하라"는 각오를 가지고 있었는데 이 말은 올리버 크롬웰(Oliver Cromwell)의 유명한 말, 즉 "하나님을 신뢰하고, 네 화약을 마른대로 유지하라"는 말의 표현이었다. 그 해 늦겨울에 새 공작은 그의 신하 중의 한 사람인 제네바 태생의 주교를 제네바 시에 정식 사절로 파송하였다. 이 주교는 그의 여관에서 이태리인의 감시를 받고, 마치 그가 전염병자인 것처럼 모든 소의회 의원들의 냉대를 받았으며, 또한 6일 동안이나 기다려서 접견을 할 수 있었다. 그가 연설하고, 에마뉴엘 휠리베르의 평화적 의도와 그의 옛 권리를 밝힌 후에, 소의회 의원들은 조언을 구하기 위해 칼빈을 초청하였다. "나는 그들 귀에 방울을 달기 위해 여기 왔노라 라는 말을 칼빈은 계속 반복하고, 그는 나를 유혹자라고 하여 투옥 시켜야 한다고 요구했다"고 주교의 보고서는 기록하고 있다.[42] 이 때 그들은 칼빈의 조언을 듣지 않았을 뿐만 아니라, 주교의 말도 따르지 않았다. 이 성직자는 그 후 곧장 칼빈을 암살할 음모를 꾸며서, 칼빈에게 복수하려고 하였다.[43]

에마뉴엘-휠리베르는 우선은 그의 회복된 토지를 조직적으로 정비하고, 그 제도를 현대화하는 일에 바빴다. 그는 수도를 튜랑(Turin)에 정하고, 화폐제도를 개혁하고, 1560년에는 삼부회 제도를 완전히 폐지하는데 성공하였으며, 그리고 봉건 귀족들로부터 수집하는 대신, 농민 공동체를 통하여 직접 수집하는 조세 제도를 창설하여 재정을 근본적으로 개혁하였다. 그는 매우 짧은 기간에 새로운 국가를 설립하였는데, 그것은 선조들 지배하에 있던 사보이 공국(公國)보다 훨씬 더 강력하였다. 그러나 당분간 약속은 제네바에서는 아무것도 이루어지지 않았으며, 위협에 의해 베른으로 부터 불만족한 보상을 받았을 뿐이었다. 1561년에 제네바는 몇 사람의 간첩을 뿌리 뽑았을 뿐이었으며, 그리고 또 다른 공작의 밀사에게는 사보이 공이 베른과 합의할 때까지는, 제네바는 사보이 공과 교섭할 수 없다고 비공식으로 전했다. 사보이 공의 2년 동안의 압력의 주요한 결과는, 베른과 제네바로 하여금 그들의 논쟁의 많은 차이점을 잊어버리게 했다는 것이었다.

1563년에 제네바는 불쾌한 기습을 당했다. 사보이 가(家)는 새 공작부인 마가렛트(Margaret, 프랑스의 공주)를 통하여 한 번 더 제네바와 외교적 관계를 수립하려고 시도하여 그녀가 칼빈에게 직접 편지를 썼으나 실패한 후 사보이가의 하부 관리들은 더욱 직접적인 행동을 취할 것을 결정하였다.[44] 그들은 오래 전부터 베른에서 불신을 받았던 옛 삐랭파 도망자 몇 사람을 고용해 600명의 군인을 모집하도록 명령하였다. 이 군대는 야음을 타서 호반 산책길을 따라 제네바에 침입하여 이 도시를 기습하고, 사보이 측의 권리를 주장하였다. 그들은 제네바 시민에게 예배의 자유를 약속하도록 되어 있었으나, (제네바 당국자에게 이 음모를 누설한 자에 의하면) 그들은 역시 칼빈을 체포하여 철물 새장 우리에 가두고, 북쪽으로 가서, 보 지방에 침입하라는 지령을 받고 있었다. 제네바는 즉시 역(逆) 간첩을 음모 한복판에 침투시켜 그것을 진압하였다. 15명의 제네바 주민이 공범자로 체포되고, 그 중 두 사람은 처형되었으나, 주모자는 도망하였다. 용감한 역 간첩은 연금 보상을 받고, 집 저당권을 청산하는 선물을 받았다. 이렇게 하여 제네바는 독립을 반대하는 사보이가의 음모의 오랜 항로 속에서, 가장 중대한 것은 아니었으나, 최초의 음모에서 성공적으로 살아남을 수 있었다.

VI

흥분의 10년은 1564년에 막을 내렸다. 이 10년 동안은, 아카데미의 성공적인 개원, 베른과의 「형제시민관계」의 허약한 회복, 프랑스의 여러 사건에서 볼 수 있는 교회적 간섭, 때로는 정치적 간섭, 그리고 회복되고 강력한 사보이 공국에 의해 취해진 위협에 대한 격퇴 등의 사건들로 넘쳐흐르고 있다. 칼빈은 특별히 아카데미와 프랑스의 국내문제에 깊이 관여하고 있었으나, 그러나 제네바에서의 그의 명성은 매우 높았기 때문에, 그는 네 가지 모든 사건의 중요한 점에서 관여하는 것을 피할 수가 없었다. 설교자요 교육자이며, 그리고 조언자인 이 칼빈은 제네바에서 압도적인 도덕적 힘이 되었으며, 그의 영향력은 목사의 사역 이외에도 많은 분야에 미치고 있었다. 1564년에 칼빈이 죽었을 때, 제네바는 사람들과 제도들, 그리고 여러 가지 이념들을 공급해준 인물을 상실하게 됐는데, 이것들은 제네바로 하여금 가톨릭의 여러 나라에서 프로테스탄트의 전략적 요지로서, 군주절대주의에 둘러싸여 있는 작은 도시국가로서, 그리고 이 세기의 모든 개혁파 공동체와 교회의 표본으로서 생존할 수 있게 했다. 제네바의 운명, 즉 모범적 공동체, 종교적 요지, 그리고 정치적 시대착오의 체제로서의 제네바의 운명은 16세기 유럽에서는 독특하였다. 제네바는 서거하기 전 5년도 못돼서 제네바의 시민이 된 한 이민자의 사역에 의해서 만들어진 것이었다. 그리고 칼빈은 임종 시에, 제네바에 대하여 "사악하고 불행한 국민"이라고 말한 바 있다.

　　제네바의 역사의 중요성과 특이성은 기본적으로 칼빈 때문이며, 그리고 칼빈이 제네바에 유인한 망명자들에 대한 도시의 국제적 명성 때문이기도 하였다. 제네바의 명성은 1564년까지의 10년 동안 크게 퍼져 나아갔다. 칼빈의 죽음은 오랫동안 지연되고 있던 로잔조약의 조인과 거의 정확하게 일치하고 있었는데, 이 조약으로 제네바 주변의 베른의 점령지 전부가 사보이 공작의 손으로 돌아가게 되었다. 제네바의 연대기 작가가 기록하고 있는 대로, 1564년은 특별히 나쁜 해였다. 그것은 "사보이 공작의 복귀를 준비하는 새 이웃나라 때문만이 아니라, 칼빈의 죽음 때문이기도 하였다"[45] 베른의 관할구라고 하는 보호벽이 사라진 후, 제네바는 견고한 성벽과 선교정신을 가진 도시가 되었다. 칼빈의 제네바는 정치적 안전을 보장받은 그의 마지막 10년 동안을 놀랍도록 유익하게 이용한 것이다.

제4장 / 미주

[1] *C.O.*, IX, cols. 887-91; Roget, *HPG*, VII, p.58-63.

[2] *C.O.*, IX, cols. 891-94; Roget, *HPG*, VII, p.63-68. 또 다른 목사 *Bonaventura Bertram*에 의한 약간 다른 원본을 대조하라. 그것은 부록으로 수록되어 있다. 로제가 오래 전에 기록해 놓은 것처럼, (vii, p.68 n.1) 두 원본의 차이는 매우 적다.

[3] 「위대한 사람」 Meigret의 재판 중 1547년 12월 7일. 위의 제3장 12쪽 이하.

[4] 본서의 부록 참조.

[5] Walker, *John Calvin*, p.258; *C.O.*, XIII, col.230. 그의 성경에 대해서는 Richard Stauffer, *L'humanité de Calvin*(Neuchatel, 1964)을 보라.

[6] 현대 프랑스의 프로테스탄트 파의 칼빈 연구자 두 사람은 이점에서 일치하고 있다. Henri Strohl, *La pensée de la Réforme*(strasbourg, 1951), p.123 과 François Wendel, *Calvin; sources et evolution de sa pensée religieuse*(Paris, 1950), pp.247ff.

[7] Roget, *Chroniques*, Bk. VI, ch.1(p.377).

[8] L. Febvre, *Le problem de l'incroyance au XVIe siècle: La religion de Rabelais*(Paris, 1942), pp.462ff. 이 견해는 R. Mandrou, *Introduction à la France moderne; essai de psychologie historique* (Paris, 1961), pp.70ff, 에 거의 그대로 재현되어 있다. 그러나 Alain Dufour, "Historie Politique et psychogie historique" in *BHR*, 25(1963), p.18f의 비판을 보라.

[9] 칼빈의 현존하는 설교 목록은 *R.C.P.*, II, pp.115ff를 보라. 역시 B. Gagnebin, "L'incroyable historie des sermons de Calvin," in *BHG*, 10(1956), pp.311-34를 보라.

[10] Roget, *Chroniques*, Bk. VI, ch.49(p.430).

11 Roget, *HPG*, Ⅴ, p. 101f.

12 *R.C.P.*, 1, p.45f.

13 본서의 pp.118-120, 128 참조.

14 Roget, *HPG*, Ⅴ, p.101. 그녀의 아버지는 종교개혁을 맨 마지막에 받아들인 소의회 의원 중 한 사람이었다.

15 본서의 P.203을 보라.

16 Bonivard, *Ancienne et nouvelle police*, p.127.

17 *C.O.* Ⅵ. cols. 7-134 에 인쇄되어있다.

18 In *ibid.*, cols. 148-60.

19 *Ibid.*, col. 37.

20 *Ibid.*, cols. 47, 49.

21 *Ibid.*, col. 45.

22 *Ibid.*, col. 87.

23 *Ibid.*, col. 107.

24 *Ibid.*, col. 111.

25 *Ibid.*, col. 133.

26 *C.O.*, XIX, col.34. 이 견해들은 John T. Mcneill, *The History and Charaacter of Calvinism* (Oxford, 1954), pp.185, 190 과 Ernest Pfisterer, *Calvins Wirken in Genf*, 2 Aufl. (Neukirchen, 1957), pp.137ff.

27 본서의 pp.177, 204를 보라.

28 Alain Dufour, "Le mythe de Genéve au temps de Calvin," in *Schweizerische Zeitschrift für Geschichte*, n.s. 9(1959), p.517.

29 Roget, *HPG*, Ⅴ, pp.81-94.

30 *Ibid.*, pp.202f, 268-71.

31 이하의 모든 기술은 Chas. Borgeaud's monumental *Histoire de l'Université de Genéve: 1, L'Académie de Calvin, 1559-1798*(G., 1900)에 기초하고 있다. 그리고 Paul-F. Geisendorf, *L'Université de Genève, 1559-1959*(G., 1959) pp.20-36 를 참조하라.

32 Borgeaud, Ⅰ, pp.55-63. 그리고 S. Stelling-Michaud 판의 *Livre du Recteur de l'Universite de Genève, tome 1: le texte*(G., 1959), pp.81-84.을 보라. 제네바 학생의 인명부가 된 제2권은 곧 출판될 예정이다.

33 Borgeaud, Ⅰ, pp.34-36; Studies, p.25f.

34 Roget, *HPG*, Ⅴ, pp.240, 195.

35 Roget, *HPG*, Ⅵ, pp.21-22.

36 *Ibid.*, pp.67-70.

37 R. M. Kingdon. *Geneva and the Coming of the Wars of Religion in France, 1555-1563*(G., 1956), p.33f.

38 뒤쪽의 270-271 이하.

39 Kingdon, pp.106-26에 훌륭한 기록이 있다.

40 *Studies*, p.26 n.39.

41 Kingdon, p.119.

42 Roget, *HPG*, Ⅵ, pp.1-17, 173-88, 309-312.

43 Henri Naef, *La Conjuration d'Amboise et Genève*(G., 1922), pp.98, 122 n.2.

44 F. de Crue, "Le complot des fugitits en 1563," in *MDG*, 20(1879-88), pp.385-428; Roget, *HPG*, Ⅶ., pp.27-35.

45 BPU. Ms. Suppl. 433(Ami Favre 의 *Chronique*, 1563-1571), fol.15.

제2부: 도시의 발전

제5장 1564년까지의 제네바 교회

종교개혁의 확립으로부터 칼빈의 죽음까지의 제네바 교회의 역사가 지성적이며 독특한 역사의 단위로 다루어진 적이 거의 없었다. 보통 그것은 칼빈의 전기 작가들의 필요에 따라, 칼빈의 제1차 제네바 체류기, 추방기, 그리고 귀환 후의 시기로 분류된다. 1541년 이후에는, 그것은 다시 시 당국자들과 이단자들에 대한 칼빈의 투쟁으로 세분되었다. 마지막으로 1555년 이후에, 칼빈의 교회의 역사는 1559년의 아카데미의 설립을 절정으로 하여 승리의 국면으로 들어간다.

　　화렐에 의해 제네바에 설립된 교회에 대한 칼빈의 완전한 지배를 전제로 하고 있는 이 표준적인 그림에는 몇 가지 결함이 있다. 다소의 세부적인 것들이 수정될 필요가 있는데, 그것은 칼빈의 교회는 칼빈의 개성과 가볍게 차이가 나는 것들이 있었기 때문이었다. 칼빈과 그의 목사회와의 관계는 지난 수년 동안에 명백해졌지만, 그것은 무엇보다도 주로 1546년에서 1564년까지의 제네바 목사회의 공식기록의 출판을 통하여 명백해졌다.[1] 지금 이 목사회의 역사를 추적하고 설명하는 것은 보다 쉬운 일이다. 물론 종교개혁 후 첫 10년 동안의 제네바 교회의 역사는 아직 옛날의 사료에서 해석되어야 하지만, 여기서도 역시 표준화 하려는 약간의 오해와 독단적인 구별은 수정될 필요가 있다.

첫째로, 제네바의 새 교회 직원들은 독립 후 격동기에 약간의 신속한 인사이동을 경험했는데, 그것은 화렐과 그의 젊은 부하들이 1538년에 추방되었을 때뿐만이 아니었다. 교구 사제가 새 질서에 복종하도록 명령을 받은 농촌지역은 혼란의 양상이 제네바 시중의 혼란보다 더 심했다. 이들 교구 사제들 중에는 주일마다 제네바의 거물급 인사나 또는 교황의 건강을 위하여 신중하게 기도하는 자들이 있었으며, 혹은 종교개혁을 받아들이는 자는 전염병에 걸려 다 죽게 될 것이라고 공언하는 순회 수도사들에게 그들의 설교 강단을 제공하는 자들이 있었는데, 이들은 시 당국자들에게 주요 두통거리였다.[2] 그들은 시 당국자들을 술주정꾼의 무리라고 부르고, 1538년에 화렐과 칼빈의 추방을 재촉한 화렐의 맹인 친구의 "간섭"(meddling)에 비해 더 나쁜 사람들이었다. 농촌의 사제들에게도 문제가 있었지만, 제네바 당국자들은 그들이 발견할 수 있는 최상의 사람들로 화렐과 칼빈을 대신해서 임명하려고 열심히 노력하였다. 뇌샤델(Neuchatel)의 통치자들은 1534년의 그 유명한 빠리 벽보의 작자로 이미 프랑스 종교개혁자들 사이에 잘 알려지고 있었던 앙뜨완느 마르꾸르(Antoine Marcourt)를 제공하였다. 또 하나의 다른 중요한 보충 요원인 쟝 모랑(Jean Morand)은 유능한 사람으로, 교구의 세례 기록을 보존하는 것과 같은 그런 몇 가지 소개혁(小改革)을 시작하였다.[3] 만일 마르꾸르와 모랑이 1540년의 전쟁 소동 중에 제네

바 시에서 피하지 않았더라면, 칼빈의 소환은 그만큼 필요하지 않았
을 것이다. 마지막으로, 1536년에서 1545년까지의 제네바 목사회의
발전을 살펴보면, 그 구성원의 신속한 이동과 함께 항상 일정한 최
소한의 연속성이 있었다는 사실에서 놀라게 된다. 이 이동은 소의회
의 회원의 이동에 비해 비율적으로 큰 것은 아니었다. 우리는 역시
제네바의 목사들이 거의 전부가 프랑스 인이었다는 것, 그리고 그들
은 후랑소와 1세 치하의 프랑스 종교개혁 초기의 혼란한 시기에
자주 있었던 이민(移民)에 익숙해 있던 사람들이라는 것을 고려해
둘 필요가 있다.

　　제네바의 목사들의 이동은 1541년의 칼빈의 귀환 후에도 변함
없이 신속히 진행되었다. 1543년까지 새로운 네 사람이, 1544년에는
두 사람이, 1545년에는 또 두 사람이 더해져서 모두 여덟 사람이
되었는데, 그들은 모두가 프랑스 인이었다. 칼빈이 귀환했을 때 시
무하고 있던 사람들은 모두 옛 사제들과 교체하기 위해 점점 농촌
교구로 이동되었다. 그리고 칼빈은 제네바의 공립학교 장이며, 미래
의 종교적 관용의 사도인 세바스티앙 까스뗄리오(Sebastien
Castellio)를 교체하였다. 이 경질 사업이 전부 끝마친 후에야 비로소
칼빈을 정신적 지도자로 하는 제네바의 목사회는 실질적으로 동질
화되었다.4 칼빈은 도시 내의 목사회를 순회할 뿐만 아니라, 1544년
에는 제네바 교회의 조직망도 크게 확장시켰다. 베른과의 최종적
화해는, 지금까지 제네바의 권리가 논쟁의 대상으로 되어있던 12곳
의 농촌 교구를 제네바가 완전히 지배하도록 인정하게 했다. 이
기회에 옛날의 사제들은 모두 최종적으로 파면되고, 8명의 새 개혁
파 설교자들(그들은 대부분 도시 내의 직책에서 이동되었다)은 그
들을 대신하여 파송되었다.5 이 경질 작업이 완성되고, 목사들의

상호 검열제의 관행과 장로들의 법정이 칼빈의 만족에 따라 움직이게 되자, 제네바 교회의 제2차 종교개혁이 완성되었다고 가정해도 좋을 것이다. 목사회의 공식 의사록(현존하는 대로)이 시작되는 것은, 1546년이다.

목사회 기록의 표지 내면에는 1541년의 그 유명한 교회법규 (the Eeclesiastical Ordinances)의 현존하는 유일한 복사본이 있는데, 그것은 칼빈에 의해서 초안되고, 여러 번의 제네바 의회에 의해서 두 번 수정되었다. 이 문서는 적어도 1561년 대 수정이 될 때까지 제네바 교회의 대헌장이었다. 칼빈이 제네바에 돌아온 그날에, 칼빈은 그와 같은 문서를 준비할 필요가 있다는 것을 주장하였던 것이다. 그리고 그의 주장으로 인해서 감사하게도, 제네바 교회는 제네바의 국가보다 2년 앞서 조직적 헌장을 소유하게 된 것이다. 1541년의 교회 법규는 교회의 4직책, 즉 목사, 교사, 장로, 그리고 집사 등의 활동 분야를 설명하고 있는데, 그것은 예비적이며, 불완전한 형식으로만 세속권력과 교회권력의 정확한 경계와 관계에 대하여 규정하고 있다. 교회법규는 폐쇄된 체계는 아니었다. 예를 들어, 출교라고 하는 다루기 힘든 문제에 대하여, 장로회의 장로는 회개하지 않은 범죄자를 교회로부터 분리시킬 수 있는 권리를 가질 수 있으나, 그들은 법적 권력을 가지지는 못한다고 규정하고 있다. 법규는 출교의 선고를 소의회에 청원하는 권리에 대하여 아무것도 기술하지 않았으며, 그리고 누가 출교 해제권을 가지느냐에 대해서도 말하지 않는다. 해석의 여지는 컸다. 이 잠재하고 있는 몇 가지 문제는 1553년 여름의 그 유명한 베르뜰리에 사건 후에 겨우 해결되었다. 이것들은 역시 현대의 수없이 많은 칼빈 연구가들의 마음을 어지럽게 하였다.[6] 몇 가지 다른 조항들이 급하게 또는 불완전하게 작성되었음에도 불구하고, 교회법규는 어려운 시기를 거쳐서 제네바 교회를 매우 훌륭하게 인도하였다는 것을 증명하였다. 칼빈이 말한 대로, 그것은 완전하지는 않았지만, 그 상황에서는 가장 유효한 것이었다.

칼빈의 교회의 역사는, 그 기록이 보여주는 대로, 1547년과 1558년 사이에, 약간의 큰 투쟁과 몇 개의 작은 투쟁으로 상처를 남겼다. 투쟁을 일어나게 한 주요 쟁점은 스위스 프로테스탄트 교회의 연합, 예정론, 반(反) 삼위일체설, 장로회의 권한의 확인, 특별히 출교권 문제 등이었다. 이들 주요 쟁점에서 부단한 동인으로 작용한 것은, 소수의 제네바의 평신도들과, 더욱 놀라운 것은, 목사들 중의 완고한 소수파가 칼빈파, 혹은 다수의 의견에 대한 반대가 그것이었다. 스위스 개신교의 교리적 일치에 대한 칼빈의 관심은 프랑스 개혁파 교회의 공동 신앙고백에 대한 유사한 관심보다 10년 앞서 있었다. 칼빈과 블링거(Bullinger) 사이의 토론에 의해 작성된 1549년의 취리히 일치가 어째서 목사회 의사록에 축자적으로 복사되었는가 하는 이유를 그것은 설명하고 있다. 이 의사록에 그것은 휠리오(folio)판 12면을 채우고 있다. 칼빈과 블링거는 이 문서가 멜랑히톤(Melanchthon)에게 받아들여져서, 루터파와 개혁파가 연합하는데 도움이 되기를 원했다. 불행하게도 그것은 이루어지지 않았다.

전(前) 카르멜회 수도승이며, 드 활레(M. de Falais, 전 샤르르 5세의 신하이며, 칼빈의 개인적 친구)의 주치의였던 제롬 볼섹크(Jerome Bolsec)의 재판에서 제기된 예정론의 결정적인 중요성은 그 기록에서 명백하게 나타난다. 의사록 제1권의 78휠리오는 이 소송의 메모로 채워져 있는데, 이 소송은 제네바 시민뿐만 아니라, 목사들 사이에서도 심각한 반향을 일으키고 있었다. 아마 어느 다른 논쟁의 경우에서도, 목사회에 대한 칼빈의 통제력은 이처럼 위기에 처한 일이 없었으며, 또한 그가 베른의 보 지방 목사들로부터도 그러한 반대에 직면한 일이 없었다. 볼섹크는 이 칼빈과의 충돌을 국외자(그는 처음부터 자신을 베른의 시민으로 기재하였다)에 의해서 시작되었으나, 최종적인 것으로 계획된 대논쟁으로 보았다.

> 만일 청원자의 잘못이(그들은 그렇다고 믿고 있지 않지만), 하나님의 말씀에 의해서 증명된다면, 그 교리를 주장하고 있는 저자들은 정죄를 받고, 제네바에서 그들의 책은 출판 금지될 뿐만 아니라, 판매 금지되고, 혹은 소유할 수 없게 되기 때문에, 어느 한 사람도 그들의 잘못된 교리에 의해서 속지 않게 될 것이다. 마찬가지로 반대가 사실이며, 당시의 성직자들이 하나님의 말씀에 일치하지 않는 견해를 주장하고 가르친다면, 그들의 교리는 그것을 전하고 있는 책들과 함께 금지되고 정죄될 것이다.[7]

볼섹크는 그의 옹호자인 활레(M. de Falais)의 권위를 믿고(활레의 프로테스탄트에의 개종에 대한 공식 변명은 3년 전에 칼빈에 의해 기초되고 인쇄되었다) 공격을 시작하였다. 그는 칼빈과 그 지지자들을, 로렌조 발라(Lorenzo Valla)와 함께, 쯔빙글리의 「섭리에 대하여」에서 가장 불합리한 형식으로 반복된 이단적 전통의 계승자로 묘사하려고 하였다(칼빈은 우연히 쯔빙글리의 책을 대충 읽어보았다고 하였다). 볼섹크는 자신을 "고대의 학자들이 동의하고, 현대의 3인의 학식 있고 존경받는 인물들, 즉 멜랑히톤, 불링거, 그리고 브렌쯔(Melanethon, Bullinger, and Brenz) 등이 동의하고 있는 선택교리"를 대표하고 있는 자로 스스로를 묘사하였다.[8] 볼섹크는 논쟁을 단일 문제로 좁혀서, "칼빈은 지옥 영혼들의 파멸에 대한 이유에 대하여 회중들에게 말한 것을 제외하고는, 그가 신성하지 않았다, 혹은 선하지 않았다는 말을 하는 것을 자기는 한 번도 들어본 적이 없었다"고 단언하였다. 이 문제에 대하여 볼섹크는, 가장 단순한 성경적인 답이 최선의 답이라고 주장하고, 자기는 "하나님의 선택은 영원한 것이며, 우리는 은혜로 말미암아 구원받는다고 항상 주장하여왔으나, 그러나 우리가 역시 구원받는 것은 하나님이 우리를 선택했기 때문이라고는 성경은 말하지 않고, 우리가 예수 그리스도를 믿기 때문이라고 기록되어 있다는 것을 충분히 주의하기를 거듭 말하였다"고 하였다.[9]

이 문제를 매우 명백하게 이해하고 있었기 때문에, 칼빈의 변호 (목사회 전체의 이름으로)는 간단하였다. 그는 인간의 기본적인 부패를 들고 나와 압도하고, 자기의 이론이 교부들과 일치한다는 볼섹크의 주장을 공격하였다. 칼빈은 "어거스틴은 200면(面) 이상 하나님의 선택에 대해서 반대되는 것을 썼기 때문이라는 볼섹크의 주장이 너무도 경솔하였다"고 말했다. 그 당시에도 자신과 같은 견해를 가진 자들이 있다는 그의 주장에 대해, "그는 멜랑히톤을 잘못 오해하고 있다"고도 하였다. 목사들은 성경구절을 잘못 해석하고 있는 볼섹크를 고발하였다. 그리고 적어도 어떤 점에서 볼섹크는 인간의 자유의지를 구원 과정에서 성령의 협력자로 만들므로 "진정한 교황파처럼 말하였다"는 이유로 고발할 수 있었다. 목사들의 비평의 요점은 틀림없이 어거스틴을 이용한 논박이었다. 그들은 이틀 동안 연속해서 그 관련성 있는 성경구절을 사용하여 볼섹크와 맞서기 위해 성경과 함께 어거스틴의 「예정에 대하여」를 제네바 시청사까지 가지고 왔던 것이다. 이것은 그들의 반대자를 후퇴시킬 수 있었다. "제롬씨(M. Jerome)는 할 말을 알지 못했으며, 난처하게 곤경에 빠졌고, 마지막에는 이웃교회들의 조언이 필요하게 되자, 목사들이

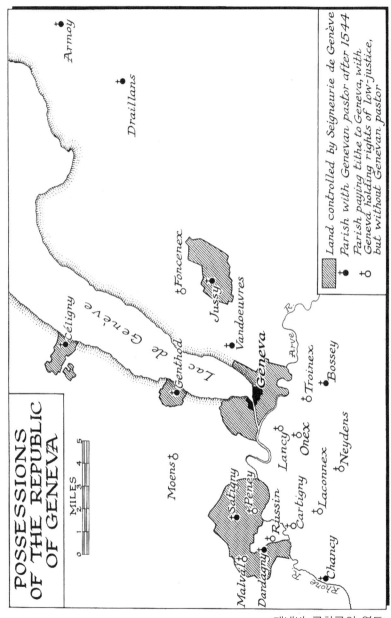

POSSESSIONS
OF THE REPUBLIC
OF GENEVA

MILES
0 1 2 3 4 5

Land controlled by Seigneurie de Genève
Parish with Genevan pastor after 1544
Parish paying tithe to Geneva, with
Geneva holding rights of low justice,
but without Genevan pastor

Armoy
Draillans
Foncenex
Jussy
Vandoeuvres
Céligny
Lac de Genève
Genthod
Geneva
Arve
Troinex
Bossey
Moens
Onex
Lancy
Neydens
Satigny
Penay
Russin
Laconnex
Cartigny
Malval
Dardagny
Chancy
R. Rhone

<제네바 공화국의 영토>

동의 한다면 자기도 그 교회들의 판단에 복종할 마음이 있다"[10]고 그가 말했다고 목사 의사록은 기록하고 있다. 사실상 볼섹크는 이미 소송에 패했으며, 1551년 크리스마스 직전에 제네바로부터 영구추방이 선언되었다. 그러므로 "어느 누가 그의 잘못에 오염되었다 하더라도, 이것은 치료될 수 있을 것이며, 성례전은 그로 말미암아 더렵혀지지 않을 것이다."[11] 이 결정은 대부분의 이웃 교회들(의미 있게도 취리히는 제외되었다)이 제네바 시 당국자들에 의해서 발송된 질문서에 답하기 전에 이루어졌다.

그 후 2년이 채 안 되어 제네바의 목사들이 마주치게 된 또 다른 대논쟁은 세르베투스에 의해 제기된 삼위일체설의 문제였다. 이 유명한 사건은 목사회 의사록의 32휄리오(folios)를 채우고 있지만, 그 기록이 관심을 가지고 보존되었다는 것 외에는, 그것은 볼섹크의 사건과 유사점은 거의 없었다. 먼저 목사들의 반대자는 투옥되었기 때문이다.

" 그는 그 이상 더 독신(瀆神)과 이단설로 세상을 감염시킬 수 없었다. 왜냐하면 그는 교정할 수 없으며 개선의 여지가 없는 자로 온 세상에 널리 알려져 있었기 때문이었다." 최초의 심문에서, 그의 뻔뻔스러움과 완고함은 더욱 더 알려지게 되었다. 그는, 삼위일체의 이름은 니케아 회의(the Council of Nicaea) 이후에만 사용되었으며, 초기의 학자들과 순교자들 중의 어느 한 사람도 그것이 무엇인지를 안 사람이 없었다고 주장했다. 그러나 이에 반대되는 명확한 증거가 보여졌을 때 … 그는 별안간 모략과 중상을 하기 시작했다.[12]

제네바의 반(反) 칼빈파 정부가 회람문서를 이웃 도시들에게 보내주기를 요구한 것은 겨우 8일이 걸렸다. 완전한 일건서류(dossier)는

1개월 후에 작성되었다. 답변은 신속하였으며, 그러한 성가신 자를
교회에서 제거하는 것은 이구동성으로 그들의 바람이라는 것이었
다. 세르베투스는 체포 후 10주 만에 화형에 처해졌다. 오직 유일한
문제는 세르베투스의 유죄(有罪)가 아니라, 그의 처벌이었다. 까스떼
리오(Castellio)까지도 그 후 제네바의 당국자들에 대한 논쟁에서 이
점을 인정하였다. 볼섹크와는 달리, 세르베투스는 베른이나, 혹은
칼빈의 망명자 친구들 어느 누구에서도 지지를 받지 못했다. 세르베
투스의 유일한 지지자는 1558년에 제네바의 망명자 교회에서 발견
된 소수의 완고한 이태리 인들이었다. 그의 소송은 심각한 것이었으
나, 제네바 교회 내부의 역사로서는 볼섹크의 소송만큼 중대한 것은
아니었다.

　　예정론에 대한 볼섹크의 공격은 목사회 안에서도 칼빈에 대한
반대의 요소를 강화하는데 도움이 됐다. 그와 같은 반대의 가장 명
백한 증거는 휠맆 드 에클레시아(Philippe de Ecclesia)의 기묘한 소송
이다. 그의 동료와의 논쟁은, 반되우레(Vandoeures)의 회중에게 행한
"다소 무익하고, 비교육적이며, 애매한 비평" 문제를 가지고, 분명히
1549년 2월에 시작되었는데, 에클레시아는 그 비평 때문에 견책을
받았다. 그는 즉시 어떤 징계에 대해서도 반항적 태도를 보이고,
매우 위선적이며 뻔뻔스러웠으며, 또한「상호견책제」에서의 친밀
한 충고에도 무관심하였다.[13] 볼섹크 사건 후에, 그는 고리대금업,
볼섹크와의 친교, 그리고 그리스도의 육체는 어떤 일정한 장소에
있는 것이 아니라, 모든 곳에 있다고 한 1552년의 부활절 설교 등
그 밖의 여러 가지 범죄를 이유로 법정에 소환되었다. 그에 대한
소송은 종교적 견책과 함께 제네바 법정에서의 형사 재판을 포함하
고 있었는데, 그것은 여러 달에 걸쳐서 질질 끌었다. 시의회는 에클

레시아가 회개하면, 목사회에 복귀할 수 있도록 목사회를 설득하려
고 하였으나, 목사들은 지금 그를 단번에 제거하기를 갈망하고 있었
다. 에클레시아는 볼섹크(그는 1555년까지 베른 지역에 살면서, 베
른의 농촌지역의 소수의 목사들을 자기 견해의 지지자로까지 얻고
있었다)와 칼빈의 예정론의 다른 하나의 새로운 적인 트로와이에
(Troillet)와 대화를 나누었다는 것을 인정하였다. 그러나 그는 그들
과 이야기를 나누었을 뿐, 그들의 교리를 받아들인 것은 아니었다고
말하였다. 한편 그의 동료들이 그에게 반복적으로 지적한 대로, 제
네바의 공인된 교리를 공개적으로 옹호한 것은 아니었다. 그들은
그가 회개의 표를 보여주지 않았다는데 동의하였다. 시 당국자들에
게는 이 사건은 크리스마스 때까지 해결되어야 할 불쾌한 문제들
중의 하나여서, 그들은 다시 한 번 강제적으로 화해시키려고 노력하
였으나, 허사였다. 이 사건은 1553년 1월까지 지루하게 계속되었으
며, 이 때 소의회는 지쳐서 목사회가 옳았다는 것을 인정하고, 한편
에클레시아는 부활절까지 그 자리에서 물러나게 될 것이라고 통보
했다.[14] 많은 실패로 위태롭게 되고, 또한 칼빈의 정치적 반대자와
밀접한 관계를 갖고 있지 않았던 이 완고한 독립적 설교자는 1540년
대 중반부의 칼빈의 재조직 후에도 목사회 안에는 의견의 일치가
매우 적었다는 증거로 역할을 한 셈이다.

　1541년 칼빈의 귀환 후에 임명된 또 다른 목사들의 경우가 있는
데, 그들은 중대한 직무상의 실수로 해고된 사건이다. 상제르베교회
(St. Gervais)에서 설교하고 있던 니콜라 훼롱(Nicolas Ferron)은 두
하녀(下女)를 유혹하려고 했다는 이유로, 1549년 봄 그녀들에 의하여
고발되었다.[15] 이 문제는 목사회의 「상호견책제」에 회부되었는데,
가장 현명한 해결책은 훼롱을 농촌교구로 좌천시키는 것이라고 동

료목사들은 결정하였다. 그가 견책을 받고 있는 동안, 훼롱은 칼빈을 반항하여, 그를 다음과 같은 사람이라고 하였다.

> 복수심이 강한 자로, 마지막까지 사람들에게 자신의 비밀을 감추고, 사람들이 아첨해 주기를 좋아하는 사람이다. 그는(Ferron) 다른 사람을 의지하며, 그들을 아첨꾼이요 중상하는 자라고 하면서, 자기는 어느 모로 보나 칼빈과 같이 존경을 받을만한 사람이라고 말하고, 그리고 그는 분노로 넋을 잃고, 그 모임에서 뛰쳐나와 다시 돌아가지 않았다.

이때 뇌샤뗄(Neuchatel)과 로잔(Lausanne)의 교회들로 하여금 이 문제의 조종자로 하기 위해, 화렐이 제네바를 방문하고 있었는데, 훼롱은 역시 화렐의 제안도 거절하였다. 그 결과 훼롱은 시골로 보내졌는데, 하녀의 고소로 두 번째 추문에 말려, 시 당국자들 앞에 호출되어 결국 해고되었다. 그는 새 직업을 얻기 위해 추천서를 요구했으나, 시의회와 목사회는 다같이, 이를 거절하였다. 에클레시아와 같이 그는 일반적으로 강한 반 칼빈적인 사람으로 평가되어 정부에 의하여 해고되었다.

이 두 개의 사건이 목사회 내부의 불통일을 전부 증거 하는 것은 아니었다. 교회가 공식 정책에서 일탈한 흔적은 1558년 늦게 발견되는데, 이 때 멀리 떨어져 있는 드라이앙(Draillans) 농촌 교회의 목사가 정식 주일 설교에서 예정론에 관한 설교를 금하고 있는 베른의 금령을 읽었다는 이유로 경고를 받았다. 그는 목사회에서 견책되자, 이 목사는 "자신의 실수를 인정하지 않고, 어떤 시 당국자들을 향해 여러 가지로 중상을 가하고, 자신을 교정하려고 하지 않고, 믿을 수 없을 정도로 거만한 태도로 우리에게 말했는데, 그 거만함은 하나님의 말씀의 사역자에게 어울리지 않는다"[16] 예정론에 관한 볼섹크의 견해에 대한 공감은, 이 경우 까스뗄리오에 대한 공감과 혼합되어 있었는데, 여러 해 동안 튜빙겐에서 연구하고 새로 돌아온 N이라는 사람도 이에 공감하고 있었기 때문에, 그는 1564년에 견책되었다. 이 마지막 말썽꾸러기는 볼섹크가 제네바 감옥에서 작곡한 노래를 부르기도 하고 가르치기도 하였다.[17]

분명히 이 반대의 표시들은 과장되어서는 안 된다. 거의 항상 칼빈은 목사회를 완전히 장악하고 있었다. 그러나 공식 기록에는, 제네바의 교회기구가 조용히 성공적으로 운영되었다는 흔적은 많지 않다. 칼빈이 1540년대 초에 설립한 대부분의 기구들, 즉 주일 요리문답 학교, 금요일의 집회, 혹은 목사의 성경 연구회, 그리고 장로회 등은 모두 순조롭게 운영되고 있었다. 그러나 1555년까지 칼빈이 제네바 교회 내부와 평신도들에 의해서 도전받고 있었다는 것을 아는 것은 흥미있는 일이다.

I

1547년에서 1555년까지의 목사회의 주요 활동은 회원의 정화와 그리고 출교와 예정론으로 야기된 대논쟁이었다고 해도 과장이라고 생각되지 않으나, 뻬랭의 패배 후에는 그러한 국지적인 활동은 사라졌다는 것이 확실한 사실이다. 한 시대가 바뀌면서 제네바 교회의 국제적 업무는 목사회 의사록의 대부분을 점령하였다. 선교에 전무하는 일, 즉 프랑스와 그 밖의 버섯같이 갑자기 일어나는 개혁파 교회 회중에게 하나님의 말씀을 전파하기 위해 제네바에서 훈련된 목사들을 파송하는 일이 그들의 주요 관심사가 되었다. 로버트 M.

킹돈(Robert M. Kingdon)이 쓴 그의 최근의 저서는,[18] 이들 목사들이 얼마나 세심하게 훈련받고 검사를 받았는지, 그리고 얼마나 비밀리에 파송되었는지, 때로는 순교의 죽음에 직면하였는지를 기술하고 있다. 사람들은 프랑스로부터 들어와 교육받고, 교육자 또는 서기로서, 혹은 자주는 스위스의 시골교회의 견습목사로서, 일정기간 근무하였는데, 그들은 그 시골 교구에서 「상호견책제」의 집단적 자기 훈련을 배운 것이다. 그들은 역시 표준적인 제네바 방식, 즉 목사회 앞에서 성경의 정선된 구절을 해석하도록 준비하는 방식으로 검사를 받았다. 후보자는 이 때 목사회로부터 정식 합격 인증서를 받았다. 제네바에서 훈련받은 목사는 마지막으로 가명으로, 그리고 자주는 행상인의 모습으로 제네바에서 목자를 요구하는 프랑스의 도시에 파송되었다. 킹돈은 다음과 같이 기록하고 있다.

> 배치의 진행과정 문제는 1557년으로부터 1563년까지 목사회의 대부분의 시간을 점령한 것 같다. 실제적으로 목사회의 기록 모든 곳에서 선출된 사람들의 명부, 임명에 관한 여러 가지 사항, 혹은 파송된 사람들로부터 그 후 보고된 문서의 사본들이 보여 진다. 기록은 간단하였으며, 또한 장황하고 귀찮을 정도로 지식의 결함을 보였으나, 그럼에도 불구하고 그 기록은 목사들이 선교활동의 관리 감독에 몰두하였다는 인상을 주고 있다.[19]

그 전 과정은 아마 반 칼빈적 정부 하에서는 불가능하였을 것이다. 그것은 프랑스 왕국이 그러한 활동을 파괴행위로 간주하고 있다는 것을 시 당국자들은 너무도 잘 알고 있었기 때문이었다.

제네바 목사회에 의해 파송된 선교사의 전체 수는 대단한 수에 육박하고 있었다. 그들은 프랑스 왕국뿐만 아니라, 피에몽(Piedmont)

계곡에 있는 옛 왈도 파의 생존자들, 토리노(Turin), 앙뜨와프, 런던에
도, 그리고 한 번은 브라질의 프랑스 식민지에도 파송되었다. 여기에
1년마다 발표된 숫자가 있다.[20]

    1555: 5(피에몽에 4)
    1556: 5(피에몽에 2, 브라질에 2)
    1557: 16(피에몽에 4, 엔트워프에 1)
    1558: 23(토리노에 1)
    1559: 32(프랑스에 전부)
    1560: 13(런던에 1)
    1561: 12(프랑스에 전부)
    1562: 12(프랑스에 전부)

선교사의 총수는 거의 120명에 달하였으나, 거기에 참가한 수는 약
100명 정도였다. 도시 성직자 8명과 농촌 성직자 10명이라고 하는
제네바 교회의 규모로 볼 때, 그것은 참으로 거대한 사업이었다.
그러나 인적 자원의 부족 때문에 제네바 교회가 두세 번의 요구를
거절할 수밖에 없었던 1560년경의 한두 번의 경우를 제외하고는
그것은 거의 눈에 띄지 않게 수행되었다. 칼빈을 제외하고, 목사회
의 거의 모든 회원은 이 선교운동 기간 중에 가끔 대부를 받았다.

              II

1540년대 말과 1550년대 초의 일치단결을 위한 투쟁에서, 그리고
1550년대 말과 1560년대 초의 선교활동 기간 중에, 칼빈의 교회는

점점 제도적으로 성숙하고 있었다. 조금씩 제네바인 생활의 일상적인 문제들을 넘어서, 교회는 그 의무와 결합의 긴밀성을 확인하였다. 무엇보다도 먼저 교회는 설교자의 집단이지만, 1541년의 교회법규에 의하면, 설교자의 의무는 "하나님의 말씀을 전파하고, 공적으로나 사적으로나 사람들을 교화하고, 훈계하고, 권고하고, 그리고 용기를 북돋아 주는데 있다"고 하였다. 제네바의 목사직은 기초가 탄탄한 교육, 건전한 음성, 충분한 용기, 그리고 결점이 없는 자유로운 고결한 성격 등을 요구하는 직업인데, 여기에 결점이 있으면 파면될 수도 있고, 또한 사실 파면되기도 하였다.

목사들은 칼빈의 교회에서 제일의 요소였으나, 그들은 1541년의 교회법규에 의하여 세워진 조직에서 유일한 직책은 아니었다. 법규는 "우리 주님의 말씀으로 증명되고, 세워진 영적 정부"는 "우리 중에 확립되고 지켜지기 위해 적절한 형태로 요약되었다"고 하였다. 칼빈은 서문에서, 교회 정부에는 목사, 교사, 장로, 그리고 집사 등 네 가지 직분이 있다고 기록하고 있다. 이 직책들은 각각 세속 당국자들의 감독을 받으며, 그리고 성직자들의 형제 같은 훈계의 도움을 받으며, 제네바에서 적절하게 한정된 활동을 하기로 되어 있었다. 칼빈이 말한 두 번째의 직책인 교사는 상대적으로 크게 관심의 대상이 못되었다.[21] 그들은 "신자들"에게, 특별히 젊은이들에게 "건전한 교리"를 가르치도록 임명되었으며, 젊은이들은 주일 정오에는 요리문답을, 그리고 다른 시간에는 어학과 인문학을 배우도록 되어 있었다. 박사, 혹은 교사들은 "우리의 자녀에게 교회가 광야가 되지 않도록 미래를 위하여 씨앗을 심으며", 그리고 "목사직과 정부를 위하여 젊은이를 준비해야" 하였다. 이 목적을 위하여 현존하는 학교제도는 면밀히 조사를 받았다. 성직자와 요리문답 교사가

지도하는 초등학교는 제네바의 네 교구에 각각 설립되었다. 1541년
의 교회법규는 이보다 위의 상급학교, 혹은 단과대학 설립을 강하게
소망하여, "우리는 주님의 도움으로 곧 설립될 것이라고 희망한다"
고 기술하고 있다. 그러나 이 희망은 이루어지지 못했다. 왜냐하면
제네바의 중등학교는 까스뗄리오의 해고 이후 오랫동안 평판이 좋
지 못했기 때문이었다. 1559년에 아카데미가 설립되고 나서 비로소
제네바의 교회기구의 이 부분은 칼빈이 의도한대로 기능하기 시작
한 것이다.

칼빈이 언급한 세 번째의 직책인 장로는 제네바 교회의 유명한
부분을 형성하였다. 소의회, 혹은 200인 의회 의원 중에서 선출된
12명의 평신도는 시장의 사회로 매주 한번 목사회와 회합하여 그
유명한 제네바 장로회를 형성하였다. 단과대학(college)과 달리 이
조직은 칼빈의 귀환 후 즉시 순조롭게 기능하기 시작하였다. 칼빈의
생존 시 장로회의 이 기록은 제네바의 공문서 보관소에 보관되어
있었는데, 거의 판독하기 힘든 20권으로 되어 있었으며,[22] 그리고
그 활동은 칼빈의 모든 학생들과 제네바 시를 매혹시켰다.[23] 장로들
은 "각 사람의 생활을 감시하고, 문란한 생활을 하고 있는 것으로
보여진 자들을 부드럽게 훈계하고, 필요할 때에는 형제 같은 사랑으
로 징계하도록 위임받은 총회에 보고하도록" 되어 있었다. 이 조직
은 처음에는 혼인소송을 취급한 옛 사교 재판소였는데, 그 후에 콘
시스토리(Consistory)라는 이름이 붙여졌으며, 1555년까지 수적으로
우세한 평신도들에 의해 지배되었다. 즉 장로들은 1541년 교회법규
에서는 교회의 직원이라기보다는 소의회의 대표로 반복 기록되었
으며, 그리고 그것은 재판소가 아니라는 것도 강조되었다. 칼빈 자
신은 이 조직을 위압적인 것이 아니고, 오히려 본질적으로 치유적인

것으로 보았으며, 즉 영혼을 돌보는 것으로 보았다. 장로들의 결정
에는 엄격함이 없었고, 그들의 처벌은 "죄인을 주님에게로 돌아오게
하는 약에 불과했다"고 그는 밝히고 있다. 그는 또한 장로회의 활동
은 철저해야 하며, 그 회원은 제네바 시 전역에서 선출되었기 때문
에, 그들의 눈은 모든 곳에 미쳐야 한다"고도 강조하였다. 이 조직의
훈령 중에, 장로는 죄인을 어떻게 또는 언제 훈계할 것인가에 대하
여, 여덟 번이나 기술하고 있는데, 그들이 범죄자들을 처벌해야한다
는 것은 말하지 않고 있다.

　　장로회의 권한이 때로는 불분명하지만, 그럼에도 불구하고 그
활동은 엄격하였다. 그 기록은 비범하게 정밀하였으며, 처벌을 위해
기록되어 있는 죄들 중에는 여러 가지가 있었다. 교회에 출석하지
않았다는 것과 예배 중에 나쁜 짓을 행했다는 죄는 일반적으로 흔히
있는 일이었다. 더욱 심각한 것은, 1550년대에 제네바 인 중에, 라틴
어로 사도신경을 외우거나 말할 수 없는 자들, 아직도 마리아에게
죄의 용서를 위해 기도하는 자들, 혹은 그들 방에 화상(畵像)이 있는
제단을 갖고 있는 자들이 있었다는 것은 진귀한 일이 아니었으나,
그들 역시 그들의 관심의 대상이었다.[24] 다른 죄는 더욱 재미있는
것들이었다. 남편의 무덤 앞에서 "그는 편안히 쉬고 있다"라고 말한
미망인, 가톨릭의 성찬배를 만든 금세공인, 사제의 머리털을 체발(剃
髮)한 이발사, 골의 아마다스(Amadis of Gaul)의 복사본을 소유하고
있던 사람, 교황은 훌륭한 사람이었다고 말한 사람, 그리고 제네바
인근에 있는 성수(聖水)를 마셨다는 부인 등이 그런 것이었다.[25] 장로
들에 의해 견책된 활동의 많은 것들은 사실은 하찮은 것들이었으나,
그들은 철저하고 공정하게 처리했다. 어느 한 사람도 그들의 통제에
서 벗어날 수 없었다. 1546년에 한 가지 기억할만한 사건이 있었는

데, 장로회는 결혼식에서 춤을 추었다는 이유로 시장인 앙브라르 꼬르느(Amblard corne, 당시 장로회의 의장이기도 했다)까지도 견책한 것이었다. 꼬르느는 이에 복종하고, 신중한 행정관이 되어, 그 후 칼빈의 친구가 되었다. 또 한 가지 다른 경우가 있었다. 그들은 칼빈의 처제를 간통죄로 엄격히 견책하고, 그녀를 처벌하도록 시 당국자들에게 인도하였다. 말을 삼가지 못한 후랑소와 보니바르(Francois Bonivard)는 몇 번이나 장로회 앞에 출두하였으나, 그보다 이름이 알려지지는 않았으나, 그와 꼭 같이 자주 장로회 앞에 출두한 사람은 많이 있었다.

제네바의 장로들에 의하여 가해진 형벌 중에는, 흔히 신성 모독죄를 범한 후 땅에 엎드려 입 맞추게 하는 그런 굴욕적인 회개 행위가 있었는데, 그것은 2, 3세기 그리스도인들이 행한 것을 신중히 모방한 것이었다. 이 경험은 매우 강력했기 때문에, 범죄자는 1546년의 앙브라르 꼬르느처럼 자신을 스스로 교정하던가, 혹은 같은 시기에 같은 죄로 견책 받은 뻬랭 부인처럼, 장로회의 맹렬한 반대자가 되던가하는 것이었다.

한 가지 매우 중대한 점 외에는 제네바의 장로회에 대하여는 독특한 것이 없었다. 그 규정의 대부분은 다른 프로테스탄트의 도시들, 특히 쯔빙글리의 취리히와 부처의 스트라스부르의 교회법정의 규정과 매우 유사한데가 있었다. 제네바의 장로들 앞에서 일어난 사건들은 모두가 역시 바젤이나 취리히, 혹은 베른에 필적하는 조직에 의해서, 때로는 매우 엄격하게 처벌되었다. 칼빈의 장로회의 진정성은 1555년에 명확하게 확인된 출교권에 있었다. 이것은 유럽의 프로테스탄트의 나라 어디에서도 볼 수 없는 세속권력의 특권이었다.

장로회가 출교권을 획득했다는 것은 칼빈으로서는 대승리였으나, 그 법정이 14년간 활동한 후에야 비로소 확실해졌다. 1543년에 칼빈은 일단 소의회가 출교의 전권(全權)을 요구하지 못하도록 하기 위해 사직한다고 위협을 하였다. 10년 후에 소의회 의원들은 자기들의 본래의 의도는, 장로회에 의해 성찬식 참석이 거절된 자를 용서할 권한을 보유하는데 있었다고 목사들에게 말하였으며, 그리고 이 문제는 1555년까지 불확실한 상태로 남아있었다. 1556년에 비로소, 장로회는 서약한 증인에게 심문할 권리를 인정받았다. 현재 제 일 시장인 앙부라르 꼬르느는 이 문제를 철저하게 처리했다. "사탄은 이 거룩하고 유익한 질서를 전복하려고 전력을 다 하였으나, 하나님은 승리하셨다고, 꼬르느는 보고했다"고 목사회 의사록은 기록하고 있다.26 장로회의 권한은 1560년 2월에 한층 더 확대되었는데, 이 때 시 당국자들은, 장로는 외국인을 포함하여 200인 의회의 의원들로부터 선출되고, 장로회의 의장인 시장은 더 이상 시장의 지휘봉을 들고 다니지 아니하기로 규정지었다. 칼빈의 조언에 따라, 그들은 모든 죄인은 출교가 해제된 후에는 공적으로 회개하도록 해야 한다는데 동의했으나, 성찬식에 참석한 모든 사람에게 출석권을 주자는 칼빈의 다른 조언에 대하여는 거절하였다.27

칼빈의 네 번째 직제인 집사에 대하여는 많이 알려 지지 않고 있다. 1541년의 교회법규에서 그들은 병자를 돌보고, 가난한 자에게 베푸는 구제금을 관리하는 동시, 구걸을 엄하게 억제하는 책임을 맡도록 되어 있었다. 제네바에서, 이런 의무는 1535년에 설립된 종합의료원이라고 하는 다방면의 목적을 가진 시설과 관계되어 있었다.28그 관리는 네 사람의 회계에게 맡겨졌는데, 그 중의 한 사람은 재무관이었다. 그들은 장로들과 같은 방법으로 선출되었고, 흔히 소의회의 의원들이었다. 1541년의 교회법규는 이 의료원, 혹은 얼마

안 있어서 설립된 부속 전염병원의 운영에 있어서 거의 변경이 없었
던 것 같다. 일반적으로 회계는 구빈원(救貧院)의 수입과 지출을 관
리하고, 수용자와 직원을 위해 식품을 구입하였으며, 이발사 겸 외
과의사(barber-surgeons)를 관리하였다. 1544년에 한번은 집사들이
곡물투기에 공금을 사용하였다고 해서, 제네바의 재무관(다시 또!
앙브라르 꼬르느)에 의해 고발당한 일이 있었다. 그러나 일반적으로
집사의 직무는 시간이 걸리기도 하고, 수입이 적은 직업이기도 하
다. 가장 경험이 풍부한 회계사 중의 한 사람인 쟝 쇼땅(Jean
Chautemps)은 1,000 에큐를 받는다 하더라도, 다시는 그 일을 하고
싶지 않으며, 특별히 1540년대와 같이 전염병이 유행하고 있을 때에
는 더욱 그렇다고 말하였다.[29]

칼빈의 제네바 교회는 두 개의 교회의 직제와 두 개의 평신도
직제로 세분되어 있었는데, 그것은 이상적인 구성이었다. 그러나 영
적인 권위와 세속적인 권위를 형식적으로 구별하는 것은 실제에 있
어서 애매하였다. 목사회의 의사록은 때때로, 특별히 제네바의 농촌
교구를 다룰 때에는 신앙과 주권(통치권)을 동일시하고 있다. 즉 "하
나님과 시 당국과 목사의 영예"는 이 지역에서는 엄격하게 보존되어
야 하였다. 이 의사록에서는 일반적으로 시 당국자들은 목사들보다
먼저 기록되었다. 시 당국자들은 제네바 교회의 일을 간섭할 권위를
갖고, 자주 간섭하는 경향이 있었다. 그들은 제네바의 목사들을 인증
하기도 하고, 필요할 때에는 해고하기도 했다. 그들은 언제, 어디서
설교가 행하여 질 것인가를 결정하였다. 그들은 1544년에 부활절
설교의 제목을 주문하였다.[30] 그들은 볼섹크나 세르베투스의 경우와
같이 특별한 경우에는, 교의 문제를 판단하기까지 했다. 결국 제네바
교회는 스위스의 다른 개혁파 교회들과 같이 그 지역의 치안관의

지배하에 있었다. 개혁파 교회의 가장 강력한 무기인 출교는 전통적인 가톨릭의 다양한 방법에 비해 덜 급진적이었다. 왜냐하면 제네바에서는 출교된 사람들은, 매년 성찬식이 거행되는 4주간을 제외하고는, 매 주일의 설교를 듣도록 되어있었기 때문이다.

분명히 행동의 자율성이 제한되고, 독자적인 특징이 적었음에도 불구하고, 제네바 교회는 여러 다른 곳에서 참으로 놀라운 흡인력(吸引力)을 발휘하였다.[31] 그 조직은 장로회와 장로파 대회를 포함하여, 프랑스 개혁파 교회에 의하여 모방되었다. 프랑스의 유그노파 학교는 제네바 규정을 여러 곳에서 "그대로"를 모방하였다. 1541년의 교회법규의 정신은, 1562년의 유그노 군사규약과 같은 있음직하지도 않은 곳에서까지 재현되었다. 프랑스 밖에서도, 피몽의 왈도파는 제네바를 선례(先例)로 삼아 참으로 많은 빚을 지고 있었다. 그들은 1564년에 교회 권징안이 작성되었을 때, 그들은 제네바의 법규에 복종할 것을 특별히 명령하고, 의문이 있을 경우에는 교리적 또는 권징상의 판결에 대하여 제네바 목사회에 의견을 요구했다. 제네바에서 멀리 떨어짐에 따라, 제네바 교회를 직접 모방하는 것은 감소되었다. 그러나 제네바의 간접적인 영향, 특별히 잉글랜드와 뉴잉글랜드에서의 영향은 여기서 상세하게 설명할 필요가 없는 아주 잘 알려진 이야기이다. 참으로 제네바 교회는 유럽 문명의 한 형성요소였던 것이다.

Ⅲ

드디어 1564년에, 목사회는 명성과 평판의 절정기에 최대의 손실을

입었다. 칼빈이 죽은 것이다. 이제 무슨 일이 일어날 것인가? 칼빈을
대신할 사람이 누구일까? 다음 목사회 모임에서 이런 문제들이 토의
되었다.

> 목사회는 [조정자로서의 칼빈의 지위에서] 일할 사람을 선출하기로
> 결정하고, 동시에 이 직무는 일시적이며, 해마다 선출되어야 한다고
> 첨가하였다. 이렇게 해서 그 후 교회 봉사를 계승할 수 있는 자들
> 중에 한 사람도 탁월한 자가 소개되지 않았는데, 그것은 고대 교회에
> 서 있었던 것처럼, 현재 목사회에 의해 취해진 체제가 그 후계자들에
> 의해 잘 이해되지 않았다는 것이 그 이유였다.[32] 이것은 역시 야심적
> 이며 무분별한 자들이 제네바의 관행을 모방해야 한다고 주장하면
> 서, 각 목사회에 종신(終身) 주교 제도를 두기를 원했을 때, 프랑스나
> 다른 지역의 교회들이 그와 같은 위험에 빠지게 되는 것을 방지하게
> 될 것이다. 그러한 관행은 좋지도 않고 유용하지도 않은 것이다. 인간
> 은 경험상, 하나님은 각 개인에게 어떤 때는 그의 은혜를 더하고,
> 또 어떤 때는 줄이기도 하시기 때문에, 오늘 그와 같은 의무를 수행하
> 는 사람도 일 년후에는 벌써 이에 적합하지 않게 되는 것을 알게
> 될 것이다.
> 　고(故) 칼빈에 대하여 말한다면, 그는 목사회의 한 사람 한 사람에
> 게 아버지와 같은 분이었다. 하나님은 그에게 그러한 은혜를 주시고,
> 사람들에 대하여 그러한 권위를 주셨기 때문에, 그것은 우리 각자로
> 하여금 목회 사역을 하는데 보다 잘 봉사하게 하였으며, 그리고 우리
> 가 매년 「조정자」를 선출할 때에는 다른 사람을 생각할 수가 없었다.
> 만일 다른 사람을 선출한다면, 우리는 그에게 있는 하나님의 위대한
> 선물을 조롱하는 것이 될 것이다. 그리고 그 하나님의 선물은 항상
> 성실과 선한 양심을 동반하고 있었다는 것을 우리 각자는 알 수 있었
> 다. 사실 하나님은 그의 행위를 크게 축복하셨기 때문에, 목회에 관한
> 모든 사무에서 이 목사회는 좋은 조언을 거절당할 일이 없었다. 그는
> 자기 자신과 친척을 위해서 이익을 구했다는 말을 한 번도 들은 일이

없으며, 그는 훌륭한 공평 의식을 소유하고 있었다. 그러나 지금 하나님께서 그처럼 많은 은사를 우리 중 한 사람에게 주시기 위해서 선택할 것인가에 대하여는 우리는 알지 못한다.[33]

제네바 목사회의 공식 역사를 가로질러서는 칼빈의 개성은 윤곽적으로만 나타난다. 그는 항상 그의 동료들 사이에 제 일인자였다. 때로는 그의 탁월성이 드러난다. 때때로 목사회가 그의 집에서 모였다. 거의 항상 그는 시 당국자들 앞에서 그들의 대변자의 역할을 했다. 한번은 1547년에 그는 시 당국자에게 속한 역할을 맡아 3회 기간 장로회 의장의 일을 하기도 하였다.[34] 그러나 그는 흔히 다른 목사들 중의 한 목사에 불과했으며, 매주 정해진 의무를 수행하고, 순번에 따라 설교하고, 강의하고, 세례를 베풀었다. 그의 후계자가 발견한대로, 칼빈의 방대한 양의 저작과 서간(書簡)은 그로부터 많은 시간을 빼앗았다. 그러나 이들 범유럽적인 책임을 완수하기 위하여, 그와 그의 후계자가 일상적인 목회 사역에서 면제되지 않았다는 것은, 20세기가 개인숭배라고 부르는 것에 대하여, 칼빈이 전 생애를 바쳐 투쟁한 것에 대한 한 특별한 증거로서 주목할 만한 가치가 있다.

제5장 / 미주

1 여기서는 R.C.P 로 생략한다. R. Stauffenegger in *Schweizerische Zeitischrift für Geschichte,* n.s. 15(1965), pp.98-106.

2 *C.O.,* XXI, col. 216; G. Fatio, *Céligny*(G 1949), pp.64, 69: P.-E. Martin, *Trois cas de pluralisme confessionel*(G.1961), pp.37-38.

3 Roget, *HPG*, Ⅰ, pp.114ff, 123.

4 Williston Walker, *Jean Calvin,* trad. Weiss(G, 1909), pp.308f, 314f.

5 *C.O.*, ⅩⅪ, col. 332. H. Heyer, *L'Egline de Genève, 1535-1909*(G., 1909), pp.205-53. 의 제네바의 목사의 명부록을 보라. 제네바의 목사 몇사람은 두 곳, 혹은 세곳의 농촌 교구를 맡아 봉사하였다. 이것은 역시 베른의 보지방에 서도 있었던 것 같으며, 거기서는 123개의 교구가 1540년에는 70으로 감해졌 고, 1574년까지는 점점 증가하여 86개가 되었다. Robt. Centlivres, "Les premiers inventaires des paroisses vaudoises" in *Mélanges Charles Gilliard*(Lausanne, 1944), pp.344-55를 보라.

6 나는 François Wendel 의 *Calvin: sources et evolution de sa pensée religieuse*(Paris, 1950), pp.47-49 를 따른다. 출교권과 출교 해제권에 대해서는 *R.C.P.*, Ⅰ, pp.12-13 의 1541년의 본문과 1553년의 이에 대한 목사들의 해석 (*ibid.*, Ⅱ, pp.49-51)을 대조하라.

7 *R.C.P.*, Ⅰ, p.82.

8 *Ibid.*, pp.85, 89, 91, 102.

9 *Ibid.*, pp.85, 89.

10 *Ibid.*, pp.97, 98, 102, 103.

11 *Ibid.*, p.131.

12 *R.C.P.*, Ⅱ, p.3.

13 *R.C.P.*, Ⅰ, pp.47, 56-57.

14 *Ibid.*, pp.134, 144-48, 151-52.

15 *Ibid.*, pp.58-61.

16 *R.C.P.*, Ⅱ, p.82.

17 *Ibid.*, p.112.

18 *Geneva and the Coming of the Wars of Religion in France, 1555-1563*(G., 1956), pp.14-53.

19 *Ibid.*, p.31

20 Kingdon, p.145 의 연대순의 목록에 프랑스 이외의 지역(삐에몽, 앙트워프, 런던)에 있는 선교사 단체들이 첨가되었다. *R.C.P.*, Ⅱ, pp.62, 64, 68, 69, 70, 74, 79, 84, 91.

21 Robert W. Henderson, *The Teaching Office in the Reformed Tradition*(Philadelphia, 1962)의 최근의 완전한 논법을 보라.

22 AEG, Eglise de Geneve, Reg. Cons.1-20. *C.O.*, ⅩⅪ과 Roget, *HPG*, Ⅱ-Ⅶ에 발췌되어 있다. 매우 기이한 일이지만, 이들 20권에 대한 충분한 검토에 근거한, 칼빈의 제네바 장로회의 활동의 철저한 연구는 아직 부족하다.

23 이 해석은 주로 J. T. McNeill, *The History and Character of Calvinism*(Oxford, 1954), pp.162ff, 과 Ernst pfisterer, *Calvins Wirken in Genf*, 2 Aufl.(Neukirchen,

1957), pp.101ff.

[24] Roget, *HPG*, Ⅲ, pp.120-21; Ⅴ, pp.101-02.

[25] Walker, *Jean Calvin*, p.305 에 이러한 실례가 잘 선택되어 있다.

[26] *R.C.P.*, Ⅱ, pp.52, 59, 68.

[27] *C.O.*, ⅩⅪ, cols. 726-28; Roget, *HPG*, Ⅴ, pp.286-89.

[28] Léon Gautier, *L'hôpital général de Genève de 1535 à 1545*(G., 1914)를 보라. 1538-40년과 1556년 이후의 의료원 직원의 기술이 *AEG*, Arch. hôpitalliers, Fe 1-5(1564년까지)에 있다. 제네바 장로회의 경우에서처럼, 이 제도에 대해서 철저하게 조사된 연구논문은 아직 부족하다.

[29] J.-F. Bergier, "La démission du Tresorier Amblard Corne en 1544." in *Mélanges Paul-E. Martin*(G., 1961), pp.458-59; 에 기재되어있는 비난. AEG, P. H.1663 에는 쇼탕의 변호가 있다.

[30] *R.C.P.*, Ⅰ, pp.17, 60, 132; *C.O.* ⅩⅪ, col.332.

[31] P. Imbart de la *Tour, les Origines de la Réforme*(Paris, 1935), Ⅳ, pp.423ff, Roget, *HPG*, Ⅴ, p.274; Ⅵ, p.156; Alain Dufour, *La guerre de 1589-1593*(G., 1958), pp.24-25; P.-F. Geisendorf, *L'Université de Genève 1559-1959*(G., 1959), p.34; Giorgio Peyrot, "Influenze franco-ginevrine nella formazione della disciplina ecclesiastiche valdesi alla metà del ⅩⅥ sec.," in *Geneva c l'Talia*(florence, 1959), pp.215ff.를 보라.

[32] 이것은 역사의 교훈을 제네바에 적용한 좋은 실례이다. 기독교강요 제4권 7장의 교황권의 부활에 대한 칼빈의 서술과 매주 그들의 조정자를 바꾸려고 하였던 1580년의 목사들의 결정을 비교해 보라(*infra*, p.212).

[33] *R.C.P.*, Ⅱ, pp.102-03.

[34] *R.C.P.*, Ⅰ, p.89; Ⅱ, p.87; *C.O.*, ⅩⅪ, col. 396 n.

제6장   세속 권력

칼빈의 제네바는 참으로 신권정치(神權政治)였다. 이것은 제네바가 성직자에 의해 통치되었다는 것을 의미하지 않는다. 그것은 오히려 제네바가 이론적으로는 영적 권력과 세속 권력의 균형을 통하여, 말하자면 서로 화합하여 활동하고 있는 성직자와 시 당국자들을 통하여, 하나님에 의하여 통치되고 있다는 것을 의미한다. 16세기에는 한 공동체 내의 교회와 세속정부의 친밀한 관계는 일반적으로 자연스러웠고, 바람직한 것으로 생각되고 있었다. 더욱이 거의 예외 없이 세속정부의 영역이 더 넓었다. 제네바는 이 법칙에서 예외는 아니었다. 공화국의 일상통치에서 목사회가 부담한 몫은 흔히 생각되었던 것보다 훨씬 적었다. 20세기 사람들의 생각으로는, 그들의 역할은 시정부에 일정한 도덕적 억제와 균형을 부여하고, 한편 양심의 설득으로 세속통치의 필연적인 가혹함을 조절하게 하는 것이라고 생각한 것 같다.

212 · 칼빈의 제네바

1555년 이전에, 주기적으로 제네바를 혼란에 빠뜨리게 한 당파의 논쟁 중에, 목사들이 한 일은 하나님의 영광과 관계된 극히 소수의 경우를 제외하고는 온건한 행동을 권장하고, 시민의 일치를 증진시키는 것이었다. 1555년 이후에는, 그들은 애국적 저항의 역할을 담당하고, 세속권력을 비판하며, 제네바 통치자들에게는 이전보다 더 주의 깊이 그들의 책임을 다 할 것을 명심하도록 당부해줄 것을 요청받았다. 목사회는 제네바에서 국외자로 있으면서, 사상과 행동에 있어서는 어느 정도의 독립을 유지하도록 끊임없이 노력하였다. 그들은 때로는 흔히 하급 협력자로서 시 당국자들과 공동으로 일하였으나, 그러나 칼빈의 제네바의 세속권력은 자주 단독으로 행동하였다. 본장에서 우리는 칼빈의 제네바의 세속적 부분, 즉 유럽에서 가장 작고, 가장 새로운 독립도시들 중의 한 도시에서의 애송이 정부의 활동을 검토하게 된다.

I

제네바 공화국에서 유력한 권력의 위치를 확인하는 것은 쉬운 일이다. 그것은 소의회이다. 이 소의회는 4인의 행정장관, 혹은 시장의 지도하에, 공화국의 재무장관과 2인의 비서로 구성된 25인의 조직이다. 그것은 제네바 공화국의 가장 중요한 일을 처리하기 위해, 매주 적어도 세 번 시청사에서 모임을 가졌다. 소의회는 모든 외교문제를 처리하고, 사형을 선고하고 집행하였으며, 조폐국을 운영하였는데, 짧게 말해서 국가 주권의 모든 권한을 행사하였다. 그것은 역시 제네바 행정의 중심으로, 수공업의 규칙으로부터 포로의 위생

시설에 이르기까지 모든 공공 활동을 관장하고 감시하였다. 이 소의회 앞에는 청원자들, 사절들, 공문서 송달자들, 고발된 범죄인들, 그리고 때로는 목사들, 짧게 말해서 불만을 품거나 경고를 하고자 한다거나, 소원을 말하거나 하는 사람들이 찾아왔다. 소의회는 제네바 사람들을 전쟁과 전염병과 기근으로부터 보호할 의무가 있었다. 그것은 또한 형사소송과 놀랍도록 많은 민사소송을 판결해야만 하였다. 그것은 역시 봉급이 적은 많은 관리들의 행동을 감독하지 않을 수 없었다. 16세기의 기록을 보면, 소의회를 "제네바의 나리"(Messieur de Geneve)라고 불렀는데, 분명히 그들은 아주 작은 나라를 운영하기 위해서 매우 열심히 일하였다.

소의회 밑에는 200인 의회가 있었다. 그것은 중요한 법률제정을 결정하며, 정당하다고 생각되면 유죄판결을 받은 자를 특별사면하고, 그리고 매년 2월에 소의회 의원을 선출하기 위해서 적어도 한 달에 한번 소집되었다. 그 밑에는 중세기적인 콤뮨(commune), 즉 모든 남자 시민 총회가 있었는데, 그것은 보통 매년 두 번 소집되었다. 한번은 11월에 민사법정을 주재할 재판관을 선출하고, 또한 포도주 가격을 결정하기 위해서이고, 다른 한 번은 1월에 4인의 행정관을 선출하기 위해서였다. 이들 두 집회는 행정의 임무보다 본래 입법적 임무를 수행하였으며, 일상의 공공 업무에서만 가끔 간섭하였다. 200인 의회와 시민총회는 16세기 유럽에서는 거의 볼 수 없었던 민주적 정치 기능을 수행하였으나, 그들의 선거는 일반적으로 사전에 예정되어 있었으며, 이 사전 예정에서 대중의 의견이 강력하게 반영되었지만, 선거는 결국 간접선거와 같은 것이었다.

다른 말로 하면, 제네바의 민주적 헌법 구조에도 불구하고, 소의회는 민주적 혼란이 있을 때마다 매우 안전하게 넘어갈 수 있었다. 보니바르(Bonivard)는 1556년에 그 의원이 어떻게 선출되었는지를 다음과 같이 기록하였다. "보통 때에는 그들이 어떤 비행을 범하지 않는 한 그 직책에서 제거되는 소의회 의원은 거의 없었다. 만일 그들이 범죄 하였으면, 제네바는 통상적으로 그들을 벌하기 위하여 다음 선거를 기다리지 않고 즉시 그들을 투옥한다."[1] 때때로 소의회 의원들을 신속히 바꾸기 위한 촉진안이 고안되기도 하였다. 1536년에 200인 의회에서 반대표 10표를 받은 사람은 누구든지 파면되어야 한다는 요구의 목소리가 있었으나, 그것은 채택되지 않았다.[2] 1553년 소의회를 빼랭(Perrin)의 지지자들로 채우기 위해서, 그의 추종자들에 의해 사용된 안에 대해서는 이미 말한바 있지만, 이 안은 그 목적을 다한 후에는 다음 해에 파기되었던 것 같다.[3] 보니바르가, 소수의 소의회 의원이 선거에서 제거되었다고 말한 것은 기본적으로 옳았다. 패배한 당파가 추방된 1540-41년과 1556-57년의 두 경우를 제외하고는, 제네바 소의회 의원의 개편은 미미하였다. 칼빈이 귀환한 1541년과 칼빈이 사망한 1564년 사이에는, 앞에서 언급한 때를 제외하고는 겨우 24인의 새로운 소의회 의원이 취임 선서를 하였을 뿐, 그 중에 14인은 병든 의원을 대신하고 있었다.[4]

칼빈의 제네바의 소의회 의원들은 모두가 제네바 본토박이 사람들로, 시민권을 사서 시민이 된 사람들의 자손들이었다고 말하는 것이 중요하다. 이것은 1526년의 서약동맹과 혁명 이후에도 기록되어 있지 않은 관습법이었다. 이 사실은 거의 모두가 프랑스에서 이주한 목사들로부터 그들을 떼어놓은 약간의 적개심과 오해를 설명하는데 도움이 된다. 제네바에서는 이민자들은 모든 관리직을 가질 수 있었고, 또 1559년까지는 그 직책에 선출되었으나, 소의회는 그들에게 닫힌 상태로 두었다. 이것은 역시 칼빈의 제네바의 통치계급은 지적 직업인보다는 사실상 이민자가 독점하고 있던 제네바 시의 상인들로부터 보충되었다는 것을 의미한다. 칼빈의 생존 시에는 소의회에서 일한 60세 고령의 사람 중 한 사람도 대학교 학위를 소유한 사람이 없었을 것이다. 제네바의 소의회 의원들은 생활에 깊이 뿌리박고, 열심히 일하였으나, 무식한 사람들이었다. 그들은 그들의 목사들과 오랫동안 대화를 나눌 수 없었고, 법률적, 혹은 신학적 정교함에 참지 못하는 그런 사람들이었다.

아카데미가 창설되고, 칼빈 자신이 겨우 제네바 시민권을 얻은, 칼빈 만년(晩年)의 해가 되는 1559년의 소의회 의원을 조사해 보면, 제네바의 제일시장이 현역 약제사였다는 것을 알 수 있다.[5] 다른 두 시장은 공증인이고, 네 번째 시장은 도매상인이었다. 다른 소의회 의원들 중에는, 7명이 상인, 7명이 공증인, 1명의 변호사, 1명의 건축가, 1명의 지갑제조기술사, 그리고 4명의 직업불명의 남자가 있었다. 3분의 2이상은 도매상인, 혹은 공증인이었는데, 그들은 칼빈이 귀환했을 때나 그가 죽은 지 10년 후에도 역시 동일하였다.[6] 우리가 알고 있는 한, 그들 중에는 특별히 부자가 한 사람도 없었으며, 적어도 이태리 은행가나, 혹은, 런던의 금세공업자를 표준으로 할 때 더욱 그렇다. 1605년에는 5명의 제네바 소의회 의원이 귀족의 칭호를 소유하고 있었지만, 그 때에는 아무도 귀족의 칭호를 갖고 있는 사람이 없었다.[7]

1559년의 소의회는 주로 반(反)빼랭 파에 의한 숙청의 산물이 있었다. 그 의원 중 18명은 3년, 혹은 그 이하로 직책에 있었고, 8명은 다음 3년 동안에 죽던가 그 직책에서 제거되던가 하였다. 4명의 의원만이 후에 시장이 되는 아들, 혹은 형제가 있었고, 또한 4명은 자기들과 동일한 직책에 오를 수 있는 아들들이 있었다. 일반적으로 이 사람들은 평생 그 직책을 계승하지 못했으며, 혹은 행정장관의 가문을 출발시키지도 못했다. 여러 면에서 그들은 그들에 대해서, 긍정적으로 판단하는 것보다 그렇지 않았다는 것을 발견하는 것이 더 쉬웠다.

칼빈의 제네바의 통치계급을 설명하는데 도움을 주는 최선의 방법은 아마 한 가지 실례를 들어 설명하는 것이라고 생각된다. 왜냐하면 이 사람들은 많은 점에서 한결같이 똑같았기 때문이다. 먼저 최고의 지위에 있던 사람으로부터 시작해서, 1559년에 제네바의 제일시장이었던 앙리 오베르(Henri Aubert)를 조사해보자. 그는 당시 시장의 일을 세 번이나 했고, 1576년 그가 죽을 때까지 또 세 번의 시장 직을 맡아 일했다. 오베르는 연세가 지긋한 60대의 노인이었다.[8] 1558년에 그가 처형된 두 죄수의 머리를 교수대에서 옮기기를 요구한 것으로 판단 할 때, 아직은 현역의 약제사였다. 처음 시장에 선출될 때까지, 오벨은 시의 약제사로 일했으며, 1564년에는 또한 국가의 횃불을 만들고 있었다(그의 동료들이 그 가격이 너무 비싸다고 생각하였다).[9] 분명히 이 제네바의 국가지도자는 또한 매우 활동적인 실업가로 아들 쟝(Jean)의 도움을 받아 작은 가게 하나를 운영하고 있었다. 쟝은 아버지가 공적인 일을 요구하거나, 혹은 노인병으로 괴로워하고 있을 때에는 언제든지 그를 도왔다. 앙리 오베르의 상점은 빈민가에 있는 어시장, 혹은 그가 1544년에 매입한 집 근처에 있었다.[10]

그는 1559년까지 적당한 양의 재산을 취득하였다. 그의 아버지는 가난하였던 것 같았으나, 앙리는 1530년대 초에 훌륭한 결혼을 하여, 200에큐(ecus)와 800 제네바 훌로린(florins)의 상당한 지참금을 받게 됐다. 그는 향료(香料)와 의약품을 대량 판매하는 동시, 가끔 약간의 토지를 매입하기도 했으나, 1536년에 베른(Bern)에 지불한 거액의 배상금때문에 기부할 만큼 부유하지는 않았다. 다음 10년 동안에 오베르의 재산은 늘어서, 1550년에는 작은 집 두 채를 소유하게 되었다. 1559년에 제일시장이 되기 직전에, 오베르는 아내의 상속으로 큰 가옥과 마구간과 수편의 재산을 얻게 되었다.11 그는 그 이상은 아무것도 더 얻은 것 같지 않다. 오베르는 두 번째 아내의 세 딸의 지참금을 모두 지불한 것 같은데, 그들은 모두가 1560년대와 1570년대에 결혼하였다. 그는 또한 쟝의 사업에 자금을 대준 것 같기도 하다. 그리고 쟝이 결혼하고 집을 살려고 하고 있었기 때문에, 앙리는 1560년에 상당한 돈을 쟝에게 주었다(다른 형제들이 아버지가 죽은 후에 발견한대로).12 오베르가 죽었을 때 그가 얼마나 많은 재산을 가지고 있었는지를 우리는 알지 못한다. 아마 그는 시중에 작은 집 두 채와 성밖의 샬렉스와 쉐론(Chalex and Secheron)에 분산되어 있는 수편의 땅을 소유하고 있었을 것이다. 그는 자기 아이들을 위해 프랑스 인 교사를 고용할 정도로 유복하였으나,13 참으로 부자는 아니었으며, 특별히 큰 부자인 프랑스 인이나 이태리 망명자들에 비하면 그렇다.

오베르는 제네바 통치에서 오랜 경험을 가지고 있었다. 그는 기념할만한 해인 1536년에 처음으로 200인 의회에 이름이 올랐다. 그는 1537년에 재직 중에 사망한 소의회 의원의 임시 보충요원으로 단기간 소의회에서 복무하였다. 그 후 오베르는 조항 파가 우세하였던 1539년과 1540년에 200인 의회에서 떠났으나, 1541년에 돌연 소의회의 일원으로 등장하여 그 후 35년간 계속 그 직책을 지켰다.14 제네바 소의회 의원으로서의 오베르의 경력은, 그를 넓고 다양한 행정상의 업무에 끌어넣었는데, 그것은 일반적으로 그와 같은 비전문적인 통치자들 사이에 흔히 있는 경우였다. 1545년에 그는 틀림없이 그 약물과 독극물에 대한 그의 전문적 지식으로, 종교개혁 후의 제네바에서의 마술에 대한 최초의 중대한 소요를 조사하고 있었다. 그는 또한 1547년에 제네바의 방어확장 공사의 경리부 책임자로 일했는데, 그 일은 오베르에게는 큰 두통꺼리였다. 그는 이 업무의 회계를 청산하기 위해, 1552년과 1556년, 그리고 1557년에 공화국의 회계감사역과 다투고 있었다. 그는 1557년에 회계감사로 임명되었다가, 그가 말한 대로, 그 일에 너무 많은 시간을 사용했기 때문에, 그는 1560년에 그 일에서 해고되었다. 1572년에는 그는 사망한 동료를 계승해서 조폐국의 감독관에 임명되었다.[15] 그처럼 많은 일 때문에 오베르는 분주하게 되었다. 그는 재주가 많은 소의회 의원이었으며, 여기 열거한 일의 목록은 겉만을 핥는데 지나지 않는다. 그는 외교사절에 파견되거나, 또는 볼섹크(Bolsec), 혹은 세르베투스(Servetus) 대재판에서 중요한 역할을 담당한 일은 없었으나, 제네바의 나리들 중에서는 존경받는 사람이었다.

오베르는 제네바의 당쟁에 깊이 연루되어 있었다. 1555년 5월 16일의 그 유명한 소동이 있을 때, 아미 빼랭(Ami Perrin)은 오베르가 키가 너무 작아서 보이지를 않는다는 이유를 들어, 은으로 장식된 시장의 관장(官杖)을 빼앗아 군중 앞에서 흔들었다. 물론 오베르는 그런 이유가 있었다는 것을 강하게 부정하였다. 그러나 사실 오베르와 빼랭파 사이에는 상당한 악감정이 있었다. 빼랭의 무서운 기질의 처는 이 소동직후에, 오베르의 일을 비난조로 모든 사람이 알 수 있도록 평하였다.[16] 처형된 4인의 "제네바의 아이들" 중의 한 사람인 후랑소와-다니엘 베르뜰리에(Francois-Daniel Berthelier)는, 그를 "큰 일을 한 것도 없고, 아무에게도 주의를 받아보지 못한 키가 작은 약제사"라고 기록하였다.17 오베르가 만일 입으로만 모욕을 당하였다면, 그는 운이 좋은 사람이었을 것이다. 그러나 그는 보니바르의 말이 옳았다면, 그 5월 15일 소동 때, 그는 육체적 피해도 입었을 것이다.18

9시 저녁 종소리가 끝나자 오베르는 귀가하도록 명령하였다. 법원의 감사관이며, 그의 폭도들과 함께 있던 발타살 세트(Balthasar Sept)는 자기들은 돌아가지 않을 것이며, 야경군에게 집으로 돌아가라고 명령까지 하였다. 야경군은 자기들은 세트보다 더 높은 고관의 지휘 하에 있기 때문에 그에게는 명령할 권리가 없다고 대답하였다. 폭풍우와 같은 큰 말 소동이 일어났다. 오베르 시장은 그때 야경군들처럼 사람들에게 명령하였으나, 사람들은 그에게 아무런 주의도 기울이지 않았다. 이와 같이 말싸움이 계속되는 동안, 촛불은 세 번 꺼지고, 세 번 다시 켜졌다. 촛불이 꺼졌을 때, 시장은 주먹으로 위장을 몇 번인가 때렸다.

물론 모든 사람은 의무에 충실하였다. 그러나 제네바의 지배자의 위엄은 칼빈의 기독교강요에서 위정자의 의무와 권리에 관한 기술에서 아직 강화되지 않았으며, 무엇인가 부서지기 쉬운 허약한 것이었다.

Ⅱ

우리의 주의를 그들의 인물에서 그들의 행한 일에 돌린다면, 칼빈의 제네바의 소의회 의원이 얼마나 광범하게 활동하였는지를 알 수 있다. 책임 있는 16세기의 어떠한 정부에게도, 이들 여러 활동

중에서도 가장 중요한 것은 아마 재판을 빠르면서도 안전하게 처리
하는 것이었다. 매년 2월에 모이는 직책 배당회의에서, 소의회와
200인 의회에 의하여 배당되는 직책의 거의 절반은 사법직(司法職)
이었다.[19]

　민사재판과 형사재판에 대한 완전한 장악을 누가 하느냐 하는
것이 1520년대의 제네바 혁명 중에 매우 중요한 문제였다. 이 싸움은
1529년 11월의 포고로 끝이 났지만, 그 포고는 새로운 민사법정을
창설하고, 민사재판관은 4인의 배심판사의 도움을 얻어 판결하기로
되었다. 그들은 법을 공정하게 운영하여, 당사자의 신분과 지위에
관계없이, 또는 뇌물을 받거나 어떤 간교함을 꾸미지 않고, 양심에
따라 재판을 신속하게 처리할 책임감을 의식하고 있었다.[20] 그들은
소의회와 마찬가지로 매주 3회 모여서, 8일 이내에 모든 판결을 끝내
야만 하였다. 고액의 돈에 관한 소송은 소의회에 공소할 수 있었다.
칼빈이 살아있는 동안에는 이 법정의 위신은 상당했다. 민사 재판장
은 시장보다 약간 낮은 계급의 인사이지만, 시장과 꼭 같은 지휘봉을
갖고 다녔다. 그것은 양 쪽에 공화국의 문장이 새겨진 관장(官杖)이었
다. 개인적으로 또는 상호 비판하는 상호견책제의 제도는 이미 1558
년에 목사회에서 소의회로 확대되었는데, 이 제도는 역시 1563년에
민사재판법정에서도 채택되었다는 것은 주목할 만하다.

　기본적으로 민사법정은 제네바의 민사 재판을 처리하고, 소의
회는 약간의 임시 고용인과 함께 형사사건을 심리하였다. 우리는
앞에서 말한 법정의 조직과 형식에 대하여는 잘 알고 있으나, 그것
이 실제적으로 어떻게 운영되었는지에 대하여는 거의 알지 못한다.
제네바의 기록 보관소에는 1536-1564년 동안에 1859건의 형사소송
기록이 남아있으나, 같은 시기의 민사법정의 기록은 단 한건만이

남아있다.[21] 이와 같은 조기(早期)에 법정 대리자 앞에 제출된 소송의 많은 부분은 단순하고 보잘것없는 것들이었으며, 그리고 몇 가지 판결은 서면으로보다 구두로 수행되었다고 생각된다.

민사법정에서 공적 이익을 대표하는 것은 공화국의 검찰총장이었다. 이 직책은 제네바 내외에서 민사법정에 제출되어 심리되는 모든 소송 시에 시의 특수 권익을 조사하기 위해 1534년에 만들어졌다. 제네바의 검사(proeureur)는 많은 책임을 위임받고 있었다. 그는 제네바의 감옥의 간수를 임명했다. 그는 시의 재무관과 함께 공화국의 부채를 징수할 책임이 있었다. 때로는 그는 몰수된 재산을 관리하였다. 일반적으로 말해 그는 법률상의 감시인으로 행동하였다. 재능이 있는 사람에게, 이 지위(소의회 의원은 이 지위에 오르는 것이 금지되어있었다)는 일종의 호민관(護民官)의 기능을 행하였으며, 소의회는 가끔 검사가 그 본래의 직분이 아닌 문제에 대하여 지나치게 간섭한다고 생각하였다. 이 직업은 이익이 있는 일이었다. 즉 1554년의 포고(布告)는 민사법정에서 부과한 벌금의 4분의 1을 이 관리에게 주도록 되어 있었다. 그리고 빼랭의 주요 후원자인 삐에르 방델(Pierre Vandel)과 같은 야심적이며 탐욕스러운 제네바 사람들은 그 직책을 탐내고 있었다.[22]

민사법정과 소의회는 최종심의 법정은 아니었다. 1541년 이후 공화국은 민사소송을 위한 재심법정을 만들었으나, 그것은 소의회, 60인 의회, 그리고 200인 의회에서 동수로 선출된 12인의 판사로 구성되었다. 그것은 한 달에 한 번 모여, 거기 제출된 모든 소송이 결정될 때까지 폐회하지 않았다. 형사소송의 공소는 200인 의회에 제출되었는데, 그 200인 의회에는 제네바 시민과 외국인에 대하여 사면권이 주어졌다. 그러나 제네바에서 공소할 수 있는 것은 이 두

기관에서만 할 수 있었다. 공화국은 판결에 대해서 제네바 법정으로부터 외국의 사법기관에 상소하려고 하는 자에 대하여 매우 엄격한 태도를 취하였다. 그것을 위반한 자는, 1539년 조항 파에 의해 통과되고, 1541년에 처음으로 발동된 법에 따라, 그는 제네바에서 소유하고 있는 전 재산을 몰수당하고, 또한 영구 추방된 것 같다.

제네바 사법의 미숙한 체계는 1540년대 초에 의회에서 제정된 51개조의 법전에 처음으로 포괄적으로 형성되었다. 같은 시기에 공화국의 교회법전과 정치법전을 작성하고 있던 칼빈은 삐에르 드 레드와르(Pierre de L'estoile)의 지도하에 브르제 대학교에서 받은 법학훈련을 이용할 수 있는 기회를 얻게 되었다.[23] 칼빈은 상당한 주의를 기울여 그 일을 진행한 것 같다. 그는 분명히 1387년의 감독교회 헌장에 기초하고 있는 제네바의 관행을 거의 변경하지 않았다. 이자(利子)의 금지(어떠한 방법으로도 제네바에서는 실시되지 않았다)와 같은 교회법의 비현실적인 특징 얼마를 제거해야 할 경우를 제외하고는, 칼빈은 그때까지의 법의 현상에 조화시키기 위해 그 표현을 간결하게 만들었던 것 같다. 그는 교회법이나 제네바의 전통에 의해서 규정된 형벌을 더 무겁게 하려고 하지 않았다. 그의 의도는, 오히려 형벌을 더 가볍게 하는 반면, 모든 사람이 법 앞에서 평등하고 그 법이 실제적으로 시행되는 것을 확실하게 하려는 것이었다. 그러므로 법률의 문자상의 변화는 적었다. 변화가 있었다면, 그것은 제네바의 법률을 프랑스의 관행에 한층 더 접근시키는데 도움이 되게 하였다. 칼빈의 법전은 25년 동안 사용되었으며, 그것은 그의 가까운 친구인 제르망 콜라동(Germain Colladon)이 작성한 1568년의 포괄적인 제네바 법전의 기초가 되는 역할을 하였다. 이 법전은 제네바 주법의 원천의 56면의 대부분을 채우고 있으며, 그리고 공화국의 종말까지 제네바 국법의 기초로 남았다. 꼴라동은 제네바 법률을 당시의 프랑스의 관행, 특히 베리 공국(the Duchy of Berry)의 관습법에 거의 일치하게 만들었다. 언어와 그 밖의 많은 분야에서와 마찬가지로 성문법의 분야에서도 칼빈의 제네바는 서서히, 그리고 거의 사람들이 지각할 수 없을 정도로 사보이적 수도에서 프랑스의 지방 도시에로 변하고 있었다.

지금까지 우리는 제네바 사법(司法)의 겉모양만을 조사하였다. 사법의 실제 활동을 조사하고, 그 내면의 정신을 안다는 것은 더욱 흥미로운 일이다. 여기서 처음부터 제네바 사법의 특수성은 당시의 법률이 완전히 실시되었다는 사실에 있다고 하는 것은 반복해서 말할만한 가치가 있다. 칼빈의 제네바에 대한 많은 기사는, 그 재판이 믿을 수 없을 정도로 엄격하여, 5년 동안에 58명을 처형하고, 76명을 추방한 사실에 그 초점이 모아진다.[24] 그러나 사형 선고를 받은 모든 범죄는 그 이전의 샤르르 5세(Charles Ⅴ) 치하의 1532년의 레겐스부르크(Regensburg) 제국의회에서 공포된 유명한 「카롤리나 형법」(Constitutio Criminalis Carolina)에서도 사형에 처해도 좋다고 되어있다. 제네바에서 처형된 38명은 마술이나 전염병을 옮긴 것 때문이었는데, 「카롤리나 형법」은 이 범죄들을 무시무시한 고문과 사형으로 벌하였다. 추방된 자들 중에 27명은 마술과 전염병을 퍼뜨렸다는 의심을 받고 있었으며, 그리고 53명은 외국인이었다. 외국인의 추방은 이 시대의 유럽 어느 정부에서도 행하는 가장 일반적인 술책 중의 하나였다. 제네바에서는 독신(瀆神) 때문에 처형된 사람은 하나도 없었으며(그 후에도 아니었다). 부모에 대한 불복종 때문에 처형된 자도 없었다. 많은 역사가들은 그와 반대로 말하고 있으며, 샤르르 5세의 법률이 어떤 형의 독신에 대하여 사형의 처벌을 허락하고 있는 것은 사실이기도 하다. 악의에 찬 마술 때문에 사형에 처해진 제네바의 농민들(1545년에 45명, 1562년에 12명)을 제외하고는, 칼빈의 제네바에 기록된 처형의 총 수는, 16년 동안(1542-46년, 1548-50년, 1557-64년)에 89명이었으며, 연 평균 6명이 채 못 되었다. 마술사건을 포함해도, 제네바에서의 처형의 연 평균은 10건 이하였다. 비교연구를 위한 자료에는 베른, 취리히, 그리고 어떤 제국의 자유도시들에는 없는 것으로 나타났기 때문에, 이 숫자가 제네바 크기의 도시국가의 평균을 상회하고 있는지 아닌지를 말하기가 어렵다.[25] 확실히 결론지을 수 있는 것은, 제네바가 16세기의 제국법을 이상하다고 생각한 이유 때문에 아무도 처형하지 않았다고 할 수 있다는 것이다.

제네바의 재판은 신중하면서도, 신속하게 소송에 판결을 내리는 것이 큰 특징이었다. 재판의 진행을 빨리 수행할 필요가 있다던가, 법률가는 부요하고 참을성 있는 당파의 이익을 도모하기 위해 소송을 지연시킨다던가 하는 생각은 16세기 유럽에서는 진기한 것이었다. 정력적인 군주들은 가끔 재판의 진행을 간략하게 하려는 조치를 취하였다. 제네바의 주변 지역에서도 사보이의 원로원과 후랑세-공테(Franche-Conte)의 고등법원이 이 목적을 위해서 1560년대와 1570년대에 개혁되었다.[26] 「제네바의 나리들」(혹은 양반들)(Messieurs de Geneve)도 1546년과 1556년, 1574년, 1584년에 재판의 간략화를 위해 긴 규약을 작성하였다.[27] 제네바의 개혁이 보통이 아니었던 것은 이 규약을 실행하였다는데 있다. 소송은 실제로「불필요한 증거나 수속」없이 신속하게 처리되었다. 민사법정은 1600년까지, 한 달에 100건 이상의 소송판결을 처리하여, 베른 정부는 제네바는 형사소송을 너무 빨리 판결을 내린다고 여러 번 불평하였다(이와 같은 불만은

1566년에 있었는데, 이 때 유죄선고를 받은 남자의 사면을 요구하는 베른의 사절이 온 것은 처형 직후에 도착하였다).

제네바는 역시 관직매매, 즉 16세기의 여러 나라에서 점점 일반적으로 전염병처럼 성행하고 있던 재판관직의 매매에 거의 말썽을 일으키지 않았다. 이론적으로 모든 사람들은 사법 관직 매매를 강력히 반대했으나(고대의 저술가들은 관직매매를 강하게 반대했다), 실제적으로는 많은 사람들이 그것을 맹렬히 추구했다. 결과는 때로는 희극적이었다. 프랑스에서는 앙리 4세 치하에서 합법적으로 관직을 산 판사가 있었는데, 그는 자기는 관직을 돈 주고 사지 않았다고 선서하도록 요구받았다. 제네바적인 덕(德)의 명령과 의무로서의 관직의 관념, 즉 사회에 봉사하는 것을 의무로 생각하고, 개인적인 치부의 수단이 아니라는 그 관념은 여기서 텅빈 국고(國庫)의 요구와 맹렬히 대립하고 있기 때문에, 지금 제네바 공화국은 특별히 궁지에 빠지고 있었다. 1552년의 제네바의 해결책은 재판 서기직을 파는데 있었으나, 그것을 팔지 않았으며, 만일 그것을 판다면, 전통적인 경로를 통하여 이미 선출된 자들에게 일정한 금액을 주고 팔아야 하였다[28](제네바가 1590년대에 사법서기직의 매각을 다시 시작했을 때, 공개 경매에서 매각되었는데, 고가(高價) 입찰자는 200인 의회에 의해서 추인되었다). 제네바의 해결방법은 이웃 몇 나라의 뻔뻔스러운 위선을 피하고, 그리고 하위관직의 매각을 허락하면서도 판사직의 매각을 피하므로 본질적인 것을 구할 수 있었다.

우리의 단편적인 증거가 보여줄 수 있는 한, 제네바는 그 법률을 훌륭하고 공명정대하게, 더욱이 유럽의 수준 이상으로 실시하였던 것 같다. 1555년에 칼빈의 지지자들이 최종적으로 승리하기 전에, 뻬랭과 방델이 재판에서 뇌물을 받았다는 비난이 항상 믿을만한 것은 아니었으나 보니바르와 그의 서기 후로망(Froment)에 의하여 제기되었다.[29] 비난에는 아마 속담 섞인 진리의 한 면이 포함되어 있을 것이다. 그러나 일반적으로 제네바의 재판관은 1529년의 포고령이 그들에게 요구하고 있다는 것, 즉 "법에 공평함을 가하고, 당사자의 신분과 지위에 관계없이 … 재판을 신속히 처리할 것"을 정확히 실행하고 있었다. 칼빈에 우호적이 아니었던 60인 의회까지도 "재판이 신분의 고저(高低)를 불문하고 공정하게 시행되었기 때문에" 1545년 9월 20일에 빼랭을 투옥하도록 명령하였다. 1556년 2월 5일에 200인 의회는, 어떤 시장이 자기 형제에 의해서 재판받는 것에 이의를 제기하고, "소의회는 신분이 높은 자를 위한 법률을 신분이 낮은 자에게 별도의 법률을 적용하는 그런 일을 해서는 안된다"고 명령하였다.[30] 이 양자는 다 같이 평범한 제네바인의 의견을 표명하고 있는 것이다. 제네바의 재판관들은 칭찬할만한 수완으로 그 일을 아주 빨리 처리하였다. 재판은 풋내기와 때로는 까다로운 베른 사람에게는 다소 빠를 정도로 처리되었으나, 그러나 대체로 그렇게 빨리 처리된 것은 아니었다. 아마 제네바의 재판에 대한 가장 웅변적인 논평은, 가장 유명한 희생자인 미가엘 세르베투스(Michael Servetus)였을 것이다. 그는 재판받을 때, 제네바에서 재판받기를 원하는가, 아니면 프랑스에서 재판받기를 원하는가라고 질문 받았을 때, 그는 무릎을 꿇고 제네바에서 재판받기를 원한다고 제네바의 「나리들」에게 탄원하였다.

Ⅲ

정의를 신속하고 공평하게 분배하기 위해서 16세기의 가장 중요한 책임은 아마 지불 능력을 유지하는 일이었을 것이다. 매년 지출을 충족시킬 수 있는 수입을 조달하는 문제는, 부요한 성직자, 번영하는 상인-은행가, 혹은 그 밖의 쉽게 구할 수 있는 현금의 재원이 없었던 나라의 "나리들"에게는 특별히 심각한 문제였다. 제네바의 예산의 균형을 유지하는 것은 매년 어려운 일이었으며, 재정문제는 정부의 시간과 정력의 대부분을 차지했다.

제네바의 재정구조는 대단히 단순하였다. 공화국의 재무장관 격인 재무관은 사법대리인과 함께 11월의 시민총회에서 3년 임기로 선출되었다. 소의회는 회계 감사실(Chambre des Comptes)이라고 하는 4, 5인으로 구성된 감사위원회를 통하여 재무관을 감독했는데, 그들은 모두가 소의회 의원에서 선출되었다. 이 위원회는 병적으로 볼이 붉은 것과 같은 해인 1535년과 1536년에 재무관의 역할을 한 화렐(Farel)의 지지자인 끌로드 페르땅(Claude Pertemps)의 장부를 점검하기 위해 1538년에 설립되었다.[31] 그것은 곧 제네바 공화국의 재정상의 중요한 기관이 되었다. 그것은 제네바가 국가의 부채를 지불하기 위한 「지불명령서」에 서명하였으며, 그리고 재무간 이외에, 대사, 곡물창고 감독관, 요새기사 등 공금을 취급하는 모든 사람의 보고서를 체크하였다. 1798년까지 계속된 이 감사위원회는 매주 4회 모였는데(소의회와 같은 횟수로), 그 자리는 앙리 오베르가 1560년에 그의 동료에게 불평한대로, 귀찮은 일이며 게다가 봉급까지 열악한 일이었다.

민사재판과 같이 제네바의 국가재정은 제네바 혁명의 결과로서 급속도로 확대되었다. 그 새로운 도시국가는 전임자인 군주 겸 주교와 그 대성당 참사회의 수입 전체를 그대로 인계받았다. 제네바는 즉시 옛날의 모든 수입원인 10분의 일 세금, 사용세, 그리고 연금

수수권을 조사하여 그것들을 스스로 수집하기 시작했다. 제네바는 1536년에 철저하게 가톨릭을 환속시켰는데, 그 직접적인 결과 중의 하나는 시의 수입이 천문학적으로 증대되었다는 것이었다. 제네바 공화국은 옛날의 교황주의 교회의 모든 세금을 징수하여 그 세금을 개혁파 교회의 성직자들에게 생활비 지불에 사용하였는데, 그 외에 상당한 연간이익까지 올릴 수 있었다. 칼빈의 일 년 수입은 좋은 가문에서 자라난 대성당 참사회원의 연봉보다 훨씬 적었다. 제네바의 개혁파 교회는 농촌교회를 구체제보다도 적게 운영하였으며, 그리고 새로운 종합병원은 종교개혁 이전에 산재하던 그 유사 종교적 자선시설망에 비해 더 경제적이었다. 예를 들면, 1544년에 제네바 공화국은 그 성직자에게 4,000 홀로링을, 의료원에는 1,500 홀로링을 사용했으나, 농촌 교구에 부과한 10분의 1 세금과 그 밖의 세금에서만도 12,000 홀로링을 얻을 수 있었다.[32] 종교재산의 접수는 아주 작은 독일 공국에서부터 헨리 8세 시대의 영국에 이르기까지 유럽 여러 나라의 경우에서와 같이 제네바에는 유익하였다. 물론 제네바의 사정은, 아카데미 설립으로 매년 고액의 비용이 예산에 추가되었으나, 그 예산은 거기에 대응하는 수입 증가에도 균형을 유지할 수 없었던 1559년 이후에는 수정될 것이었다.

새 공화국이 그 세입을 징수하는 방법에는 개선돼야 할 것이 많이 있었다.[33] 1544년에 한번 제네바의 재무관은 조세 징수인에 의하여 이들 세금이 징수되는 방법을 공공연히 비난한 일이 있었다. 이 제도는 절망적일 정도로 혼란하였으며, 그리하여 조세는 바로 기록되지 않았고, 항상 늦게, 그리고 불평을 많이 하면서 지불하였다고 그는 말하였다. 조세 징수인 중에 몇 사람은 소의회 의원이나 그 친척이었으며, 그리고 이들이 주된 위반자들이었기 때문에 더욱

▶ 제네바의 연도별 예산 추이 (1536-1566년)

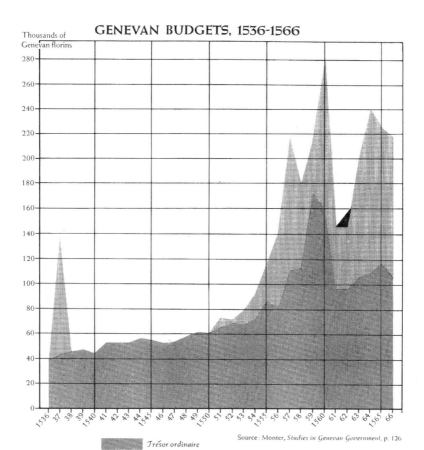

GENEVAN BUDGETS, 1536-1566

Thousands of
Genevan florins

Trésor ordinaire

Trésor de l'Arche

Trésor de guerre

Source: Monter, *Studies in Genevan Government*, p. 126

These budgets (like the official wine prices tabulated in Graph #2) are expressed in Genevan florins, which was a "money of account" rather than a coinage. The value of this "money of account" relative to a stable and undebased coin, the *écu-sol* of Savoy, inflated by exactly 50% between the beginning of the Genevan Revolution in 1526 and the period immediately after Calvin's death. An *écu-sol* was worth 44 Genevan sous (3⅔ florins) in 1526; it was worth 55 Genevan sous from 1536 through 1549; and it was worth 66 Genevan sous (5½ florins) in 1568. (See J.-F. Bergier, *Genève et l'écon. européene de la Renaissance*, pp. 439-40, for an exact table of yearly equivalents.)

더 사람들의 분개의 대상이 되어 있었다. 200인 의회는 소의회 의원이 세금 징수하는 것을 금지하는 법령을, 1546년과 1551년에 통과시켰으나, 이 개혁은 효과가 없었다. 제네바 최대의 세금인 포도주세가 1552년에 어느 소의회 의원의 아들에 의하여 징수되었는데, 아버지가 그의 보증인이 되고, 그리고 그는 실제적으로 재무관에게 지불하였다.

1544년에 재무관이 불평한 그 공적인 부채에 대한 부진한 납부는 아마 제네바 경제에서 고유한 것이었다. 사적인 채무도 역시 빨리 지불되지 않았다. 그러나 국고에 납부해야 할 대규모의 체납금은 공공연한 추문으로, 그것은 1555년의 빼랭의 패배 후에 조직적으로 공격을 받은 사건이다. 그 때 체납자의 특별 명단이 작성되고, 주요한 위반자(그 중 몇 사람은 소의회 의원들이었다)에게 국고와 관계된 보고서를 청산하기 위해 크게 압력을 가했다. 1560년에는 그 채무를 지불하지 않은 사람들에게 투옥으로 위협을 가하고, 나라의 「나리들」은 중요한 조세징수인(쟝 휠립의 아들)의 재산을 국고에 대한 채무의 청산을 위해 압수하였다. 「조세청부」를 관리하는 일반적인 규정이 1559년에 최종적으로 통과되었다. 그것은 모든 국고수입의 징수가 경매에 붙여지는 날짜와 기간을 통일하고, 매년 지불할 것을 요구하고 있으며, 그리고 모든 조세청부인은 지불능력이 있어야 하며, 국고에 대한 체납은 허락하지 않는다고 반복적으로 강조하고 있다. 이 규정은 16세기의 많은 다른 법률과 같이 완전을 이상으로 하고 있는 하나의 권고였다. 그것이 통과된 지 7개월 후에 제네바의 통치자들은 제2의 세금인 식용 육(肉) 세를 제네바 최대의 채무자에게 부여하였다. 그들은 시의회에서 그 문제를 놓고 짧은 시간 토의하였으나, 마침내 그는 최고의 입찰자가 되었다.

공화국은 1550년대에 소의회 의원을 조세징수 청부에서 미납
채무를 징수하는 자로 옮기려고 하는 한편, 역시 제2의 비밀스러운
국고를 창설하고 있었다. 1551년에서 1568년 동안의 내탕금(privy
purse) 장부 표지에 기록되어 있는 표제는 "바젤에서 이탈하기 위한
궤(櫃)"라고 씌어져있으며, 그것은 정확히 다음과 같은 의미였다.
분명히 제네바의 부담이 따르는 외채, 특별히 바젤의 외채를 전액
지불하는 특별회계를 의미하였다.34 이 부채의 이자는 칼빈시대의
제네바의 예산 중에 최대의 항목이었는데, 제네바의 연 수입의 5분
의 1, 혹은 그 이상의 액수에 해당하였다. "탈바젤화"를 위한 비밀국
고(國庫)는 제네바의 이자를 정기적으로 지불하였으며, 1557년과
1558년에는 원금에서 적은 액수를 지불하기도 하였다. 다른 많은
비밀국고와 마찬가지로 궤(Arche)는 곧 외교사절, 방어시설의 개량,
혹은 곡물구입과 같은 다른 비용들을 지불하기 시작하였다. 칼빈의
제네바에서 과두정치의 흔적을 찾으려고 하는 자, 또는 16세기 국가
에 대하여 재정의 중요성을 알고 있는 자에게는 궤는 제일의 중요한
제도였다. 그러나 칼빈이 살아있는 동안에는 그 중요성은 정식 국고
보다는 못하였다.

　　제네바의 재정은 제네바의 재판과 같이 상인이기도 한 소의회
의원들에 의해 성공적으로 잘 처리되었다. 부패는 두 분야 모두에게
있었으나, 그것은 비교적 적었으며, 1550년대에는 그 부패를 없애기
위해서 진지한 노력을 기울였다. 제네바는 특별히 부요한 도시가
아니었으며, 1550년대에 종교적 망명자들이 오기 전까지는 그러했
지만, 제네바는 재정적으로, 또는 사법적으로 자주 독립적이며, 그
통치자들은 그 이상 아무것도 요구하지 않았다.

　　제네바의 소의회 의원들은 사법과 재정 이외에도 해야 할 일들

이 매우 많이 있었다. 그 중의 하나는 통상과 제조업에 대한 통제인
데, 그것은 군주 겸 주교의 지배하에 있지 않은 기능이었다. 론강
하류에 있는 이웃도시인 리용(Lyon)과 같이, 그러나 강력한 동맹국
인 베른(Bern)과는 달리, 16세기 초의 제네바에는 수공업 상인 단체
는 없었다. 그리고 리용과 같이 칼빈의 제네바는, 1580년대 이전에
는 매우 적은 수의 직업만을 조직하였다. 리용은 보석세공사, 금세
공사, 그리고 의업을 시의 감독 하에 조직하였으나, 한편 제네바는
인쇄업자(1560년), 보석세공사와 금세공사(1566년), 그리고 의업
(1569년)을 조합으로 조직하였다. 이 목록의 주요한 차이는 제네바
가 인쇄업에 중점을 두었다는 것인데, 이 인쇄업은 제네바의 최초이
면서 유일한 수출산업이 되었다. 이 수공업에 대한 시의 통제는
1559년 8월 경 베자(Beza)와 갈라르(Des Gallars)등 두 분 목사들에
의해서 다음과 같이 제시되었다. 즉 "인쇄업자들 사이의, 특히 고용
주와 견습생들 사이의 무질서와 불화 때문에, 소의회가 위원회를
만들어 고용주들을 소집하고, 그들로 하여금 미래의 불화를 피하기
위해, 질서를 확립해야 한다고 선언하는 것이 적절할 것이다. 그
후에 직공들도 똑같이 그들의 불평을 듣게 해야 할 것이다" 6개월
안에, 이에 대한 적절한 여러 포고령이 작성되었다. 이들 포고령은
사회정의에 대한 강한 관심을 보이고 또한 고용주와 피고용인의
관계를 온건하게 접근할 것을 표명하고 있다. 머리말에서 소의회
의원 1인과 성직자 1인을 포함하는 3인의 위원회가 제네바 안에
있는 모든 인쇄소를 반년마다 검사하므로 이 규정을 실시해야 한다
고 규정하고 있다.[35] 수공업 통제에 있어서도, 소의회 의원과 성직자
의 협력의 원칙이 확고하게 지켜졌다.

　리용과 같이 제네바는 금세공과 보석세공의 일이 시의 화폐주

▶ 제네바의 포도주 가격 변동표 (1536-1568년)

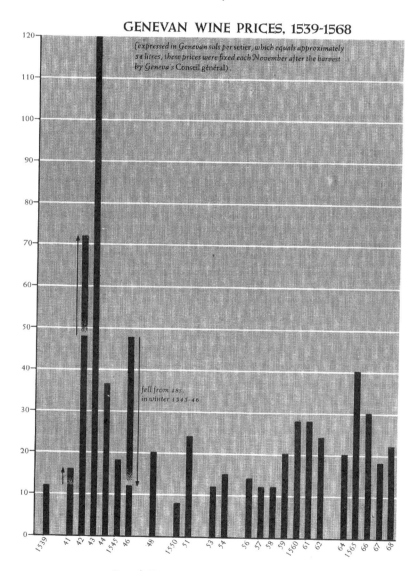

GENEVAN WINE PRICES, 1539-1568

(expressed in Genevan sols per setier, which equals approximately 54 litres, these prices were fixed each November after the harvest by Geneva's Conseil général).

fell from 48s. in winter 1545-46

Prices printed by J.-F. Bergier, *Genève et l'écon. européene de la Renaissance*, pp. 119-20. The especially high prices between 1542 and 1546 were caused by the presence of plague in Geneva as well as by mediocre harvests.

조와 밀접하게 관계되어 있기 때문에, 그들을 조합으로 조직하였다.[36] 그리고 제네바는 1568년에서 1570년까지 대역병이 유행하는 동안에 위업을 조합으로 조직하고 감독하였다.[37] 1557년 이후 이 두개의 직종을 조합으로 조직하려고 했으나, 칼빈이 살아있는 동안에 제네바는 시의 중요한 직업을 다 포함하는 포괄적인 수공업 조합망을 만들려고 하지 않았다. 16세기 마지막 20년 동안에 9개의 조합이 조직되었기 때문에, 그러한 조직의 윤곽은 1580년 이후에 나타나기 시작했다. 기본적으로 칼빈의 제네바는 조합이 없는 도시였다.

IV

1536년에서 1564년에 이르기까지 칼빈의 제네바에서 통치계급의 발전을 조사해볼 때, 가장 인상적인 변화는 어디에서 찾을 수 있을까? 그것은 내면적인 자질에 있는 것이 아니다. 왜냐하면 제네바는 이 시기에 풋내기 소의회 의원들에 의해서 통치되었는데, 그들은 전문직 계급을 형성하고 있는 것도 아니고, 고등교육을 받은 사람들도 아니었기 때문이다. 그들은 교활한 짓을 거의 할 수 없는 단순하고 정직한 사람들이었다. 그러나 제네바 정부의 품격에 관한 한, 급진적 변화가 독립 제1세대 안에서 제네바의 세속권력에 대하여 일어났다. 그것은 1536년의 사법관 대리로, 첩을 두었다는 이유 때문에, 빵과 물만 공급받으며 3일 동안 투옥되었다가 다음 해 2월에 제일시장에 선출된 쟝-아미 쿠르테(Jean-Ami Curtet), 이전 시장으로 후에 검사가 되었다가 도박과 공중목욕탕에서 거만한 행동을 했기 때문에 1541년에 체포된 쟝 굴라(Jean Goulag), 하녀를 유혹했다고 해서 1545년에 중한 벌금을 물고 소의회 의원직을 정지당한 앙뜨완느 제르벨(Antoine Gerbel), 그리고 이전에 4년 동안 장로회를 맡아보면서 시장이기도 하였는데, 7년간 성찬식에 참석하지 않았다는 이유로 1548년에 장로회에서 견책을 받을 대, 교황의 파문에 못지않게 그들의 파문(출교)에도 관심을 가지지 않는다고 대답한 쟝 휠리빵(Jean Philippin)등의 뜻밖의 변화였다.[38]

1558년의 소의회(의원 중에 쿠르테가 포함되어 있었다)가 목사의 상호비판제도인 「상호견책제」를 채택하기 위해 처음으로 모임을 가졌을 때에, 사람들 사이에는 새로운 양식의 생활태도가 널리 퍼져있었다. "사랑과 관용으로 최고의 지위에 있는 자로부터 최하위에 있는 자에 이르기까지 모든 사람은 각각 자기의 불완전과 악을 지적하고 비판하였다. 주님께서 우리에게 능력을 주시어 그것으로 은혜를 받게 하시옵소서"라고 의사록은 기록하고 있다.[39]

그것은 제네바의 전통적인 선거의 뜻밖의 변화였다. 이 전통적 선거는 쟝 휠맆의 매니저인 쟝 뤼랑(Jean Lullin)과 같은 당파의 수령 밑에서 일하고 있는 꺼림칙한 인물에게 활동의 기회를 준 소란한 사건이었다. 뤼랑은 일련의 공적인 연회를 열고, 여인숙에서의 비밀거래를 하고나서, 마치 관직(官職) 전체가 자기 생각대로 될 것처럼 전 관직의 후보명단을 작성한 것이다.[40] 이 선거는 예정대로 조요한 선거로 치러졌는데, 그것은 성직자의 설교로 개회되고, 이어서 공화국의 서기에 의해서 공중기도가 낭독되었다. 1562년까지 이 선거는 활발하지 못했기 때문에, 정부는 투표를 거부한 시민들을 반대하는 성명을 발표하지 않을 수 없었다.[41] 이전에는 자격 없는 자들이 투표하고 있다는 불평의 소리가 들리기도 하였다.

칼빈이 제네바에 머물고 있는 어느 때엔가, 1555년 이후 가장

눈에 띄는 일이 있었는데, 이 사람들은 근심걱정이 없는 민중 선동
가에서 위엄이 있고 괴로울 정도로 정직한 사람들로, 칼빈이 이상으
로 하고 있는 그런 소의회 의원으로 변해 있었다. 그들의 진지한
자손들이 이 공화국의 남은 기간을 통치하고 있었던 것이다.

제6장 / 미주

1 *Ancienne et nouvelle police*(G., 1865), p.26.

2 *R.C.*, XIII, p.436.

3 본서의 p.127이하. 1554년에는 새로운 인물이 한 사람도 소의회에 임명되지
않았다.

4 매년의 소의회 의원의 명부가 Roget, *HPG.* II, pp.331-34; III, pp.315-18; IV,
pp.339-40에 첨부되어 있다.

5 그들에 관한 지식은, Gaiffe의 *Notices généalogiques*의 정정한 복사물과 같이,
AEG 주의 다양한 사료와 L. Sordet의 인명사전, 그리고 L. Dufour-Vernes이
편찬한 8권(1536-1700년 동안의)의 공증인 기록의 분석에서 얻을 수 있다.

6 *Studies*, pp.91-92, 101-02를 대조하라.

7 *Ibid.*, pp.95-96.

8 AEG, Etat-civil, Morts, XII, fol.142: "X^{bris} 1576 ··· [H. A.] agée entre 80 et
90 ans."

9 AEG, R. C., t.54 fol.106; t.43, fol.41; t.59, fol.112^v.

10 AEG, Notaire Michel Try, V, fols.69^v-71.

11 Notaire Jean du Verney, VII, fols. 47-48; Not. Claude de Compois, IX, fols.
229-30; X, #t; XII, #q, Ba; Not. Théo. de la Corbière, I, fols. 245-48, 267-70;
Not, Michel Try, VI, fols. 59-60; R.C., t.55, fols. 103^v, 112; t.54, fols. 297^v,
310, 312; Fin. M26, fols. 30^v; M30, fols. 5^v, 94; M35, fol. 79; M36, fol. 6.(8분의
1의 사속세)에서 판단하여, 오베르(Aubert)는 1558년에 약 1,500 홀로링에
해당하는 땅을 취득하였다.

12 Not. B. Neyrod, II, fols. 81-82; Not. Pierre de la Rue, VII, fols. 124f; XII,
fols. 32^v; Not. Michel Dupuis, IV, fol. 10f; R. C. pour des particuliers, t.19(Feb,
1577), fols. 90, 93^v.

13 *C.O.*, XXI, col. 736.

14 *R.C.*, XIII, pp.455, 482; *R.C.*, t.31, fol.78; t.35, fols. 20.

15 *R.C.*, t.42, passim; t.46, fols. 294; t.50, fols. 97ᵛ, 99; t.52, fols. 44ᵛ, 80ᵛ, 243; t.53, fol. 26ᵛ, 6;t. 67, fols. 118; t.56, fol. 3.

16 J.-A. Gautier, *Histoire de Genève* (G., 1894ff), III, p.618 n. 오벨이 턱수염을 검게 염색한 것과 같은 표현은 1555년 9월 23일에 시외에서 발견된 익명의 문서에서도 발견된다.

17 Roget, *HPG*, IV, pp.316-17.

18 *Ancienne et nouvelle police*, p.138.

19 예를 들어 1556년에는 관직 10개중의 6개가 배당되었다. R.C., t.51, fols. 6-9ᵛ; 그리고 *Studies*, pp.59-69를 대조하라.

20 *Sources du droit*, #635.

21 AEG, Jur. Civ. A1(1561년 여름). 이 법정의 기록은 1593년 이후만이 완전하다. 1553년의 의회의사록이 전년에는 79건의 「형사소송」을 취급하였다고 기록하고 있는데, 41건의 기록만이 남아있지 않기 때문에, 「형사소송」도 완전하지 않다.

22 *Studies*, pp.63-64.

23 Josef Bohatec, "Calvin et le code civil à Genève," in Revue hist. du droit français et étranger, 4ᵉ sér., 17(1938), pp.229-303; 그리고 Ernst Pfisterer, *Calvins Wirken in Genf*(NeuKirchen, 1957), pp.29-63. esp.60ff.

24 Pfisterer, *Calvins Wirken in Genf*, pp.46-53.

25 1577년에서 1617년까지의 뉘른부르크의 교수형 관리의 일기에 의하면, 시의 처형의 총수는 361건이며, 1년으로 환산하면 9건이다. 그 타 숫자에 대하여는 다음 책을 보라. 즉 J. Janssen, *History of the German People after the Close of the Middle Ages*, rev. by L. Pastor, tranl. Middle more(London, 1910), XVI, pp.160-68.

26 L. Chevallier, *Essai sur le souverain Sénat de Savoie*(Annecy, 1953), p.22; 그리고 L. Febre, *Philippe II et la Franche-Comte*(Paris, 1912), pp.613f, 617, 643ff, 740ff.를 보라.

27 *Sources du droit*, #834, 935, 997, 1130, 1148, 1163, 1232, 1235, 1250.

28 *Sources du droit*, #883. 제네바는 1562년까지 총 190에큐로 6개의 사법 서기직을 매각하고 있었으나(절반 이상은 부관급 법정서기였다), 이것은 공화국 총 예산의 약 1퍼센트에 해당하는 것이었다. Fin. S12를 보라.

29 Bonivard, *Ancienne et nouvelle police*, p.90f; 후로망의 기술은 André Biéler, *La pensée économique et sociale de Calvin*(G., 1959), p.112.

30 H. Fazy, "Procédures et documents du XVIᵉ siècle: Favre et le Consistoire," in *MIG*, 16(1886), p.26; Pfisterer, *Calvins Wirken in Genf*, p.55.

31 J.-F. Bergier, "La démission du Trésorier Amblard Corne en 1544," in *Mélanges Paul-E. Martin*(G., 1961), pp.449-51. Records of this board eexist only after 1594; AEG, Fin. A.

32 *Studies*, pp.18-19. 가까운 나라에서의 세속화에 의한 수익에 관하여는 Feller, *Geschichte Berns*, Ⅱ, pp.314-21를 대조하라.

33 *Studies*, pp.20-22, 123-25. 리용의 더욱 나쁜 사정까지도 비교하라. R. Doucert, *Credit public et finances municipales à Lyon au XVIᵉ siècle*(Lyon, 1937).

34 *Studies*, pp.22-23; Roget, HPG, Ⅲ, p.211 n.1.

35 Paul Chaix, *Recherches sur l'imprimerie à Genève de 1550 à 1564*(G., 1954), pp.18-26, 30-33.

36 Antony Babel, *Histoire corporative de l'horlogerie, de l'orfevrerie et des industries annexes*(G., 1916), pp.11, 14-19.

37 Léon Gautier, "La médecine à Genève jusqu'au début du XVⅢᵉ siècle," in *MDG*, 30(1906), pp.13, 26f, 107-11, 137-87.

38 Roget, *HPG*, Ⅰ, pp.6, 24f; Ⅱ, p.183; Ⅲ, p.43(*C.O.*, XⅩⅠ, col. 329와 비교하라).

39 Roget, *HPG*, Ⅴ, pp.116-18.

40 *Studies*, pp.104-05.

41 Roget, *HPG*, Ⅴ, pp.283f; Ⅵ, p.197.

제7장 망명 이주민들

1557년 11월에, 소의회는 제네바의 군대의 위엄을 갖출 필요가 있다고 결정하고, 완전무장한 군대의 열병식을 위하여 모이도록 전 시민에게 명령하였다. 그러나 그들은 곧 그 명령을 취소하였다. 왜냐하면 제네바에 거주하는 외국인의 수가 시민의 수보다 많았으며, 그러한 집회는 이주민들에게 지나친 자만심을 주게 되는 원인이 될 것이라고 생각했기 때문이었다.[1] 이 에피소드는 칼빈의 제네바에는 여러 나라에서 온 수천 명의 망명자들이 살고 있었다는 중요한 사실을 한 작은 실례로 보여준다. 16세기의 연구자들은 이 사실을 오래전부터 알고 있었으나, 이들 이주민의 정확한 수는 폴 F. 가이젠돌프(Paul. F. Geisendorf)가 1549년으로부터 1560년 1월까지의 제네바의 주민등록부를 엄밀히 연구하고 나서 출판한 1957년 이후에야 겨우 알기 시작했다.[2] 칼빈의 제네바에서의 외국인 거주자의 기록은 분명히 불완전한 것이었다. 초창기에 프랑스와 이태리에서 드문드문 도착한 거의 대부분의 성직자들은 1542년 이후 제네바의 연대기 작가에 의해서 기록되기 시작했으나, 그들에 대하여는 생략되어 있으며, 그리고 1560년대에 프랑스와 이태리에서 계속 도착한 사람들도 역시 생략되어있다. 그러나 이민자의 흐름은 1550년대에 절정에 달하고 있는데, 그 연대는 주민등록부에서 말하는 10년과 정확히 일치한다. 분명히 이 책의 숫자는 제네바에 이주한 자들의 규모를 웅변적으로 증명하고 있다. 그것은 11년 동안에 5,000명 이상의 사람이 들어온 셈인데, 그 숫자는 칼빈이 처음 왔을 때의 제네바 시의 전체 인구가 겨우 일만 명 정도의 도시로서는 참으로 놀라운 인구의 유입(流入)이 아닐 수 없다.

더욱이 「주민등록부」는 1550년대에도 불완전하였다. 여기저기에서 드러나는 문제점으로 볼 때, 이 공식기록은 제네바에 들어온 전체 이민자의 3분의 2, 혹은 그보다 적게 기재되었다는 결론에 도달하게 된다. 예를 들어, 브라질의 프랑스 새 식민지를 위해 1556년에 응모한 종교적 망명자 14명 중에 8명만이 여기에 나타나는데, 이들 14명 모두가 당시 제네바에 살고 있었던 것이다.[3] 제네바에서 훈련을 받고, 1555년과 1562년 사이에 프랑스에 파송된 목사의 약 절반(나의 계산으로는 88명 중 43명)은 거기에 기재되어있다.[4] 1550년과 1559년 사이에, 제네바에서 살고 있던 이민자 인쇄업자와 서적상의 수가 가장 좋은 실례가 된다. 5,000명 중 113명만이 인쇄업자요 서적상의 직업을 기재하고 있지만, 다른 기록을 주의 깊이 조사해보면 추가로 97명이 1550년대에 제네바에서 이 직업에 종사하고 있었던 것이 확실해진다. 이들 중 39명은 주민등록부에 기재되지 않았으나, 58명은 직업의 기재 없이 기재되어 있다.[5] 제네바의 유명한 인쇄업들, 즉 콘라드 바디우스, 로베르 에티엔느, 쟝 크레스빵, 유스타세 비뇽(Conrad Badius, Robert Estienne, Jean Crespin, Eustache Vignon) 등 어느 한 사람도 그 직업이 기재되지 않았다.

"외래어권"에서 온 망명자(프랑스어권 이외에서 온 망명자)에
관한한, 주민등록부는 그 이상 더 완전할 수가 없었다. 다음 목록은
이점에 대하여 약간의 특별한 예증을 제시할 것이다.[6]

지 역	주민등록부 기재	성인남자 전부	피부양자
영국 (1555-1559)	86	126	79
이탈리아 (1550-1553)	11	38	29
이탈리아 (1554-1555)	38	88	132
이탈리아 (1556-1557)	85	120	89
이탈리아 (1558-1559)	89	135	39

세 번째 난이 충분히 보여주는 대로, 주민등록부는 피부양자(부인,
자녀, 하인, 혹은 가까운 친척)를 포함하고 있지 않기 때문에, 이민에
대한 완전한 통계로서는 매우 불충분하다. 5,000명중의 대다수가
독신자일 수는 있지만, 전부가 다 독신자가 아닌 것만은 확실하다.
비교적 부요하고 유명한 망명자들은 많은 피부양자들을 데리고 온
것이다. 인쇄업자 로베르 에티엔느는 상점지배인이 먼저 오고, 5명
의 손자와 한명의 딸이 그 뒤를 따르게 했다. 위대한 인문주의자
기욤 뷰데(Guillaume Bude)의 미망인은 1549년에 3명의 아들과 2명
의 딸을 제네바에 데리고 왔다. 리용의 출판업자 안뜨완느 방상
(Antoine Vincent. 그의 이름은 주민등록부에 나타나지 않는다)은
1559년에 그의 전 가족, 즉 부인, 여섯 자녀, 미망인의 여동생, 그리
고 조카를 데리고 왔다. 메리여왕 시대에 영국에서 망명해 온 사람
들 중의 몇 사람도 역시 가족을 데리고 왔다. 상인 존 보들리(John
Bodley)는 부인, 세 아들과 한 명의 딸, 하녀 한 명, 그리고 제자
둘을 데리고 왔다. 윌리암 스태훠드(William Stafford) 경은 부인, 여

동생, 종형제, 아들과 딸, 그리고 4명의 하인을 데리고 왔다.[7]

다른 몇 가지 증거도 이 결론이 옳다는 것을 인정하는데 도움이 될 것이다. 이 모든 망명자 중에 가장 저명한 사람인 나폴리 후작 갈리앗조 가라치올로(Galeazzo Garacciolo)는 1551년에 시종 한 사람만 데리고 왔는데, 지오바니 피에트로 클레릿치(Giovanni Pietro Clerici)라고 하는 베로나(Verona)의 신분이 낮은 견직물 염색공은 1557년에 부인과 9명의 자녀를 데리고 왔다.[8] 그와 같은 단편적인 사례는 망명자의 가족문제에 명확한 지침이 될 수 없지만, 1550년대에 제네바에 온 이민자의 전체 숫자를 대략 계산하기 위해서는 최소한 공식 명부에 1,000명 이상의 피부양자를 추가해야 한다는 것을 암시하고 있다.

칼빈의 제네바에서, 어느 시점에 살고 있던 망명자의 총수를 계산하고자 할 때, 「주민등록부」에 상당수의 사람들을 추가하는 것과 마찬가지로, 거기서 또한 상당수의 사람들을 삭감해야 할 이유가 있다는 것도 역시 기억할만한 가치가 있다. 많은 망명자들은 제네바에서 오랫동안 머물지 않았다. 제네바 시는 절망적일 정도로 인구과잉으로 혼잡하고, 그 경제적 기회는 제한되어 있었으며, 종교적 분위기는 만족스럽지 못했다. 제네바 정부는 중혼(重婚), 방탕한 생활, 방랑, 혹은 재세례파라는 이유로 새로 들어온 망명자 중의 몇 사람을 1557년 말에 추방하였다.[9] 많은 인쇄업자와 서적상은 수년 후에 리용에 있는 자기 집으로 되돌아갔다. 왜냐하면 상당한 생활비를 얻을 수 없었기 때문이었다.[10] 종교전쟁이 일어난 1562년 봄에는 적은 수의 사람들이 위그노 군에 가담하여 싸우기 위해 가버렸다.[11]

프랑스 인이 아닌 망명자들도 상당히 많이 제네바를 떠났다. 영국의 이주민들은 1559년의 엘리자베스 여왕의 즉위 직후 목적 없이 본국으로 돌아갔으며, 그리고 그 지도자들이 1560년 5월에 유명한 제네바 판 영문성경을 출판하고 난 다음에 소의회는 영국인 전원에게 귀국을 허락하였다.12 제네바에서 살고 있던 적은 수의 스페인 이주민은 그 지도자 몇 사람이 영국이나 훌란더(Flanders)로 떠난 1561년에, 10분의 1정도의 인구가 살해되고, 스페인인의 독립 교회는 폐쇄되어야 하였다. 19세기까지 제네바에 특별한 교회를 소유하고 있던 이태리 이주민도 축소되고 있었다. 세르베투스의 화형으로 동요한 비종교적인 급진파 개혁론자들은 1558년에 그들의 교회에서 반(反) 삼위일체론적인 반감을 터뜨리고 나서 제네바를 떠나기 시작했다. 칼빈의 철의 통치에 대한 불신은, 시칠리아의 시민이며 훌륭한 신사인 쥬리오 체자레 파스칼레(Giulio Cesare Pascale)와 같은 사람들로 하여금, 바젤이나 먼 동쪽 지점의 보다 자유로운 곳을 찾아 떠나게 했다.13 어느 정도까지 많은 사람이 그의 뒤를 따랐는지는 모르지만, 떠난 사람들은 양보다는 질에 더 무게를 둔다.

제네바 시민의 주민등록부는 칼빈의 도시에 뿌리를 내린 망명자의 뿌리의 깊이에 대해서 어느 정도의 좋은 정보를 제공해주고 있다. 1555년에 뻬랭이 타도될 때까지 이들 새 망명자들에게 시민권을 허락하는 일에 대해서는 결정적인 반감이 있었다. 그러나 그 해에 그 정책이 극적으로 수정되어, 제네바는 시민권을 원하는 거의 모든 망명자에게 그것을 허락하였다. 1560년 1월에는, 제네바는 아직 시민권을 받지 못한 약간의 "부유한 이태리 인이나 그 밖의 상인들"에게 시민권의 구입을 강요하려고까지 하였다.14 제네바는 1555년과 1557년 사이에 전부 341명의 새 시민을 만들었는데(이 숫자는 이전 18년 동안보다 겨우 50명이 적었을 뿐이었다), 1558년과 1565년 사이에는 303명의 새 시민을 만들어 냈다.15 그러나 제네바가 1550년과 1562년 사이에 적어도 7,000명의 이주자를 받아들였을 것이라는 것을 생각할

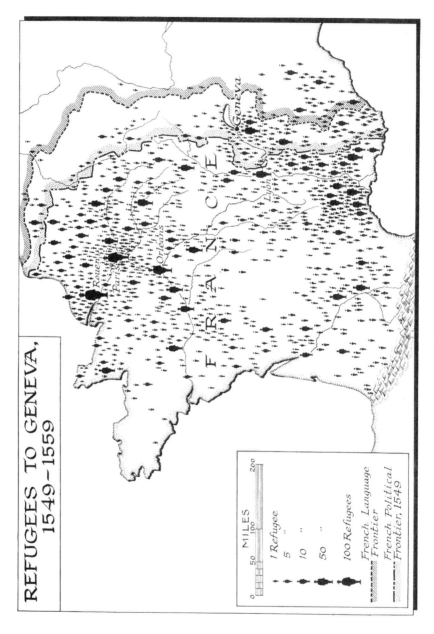

▶ 제네바로 몰려든 망명자들의 원거주지 분포

때, 이것은 매우 큰 숫자는 아니다. 종교적 망명자 중에 극히 적은 수의 사람만이 당시 제네바의 시민권을 얻었다는 것이 명백한 것 같다.

이들 망명자들의 정확한 수적 규모와 그들과 제네바와의 결속에 대해서 고찰하고 나면, 대체로 공식기록이 제네바의 새 이주민들의 뛰어난 단면을 보여준다는 것을 다시 한 번 인정해야 할 것이다. 주의 깊게 연구해 보면,「주민등록부」는 이 망명자들의 특수한 성격과 특질에 대해서 어떤 흥미로운 사실을 나타내준다. 연구자들이 우연히 발견하게 되는 첫째 특징은 초기 망명자들의 질과 후기 망명자들의 양의 명확한 차이이다.

1551년 8월에 해당하는 인쇄된 주민등록부의 첫 12페이지를 훑어보면 다음과 같은 이름들이 흥미롭게 배열되어 있는 것을 보게 된다. 칼빈과 같은 마을의 출신이며, 제네바의 가장 중요한 서적상인 로랑 드 노르망디(Laurent de Normandie), 쟝-쟈크의 조상인 포도주 상인 디디에 루소(Didier Rousseau), 부르고뉴의 귀족으로, 후에 1556년에 브라질의 프랑스 식민지에 간 제네바 파견단의 지도자인 휠맆 드 꼬르기에레(Philipp de Corguilleray), 칼빈과 같은 마을의 출신자로 일반 직업인이었던 다섯 사람, 16세기 프랑스의 가장 유명한 인문주의자의 둘째 아들(귀족 쟝 뷰데, 빠리 출생, 프랑스 왕실 평정관 겸 국내심리관 기욤 뷰데의 아들), 국왕의 대평의회원의 미망인, 장차 칼빈의 후계자가 될 데오도 베자의 시집을 방금 출판한 빠리의 인쇄업자 콘라드 바디우스(Conrad Badius), 훌로렌틴의 상인으로, 후에 스트라스부르의 시민이 되고, 또한 1560년대에 취리히에서 이태리 상인을 이단으로 고발한 미켈 부리아노(Michele Pugliano),[16] 베리 공국(the Duchy of Berry) 출신의 유명한 법률가 레온(Leon)과 제르망 콜라동(Germain Colladon) 형제, 리용 출신의 유복한 상인으로, 후에 칼빈이 세르베투스를 프랑스의 이단 재판소에 고발할 때 사용한 기욤 트리(Guillaume Trie), 프랑스 왕실의 인쇄업자 로베르 에티엔느(Robert Estienne), 나폴리 후작으로 황제 샤르르 5세의 조신(朝臣)인 갈레아쪼 카라치올로(Galeazzo Caracciolo), 리용 출신의 박식한 의사 휠리베르 사라장(Philibert Sarrasin), 얼마 안 있어서 목사회에서 칼빈의 동료가 될 대학생 쟝 마카르(Jean Macar), 고전문학의 교수 끌로드 바듀엘(Claude Baduel), 빠리 고등법원 앞에서 개업하고 있던 아르토와 태생의 변호사로, 곧 칼빈파 순교사의 저자 겸 인쇄업자인 쟝 크레스팡(Jean Crespin), 나머지 200쪽에서 이정도로 중요한 인물들의 이름을 수집하는 것은 가능하지 않을 것이라고 한다면 그것은 곤란할 것이다.

한편 이들 망명자들의 압도적인 다수는 칼빈이 승리한 후에 제네바에 온 사람들이다.[17] 전체수의 3분의 1이 넘는 1,700명 이상의 사람들은 1559년 1년 동안에 등록하였다. 역시 전체의 3분의 1에 해당하는 1,600명 이상의 사람들은 1557년과 1558년에 등록하였다. 이 사람들의 대다수는 완전히 평범한 사람들이다. 그들 대부분은 직공들이었으며, 그밖에 1559년에 칼빈의 새 아카데미에 끌려서 하나둘씩 찾아온 순수한 학생들이었다. 1557년-1559년의 이들 망명자들의 상당한 부분은, 이미 전술한 이유 때문에, 1562년 이후 프랑스로 돌아갔다. 제네바의 망명자들 중의 중견인사와 제네바에 살고 있는 프랑스와 이태리인의 이민단의 영구적인 기초는 이미 1555년 이전에 칼빈의 도시에 견고히 확립되어 있었다. 그들 후에 많은 사람들이 몰려들게 되었다.

I

「주민등록부」는 제네바의 망명자들의 지리적 분포를 훌륭하게 안내해 준다. 왜냐하면 망명자들의 10명중 9명 이상이 그들의 출생지를 기재하고 있기 때문이다. 물론 망명자들의 대다수는 프랑스 왕국으로 부터 온 사람들이었다.「주민등록부」서문과 다른 곳에서도 반복해서 말하는 평가는, 프랑스로부터 온 망명자는 총수의 3분의 2에 해당하는 숫자라고 말한다. 그러나 이것은 수효를 매우 적게 표현하고 있다.[18] 사실 여기에 기록된 적어도 4분의 3은 프랑스의 앙리 2세 시대의 국민들이다. 제네바의 망명자들은 영국보다는 노르망디나 랑독크 (Normandy and Languedoc)와 같은 인구가 많은 도시에서 훨씬 더 많이 왔지만, 그들은 프랑스의 모든 부분과 모든 지방에서 온 사람들이다. 그러나 상당한 수의 사람들은 프랑스 국민이 아니었다. 그러나 500명 이상의 사람들은 사보이(Savoy)의 프랑스어권에서 왔고, 24명은 제네바의 통치권 하에 있는 작은 농촌지역에서 온 사람들이다. 이 사람들은 종교적 망명자가 아니며, 다만 시골에서 도시에 이주한 통상적인 유입자들이다. 이것은 단순히 제네바와 그 밖의 도시들이 도시인구를 보충해가는 연속적인 과정에 불과하다. 36명의 등록자는 프랑슈-콘테(Franche-Conte)주의 합스부르크 영지에서 온 사람들이다. 65명은 이론적으로 신성로마제국의 일부분인 로레인 공국(Duchy of Lorraine)에서 온 사람들이다. 72명은 네덜란드의 17개의 합스부르크 주에서 온 사람들이다. 이 모든 지역은 프랑스왕국 동쪽에 있는 프랑스어권에 속한 나라들이다. 그러나 프랑스어와 독일어를 분리하는 언어상의 경계선을 넘으면, 칼빈의 제네바에 온 망명자의 수는 현저하게 감소된다. 몇 가지 경우가 이점을 명확하게 해 줄 것이다. 네덜란드에서 온 72명 중에 절반만이 에노(Hainault)에서 왔으며, 겨우 5분의 1이 대도시 앙트웨브르를 포함하는 부요하고 인구가 많은 홀란더스어 지역에서 왔다. 베른 영내의 프랑스어권인 보 지방으로부터 20명

이 제네바에 온 것에 비해, 독일어권의 스위스 연방으로부터 온 사람
은 겨우 6명뿐이었다. 신성로마제국의 서부 국경지대의 프랑스어권
을 제외하면, 신성로마제국 전체로부터 온 사람은 18명에 불과하다.
아비뇽에 있는 프랑스 어권의 교황령에서는 거의 50명의 망명자가
와있는데, 이태리의 교황령 전체에서 온 사람은 겨우 9명뿐이었다.

　　더욱이 프랑스어 권내의 박해의 강도가 제네바에 온 망명자의
상대적인 규모를 결정하는데 결정적인 역할을 하지 못하는 것 같다.
나바르의 쟝 달베르(Jeanne d'Albert) 치하의 위그노 파 왕국에서 온
6명이라고 하는 적은 수가 그것을 설명해줄 것이다. 그러나 1560년
이전에는 프로테스타트가 거의 박해를 받지 않은 프랑슈-콘테주에서
온 망명자 수는 샤르르 5세의 이단재판소가 이단을 심하게 추구한
네덜란드의 남부 여러 주에서 온 망명자의 수와 거의 변하지 않았다.

　　프랑스를 제외하고, 주민등록부에 잘 나타나는 지역은 영국과
이태리이다. 독일인이 차세대를 위해서 그들의 교회를 세우지 않은데
반해서, 두 나라 사람들은 1550년대에 제네바에 국민의 교회를 설립하
였다. 영국인과 이태리 인의 망명자들은 프랑스 인 망명자들과는 자주
접촉하였으나, 본토의 제네바인과는 거의 교제가 없었다. 존 낙스
(John Knox)의 제네바 교회에서 결혼식을 올린 9쌍 중에 3쌍에는 프랑
스 인 신부가 있고, 1쌍에는 이태리 인의 신랑이 있다.[19] 꼭 같은 숫자
는 이태리 인 교회에 대해서도 말할 수 있을 것이다. 이태리 인 망명자
는 영국인 망명자의 숫자보다 숫자적으로 더 중요하였다. 그들은 제네
바의 역사를 위해서도 역시 중요하였다. 그것은 그들이 1559년 이후에
도 안전하게 귀국할 수 없었기 때문이다. 「주민등록부」에는 200명 이
상의 이태리 인의 이름이 기재되어 있으나, 그 중 4분의 1은 피에몽
(Piedmont) 출신이었다. 피에몽은 제네바에서 가장 가까운 지역에 있

었으며, 그리고 이태리에서 그 주민들이 15세기 이후 계속 제네바에 이주하고 있던 유일한 지역이었다.[20] 피에몽이 아니라 하더라도 이태리의 다른 지역은 메리 여왕 치하의 영국과 합스부르크 치하의 네덜란드를 합친 것보다 더 많은 망명자를 제네바에 보내고 있었다.

이태리로부터의 이민은 몇 가지 핵심이 있었다. 칼라브리아(Calabria)의 왈도 파 마을들과 나포리의 쟝 드 발데스(Jean de Valdes) 주위에 모여든 인문주의자 집단은 남이태리에서 온 대다수의 유명한 망명자들이었다.[21] 복음주의적 전도의 중심이라고 할 수 있는 교황령(敎皇領)으로부터는 겨우 몇 사람이 왔을 뿐이었다. 터스칸(Tuscan)에서 온 망명자들은 독립된 도시 국가인 루카(Lucca) 시로부터 압도적으로 많이 온 사람들인데, 그 곳은 베르미글리(Vermigli)가 그의 설교로 저명한 몇 가족을 개종시킨 곳이다.[22] 15명은 제노아(Genoa) 공화국에서 왔고, 32명은 인구가 많은 베니스 공화국에서 온 사람들이다. 밀라노 공국에서는 31명이 왔는데, 그 중에 22명은 크레모나(Cremona) 시에서 왔다. 그러나 크레모나 사람들은 밀라노의 스페인인 통치자와 이단재판소의 종교적 관심의 대상이 되고 있었다.[23] 스페인 이민단은 1558년 이전과 1561년 후에 이태리 인 교회와 연합하였는데, 세빌리아(Seville)에서 온 22명의 수도사가 그 대부분이었다.[24]

망명자 전체가 약 350명 뿐, 따라서 15명에 1명이 프랑스어 이외의 언어를 사용하는 지역에서 왔다. 즉 1555년에서 1564년까지 제네바에서 시민권을 얻은 664명의 시민 중에 36명만이, 혹은 18명에 1명만이 이 그룹에 속하고 있다.

Ⅱ

지금까지의 사실을 요약해보면, 1550년대의 제네바에 온 망명자의 압도적인 다수가 다 프랑스 왕국의 국민은 아니었으나, 프랑스어를 사용하고 있었다는 것을 알 수 있다. 프랑스어를 말하지 않은 사람들은 그들의 국민교회에서 별도의 길을 걸으려고 하였다. 새 이주민의 이와 같은 대량 유입은 칼빈의 생전과 사후에 제네바의 역사에 상당한 영향을 주었다는 것이 확실하다. 우리는 이들 망명자들이 칼빈의 제네바의 생활에 지적, 경제적, 또는 사회적으로 얼마나 많은 영향을 주었는지에 대하여 약간의 암시를 제공하고자한다. 우리는 이들 망명자들이, 적어도 제네바 정부의 최고 수준에 얼마나 많은 정치적 영향력을 끼쳤는지에 대하여는 측정할 수 없다. 소의회는 1798년의 공화국의 몰락 때까지 본토 태생의 제네바 사람 이외에는 문을 닫고 있었기 때문이었다. 망명자들 중 가장 저명한 사람들, 즉 콜라동, 카라치올로, 뷰데, 그리고 드 노르망디(Colladon, Caracciolo, Bude, and De Normandie)와 같은 사람들은 1559년에 법적으로 허락된 최고의 직책인 200인 의회의 의원으로 인정되어,[25] 다른 사람들도 곧 그를 따르게 되었다. 망명자들은 점점 다른 조직, 특별히 장로회에 임명될 수 있게 되었지만, 그들은 일반적으로 제네바 공화국에서 오늘날의 의지결정의 직책이라고 할 수 있는 그런 곳에는 취임하지 못했다.

Ⅲ

프랑스 인의 망명자들이 제네바 역사에 끼친 지적 영향력 전체는 아무리 크게 평가해도 과장되었다고 할 수 없을 것이며, 그것이 프랑스의 종교개혁사에 끼친 영향도 역시 동일하게 큰 것이었다. 여기서는 최근의 연구에 비추어서 볼 때, 그들이 제네바에 끼친 영향의 윤곽조차 추적할 수 없으나, 그러한 용감한 요약마저도 충분히 도움이 될 것이다. 이들 망명자들은 제네바 시가 필사적으로 필요로 했던 특수 기술들을 가지고 온 것이다. 매우 적은 예외는 있지만, 칼빈의 제네바의 지적 직업의 대표적인 것들은 의사, 법률가, 그리고 성직자들의 이주자들이었다. 1545년 이후의 칼빈의 동료 성직자들의 전부, 그리고 한 사람을 제외한 아카데미의 전 교수는 제네바 이외의 출신이었다.26 어떤 의미에서, 그것은 칼빈이 제네바에 오기 전부터 시작된 경향의 단순한 계속이었다. 제네바 최초의 프로테스탄트의 설교자, 인쇄업자, 그리고 교사는 전부가 1532년과 1533년에 프랑스에서 온 사람들이었다. 제네바 태생의 사람들은 1568년에 아카데미의 교수진에, 그리고 1573년에는 목사회에 가입하기 시작했다. 그리고 그 세기 말에는 제네바의 목사회와 교수들의 대부분은 제네바 출신의 시민에 의해 구성 되었다. 그러나 칼빈의 생존 시에는 그렇지 못했다. 제네바의 성직자, 교수, 인쇄업자, 그리고 의사와 법률가들까지도 압도적으로 프랑스로부터의 종교적 망명자들이었으며, 예외는, 제네바 출신자보다 이태리나 영국으로부터 온 망명자가 더 많은 것 같았다.

칼빈의 제네바에서 가장 유명한 의사는 리용 출신의 휠리베르 사라장(Philibert Sarrasin)인데, 그는 한때 존 보들리(John Bodley)의 12세 난 아들을 데려다가 장차 옥스퍼드 대학교의 보들리안 도서관의 설립자가 된 소년을 하숙시킨 사람이다. 그리고 제네바에서 가장 악명이 높은 의사는 삐에몽(Piedmont) 출신의 죠르지오 불란드라타(Giorgio Blandrata)인데, 그는 반(反) 삼위일체설의 견해 때문에 1558년에 추방되었다.27 칼빈이 처음 왔을 때 제네바에는 의사가 세 사람뿐이었으나, 그가 죽었을 때에는 8인의 의사가 있었으며, 그들 모두가 이민자들이었다.[28] 의사 밑에는 그들의 보조자인 약제사가 있었다. 이민자가 대량으로 오기 전후해서, 이 직업은 제네바에서 삐에몽 이민단이 거의 독점하고 있었다. 1536년과 1569년 사이에 적어도 96명의 삐에몽 사람의 약제사가 제네바에서 개업하고 있었다. 한편 프랑스 인 이주자로 이 직업에 종사하고 있던 사람은 24명이었으며, 그러나 제네바에 영주하고 있던 사람은 소수에 불과했다.[29]

칼빈 당시의 제네바에서 가장 유명한 법률가는 칼빈의 친구이며, 베리(Berry) 공국에서 온 제르망 콜라동(Germain Colladon)이었다. 제네바에서 가장 악명이 높은 법률가는 삐에몽 출신의 맛테오 그리발디(Matteo Gribaldi)였는데, 그는 1555년에 칼빈의 요구에 의해서 제네바에서 영구 추방되었다. 「주민등록부」에는 14명의 법률가들의 이름이 기재되어 있는데, 그 대부분은 프랑스 인이었다.[30] 많은 법률가들이 16세기의 대학에서 교육을 받았다는 것, 그리고 칼빈 자신이 법학의 학위를 받았다는 것을 생각할 때, 놀라운 일인 것 같다. 그러나 미카엘 세르베투스(Michael Servetus)가 의사였다는 것, 그리고 유니테리안 파의 시조이며, 가끔 칼빈과 편지로 왕래하던 소치니 가(Sozzini family)의 거의 모든 사람이 법률가였다는 것을 생각할 때, 지적 직업과 급진적 프로테스탄티즘과의 관련이 더욱 명백해진다. 칼빈은 제네바 아카데미에 법학과 의학 강좌를 설치하는데 매우 신중하였기 때문에 실현하지는 못했으나, 그의 후계자는 이 아카데미를 외국학생들에게 더 매력 있는 학교로 만들기 위해 두 학과를 설치하려고 하였다.

쟝 크레스빵(Jean Crespin)의 경우는 여기서도 의미하는 바가 크다. 아라스(Arras)의 귀족의 아들인 네덜란드 사람은 프랑스 빠리의 고등법원 앞에서 변호사업을 개업하였다. 그러나 그가 제네바에 옮긴 후에는, 여러 나라 언어로 된 종교적, 정치적 소책자의 출판자가 되고, 칼빈주의

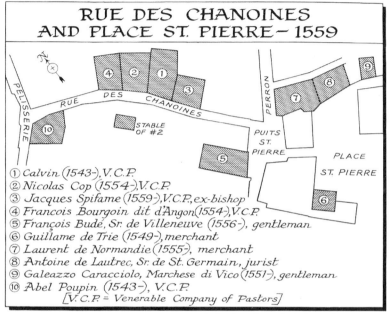

<1559년의 샤노와느 거리와 상삐에르교회>

의 대『순교사』의 편집자가 되었다.[31] 크레스빵이 제네바에서 변호사로 일했다는 흔적은 없다. 한때 칼빈의 고향인 노와용(Noyon)의 시장이었던 로랑 드 노르망디(Laurent de Normandie)도 역시 제네바에 와서는 변호사에서 출판업자로 직업을 바꾸었다. 칼빈 자신도 보다 가치 있는 일을 추구하기 위해 법률을 포기하므로 그 실례를 보여주었다.

IV

이들 망명자들의 가장 중요한 것은 그들 자신의 특별한 교회를 가지는 것이었다. 이미 보았지만, 사람과 교리의 문제에 관한 한, 제네바

의 국가교회는 제네바 사람들의 교회라기보다는 프랑스 인 망명자
들의 교회였다. 1560년 후에는 장로회도 그러했다. 제네바의 프랑스
인 이민자들의 생활의 중심은 분명히 교회와 그 해외선교기관인 제
네바의 인쇄업이었다.

영국, 이태리, 스페인까지 이보다 작은 이민들도 그들 자신의
교회를 가지고 있어, 자기들 자신의 지적 활동의 핵심이 되었다.
칼빈 당시의 제네바는 사람들이 여러 나라 언어로 설교를 하고, 저
술한 사도시대적 교회였다고 말하였다. 1550년대에 이들 제네바의
외국인 교회가 이루어 놓은 업적은 각자가 다 유사하였으며, 일반적
으로 프랑스 인 망명자들에 의해서 확립된 양식에 충실하였다. 예를
들면, 영국인 이민들은 그들 교회에서 사용할 예배 의식서를 인쇄하
는 것으로 그 활동을 시작하였다. 그리고 당시의 영국의 종교적,
정치적 문제에 관한 많은 논문들을 내면서, 그들은 1557년에는 영문
신약성경을, 1559년에는 영문시편을, 그리고 마지막으로 1560년에
는 완전한 영문성경(이민자들 중에 가장 교육이 있는 6명의 사람들
의 협력에 의한 결과)를 간행하였다. 그들은 그들의 인쇄업자 로랜
드 홀(Rowland Hall)을 데려왔는데, 그는 1560년의 성경을 포함해서
그들의 많은 책들을 간행하였다. 이민자들 중의 다른 한 사람은 쟝
크레스빵의 제자가 되었는데, 그것은 아마 영어판의 간행물을 크레
스빵의 인쇄기로 인쇄해서 도우려고 하였을 것이다.[32]

이태리 이민자들은 영국의 이민자들보다 2년 일찍이 제네바에
자신들의 교회를 설립하였다. 그들의 특별 인쇄업자인 피네롤로와
투데스코(Pinerolo and Tudesco)는 1553년과 1557년에 주민등록부에
서명하였다. 이태리 사람들은 그들의 제네바 교회에서 사용된 예배
의식서와 신약성경과 시편, 그리고 마지막으로 1562년에는 완역 성

경을 간행하였다. 그들은 역시 몇 편의 논쟁서들을 인쇄하였는데, 이태리 인들이 1550년에 조국에 개혁파의 국가가 수립되리라는 희망을 상실하고 있었기 때문에, 그 논쟁서들은 영국의 망명자들에 대한 정치적 목표에 있었다기 보다는 오히려 니고데모파 (Nicodemites)와 재세례파(Anabaptists)를 향하고 있었다. 그럼에도 불구하고, 그들의 선전활동의 효과는 적어도 영국인 망명자들에 대한 효과와 같은 정도로 대단하였으며, 1557년에는 칼빈의「기독교강요」를 , 1560년에는 베자(Beza)의「신앙고백」을 번역하므로 영국인들에 대하여 어느 정도의 주목할 만한 차이를 보여주었다.33

스페인의 이민자들은 수가 적었으며, 그리고 1558년에 이태리 인 회중가운데 부분적으로 교리적 이단성이 드러났기 때문에, 그 해에 독립된 교회를 형성하였으나, 그들은(제한된 힘이 허락되는 한) 영국과 이태리 인들의 양식을 따랐다. 1555년에 세빌리(Seville)에서 아마 독일을 향해 도망했을 것으로 생각되는 쥬안 페레즈 드 피네다(Juan Perez de Pineda)는 1556년에 신약성경을, 1557년에는 시편을 카스틸리안어(Castilian)로 번역하였다. 이 두 권의 책들은 모두 제네바의 크레스빵사에 의해 간행되어, 1557년에 이 번역서들을 담은 두 상자가 제빌리로 밀수입되었는데, 이것은 16세기 프로테스탄트의 선전활동 중에 가장 대담한 업적이었다.34 그러나 스페인 인들은 자기 나라의 인쇄업자가 없었고, 성경을 완역하지도 못했으며, 그들만의 교회를 3년 동안 계속했을 뿐이었다.

이들 외국인 교회의 지적 활동은, 특별히 그 출판물에 반영되어 있는 대로, 제네바에서 소비를 목적으로 한 것이 아니었다. 이것들은 거룩한 요새에서 조국을 향해 던져진 무기들이었으며, 설득, 혹은 개종을 목적으로 하고 있었다. 제네바 교회에서 사용되고 있었던 예배 의식서의 간행물은 주로 어디선가 읽고 모방할 수 있는 표본으로 만들어진 것이었다. 이들 모든 공동체는 그들이 교회의 이상적인 형체라고 생각하고 있던 것을 실험하고 있었으며, 또한 그들이 전력을 다하여 그들의 실험을 선전하고 있었다.

프랑스 이민자들도 역시 이들 외국인 망명자들의 성경번역과 신학저술에 어느 정도까지 대등하게 활동한 인쇄업자가 있었는데, 그는 로베르 에스티엔느(Robert Estienne)이다.

1551년에서 1559년까지 그가 제네바에서 간행한 책들의 목록을 보면,[35] 프랑스어 성경과 라틴어 성경의 본문 검토에 학문적으로 무게가 있는 책들임을 보여준다. 이 여러 책들 중에 중요한 것은 다소 급하게 완성된 1555년의 베자의 프랑스어 성경의 에스티엔느 판인데, 이 일은 사실은 영어판이나 이태리어판에 비해 좋은 것이 못되었다. 베자 자신이 1553년에 이 일을 면밀히 조사했으나, 그 후에도 그 결과에 만족하지 못했다. 에스티엔느는 1553년에 제네바 요리문답과 기도서를 공적으로 간행하였다. 그는 1553년 이후 라틴어로 된 칼빈의 전 작품, 즉 12권을 다음 6년 동안에 간행하고, 1559년의 「기독교강요」의 최종 개종의 휠리오(folio)판을 간행하므로 이 일을 마감했다. 에스티엔느는 세르베투스의 화형을 변호하는 칼빈과 베자의 논문들과 비레의 몇 편의 교리적 논문들을 인쇄하고, 부처(Bucer)의 간과되었던 주석 몇 권을 인쇄하기도 하였다. 에스티엔느는 1550년대에 유럽에서 가장 유명한 학술적인 출판업자였는데, 신학적이 아닌 서적도 간행하였다. 그는 키케로의 「웅변」에 관한 훗트만의 주석과 제네바의 요리문답의 히브리어판과 소년용 헬라어 문법서를 출판하였다. 그는 교육용 보조 교재를 출판하였는데, 그 중에는 프랑스사전, 헬라어와 히브리어의 발음 편람, 그리고 1557년의

프랑스어 문법서 등이 포함되어 있다. 그는 1555년에 에라스무스의
「격언집」(Adages)을 간행하기도 했는데, 이것은 칼빈 당시의 제네바
에서 재판된 그 다산적인 저자의 거의 유일한 작품이었다.

　　에스티엔느의 작품은 기본적으로 참으로 대부분 신학적인 것이었
다. 그가 유럽의 학계를 향해서 라틴어로 인쇄한 다른 출판물들은 인문
주의적인 것이었다. 여기에도 법률과 의학에 관한 책들은 전혀 없으며,
또한 1553년에 그의 아들 샤르르(Charles)가 출판한 「프랑스 도로 안내」
와 같은 유명하면서도 유익이 많은 실용적인 안내서도 없었다.

　　　　V

망명자들의 경제적 영향은 그들의 지적 영향보다 평가하기가 더
어렵다. 일반적으로 칼빈 당시의 제네바의 경제사에 대한 우리의
지식은 여전히 매우 부족하며, 다소 특수한 산업인 제네바의 인쇄업
에 관해서도 균형을 잃은 지식을 가지고 있을 뿐이다. 등록된 5,000
명의 망명자 중 200명만이 인쇄업자와 서적상이었으며, 주민등록부
에는 113명만이 그런 직업에 종사한다고 되어 있었다. 더 많은 사람
(180명)이 상인으로 등록되어 있으며, 그리고 직업을 기록하고 있는
사람들 대다수(1536명)는 직공(職工)들이었다. 이들 직공들 중 700명
에 가까운 사람들은, 여러 형식으로 직물업에 속해 있었다(빗질하는
사람, 짜는 사람, 염색공, 표백하는 사람 등등). 264명은 가죽직공인
데, 그 중의 181명은 구두수선공이었다. 249명은 건축업에 종사하고
있었는데, 그 대부분은 목수였다. 228명은 금속세공인이며, 그 중
3분의 1은 금세공인이었다. 93명만이 식품업에 관계하고 있었는데,

그 대부분은 정육점과 빵집이었다.[36] 이것은 평범한 직업의 양식이며, 1536년에 제네바에 존재하던 직업의 양식과도 근본적으로 다른 데가 없었다. 망명자들은 숙련된 노동력의 대저수지(大貯水池)인 동시, 상인과 기업의 상당한 크기의 영향력이었는데, 그들의 수 자체가 그들로 하여금 중요한 경제력이 되게 하였다.

칼빈 당시의 제네바에서 이들 이민 상인들의 역할을 추적하는 것은 어려운 일이다. 그들의 상업 장부는 전혀 남아있지 않으며, 그들의 전 재산을 계산하고, 그들의 투자를 분석할 수 있는 사망 후에 작성한 재산목록도 거의 남아있지 않다. 이들 망명자들이 어느 정도의 자본을 제네바에 가지고 왔는지를 결정하는 것은 극히 힘든 일이다. 예를 들면 룻카(Lucca)에서 도망 나온 귀족들은 집을 떠났을 때에도, 그리고 죽을 때에도, 흔히 부유한 상인이었으나, 그들의 회상록은 그들이 재산의 극히 일부만을 가지고 도망했으며, 남은 재산을 회복할 수가 없었다고 이구동성으로 반복한다.[37] 프랑스 인 망명자들은 아마 더욱 그랬을는지도 모른다. 로베르 에스티엔느는 도망 올 때 운전 자본을 고스란히 그대로 가지고 제네바에 올 수 있었다. 제네바에 도망 온 프랑스 국민의 전 재산을 몰수한다는 앙리 2세의 1551년의 칙령을 교묘하게 피하는 방법을 발견한 3인의 프랑스 인 망명자의 경우가 최근에 밝혀졌다. 베자(Beza)도 1560년대에 베즐레(Vezelay)에 있던 그의 가족의 재산에서 매년의 세입을 얻을 수 있었다[38]. 하물며 별로 알리어지지 않은 이단자들이 가톨릭의 여러 나라에서 그들 가족의 재산을 보존할 수 있었다고 해서 그것은 별로 놀라운 일이 아닐 것이다.

이들 망명자들이 상당한 자본과 발전된 경영기술을 가지고 와서 제네바의 상업에 자극을 주어, 1530년대의 잠자는 상태에서 16세

▶ 칼빈 당시, 제네바 출판 산업의 발흥 (1536-1572년)

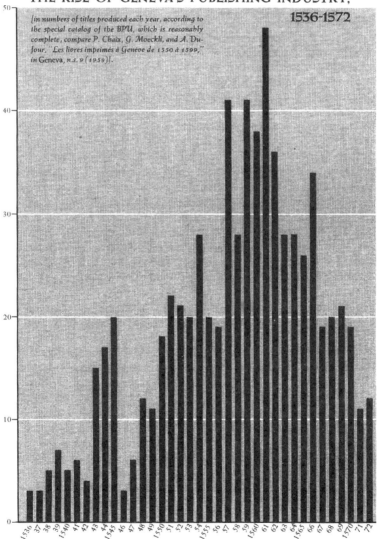

THE RISE OF GENEVA'S PUBLISHING INDUSTRY, 1536-1572

[in numbers of titles produced each year, according to the special catalog of the BPU, which is reasonably complete, compare P. Chaix, G. Moeckli, and A. Dufour, "Les livres imprimés à Genève de 1550 à 1599," in Geneva, n.s. 9 (1959)].

Source: R. M. Kingdon, *Geneva and the Coming of the Wars of Religion in France,* pp. 98-99.

기 말까지 한층 더 활기찬 상태로 발전시킨 것은 의심의 여지가
없는 것 같다. 이 발전에 망명자들이 결정적인 역할을 한 것은 분명
하지만, 제네바의 경제발전의 정확한 단계들, 특히 망명 초기의 단
계들에 대해서는 여전히 애매하다.[39]

지금까지 연구해 온 제네바의 유일한 산업인 인쇄업은 압도적으
로 망명자의 지도력의 증거였다. 1550년에서 1564년까지의 제네바의
지배적인 인쇄업자 중에 책에 기록되어있는 35명중의 1명만이 제네
바 출신이었다. 쟉크 뒤빵(Jacques Dupan)이 그 사람인데, 무분별한
이 사람은 고가의 많은 설비를 사들였으나, 14개월 후에 그의 사업을
버려야 하였다.[40] 1563년에 시 당국자들이 정식으로 이 산업의 규모를
규제하자, 그들은 24명의 지배적인 인쇄업자가 34대의 인쇄기를 사용
하도록 허락하였다. 이들 인쇄업자 중에 두 사람을 제외하고는 모든
사람이 프랑스에서 온 이민자이며, 그 두 사람은 이태리 인이었다.[41]
1563년에 각각 4대의 인쇄기를 가지고 있던 제네바의 대 출판업자들
은 에스티엔느가(家)와 순교사 편집자인 쟝 크레스빵이었다. 제네바
의 거의 모든 인쇄업자는 종교서적들을 다루었으며, 그리고 거의 모
두가 칼빈의 몇 편의 저술들을 인쇄하였는데, 1550년에서 1564년까지
160판의 칼빈의 책들이 제네바의 인쇄소에서 출판되었다[42]. 제네바에
서 매년 제작된 책의 부수는 1550년대에 착실히 증가했고, 1560년대
초기에는 최고의 기록을 보여주고 있었다.

지배적인 인쇄업자는 반드시 기업가는 아니지만, 제네바의 인
쇄산업의 재정가라는 관점에서 본다면, 우리는 거기에서도 프랑스
인 망명자들을 발견하게 된다. 출판업계의 기둥으로, 실제적으로
대단히 큰 모험적 사업을 추진시킨 인물은 로랑 드 노르망디(Laurent
de Normandie)와 앙뜨완느 방쌍(Antoine Vincent)등 두 사람의 이주

민 서적상이었다. 방쌍은 1559년 12월에 제네바에 이민 온 리용 출신의 유복한 출판업자로, 많은 투기적 사업에 참여하고 있었다. 그 중에서도 훨씬 중요한 것은 1561년과 1562년에 베자와 클레망 마로(Clement Marot)의 서정시와 함께 대량의 유그노 성가를 인쇄한 국제적 재단을 그가 지도한 것이었다.[43] 이 기업은 16세기에 출발한 유일 최대의 모험적 인쇄업으로 기록되었다. 제네바에는 19개의 별도의 판이 있고, 파리에는 7개의 판이, 그리고 리용에는 3개의 판본이 남아있다. 제네바에서만 이들 성가는 1562년까지 적어도 27,400부가 인쇄되었으며, 제네바 시의 인쇄기의 약 3분의 1이 이 계획을 위해서 사용되었다. 이들 성가의 인쇄물은 앙뜨와프(Antwerp)와 같이 먼 거리에 있는 도시에서도 팔려나갔으며, 사실 프랑스 인의 프로테스탄트가 있는 곳이라면 어디서든지 팔려나갔다. 앙뜨완느 방쌍은 이 모험적 사업 전체의 유일한 융자자는 아니었으나, 사실 최대의 융자자였다. 그는 제네바의 소의회 의원의 전 제품을 포함해서, 그것을 위해 산더미 같은 종이를 매입했는데, 그 소의회 의원은 방쌍의 주문에 응하기 위해 밤낮 일하지 않으면 안 되었다. 이 일 때문에 그는 이웃을 괴롭히게 되어, 고액의 벌금을 지불해야 할 정도였다. 방쌍은 이 성가집에 사용될 활자를 제작하기 위해 임시로 활자공 2명을 고용해야만 하였다.[44] 1568년에 죽기 전에 방쌍은 다른 사업에도 많이 종사하였는데, 그의 전기 작가는 이들 사업을 확인하는 것은 중요하지만 어려운 일이었다고 기록하고 있다.

방쌍의 사업 활동에 관한 우리의 지식은 그의 가장 중요한 편집적 기업 활동에서 얻는데 반해, 그의 최대의 경쟁자인 로랑드 노르망디에 관한 지식은 주로 그의 사망 직후에 작성된 1570년의 재산목록에 기초하고 있다.[45] 칼빈의 소년시절의 친구이며, 한때 노와용

(Noyon)의 시장이기도 하였던 그는 1547년에 이단 재판관이 제네바 시에 방문한 후 즉시 제네바로 도피하였다. 그는 제네바에 도착하면서 즉시 법조계를 떠나 1554년까지 다른 망명자들과 공동으로 인쇄업을 시작했다. 노르망디는 대규모로 영업하며 제네바의 몇 사람의 인쇄업자에게 융자를 주기도 하고, 많은 성경행상인들, 즉 이 금서(禁書)를 프랑스 왕국에 반포하는 대담한 상인들을 통하여 그의 책들을 팔기도 했다. 그를 위해 일한 「성경행상인」중에 적어도 20명은 유그노 순교자로 순교했다[46]. 노르망디가 판매한 책들은 거의 제본이 되어있지 않았으며, 대부분은 작은 책이어서, 주머니 속에 즉시 집어넣을 수 있도록 되어있었다. 그의 경영규모 전체는 매우 인상적이다. 그의 1570년의 재산목록에는 200권 이상이 당연히 계산 되어야 할 것으로 되어 있으며, 그 중에 얼마는 매우 크고, 35,000권에 가까운 책의 재고품이 있기도 하다. 재고품 중에는 10,000권 이상이 칼빈의 저서였으며, 12,000권 이상은 성경 아니면 성경의 일부였다(1561년의 방쌍의 성가집 2,800권을 포함해서).[47] 그의 전 재고품은 20,000 리브르 투루누와(liveres tournois)에 가까운 가치가 있었으나, 이것은 그를 16세기의 기업가 중 최상위에 둘 정도는 아니었다. 그러나 유럽의 어느 상인에 있어서도 그것은 상당히 큰 액수였다.[48] 노르망디는 제네바 최대의 출판업자라고 할 수 있으나, 그의 사업의 양과 전 자산을 다른 제네바 상인들의 그것과 비교하여 결정하는 것은 거의 불가능한 일이다.

부(富)에 관해서 유일하게 비교할 수 있는 것은 리용(Lyon)의 트랑불레(Trembley) 형제와 같은 다른 프랑스 인 이민들과 루카(Lucca)와 크레모나(Cremona)에서 온 이태리 인 이민들과의 비교라고 생각할 수 있을 것 같다. 트랑불레 형제 중 한 사람은 1597년에 15,000 제네바 홀로링으로 평가되는 모직물 자산을 남겨놓았으며,

이태리 인 이민들은 제네바에서 이윤이 가장 많은 자본주의적 기업인「그랑 보테가」(Gran Bottegha)를 그 세기 말에 설립하였다. 이들 망명가들의 기업에 관한 뿔뿔이 흩어져 있는 정보는 제네바의 공증인들의 많은 기록 속에 매장되어 아직 발굴되지 못하고 있다. 우리가 확실하게 말할 수 있는 것은, 칼빈 당시의 제네바에 온 프랑스 망명자들이 공화국 최초의 수출사업인 종교적 선교 사업을 설립하였다는 것이다. 역시 프랑스 인 망명자들과 이태리 인 망명자들이 16세기의 제네바 출신의 사람들보다 더 큰 기업을 운영하고, 보다 많은 재산을 축척하였다는 것도 확실한 것 같다. 망명자의 가족들이 1580년대에 제네바 공화국에 대한 대부의 대부분을 책임졌으며, 그리고 1589년의 전쟁의 수행을 후원하기 위해 최대의 세부담자(누진 세율에 따라)가 되었다.[49]

마지막으로, 16세기 제네바 상업의 전반적인 발전에서, 제네바 시의 두개의 대 수출산업, 즉 출판과 그 후의 견직물 산업이 망명상인의 부와 경험에 의해서 가능해졌다는 것이 분명해진 것 같다. 이 두 산업의 경우, 제네바는 론강 하류의 이웃 도시의 발전의 뒤를 따랐을 뿐이었는데, 리용은 16세기 초에 프랑스에 최대의 출판사를 소유하고 있었으며, 1550년대에는 견직물의 생산과 공급에 알프스 북방의 유럽의 제일의 도시가 되어 있었다.[50] 두 산업의 경우, 제네바의 경쟁자들은 2,30년 동안에 동일한 제품을 제작하고 있었다.

VI

이들 망명자들이 제네바에 미친 사회적 영향을 적절하게 평가하거나 파악하는 것은 역시 어려운 일이다. 이 새로운 거주자들이 제네바 사회의 모습을 바꾸어 놓으면서, 주로 1520년대의 도시혁명 기간에 제네바에서 추방된 사보이가(家)를 대체하고 새로운 귀족이 되므로 그렇게 하였다. 70명의 귀족이 주민등록부에 등록되어 있었으나, 그 대부분은 하급 귀족 출신이었다. 제네바의 시민권을 취득한 자가 몇 사람 있었으나, 제네바에 영주한 사람은 그리 많지 않았다. 전체적으로, 그들은 소란한 무리들이었으며, 제네바에 거주하고 있는 동안 칼빈에게 도움이 된 만큼 또한 걱정거리가 되었다는 인상을 주기도 하였다.

그들 주권자에게 불만을 품고 있던 유그노 귀족들에게 음모와 모의는 자연스러운 일이었다. 많은 사람이 엉뚱한 음모에 가담하였으며, 발루아(Valois)왕조 프랑스의 이 소란한 시기에 휘말린 많은 음모 중에 가장 극적이었던 1560년의 앙브와즈(Ambois) 음모사건에 깊이 관여했던 자들도 몇 사람 있었다.[51] 이 음모사건 배후에 있던 주동자 라 레노디(La Renaudie)라고 하는 젊은 귀족은 제네바의 주민은 아니었으나, 그의 제일 부관 빌레몽지(Villemongie)는 제네바의 주민이었다. 부리타니(Brittany)와 랑도크(Languedoc)와 같은 먼 지방에서 온 젊은 귀족들을 포함해 그들의 주요한 동지들 몇 사람도 제네바의 주민이었다. 젊은 왕을 유괴하고, 기즈(Guise)가의 섭정들을 살해하는(왜냐하면 이 대담한 음모 자체가 위태로웠던) 계획을 실행하기 직전에 앙부와즈(Amboise)의 숲속에서 기습받은 평민들 몇 사람은 제네바의 주민들이었다. 더욱이 이 음모가 진압된 후 도망간 생존자 몇 사람은 제네바에 재입국이 허락되어 시의 보호를 받았다. 이 전체의 사건은 일을 상당히 난처하게 만들어, 어떤 자는 칼빈도 이 음모의 찬성자였다고 말하기도 하였다.

1557년에서 1562년 사이에 제네바에서 프랑스에 파송된 12명의 귀족 출신의 목사들도 자주 음모에 걸려들었다. 하급 귀족 출신의 데오도 베자는 분명히 앙브와즈 음모사건에 어떤 형식으로 격려하였으나, 칼빈은 관여하는데 대하여 더욱 신중하였다. 또한 사람의 귀족 성직자이며, 제네바에 온 망명자인 쟉크 스피황(Jacques Spifame)은 빠시(Passy)의 영주이며 누베(Nevers)의 주교이기도 한데, 그는 1559년에 제네바에 오고 나서 즉시 여러 번의 음모에 휩쓸려 들었다. 그 중 몇 번은 그가 이전의 주교직을 회복하기 위해 교섭하고 있던 가톨릭의 온건파와 함께 하였다. 6년 동안의 활동 후에 스피황은 그 중의 음모와 그리고 위증과 간통죄 때문에 제네바 정부는 1566년에 그를 참수형에 처하였다.[52]

제네바의 귀족들이 다 구제불능의 음모가들은 아니었으며, 그리고 1556년에 브라질로 간 휠립 드 꼬르기유레(Philippe de Corguilleray)와 같이 들떠있는 모험가들도 아니었다. 제네바에서 조용히 지나면서, 귀족이라는 지위의 매력을 활용하여, 사회적 영예를 갈망하는 제네바시에 공헌하는 자들도 있었다. 이들 광채가 나는 귀족들 중에 두드러진 사람은 제네바의 모든 시민에게「후작」(M. le morquis 侯爵)님으로 알려진 나폴리 사람 갈레앗조 카라치올로(Galeazzo Caracciolo)인데 그의 전기는 베네뎃토 크로체(Benedetto croce)에 의해서 저술되었다[53]. 그는 1551년 여름 갑자기 샤르르 5세의 궁정을 도망 나와 제네바에서 혼자 살고 있었다. 그는 아버지를 만나기 위해 1553년에 중립적인 베니스 영토에, 1555년에는 그의 아버지를 보기위해 망투아(Mantua)로 여행을 하고, 1558년에 다시 베니스에 여행하였으며, 제네바에서 함께 살도록 아내를 설득하는 마지막 노력을 하였으나 그것은 허사였다. 칼빈과 칼빈 당시의 제네바에 대한 카라치올로의 충성심은 꺼지지 않았다. 그는 신학적 훈련을 받은 일은 없었으나, 본능적으로 정통파였으며, 그가 설립하는데 도왔던 이태리 교회 내부에서 일어난 격심한 교리적 논쟁에 의해서도 전혀 영향을 받지 않았다. 유명한 반(反)삼위일체론의 분출사건은 1558년에 그가 없는 동안에 폭발하여, 그가돌아온 후에 조용해졌다. 카라치올로는 역시 1559년에 종교적 불일치를 근거로 하여 아내와의 이혼을 요청했는데, 이 때 그는 칼빈주의로서는 시험 케이스로 되어 있었다. 이 사건은 그가 군림하는 교황 바울4세의 조카의 아들이었기 때문에 어느 정도의 국제적 반향을 일으켰다. 교황 바울 4세는 필요하다면 자기 조모까지도 화형에 처할 것이라고 말한바 있는 이단의 교활한 대박해자였다. 카라치올로의 이혼은세르베투스 사건과 같은 정도로 중요한 사건이었으며, 이와 동일하게베자에 의한 변호의 팜플렛과 불링거와 같은 다른 신학자의 조언을필요로 하였다.

카라치올로는 이태리 교회의 장로이며, 제네바에 있는 이태리공동체의 기둥이라는 것으로 만족하고 있었다. 그는 1555년에 제네바의 시민이 되고(시민이 된 최초의 이태리 인 망명자), 1559년에는장로회와 200인 의회의 의원이 되었다. 그는 대성당의 지정석과 공식연회의 초청장을 포함해서, 제네바 정부가 외국인에게 법적으로부여하는 모든 명예를 부여받았다. 그는 프로테스탄트이건 아니건제네바를 통과하는 저명한 이태리 인 모두를 만났다. 그는 1560년에적은 지참금을 가지고 온 노르망디 출신의 미망인과 재혼하고 나서매우 수수한 생활을 보냈다. 이들 부부는 대성당을 마주하는 거리에작은 집과 제네바의 가까운 교외에 한 채의 작은 여름용 전원주택을소유하고 있었으며, 또한 2명의 하인이 있었다. 황제의 대자(代子, godson)이며, 나폴리 왕국의 최고의 칭호 중 하나를 가지고 있는 사람으로서는 이것은 참으로 품위 있는 가정이었다.

1572년과 1577년에 불충분하게 기록된 여행기간을 제외하고는 카라치올로는 1586년 그가 죽을 때까지 대성당 가까운 곳에 있는 그의 작은 집에서 살았다. 그의 자녀들은 다른 가족과 함께 나폴리에 머물고 있었다. 그의 장남은 그의 칭호를 상속하고, 스페인의 왕 휠립 2세를 위해서 여러 번의 전투에서 싸웠다. 차남은 레판토 (Lepanto)에서 싸웠으며, 3남은 수도원장이었고, 4남은 사제였다. 카라치올로가 죽은 후, 그의 가까운 친구인 제네바의 이태리 인 교회의 목사는 이태리어로 그의 전기를 저술하였다. 이 책은 즉시 라틴어와 프랑스어와 영어로 번역되었다. 지금까지 제네바에서는 전기에 의해서 축하를 받은 것은 칼빈뿐이었기 때문에, 그것은 대단한 명예였다. 그러나 카라치올로의 전기의 표제가 보여주는 대로, 거기에는 "경건과 참된 종교에서 보기 드문 지조와 인내를 보여준 비범한 실례"를 선전해야 하는 충분한 이유가 있었다.

Ⅶ

제네바의 역사를 위하여 이들 망명자들의 의의는 많은 다른 면들이 있으나, 그 중에 깊이 조사된 것은 거의 없다. 이 소논문은 칼빈 당시의 제네바를 참되게 그리고 철저하게 연구하려고 하는 그 문제들의 규모를 보여드리고자 하는데 있을 뿐이다. 그러나 동전의 다른 면, 혹은 칼빈 당시의 제네바가 이들 망명자들에게 미친 영향은 입증하기가 보다 쉽고, 기술하는데도 보다 간단하다. 어떤 사람에게는, 제네바는 그들의 조국에서의 종교적 박해로부터 피할 수 있는 피난처였다. 그러나 더 많은 사람들에게는, 이 대단히 소극적인 특징(몇몇 제국의 자유도시와 개혁파의 다른 도시들이 갖고 있던 특징)은 이 비범하고 신성한 도시의 적극적인 자산 때문에 훨씬 더 무게가 주어 졌다. 다른 말로 하면, 많은 사람은 공포 때문이 아니라, 희망을 품고 제네바를 찾아왔다. 존 낙스(John Knox)는 평소의 재능과 통명스러 운 말로, "다른 곳에서도 그리스도가 진실 되게 전파된다는 것을 인정하지만, 그처럼 참되게 개혁된 양식과 종교를 나는 아직까지 어느 다른 곳에서도 본 일이 없다"고 표현하고 있다.[54] 프랑스 인 아내를 둔 제네바 시민인 윌리암 위팅함(William Whittingham)은 1560년의 영어성경 서문에서, 제네바를 "참된 종교와 참된 경건의 거울이며 모델"이라고 하였다. 이태리 인들도 그와 똑같이 열심이었 다. 이전 주교였던 베르제리오(Vergerio)는 1550년에 저술한 그의 소 책자에서, 제네바의 유일한 주권자는 하나님이었으며, 겨우 7명의 목사들이 매 주일에 10회의 설교를, 주중에는 적어도 하루걸러 2회 의 설교를 하고 있었고, 교회의 권징은 모범적이요, 주민 모두가 경 건과 화목의 모델이었다고 기록하고 있다. 프랑스의 망명자들의 조 국을 목적으로 한 제네바에 대한 기술에서도 대부분 모두가 열심이 었다는 것은 놀라운 일이 아니었다. 1559년에 칼빈 아카데미의 새 교수들 중의 한 사람인 쟝 타고(Jean Tagaut)는 제네바를 극찬하였다. 그는 제네바를 "낙원의 색채를 입혀 예찬하였다. 제네바의 교외, 전 원, 호수, 그리고 산들을 초자연적인 노래로 찬양하는데 상징적 역할 을 다한다. 천군천사들은 산에서 제네바의 안전을 지키고 있다... 성 경을 읽고 시편을 노래하는 유그노의 신앙을 지탱하는데 가장 많이 공헌한 이 시가 그 유명한 저술(크레스빵의 순교사)의 서문에 들어있 다는 것은 의미심장하다"[55]. 칼빈 당시의 제네바의 이들 망명자들에 대한 많은 기술 중에는 인문주의적 과장의 요소가 있으나, 그들 하나 하나의 배후에는 순수한 종교적 열정의 견고한 핵이 있다는 것도 부정할 수 없다. 이 사람들에게 칼빈 당시의 제네바는 단순한 자유도 시 이상의 무엇이었다. 제네바는 신성한 도시였다. 그들은 적극적으 로 제네바에 매혹되었기 때문에 거기에 오게 되었으며, 우리 시대의 망명자들에게서 볼 수 있는 것처럼, 곤경에 처해 있다든지, 혹은 향 수에 빠져있다든지 해서가 아니라 새로운 생활을 시작하고자 하는 순례자의 감정을 품고 거기에 오게 된 것이다.

제7장 / 미주

[1] Roget, *HPG*, Ⅴ, p.82.

[2] 여기서는 *L. H.*로 약술한다. 1572-1574년과 1585-1587년을 다루는 제2권은 1963년에 간행되었다.

[3] O. Reverdin, *Quatorze Calviniste chez les Tompinamous*(G., 1947), p.26.

[4] Kingdon, *Geneva and the Wars of Religion*, pp.135-43, L. H.와 부합하다.

[5] R. Mandrom, "Les Francais hors de France au ⅩⅥ "siècle," in *Annales: économies-societés-cilvilisation*, 14(1959), p.665; P. Chaix, *Recherches sur l'imprimerie à Genève de 1550 à 1564*(G., 1954), pp.140-230 *passim,* 1559년 이후에 온 인쇄업자들을 소홀히 하면서 L. H.와 부합하였다. 1550년에서 1564년까지 제네바에서 영업한 인쇄업자와 서적상은 모두 300명이었다.

[6] 영국에 대한 숫자는 *Livre des Anglois*, in Chas. Martin, *Les Protestants anglais refugiés à genève au temps de Calvin, 1555-1560*(G., 1915), pp.331-38에서 인용하였다. 이태리에 대한 숫자는 이태리 교회의 기록을 인용한 AEG의 Vincenzo Burlamacchi's "Libro de' Memorie diversi..., P. H. 1477^{bis}에서 인용하 였다. *L. H.*에서는 보이지만, 교회의 기록에서는 영국인과 이태리 인 몇 사람 이 있을 뿐이다.

[7] Elizabeth Armstrong, *Robert Estienne, Royal Printer*(Cambridge [Eng.], 1954), pp.216, 213; Martin, *Réfugies anglais*, pp.333, 332; E. Droz, "Antoine Vincent," in *Aspects de in propagande religieuse*(G., 1957), p.277.

[8] Benedetto Croce, "Il Marchese di Vico," in *Vite di Adventure, di Fede e di*

Passione, 3rd. ed. (Bari, 1952), p.211를 보라. Clerici에 대해서는 *L.H.*, p.93과 P. H. 1477^{bis}를 보라.

9 Roget, *HPG*. Ⅴ, p.49 n.1, 1557년에 재세례파 때문에 추방된 Antoine Hue(또는 Huet)의 경우는 분명히 이 문제와 연결되어야 할 것이다. *L.H.*, p.51과 Roget. *HPG*, Ⅴ, p.99를 참조하라.

10 이 점은 N. Z. Davis의 혜택에 의한 것이다. 그녀의 이번에 나온 책 *Strikes and Salvation in Lyon*(Stanford Univ. Press, 1967)을 보라.

11 Kingdon, *Geneva and the Wars of Religion*, pp.116-17.

12 Martin, *Refugiés anglais*, pp.260-64.

13 Pascale에 대해서는 특히 T. R. Castiglione, in *Religio*, 12(1936), p.28f를 보라.

14 Roget, *HPG*, Ⅴ, p.293.

15 A. Covelle, ed., *Le Livre des Bourgeoise de l'ancienne Republique de Genève*(G., 1897), pp.217-98.

16 *L.H.*, p.6과 Delio Cantimori, *Eretici Italiani del Cinquecento*(Florence 1939), pp.277ff.

17 *Studies*, p.24의 도표를 보라.

18 *L.H.*, p.xv; Mandrou, in *Annales*, 14(1959), p.663.

19 Martin, *Refugies anglais*, p.337.

20 Arturo Pascal, "La colonia piemontese a Ginevra nel secolo ⅩⅥ," in *Ginevra e l'talia* (Florence, 1959), pp.65-133. 16세기에는 약 350명의 삐에몽 출신 성년남자가 제네바에 살고 있었다.

21 T. R. Castiglione, "Il rifugio calabrese a Ginevra nel ⅩⅥ secolo," in *Archivio Storico per la Calabria e la Lucania*, 6(1936), pp.169ff; Croce, "Il Marchese di Vico," p.248f; S. Caponetto, "Origine e caratteri della Riforma in Sicilia," in *Rinascimento*, 7(1958), pp.219-81.

22 A. Pascal, "Da Lucca a Ginevra," in *Rivista Storica Italiana*, 49(1932), pp.149-68, 281-303; Marino Berengo, *Nobili e mercanti nella lucca del Cinquecento*(Turin, 1965), pp.399-435.

23 제네바에는 크레모나 이민단에 대한 특별 연구는 없다. 그러나 Federico Chabod, *Per La storia religiosa dello Stato de Milano durante il dominio di Carlo* Ⅴ(Bologna, 1938), pp.145ff.를 보라.

24 *L. H.*, pp.91, 137f에 있는 많은 이름들은 "frayles hereges … les quales todos estan en Geneva." Simancas AGS, Estado 210.의 목록에서도 볼 수 있다. 이 사료(史料)는 Marcel Battailon, *Erasme et l'Espagne*(Paris, 1937), p.749 n.4에 기재되어 있다.

25 Roget, *HPG*, Ⅴ, pp.203-04.

26 *Studies*, p.98; P.-F. Geisendorf, *L'Université de Genève, 1559-1959*(G., 1959), p.42.

27 Delio Cantimori, "Profilo di Giorgio Biandrata Saluzzese," in *Bollettino Storico-bibliografico subalpino*, 38(1936), pp.352-402; A. Pascal, "Da Lucca a Ginevra," *RSI*, 51(1934), pp.472-82.는 반 3위일체론에 공명하고 있던 루스티치(Rustici)라고 하는 또 다른 의사가 1558년에 있었다는 것을 기록하고 있다.

28 Léon Gautier, "La médecine à Genève jusqu'à la fin du ⅩⅧe siècle, in *MDG*, 30(1906), pp.26-27.

29 *Ibid.*, pp.52ff; Pascal, "Colonia piemontese a Ginevra," pp.114-15.

30 Mandron. in *Annales*, 14(1959), p.665. 메리 여왕 치하의 영국에서 망명 온 성년남자 472명 중 6명만이 법률가요 의사였지만, 그들 중 어느 한 사람도 제네바에 오지 않았다는 것은 확실하다. C. H. Garrett, *The Marian Exiles* (Cambridge, [Eng.], 1938), p.42.

31 크레스빵에 관한 좋고 새로운 전기는 없다. 가장 유용한 인물소개는 E. Haag, *La France Protestante*, 2e ed.(Paris, 1883), Ⅳ, cols. 885에 있다.

32 Martin, *Refugiés anglais*, pp.297-330; Chaix, *Imprimerie*, pp.175, 193f.

33 Chaix, *Imprimerie*, pp.213f, 225. 이태리 인의 선전활동의 전체규모는, 새로운 책이 때때로 나오기 때문에, 아직 정확히는 알 수 없다. J. A. Tedeschi and E. D. Willis, "Two Italian Translations of Beza an Calvin," in *ARG* 55(1964), pp.70-74. 를 보라.

34 Ed. Boehmer. *Bibliotheca Wiffeniana*(Strasbourg, 1883), Ⅱ, pp.60-65; 그리고 John E. Longhurst, "Julian Hernandez, Protestant Martyr," in *BHR*.12 (1960), pp.90-118.

35 Armstrong, *Robert Estienne*, pp.228-35.

36 Mandrou, in *Annales*, 14(1959), p.665f.

37 Pascal, "Da Lucca a Ginevra," *RSI*, 50(1933), pp.30-60, 220, 424ff; RS1, 52(1935), pp.286ff.

38 Armstrong, *Robert Estienne*, pp.213-17, 224f; H. Meylan, "En dépit des édits royaux" in *Mélanges Antony Babel* (G., 1963), Ⅰ, pp.291-302; EPU, Mss. Tronchin, vol.4, nos. 25-27.

39 Water Bodmer, *Der Einfluss der Refugiant-eneinwanderung von 1550-1700 auf die Schweizerische Wirtschaft* (Zurich, 1946), pp.42ff.를 참조하라. 이 주제에 대한 충분한 연구는 Jean-Francois Bergier에 의해서 약속되었다.

40 Charix, *Imprimerie*, p.179.

41 R.C., t.58. fol. 69ᵛ; Kingdon, *Geneva and the Wars of Religion*, pp.93-94.에

요약되어 있다. 리용은 1548년에 앙리 2세의 즐거운 입성(入城)을 맞아 413명의 최상의 인쇄업자를 소집했다. Kleinclausz, *Lyon*, Ⅰ, p.506 을 보라.

42 Chaix, *Imprimerie*, p.55.

43 E. Droz, "Antoine Vincent: la propagande protestante par le Psautier," in *Aspects de la propagande religieuse*(G., 1957), pp.276-93.

44 *Ibid.*, pp.286 and n.2, 279.

45 H.-L. Schlaepfer, "Laurent de Normandie," in *Aspects de la propagande religieuse*, pp.176-230.

46 *Ibid.*, pp.182-82에 완전한 목록이 있다.

47 *Ibid.*, p.208, items 8, 10, 13.

48 De Normandie의 재산은 Pierre Jeannin, *Les merchants au XVIe siecle* (Paris, 1957), pp.49-54에 기록되어 있다. 유럽 각지의 중류급 상인들의 산만한 실례에서 보다는 다소 많다.

49 *Studies*, pp.39-41, 43

50 리용에 살고 있는 프로테스탄트 룩카인들은 15퍼센트의 연간 이익을 보증하고, 제네바에 국영비단 공장을 세울 것을 제안했으나 거절당했다. AEG, P. H. 1588. 리용은 1548년도에 비단 생산을 위해서 약 1,650명을 고용하였다. Kleinclausz, *Lyon*, Ⅰ, p.504f.

51 Henri Naef. "La Conjuration d'Amboise et Genève," In *MDG*, 32(1922), pp.325-730; Kingdon, *Geneva and the Wars of Religion*, pp.68-78에는 다른 정보와 함께 잘 요약되었다.

52 A. Delmas, "Le procès et la mort de Jacques spifame," in *BHR*, 5(1944), pp.105-37; Roget, *HPG*, Ⅶ, pp.173-87.

53 "Il Marchese de Vico," *art. cit.*, pp.187-291.

54 1556년도. Kingdon, p.21에 인용되어 있다.

55 Alain Dufour, "Le mythe de Genève au temps de Calvin," in *Sehweizerische Zeitschrift für Geschichte*, n. s. 9(1959), pp.501-04(인용은 p.503); *Histoire politique et psychologie historique*(G., 1966), pp.76-79.

제3부: 칼빈주의의 유산

제8장 칼빈 이후의 제네바

칼빈이 죽은 후 제네바에는 몇 가지 중요한 면에서 변하였다. 1567년 이후 제네바는 베른보다 훨씬 더 제네바의 종교와 그 독립에 적개심을 품고 있던 가톨릭의 군주에 둘러싸여 있었다. 이 역사적 사건은 제네바의 대외관계에 중대한 충격을 준 것은 사실이었으나, 칼빈이 임종 시에 아무것도 변경하지 말라고 목사들에게 말한 제네바 내부에서는 중대한 변화를 일으키지 않았다. 사실 칼빈의 후계자들은 그의 형식과 정신을 모두 지키기 위해 분투적인 노력을 하였다. 그러나 변화하고 있는 16세기 말의 유럽에서 교회문제와 정치문제에서 모든 변화를 피하는 것은 불가능하였다. 유동적인 주위의 환경에서 부동의 자세로 있었다는 것만 해도, 칼빈 이후의 제네바는 유럽의 역사에서 특이한 위치를 차지하고 있었다.

1564년 이후의 제네바에는 더 이상 내부의 역사는 없었다. 소의회 당국자들은 선거전의 설교를 영리하게 이용하여 당쟁이나 민중 선동에 마음이 흔들리지 않고 죽을 때까지 그 자리에 머물러있었다. 딱 한번 200인 의회가 선거를 치르지 않은 자를 소의회 의원으로 받아들이거나, 무기명 투표와 같은 어떤 개혁을 요구한 일이 있었는데, 공화국의 당국자들은 이들 자칭 혁신자들을 신속히 진압하였다. "신중한 사람은 그와 같은 순수한 민주정치를 절대로 인정하지 않을 것입니다." 그들의 답변은 계속되었다. "그와 같은 국가는 영원히 살아남지 못할 것이기 때문입니다." 라고 그들은 답변하였다. 폴리비우스(Polybius) 시대의 로마, 베니스, 혹은 스위스의 여러 도시에서 실행되고 있던 혼합정치는 그들의 이상이었다. 그러나 베니스의 무기명투표와 같은 신기한 것은 "다른 사람의 눈으로 볼 때 우리를 어리석은 사람으로 만들 뿐일 것입니다".[1] 당국자들이 이 공격을 용의하게 처리할 수 있었던 것은 16세기 말의 제네바에 정치적 안정이 있었다는 것을 웅변적으로 증명해준다. 여러 세대동안에 더 이상의 개혁은 없었으며, 한편 나리들(Messieurs)은 내부의 도전을 받지 않고 그들의 작은 국가를 통치할 수 있었다.

한편 제네바 공화국의 대외적인 역사는 칼빈의 사망 후 40년 동안은 다사다난한 시기였다. 지리적으로 베른에서 멀리 떨어져있던 제네바는 더 멀리 진출해서 독립의 더 확실한 보증을 찾지 않을 수 없었다. 그 외교활동의 과정은 더 심해졌고, 그 목적은 더 진지해졌다. 마지막으로 16세기 말에는 제네바는 사보이 공과 4년 동안 전쟁을 해야만 했다. 그 후에도 최종적인 평화조약은 이루어지지 않았다. 사보이의 기습을 격퇴했을 때 비로소(제네바에서는 지금도 매년 거행되는 1602년 12월의 그 유명한 에스카라드 축제) 제네바는 어느 정도의 정치적 안정을 확보할 수 있었다. 개량된 방어공사와 직업 군인으로 된 수비대는 독립을 유지하기 위해 제네바가 마지막

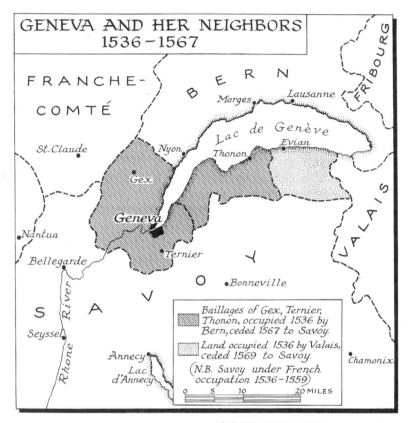

<제네바와 주변 나라들(1536-1567년)>

으로 지불한 대가(代價)였다.

    공화국과 마찬가지로, 칼빈의 사망 후 40년 동안 제네바 교회의 내부에는 어려운 문제가 거의 없었다. 목사들과 교수들은 칼빈이 살아있을 때처럼 한 사람의 지배를 받지 않게 되었지만, 일반적으로 협력하여 활동하였다. 조정자로서의 칼빈의 자리를 계승한 데오 더 베자(Theodore Beza)는 소책자의 다작(多作)의 저자요, 시 당국자에 대한 목사회의 뛰어난 대표자이며, 유럽 각지의 개혁파 지도자들과

의 근면한 통신원이요, 또한 칼빈 아카데미의 최고급의 유능한 지도
자였다. 그러나 그는 칼빈의 신학과 교회에 대하여 어느 하나도 변
경하지 않고, 그의 사업을 계승하려고 하였을 뿐, 특별히 목사회
내부에서 독재적 지배보다는 오히려 집단적 지도체제를 유지함으
로 칼빈의 의도를 지켰다[2].

　　제네바 교회의 대외관계는 칼빈 이후 시대에는 아직 완전히 알려
지지 않고 있다. 그것은 주로 베자의 서간집이 현재 간행 중에 있기
때문이다. 그러나 칼빈 자신의 대신할 수 없는 죽음과 밀접한 관계가
있는 제네바 교의의 매우 엄격함은 제네바 교회의 영향력을 다소 저
하시키는데 그 원인이 된 것 같다. 삐에몽의 보두와(Vaudois) 파는
1564년 이후에는 교회적 결정을 위하여 제네바에 특별 청원을 하지
않았다. 그리고 1555년 이후의 목사회의 사업의 주요 토의사항인 제
네바에서 훈련받은 목사의 파견을 요구하는 대량의 청원은 1566년
이후에는 조금씩 청원의 수가 줄다가 그 후 6년 남짓한 동안에는 겨우
5명만이 파송되었다[2a]. 칼빈 사후에도 감소되지 않고 제네바가 그 흡
인력을 유지할 수 있었던 것은 '칼빈 아카데미'였으며, 이 아카데미에
는 그 후 유럽 여러 나라에서 학생들이 계속 모여 들었다.

　　본 장에서 우리는 칼빈의 죽음으로부터 17세기 초까지의 제네바
공화국과 제네바 교회의 역사를 묘사하고자 한다. 사보이가 에스칼라
드를 격퇴한지 3년이 채 못된 1605년에 있은 베자의 죽음은 칼빈주의
시대의 제네바(칼빈의 당대의 제네바와는 확연히 구분된다)라고 이
름 붙이기에 적당한 한 시대의 종말을 기록하고 있다. 그 기본적인
성격은 고결함과 엄격함의 혼합이요, 신성한 도시라는 데 대한 날카
로운 의식인데, 이것이 바로 칼빈이 제네바에 남겨놓은 가장 영구한
유산이었다.

I

1564년부터 1603년까지의 공화국 역사의 기본적인 주제는 정치적 안전을 위한 추구였다. 칼빈이 죽은 후, 그리고 1567년에 제네바 시를 둘러싸고 있는 벨라제(Baillages) 관할구가 사보이에 의해 점령된 이후에는 제네바는 베른과의 무기한 동맹에 계속 희망을 걸고 있었다. 대외관계의 증대는, 1564년에 벌써 24명의 사절을 지도하고 있던 숙련된 대사인 미셀 로제(Michel Roset)에 의하여 처리되었다.[3] 로제는 독일어를 완전히 정통하고 있었는데, 이것은 제네바에서는 드물고 귀한 일이었다. 그리고 그는 스위스 여러 주의 여러 곳에 사절로 파견되기도 하였다(1년에 두 번, 또는 열 번 정도). 그는 스위스 의회와 솔뢰우르(Soleure)의 상설 프랑스 대사관, 혹은 바젤과 취리히의 프로테스탄트 여러 주에 자주 파견되었다. 거의 항상 그는 베른을 통과하는 길을 따라, 1564년에서 1589년 사이에 80회 이상을 베른에 체류하였다(비교하면, 로제는 토리노의 사보이 궁에는 4회 갔을 뿐, 프랑스에는 한 번도 가지 않았다). 로제는 외국어에 능통하였을 뿐만 아니라 현명한 협상자였으며, 16세기의 외교의 규칙을 완전히 이해하고 있었다. 그가 1613년 사망 시에 제네바의 시체안치소의 기록은(이와 같은 상황에서 마치 조국의 아버지처럼) 매우 어려운 시기에 공화국의 독립을 유지하는데 그가 이루어놓은 역할을 웅변적으로 증언하고 있다.

로제가 가장 많이 활동한 시기는 제네바가 최대의 위기에 처해 있던 시기와 일치한다. 그 첫 해는 1567년인데, 알바공(Alva)의 인솔 하에 스페인 군대가 네덜란드로 가는 도중에 시에서 불과 수 마일을 통과하고 있던 때였다[4]. 제네바는 아주 잘못 생각하여 숙련된 군인

의 공격을 받을 위험이 있다고 생각하고, 특별수비대로 400명의 유
그노의 노병들을 고용했다. 그러나 그 유명한 이단의 소굴을 공격할
계획은 없었으며, 알바공이 그러한 일을 시도할 수 있다는 생각은,
그의 군대가 이미 제네바를 통과한 때에 비로소 휠립 2세(Philip Ⅱ)
에게 생긴 것 같다. 그러나 알바공의 통과는 공화국에게 두 가지
중요한 결과를 가져왔다. 첫째는, 특별 수비대의 비용은 다음 세기
까지 계속될 제네바의 일련의 재정위기의 시작이 되었다. 둘째는,
더 중요하지만, 알바공의 통과는 프랑스와 스페인의 양대 강국이
최종적으로 승인하였던 로잔협정(1564년 조인)의 실행을 베른에 요
구하는 절호의 기회를 사보이 공에 제공하였다. 따라서 알바공이
통과하자 즉시 제네바는 독립공화국의 존재를 자신에 대한 모욕으
로 간주한 사보이에 의하여 다시 포위되었는데, 이번에는 이단적인
고집이 혼합되어 있었다. 지금 더 견고한 방어와 칼빈주의적이 된
제네바는 한층 더 근대화된 사보이 공에 대항하고 있다는 점을 제외
하고는 1535년의 상황이 재현되고 있었다.

당분간 스페인의 휠립 2세의 신중함과 에마누엘 휠리베르
(Emmanuel-Philibert)공의 자기 영지 내의 이태리어권에 대한 편견
때문에 가톨릭의 군주가 제네바에 대하여 군사적 공격을 가하지
않을 것이 확실하였다. 사실 공화국은 1570년에 사보이 공과의 중요
한 교제법(交際法)을 정하고, 이 법에 따라 공은 23년 동안 제네바와
점령지와의 통상의 자유를 보급하였다. 이 협정은 제네바의 주권과
시내에서의 사보이의 여러 권리라고 하는 보다 곤란한 법률적 문제
를 피해 통과되었다. 베른과 휠립 2세는 종교적 긴장을 약화시키고,
종교전쟁의 가능성을 제거하는 것처럼 보였던 이 협정을 매우 기뻐
하였다. 성 바돌로메의 학살 소식이 1572년 8월 23일 전해졌을 때

제네바는 흥분하였음에도 불구하고, 이 지역의 긴장은 고조되지 않았다5. 한 달 동안 특별경계령이 내려지고, 16,500발의 총탄이 발사되었으며, 2주 동안에 500명의 학살에서 피한 망명자가 유입되었다. 그러나 아무런 위험은 없었다. 에마누엘 휠리베르는 1572년 12월에 가능한 한 무슨 방법을 써서라도 제네바를 돕겠다하면서 그의 성의를 표현하였다.

이 공작이 사보이를 통치하는 동안에는 제네바의 안전을 불안하게 한 것은 없었으나, 공화국은 그 외교활동을 약화시키지는 않았다. 마침내 1579년에 미셀 로제의 노력은 결실을 맺었다. 그 해에 프랑스와 스위스의 베른 주, 그리고 가톨릭의 솔뢰우르 주 사이에 조인된 솔뢰우르 협정은 제네바를 파트너에 포함시키지는 않았으나, 이 협정은 특히 사보이의 위협에서 제네바를 보호하도록 작성되었다6. 로제가 기록한대로, "이 문제에서 우리들이 배반당했든가, 아니면 프랑스 인이 우리들 편에 서있었던가 둘 중의 하나다" 프랑스(혹은 좀 더 정확히 말해서 프랑스의 현명한 대사 뽕뽕느 드 베를리에르)는 이 협정을 8년 동안 계속 생각해 왔으며, 사실 프랑스 대사관은 마지막 조인 때까지 모든 교섭에 제네바의 참여를 인정하였다. 로제의 외교는 몇 개의 중요한 조항에서, 공식문서를 수정하는데 성공하고, 제네바를 베른과 프랑스의 보호국에서, 약하지만 주권국가로 만들기 위해 표현을 미묘하게 변경하였다. 이 협정은 제네바에서는 먼저 목사회에 의해서, 다음으로는 시민총회에 의해서 승인되었다. 공화국은 계약 당사자가 아니라, 대리인으로서 협정에 조인할 대표단을 파견하였다. 이렇게 해서 제네바는 프랑스의 세력권을 향해 불완전한 첫발을 내디디게 되었으며, 또한 앙리 3세와 그의 외교관도 이단 보호에 대한 양심의 가책을 극복하였다(후랑소와 1세가 반세기 전에 터키에 대한 그의 양심의 가책을 극복한 것처럼). 그들의 공식 입장은 1582년에 스위스 대사관에 보낸 국왕의 훈령(訓令)중에 훌륭하게 묘사되어 있다.[7]

> 제네바 시가 오래전에 다 타버렸더라면 좋았을 것이다. 왜냐하면 제네바에서 전 기독교권에 이르기까지 뿌려진 악한 교리가 많은 재난을 가져왔기 때문이다. 그 대부분은 우리 왕국에서 있었다. 그럼에도 불구하고, 제네바 시의 위치 때문에, 우리는 제네바 시를 이웃 군주의 수중에 쥐어줄 수는 없다. 왜냐하면 만일 그렇게 되면, 그리고 레클류즈(l'Ecluse)의 통로가 견고하게 방비된다면, 나는 스위스 연방을 도울 수 없게 될 것이며(훨씬 더 적절한 관계에서), 그들도 나를 도울 수 없게 될 것이기 때문이다.

제네바의 독립에 대한 프랑스의 관심을 보증하는 이 협정은 너무 빠른 것은 아니었다. 1년 후에 에마누엘-휠리베르(Emmanuel Philibert)가 죽고, 젊은 몽상가 샤르르-에마누엘(Charles-Emmanuel)이 사보이 공으로서 그 뒤를 계승하였다. 공상적이며 야심에 차있던 이 새 지배자는 화려한 계획을 장황하게 늘어놓을 수는 있었으나, 대체로 그것을 실천할 능력은 없었다. 그러한 계획 중에는 그의 불행한 할아버지가 1536년에 잃은 도시를 탈환하는 일이 들어있었다. 1580년 이후의 제네바 공화국의 역사의 대부분은, 즉 1582년의 단기간의 교전에서 20년 후의 에스칼라드까지는 샤르르-에마누엘의 계획을 뒤집어 엎기 위한 일련의 경종과 탈선의 연속에 지나지 않았다.

경제봉쇄와 군사봉쇄를 포함하는 이 위협을 피하기 위해, 제네바는 그 외교의 지평을 확대하고, 외교적 기술을 품위 있게 행사할 필요가 있었다. 솔뢰우루 협정이 처음으로 1582년에 시험대에 오르게 되었는데, 그때 제네바는 1,200명의 프랑스와 삐에몽 그리고 이태리의 용병의 도움을 얻을 수 있었다.8 포위군의 지휘관은 무능하였으며, 공격용 대포도 준비하지 않았을 뿐만 아니라, 모든 경우에서 그의 노력은 베른과 솔뢰우루의 프랑스 대사관으로부터 외교적 압력을 받아 저지되었다. 그것은 공화국에게는 여름에 갑자기 덮친 폭풍우에 지나지 않았으나, 공화국은 아카데미의 학생을 무장시키고, 스위스에 수비대를 요청하였으나, 이 사건은 앞으로 찾아 올 확실한 징조였다.

이 사건은 역시 제네바에 상당한 재정적 적자를 남겼다. 따라서 1582년 9월에 소의회는, 베자가 이전에 영국과 파리에서 교육을 받았다는 소식, 그리고 소의회 의원들이 영국의 여왕과 런던 시장에게 편지를 쓰고, 우리 교회의 몇몇 목사들이 주교에게 편지를 쓴다면, 우리의 최근의 경비와 부채를 경감 받는 일종의 혜택을 받을 수 있을 것이라는 소식을 검토하였다9.

공화국은 이전에 스코틀랜드의 레녹스(Lennox) 백작의 가정교사였던 대사를 엘리자베스 여왕의 궁정에 파견했는데, 여왕은 존 낙스(John Knox)가 25년 전에 「여인들의 극악무도한 통치를 반대하는 최초의 나팔수」로 제네바에서 보낸 이후 공식적으로 제네바로부터 들은 것이 아무것도 없었다. 대사는 여왕과 개인적으로 회견하지는 못했으나, 추밀원(樞密院)은 제네바를 원조하기 위해, 주교의 감독 하에 왕국 내에서 전국적인 모금운동을 할 것을 승인하였다. 1550년대에 제네바에 온 망명자였던 죤 보들리(John Bodley)가 이 모금의 감독자로 임명되었다. 6개월 동안 활동 하고나서 제네바의 대사는 영화(英貨) 5,730파운드(10만 제네바 훌로링 이상으로, 이것은 당시의 공화국의 연 수입의 3분의 1에 해당)을 모금하고 1583년에 귀국하였다. 그는 역시 스위스의 프로테스탄트의 여러 주가 사보이가(家)를 반대하는 연합전선을 형성할 것을 권면하면서, 스위스의 프로테스탄트의 여러 주에 보내는 엘리자베스의 귀중한 편지를 가지고 왔는데, 엘리자베스는 얼마동안 사보이와 우호관계를 맺고 있었기 때문에, 그로서는 "가까스로" 이 편지를 손에 넣을 수밖에 없었다. 말하자면, 이처럼 멀리 있는 프로테스탄트의 통치자로부터 자선 모금을 억지로 밀고 나아가려고 하였던 제네바의 최초의 시도는 분명히 성공적이었다. 1582년의 영국으로 보낸 사절의 파견은 16세기 말기의 정치적 위기 때 공화국이 반복하게 되는 행동의 선례를 열어놓았다.

1582년의 군사적인 경고도 역시 스위스의 보다 전통적인 지역에서 제네바의 외교활동에 자극을 주었다. 제네바가 1584년에 베른과 취리히와의 3국간의 「형제시민관계」(combourgeoisie)에 조인했는데, 이 협정의 제7조에 기록된 법의 허점 때문에, 제네바가 프랑스와 교섭할 수 있도록 인정되므로 로제는 최후의 대승리를 거둘 수 있었던 것이다[10]. 로제는 프로테스탄트 주의 바젤과 샤프하우젠을 이 협정에 가입시키는데 옹졸하여 실패하였다. 원칙적으로 취리히는 이미 1583년 1월에 이 조약에 동의하고 있었으나, 스위스 내부의 미묘한 정치정세 때문에 1년 내내 이 결정을 공적으로 드러내지 못하고 있었다. 제네바는 1583년 4월에 한 쌍의 은제 술잔을 동맹국에 보내면서 동맹의 확인을 촉구하고, 이 새로운 「형제시민관계」의 유용성을 베른에 설득하기 위해 열심히 노력하였다. 이것은 시간이 걸렸으며, 솔뢰우르의 프랑스 대사관의 도움이 필요하였으나, 마지막에는 로제가 많은 논쟁점에서 승리하였다. 베른의 모든 반대가 극복되자 제네바는 재빨리 이 조약을 승인하고, 상당히 화려한 축제로 이 조약을 확인하였다. 소의회는 트럼펫과 북을 빌리고, 폐기된 보트에는 마르스(Mars)상을 세우고, 시의 학생들로 하여금 애국 연극을 상영하게 하고, 그리고 방문한 고관들을 위하여 제네바의 시가지를 깨끗하고 반듯하게 청소하게 하였다. 이 방문자들을 위하여 베푼 공식연회의 식사는, 제네바의 사치 단속령을 다소 벗어났으나, 자신이 제정한 법의 실례를 아프게 생각하면서도 정부는 환대의 측면에서 법을 위반하는 길을 선택하였다. 이 동맹은 공화국의 독립의 기초석으로서 1798년까지 효력을 계속 유지하였기 때문에, 그 대가는 큰 것이 아니었다. 동맹국 이외의 여러 나라와 서로 계약하는 것도, 이것이 조약의 다른 조항에 위배되지 않는 한 제네바는 자유였다.

　　1584년의 3국 동맹의 결과는 곧 나타나지 않았다. 샤르르-에마누엘은 조인한지 16개월이 지나서, 그의 영지에서 반역의 도시 제네바에 곡식의 수출을 금지하는 칙령을 내렸다. 2년 가까이 제네바는 경제적으로 봉쇄되어 국민은 거의 아사 상태에 있었다.[11] 공화국은 목사들이 목회하고 있는 농촌 교구에서 곡식의 11조도 거둘 수가 없었다. 사보이 공작의 법령 실시를 수행하고 있던 자들이 농촌지대를 세밀히 순시하고 있었기 때문에, 제네바에 속하는 영토의 농민들은 풀을 먹고 살 수밖에 없었다. 성벽 내에서는 일등품의 소맥은 그 값이 3배나 뛰어서, 정부는 부득불 알사스(Alsace)와 팔라틴(Palatinate)과 같은 먼 지역에서 곡물을 사올 수밖에 없게 되었다. 긴장이 고조되었다. 독일에서 유학 온 모든 법학과 학생들이 제네바를 떠났기 때문에, 아카데미도 당분간 문을 닫을 수밖에 없었다.[12] 1582년과 같이 프로테스탄트 여러 나라에 편지를 보냈다[13]. 또 다른 망명자의 큰 무리가 주로 제네바 근교의 농촌지역으로부터 제네바 시에 몰려들어 새로운 주민등록이 시작되었다. 그들에게 적당한 양의 식량을 제공하기 위해, 1587년부터 특별 모금이 시작될 수밖에 없었다. 제네바의 처지는 참으로 긴장상태에 있었다. 1586년 12월에 소의회에서 행한 연설 중에, 소의회 의원 겸 교수인 쟈크 렉크 (Jacques Lect)는, 무력에 의한 해결도 필요하고 정당할 것이라고 역설하였다.14 그러나 제네바의 동맹국들, 특히 베른은 공격전을 직시하려고 하지 않았다. 왜냐하면 공격은 무슨 공격이든지 전 유럽적인 대학살을 일으킬 수 있다고 생각했기 때문이었다. 우선 제네바는 인내 외에는 선택의 길이 없었다.

긴장은 다음 수년 동안 가볍게 고조되었을 뿐이었다. 봉쇄는 느슨해지고, 아카데미는 재개되었으나, 사보이와의 작은 사건들은 전면 전쟁의 구실을 계속 만들어 주었다. 1588년의 스페인의 무적함대가 패배한 후, 국제정세가 프로테스탄트에 유리하게 되자 제네바는 아무런 주저 없이 예방전쟁을 시작했다.15 지방의 상황도 1588년에서 1589년의 겨울까지 매우 유리하였다. 베른은 보 지방을 탈취하려는 사보이의 음모를 발견 하고나서 매우 놀랐다. 프랑스 왕도 1588년 말 살루쓰 후작의 영토를 탈취한 사보이 공작을 괴롭혔다. 샤르르-에마누엘을 주로 보호한 스페인의 휠립 2세는 무적함대의 패배에 마음이 사로잡혀 있었다. 만일 제네바가 겨울 한가운데 전쟁을 시작한다면, 사보이 공작의 영토의 절반, 즉 사보이와 삐에몽 사이의 통로는 눈으로 폐쇄되어 사보이 공작은 불리하게 될 것이다. 한편 제네바의 스위스 동맹의 여러 주는 중앙에 위치해 있고, 성벽에 둘러싸여 있는 안전한 작전기지를 소유하고 있었다. 미셸 로제는 1589년 1월에 소의회에서 행한 유명한 연설에서 이렇게 주장하고 있다. 즉 단 한 가지 부족한 것은 스위스의 군대이며, 프랑스 대사관은 서둘러 그들을 소집하고 있었다. 따라서 제네바는 1589년 3월에 사보이를 향하여 전쟁을 선포하고, 필요한 협정의 모든 것에 조인하기 전에 전진하여 공격까지 하였다.

로제와 제네바는 1536년에서처럼, 단기전을 예상하였다. 그들은 장기전은 파멸적으로 비경제적임을 알고 있었다(이 염려는 적어도 지면상으로는 제네바가 1589년 4월에 조인한 조약으로, 프랑스가 전쟁의 전체비용을 지불할 것을 약속했기 때문에 해결되었지만). 이것은 처음에는 계획대로 잘 되었다. 프랑스 대사인 알레 드 쌍씨(Harlay de Sancy)의 현명한 약속으로 12,000명의 스위스 인, 주로 베른인을 모병하는데 성공하였다. 그리고 이 베른인들은 1567년에 사보이에 양도한 땅을 회복하려는 의도가 있었다. 1536년에서와 같이, 모든 군사적 목적은 거의 무장하지 않은 적을 상대로 베른과 프랑스 인에 의하여 신속히 달성되었다. 제네바는 전쟁을 위하여 1,500명의 용병을 파병하였는데, 프랑스의 유그노가 1562년에 두 달 동안 전투하고 포기해버린 비현실적인 군대의 규약으로 그들을 통솔하기 위해 열심히 노력하였다.[16] 처음에는 거의 문제가 없었다. 사보이의 귀족은 거의 저항하지 않았다. 많은 전리품들은 동맹국들에게 분배되었으나, 제네바는 자기를 위하여 하나의 재판소 청사를 남겨두고 거기에 있는 모든 성(城)에는 수비대를 배치하였다.

그때 파국이 시작되었다. 1589년의 동맹의 중심 설계자였던 알레 드 쌍씨가 그의 군대를 사보이 영토에 진입시키고, 그가 점령하기로 약속한 곳을 점령하였으며, 5월 중순에는 이 군대를 프랑스로 돌아가게 했다. 이것은 후에 볼테르(Voltaire)를 즐겁게 한 뜻 깊은

요술이었다.[17]

왕은 황급히 그에게 임무를 맡겼으나, 돈은 주지 않았다. 그는 스위스로 떠났다. 그와 같은 교섭은 지금까지 한 번도 없었다. 첫째로 그는 스위스와 제네바를 설득시켜 프랑스와 공동으로 전쟁하도록 하였다. 그는 넘길 수 없는 기병대를 그들에게 약속하였다. 그는 일만의 보병을 모집하여 스위스로 하여금 그들에게 10만 에큐를 지불하도록 하였다. 한때 그는 이 군대의 선두에 서서 사보이 공작으로부터 다소의 토지를 탈취하고, 그리고는 스위스를 설득하여 그의 왕을 원조하게 하였다. 이렇게 해서 처음에 스위스는 사람과 돈을 프랑스에 기증하게 되었던 것이다.

로제가 그때 말한 대로, 제네바의 문제는 쌍씨가 사보이와의 휴전협정을 결말짓는데 실패했다는 것이었다. 베른과 제네바만이 전쟁을 계속하게 했는데, 샤르르 에마누엘은 그의 장인 휠립 2세의 스페인의 무적의 보병을 보강하고 있었다. 제네바는 쌍씨에게 완전히 속고 있었다. 제네바는 지금이야 말로 자업자득의 죄과를 받고 있었다.

사보이와 제네바의 전쟁은 4년 동안이나 계속되었는데, 때로는 격렬했고, 때로는 소강상태였다. 효과적인 스페인의 원조는 쌍씨의 군대와 함께 소멸되었으나, 적군은 현재 1,500명의 스페인군을 포함해서 7,000명 이상의 군대를 배치하였다. 사보이는 수개월 전에 쉽게 점령된 그 농촌지대를 이번에는 똑같이 간단하게 되찾았다. 베른과 사보이는 다 같이 프랑스로부터의 유리한 소식을 기다리고 있었기 때문에, 전쟁은 8월 중순에는 약화되어 일련의 휴전협정이 체결되었다. 제네바의 수비대는 하나씩 하나씩 패배하여 마지막까지 남은 300명의 수비대는 1589년 8월 22일에 훠씨니(Faucigny)의 본느

(Bonne)에서 항복하였다. 이 항복조건과는 반대로 이 수비대는 전원 살해되었다. 그 이유는 약탈을 자행한 사보이 군대가 불을 켜고 제네바 군 사령부와 화약 저장고를 조사했기 때문이었다. 스페인의 한 대장(隊長)을 포함해서 50명의 군인이 이것 때문에 일어난 폭발로 죽었으며, 격노한 스페인 군대는 즉시 무장 해제된 수비대에 대하여 이 "배신"을 보복하였다.

분명히 본느의 학살과 같은 잔학한 이야기는, 베른을 설득하여 전쟁을 계속하자고 말할 수 없었다. 베른은 샤르르 에마누엘과의 조약에 조인하고, 전(全) 점령지를 사보이에 반환할 것과, 그리고 잠정적이지만 제네바가 사보이의 공격을 받더라도 제네바를 돕지 않겠다는데 동의하였다. 사보이 공은 그의 군사적 노력을 프랑스로 옮기기 시작하는 동시에, 그의 이복동생을 사보이의 통치자로 세우고, 그에게 제네바를 항복시키는 임무를 부여하였다. 이때부터 제네바의 전쟁은 국제적이라기보다는 국지적인 것이 되었다. 한편 그것은 무능한 사보이의 민병대와 어떠한 공격적인 목적을 위해서도 사용해서는 안 된다는 지령을 받고 있던 매우 강력한 스페인의 정규군에 의한 전투였고, 다른 한편은 작은 구리 동전과 경건한 약속을 지불하고, 호반을 따라 베른의 영토로부터 식량의 공급을 받으며, 견고한 성벽에 둘러싸여 있는 제네바 시를 방어하고 있던 훨씬 작은 규모의 군대에 의한 전쟁이었다.

이와 같은 상황 하에서 오히려 이상한 종류의 포위전과 소모전이 필요하였다. 사보이 총독은 제네바 주위에 성채를 건축하였는데, 그 중에 가장 중요한 성채는 시벽에서 2마일 안에 있었다. 또 다른 한 쌍의 성채가 호수의 가장 좁은 지점에서 호수를 둘러싸고 있었다. 호수를 제압하기 위해 갈레 선(Galleys 船)이 건조되므로, 제네바의 봉쇄를 완벽하게 해낼 수 있었다. 이 작전은 3,000명 이상의 병력, 혹은 제네바가 무장시킬 수 있었던 병력의 약 4배가 필요하였다. 제네바의 군인들은 2일 이상 계속되지 않은 일련의 출격에서 에너지를 많이 사용하였으나, 그들은 이 출격으로 고립되어 있는 수비대를 포위하고, 성채를 파괴하고, 그리고 거기서 수집할 수 있는 한의 전리품을 가지고 나왔다. 어떤 때는, 그들은 600명의 병력에 의하여 수비되고 있던, 호수 위의 베르소와(Versoix)의 성채 하나를 점령하였다. 제네바는 그들에게 물의 공급을 차단하고, 대포로 위협하고, 그리고 후원군이 도착하기 전에 그들이 항복하지 않을 수 없게 만듦으로, 봉쇄는 중단되었다. 이와 같은 방법으로 제네바는 젝스의 재판소 관구 안에 있는 적의 모든 성채를 점령하였으며, 그 용감함과 확신은 1590년 1월에 이 지역의 군정관을 임명할 정도였다. 나머지 전쟁의 대부분도 같은 방법으로 치러졌는데, 제네바는 신속히 출격하여 성을 탈취하는 방법을 사용한데 반하여, 사보이 군과 스페인의 후원군은 제네바 주변의 땅을 황폐화시키는데 그 노력을 집중하였다. 그것은 스페인 군이 화란에서 채택한 방법과 같은 초토화 작전이었다. 모든 노력에도 불구하고, 제네바의 포위는 불완전하였으며, 그리고 제네바의 국토를 침범하지 말라는 스페인 군의 명령도 변경되지 않았는데, 사보이 지휘관의 큰 고민거리가 되었다.

대부분의 전쟁에서, 이것은 휴전교섭을 시작하는데 좋은 기회가 될 것이다. 스위스 인은 부단히 그것을 위해 노력하였다. 사보이의 많은 지방 귀족들은, 전쟁으로 그 영토가 스페인 군에 의해 조직적으로 약탈되고, 자기들이 제네바 군의 포로가 되어 몸값을 지불해야 할 처지에 있다고 생각했기 때문에, 전쟁 계속의 필요성을 인정할 수 없었으며, 그래서 휴전 교섭을 위해 노력하였다. 그러나 지배

자들은 전쟁의 중요한 신경인 돈이 부족함에도 불구하고, 양자는
다 같이 교섭하는데 관심을 가지지 않았다. 스위스 주재 프랑스 대
사관은, 프랑스와 동맹관계에 있는 제네바 군을 원조하기 위해 전력
을 다했는데, 1590년 12월에는 바젤 가까운 공로(公路)에서 스페인의
급료 운반 포장마차를 습격하고, 약탈한 돈을 자금으로 하여, 스위
스 용병으로 구성된 최후의 원정대를 사보이에 파병하기까지 했다.
이들 군대는 제네바 호수에 있는 갈레(galleys) 선을 파괴하고, 결정
적이 아닌 전투를 한 다음, 1589년에 쌍씨의 군대처럼 프랑스로 사
라졌다. 사보이의 또 하나의 적인 베니스는 알바니아의 모슬렘 용병
을 고용하고, 제네바의 칼빈주의자들과 싸우기 위해 그들을 파병하
였으나, 그들 대부분은 탈주하고 말았다. 제네바는 주변의 농촌지역
에 기부금을 부과하여, 전쟁비용을 충분히 지출하면서 어떻게 해서
라도 전쟁을 밀어제치고 나아가려 했는데, 마침 1593년 8월에 프랑
스와 사보이 간에 전면 휴전협정이 조인되었다. 제네바 전선에서의
전쟁 행위는 사보이의 지휘관과 제네바에 있는 프랑스 지휘관에
의해서 즉시 종결되었다. 이 휴전협정은 전면적 평화조약이 1598년
에 베르방(Vervins)에서 조인될 때까지 정기적으로 갱신되었다. 이
조약은 큰 국제적 문제의 모든 것을 해결하였으나, 제네바가 그 중
에 포함되어 있는지 없는지에 대하여는 다소의 혼란이 있다. 프랑스
의 앙리 4세는, 제네바는 다른 동맹국과 함께 포함되어 있다고 주장
했으나, 사보이는 그것을 부정하였는데, 그것을 긍정하면, 제네바의
주권을 인정하는 것이 될 것이기 때문이었다.
　　제네바와 사보이와의 전쟁은 정치적으로나 외교적으로 거의
아무것도 해결된 것이 없다. 제네바는 베른으로부터 기대했던 원조
를 받지 못했고, 프랑스로부터 필요로 하고 있던 대규모의 원조도

받지 못하고 있었으며, 또한 공화국은 여전히 독립을 위한 확실한
보증도 부족하였다. 외교적으로 이 전쟁의 중요성은, 사보이에 대항
하는 확실한 보호자를 끊임없이 찾고 있던 공화국은 이것을 결정적
인 계기로 삼아 베른으로부터 프랑스로 향하게 되었다. 더욱이 일반
적인 관점에서 볼 때, 이 전쟁의 중요성은, 제네바가 그 전쟁에서
어떻게 해서든지 살아남아 독립을 계속 지켰다는데 있다. 이 전쟁을
연구하는 사가는 다음과 같이 주장하고 있다.

> 이 독립은 절대주의 세기의 도래와 함께, 시대의 일반적인 움직임
> 은 중세기적인 지역주의의 아직 남아있는 모든 것을 희생시키면서,
> 작은 나라를 희생시키고 큰 나라의 성장에 편을 들던 시대의 일반적
> 인 움직임에 의해서 위협을 받고 있었다. 자치 도시는 현대사가 과거
> 의 기념품 정도로 여겼던 낡은 시대의 제도 맨 앞자리에 자리 잡고
> 있었다. … 그리고 문제를 더 복잡하게 한 것은, 절대주의에 빠진 군주
> 와 공화국이 된 도시 공동체와의 분쟁은, 동시에 종교전쟁이기도 하
> 였다[18].

제네바는 프랑스의 이름으로 전쟁을 행하였으며, 그 최고사령관은
항상 프랑스의 국왕으로부터 임명되었다. 1593년의 휴정협정 이후
의 제네바는 계속 정치적으로 프랑스의 궤도 안에서 끌려 다녔으며,
그 정책은 프랑스가 1589년의 쌍씨 조약에서 약속한 것처럼, 마지막
에는 앙리 4세가 막대한 전쟁비용을 상환할 것이라는 전제 하에 세
워져 있었다. 따라서 그 이후의 앙리 4세가 통치하는 동안, 제네바의
활동의 대부분은 스위스 동맹보다는 프랑스 궁정에 집중되었다. 제
네바는 1594년 이후 프랑스에 주재 대사관을 설치할 만큼 하였으나,
그것은 공화국의 역사에서 이례적인 것이며, 같은 규모의 나라의

역사에서도 거의 찾아볼 수 없는 것이었다.[19] 전쟁은 이 나라의 다른 외교활동에도 막대한 자극을 주었다. 1593년의 휴전협정 때까지, 제네바는 네덜란드의 연합 7주, 영국의 엘리자베스, 팔라틴 선거후, 그리고 단찌히(Danzig), 혹은 트란실비니아(Transylvania)와 같은 동부 프로테스탄트 제국의 군주들에게 사절단을 파송하였다. 이 사절단의 파견이 계획된 것은, 1582년 영국에 사절을 파송한 것처럼 단순히 외국의 통치자로부터 자금을 조달하기 위한 것이었다. 제네바는 이 나라들로부터 전쟁 말기 2년 동안에 수입전체의 4분의 1을 조달했기 때문에, 이 사절단의 파견은 대체로 매우 성공적이었다.[20]

1593년의 휴전협정과 1598년의 조약으로는 아무것도 해결된 것이 없었기 때문에, 제네바는 경계태세를 계속 유지하였으며, 소의회 의사록은 시에 대한 사보이의 반대 행동이 임박하다는 풍문을 자주 기록하였다. 그런데 한번은 그러한 공격이 실제적으로 일어나자, 공화국은 불의의 습격을 받아 거의 포위될 뻔하였다. 1602년 12월 11-12일 밤의 그 유명한 에스칼라드는, 군사적으로 말한다면, 1589년부터 1593년까지의 제네바의 전쟁 노력에 비하면, 중요성은 훨씬 떨어진다. 그러나 에스칼라드의 기념일은 성공리에 끝마친 공화국의 자유방어전의 정점을 이루는 것이기 때문에, 오늘날도 제네바에서 축전이 베풀어지고 있으나, 1589년의 전쟁은 벌써 잊혀지고 있다. 역사에서는 그렇지 않았으나, 애국적인 신화에서는 에스칼라드의 실패는 제네바에게는 한 시대의 신기원을 이루는 사건이다.

에스칼라드는 그 해 겨울, 가장 긴 밤에 주로 귀족으로 구성된 300명의 정예 군인을 사용하여 사보이 총독의 지휘 하에 이루어졌다. 사보이 공은 돌파구가 열리자 즉시 제네바의 포획을 견고히 하고, 많은 병력을 인솔하여 약간 후방으로 물러났다. 전위부대는 성벽용 사다리를 사용하여 외벽을 넘었으나, 그 때 보초병이 자기 생명을 희생하고 경보를 울렸다. 외벽과 내벽 사이에서 적의 함정에 빠지고, 사다리는 잘리고, 성 파괴공병은 잘 조준된 제네바의 대포탄에 맞아 살해되자 사보이 군은 혼비백산 퇴각할 수밖에 없었다. 흑암 중에 3시간의 혼전 끝에, 공격 측은 약 60명이 사살되고, 부상자는 더 많았으나, 제네바의 전사자는 겨우 17명뿐이었다. 전부가 귀족인 13명의 포로가 생포되었으나, 선전포고가 되어 있지 않았기 때문에, 그들은 제네바 공화국에 의하여 즉결로 도적으로서 교수형에 처해졌다. 말하자면 그것은 정예군과 싸운 일반적으로 비호전적인 많은 시민의 주목할 만한 성공이었다. 부이용(Bouillon) 공은 수 주간 후에 제네바를 지나가면서 다음과 같이 말한바 있다. "만일 이런 일이 프랑스에서 일어났다면, 신사 여러분은 지금쯤은 추기경에 임명되어 있을 것입니다"[21]

유럽적인 관계에서, 에스칼라드(프랑스 대사가 주장하는대로)는 "종교를 구실로 삼아" 1601년에서 1603년에 교황에 의해서 행하여진 앙리 4세에 대한 일련의 음모사건의 일부로 볼 때 가장 잘 이해될 수 있다. 그것이 실패된 후 앙리 4세는 그 사건에 대응하는 것처럼 활발한 움직임을 보여주었다. 즉 그는 사보이를 스페인의 궤도에서 밀어내고 프랑스 쪽으로 옮기고, 또 다른 내전을 저지하였다. 그리고 제네바를 유그노 국가의 한 구성부분으로 하여, 불안정한 프랑스 국가의 일부분으로 존속하게 만들었다[22]. 에스칼라드는 또한 영국과 같은 먼 나라들의 프로테스탄트의 통치자를 놀라게 했다. 스위스는 매우 불안하여 다시한번 제네바와 사보이와의 평화 토의를 하도록 압력을 가하였다. 이번에는 유럽의 정치정세가 변화되어 있었기 때문에 평화 토의는 성공적이었다. 적대 행위는 끝나고, 1603년 7월에

는 성 쥴리앙 조약이 조인되고, 봉인되었을 때에는, 제네바와 사보이
와의 많은 미해결 문제들이 적어도 지면상으로 해결되었다[23]. 사보
이 공은 마지못해 크게 양보하고, 마침내는 은연중에 제네바의 독립
을 승인하였다. 이 조약은 제네바와 사보이 사이의 쟁점의 모든 것을
해결한 것은 아니었다. 그러나 그것은 1570년의 교제법보다는 훨씬
더 만족스러운 방법으로, 두 나라 사이의 경제적 법적 관계를 조정하
므로, 장기간의 평화에 강한 기초를 마련해주었다.

　　성 쥴리앙 조약이 조인될 때까지 제네바는 앙리 4세로부터 매
월 6,000 리브르 투루노아의 원조금을 끌어들였다. 1579년에 쏠뢰우
르 조약이 조인된 이후, 특별히 1589년에 전쟁의 발발 이후, 제네바
는 프랑스 편으로 착실히 더 가까워지고 있었다. 1605년까지는 제네
바는 스위스의 위성국이라고 하기 보다는 프랑스의 위성국으로 생
각되는 것이 더 타당하였다. 앙리 4세의 죽음과 1617년의 프랑스
왕의 원조금이 폐지된 후 제네바의 프랑스 의존도는 다소 약해졌다.
공화국은 17세기 동안에, 영국을 포함한 외교상 보호자의 새로운
균형을 서서히 확립하였다. 그러나 제네바의 정치적, 상업적 관계는
스위스보다는 프랑스 쪽이 더 강했으며, 더욱이 제네바에서 우위를
점령하고 있던 것은 프랑스의 영향력이었다.[24] 제네바 공화국이
1798년에 마지막으로 몰락했을 때, 제네바는 혁명 프랑스에 합병되
었는데, 프랑스는 결국 빈 회의에서 제네바를 스위스에 양도하였다.

　　Ⅱ

공화국이 그 독립을 위협하지 않을 믿을만한 보호자를 어렵게 찾고

있는 동안, 제네바의 내부 역사는 분명히 정체 상태에 있었다. 칼빈의 사후 40년 동안에, 제네바 국내에는 몇 가지 중요한 변화가 있었으나, 그 중요성은 시의 조직 표면에는 좀처럼 나타나지 않았다. 1564년 이후에는 공화국의 과두정치적인 성격이 확립되고, 많은 수단들이 고정화되었다. 이제 그중에 비교적 중요한 것 몇 가지를 이야기 해 보도록 하겠다.

칼빈주의적 제네바의 과두정치가 확립한 중요한 수단의 하나는 재정분야에 있었다. 국가수입의 대부분은 시장들의 비밀창고인 궤(Arche)에 흡수되도록 되어있었다.[25] 1567년 이후에는 이 재정 창고는 언제나 정식 국가 재고(在庫)보다 더 많은 돈을 다루었다. 그러나 정식재고와 달리 그 매년의 회계검사는 공표되지 않았으며, 200인 의회에 제출되지도 않았다. 공화국의 궁핍은 물론 전쟁 중에 급격히 증대되고, 1580년대의 경제 봉쇄는 1589년 이후의 전쟁노력과 결부되고, 여기에 더하여 제네바의 국가재정의 비밀성이 상당히 강해졌다. 이 경향의 절정기에 전쟁비용을 조달하기 위해 소의회의 의원 세 사람이 군사회의라고 하는 비밀위원회를 조직하였다. 그들은 동전을 포함해서 여러 가지 수단을 사용하여 이럭저럭 돈을 구해왔다. 그러나 그들은 아무런 기록도 남기지 않았으며, 1590년의 국가수입의 상당한 부분이 「군사회의」로부터 들어온 것으로만 기록하고, 그것이 어떤 방법으로 조달되었는지, 어떤 방법으로 차용하고 혹은 강청(强請) 했는지에 대하여는 전혀 명시되지 않았다.[26] 아마 이 시대를 가장 웅변적으로 보여주는 징조는 1570년에 나타나고 있지만, 소의회는 이 해에 시민총회를 소집하여, 앞으로 시민의 승인 없이 소의회만으로 새로운 세금을 부과할 수 있도록 하겠다는 제안을 하였다. 이 제안은 승인되었다[27]. 칼빈의 시대에서는 시민이 국가의 재정 상태를 알고 있었지만, 에스칼라드의 때까지는 제네바의 일반 시민은 이에 대하여 아무것도 알지 못하고 있었다.

공화국이 지도적 망명자의 일족(一族)을 시민과 동등하게 대우한 방법은 16세기의 국가에서는 진귀한 일이기 때문에 그것은 그 자체만으로도 더욱 흥미로운 일이었다. 제네바 태생이 아닌 사람들이 소의회 의원이 되는 것은 금지되어 있었으나, 그 자식들에게는 아무런 법적 제한이 없었다. 이들 새로 입국한 사람들을 제네바의 정치 조직에 흡수시키는 과정은, 가장 저명한 망명자 중의 4명이 200인 의회의 의원직을 차지한 1559년에 시작되었는데, 이것은 칼빈 사후에도 중단되지 않고 진행되었다. 이 과정은 망명자와 나이 많은 토착 주민과의 빈번한 통혼으로 추진되었다. 칼빈주의적 망명자의 첫째 자식이 제네바 소의회의 의원으로 선출된 것은 1594년이었다. 다음 10년 동안에 이 소의회에 선출된 8명 중의 3명의 부모는 망명자였다. 1605년에는 60인 의회에 이름이 있는 40명 중에 10명의 망명자가 있었으나, 한편 200인 의회의 138명 중에는 67명의 망명자가 있었다. 물론 이 사람들 모두는 선임 순에서는 최하위 급에 속한다[28]. 중요한 점은, 제네바 공화국은 망명자를 시민과 동등하게 대우하는데 성공하였으나, 아무런 소동도 없이, 그리고 정부기구에 큰 변화도 없이 상당수의 외국인 그룹을 처리한 나라는 유럽에서는 거의 없었다고 하는 사실이었다.

제네바 공화국은 16세기 말에, 조용히, 질서를 유지하면서, 그러나 점점 더 단호하게 과두정치를 향해 달려갔다. 1570년대에는 소의회 의원들은 그들의 권위를 높이기 위해 제복을 착용하기로 결정하였다. 1580년대에는 그들은 "각하", 혹은 "군주"라고 불렸으며, 일반 시민들은 거리에서 그들에게 모자를 벗고 경의를 표하였다.[29] 제네바는 점점 더 과두정치적이 되고, 200인 의회가 소집되는 일이 적어졌으며, 그리고 시민총회에 의식적으로 출석하기 싫어하게 되었다는 것(이 일을 1570년의 조세 제안 때 서기가 기록해 놓았다)은 만성적인 문제였다. 이 모든 것은 제네바가 칼빈주의의 잠식 때문은 아니었다. 그것은 전적으로 시대의 추세였다. 소수의 국가가 16세기에 살아남을 수 있었던 것은, 남아있던 공동체 정신을 희생시키는 대가로 정부의 기초를 좁히므로 그렇게 하였다. 이태리의 도시국가를 보던지, 혹은 제국(帝國)의 자유도시를 보던지 그 모습은 본질적으로 제네바의 그것과 동일하다[30].

III

데오도 베자 시대의 제네바의 교회와 칼빈시대의 교회는 포착하기 어려울 정도의 차이가 있었다. 이와 같은 많은 차이는 길고도 소란했던 프랑스의 종교전쟁 동안에 개혁파 개신교의 변화된 국제정세 때문이었다.[31] 그리고 그 일부는 아마 칼빈과 다른 개성의 소유자였던 베자 자신 때문일는지 모른다. 대부분의 다른 목사들처럼, 칼빈이 시민계급의 출신이었던 것에 반해, 베자는 하급귀족의 출신이었다. 이 사실은 베자에게는 그의 동료들과 어울릴 수 있는 귀족의 유연성과 편안함이 있었다는 것을 의미한다. 청년시절에는 베자는 시인이었다. 종교개혁에 갑자기 회심한 후에도 그는 시에 대한 취미를 완전히 잃어버리지 않았다. 그는 역시 칼빈의 제자였으며(그의 스승보다 겨우 열 살이 젊었지만), 제네바에서 종교개혁의 제 2세를 대표하였다. 베자의 의무는 창조하는 것보다는 보존하는데 있었다. 그가 제네

바에 바친 최대의 공헌은, 칼빈의 위대한 시대에 대한 연결고리의
인물로 행동하면서 17세기 초까지 살아남았다고 하는 데 있었다.
　기본적으로 베자는 칼빈의 일을 계속하였으며, 그의 전임자가
그린 안내도에 따라 목사회의 조정자로서 행동하려고 노력하였다.
그러나 아마 충분히 의식하지 못한 것 같으나, 그가 칼빈의 생애와
심지어는 그의 교훈을 따라 출발한 경우가 다소 있었다. 그러한 차
이는 주로 베자의 보다 강한 행동주의적 기질 때문이었는데, 그는
제 1차 종교 전쟁 동안에 꽁데(Conde)의 비서로 행동하고, 반란을
정당화하는 각서를 작성하므로, 그 기질을 극적으로 증명하였다.
칼빈 자신보다도 오히려 베자가, 칼빈주의의 정치적 저항 교리의
진정한 저자였으며, 그는 일찍이 1553년에 그 이론을 묘사하였고,
1572년의 성 바돌로매 학살 후에는 하위급 통치자의 권리에 대하여
100페이지 이르는 유명한 논문 중에서 그것을 완전하게 발전시켰
다[32]. 베자는 정치활동에서는 항상 신중하지 못했다. 공화국의 지도
적인 소의회 의원인 미셸 로제(Michel Roset)는 제네바에서의 베자
의「국민에 대한 통치자의 권리에 대하여」라는 간행물에 반대하여
충고하지 않을 수 없었다. 그것은 "그 간행물이 매우 중상 모략적이
어서 제네바 시가 비난의 대상이 될 수 있는 많은 논쟁거리를 일으
킬 수 있을는지도 모르기 때문"이었다. 로제는 또한 1576년 말경,
마콩, 혹은 샬롱(Macon or Chalon)을 탈취하려는 경솔한 유그노의
계획을 지지한데 대해, 베자를 다음과 같이 질책하지 않을 수 없었
다. 즉 "그는 그와 같은 일에 동의해서는 안 되며, 더군다나 그런
일에 연루되어서는 안 되었다." 칼빈과는 달리, 베자는 유그노의
군사령관과 매우 친한 사이였으며, 1571년 이후에는 나바르의 앙리
(후의 앙리 4세)의 제네바의 대리인이기도 하였다.[33]

베자는 인간관계에서 칼빈만큼 엄격하지 않았으며, 아카데미 인사에서 친척을 등용하는 일까지 있었다.1571년에 그의 조카딸이 간음죄로 투옥되었을 때, 베자는 개인적인 불만을 표시하였다. 칼빈의 처제가 조금 전에 같은 죄를 선고받았을 때, 그의 행동과 원통함은 칼빈이 보여준 것보다 덜 공개적이었다.[34] 그러나 대체로 베자는 그의 개인적인 이해관계를 성공적으로 승화시키고, 조정자로서의 의무를 훌륭하게 수행하였다. 어떤 경우에는 그의 행동은 적어도 칼빈과 같을 정도로 모범적인 데가 있었다. 베자와 그의 동료들은 1564년과 1567년에 전염병이 발생했을 때, 성직자들 중에 누가 전염병원에서 봉사할 것인가를 결정하는 추첨에서 그를 면제시키려고 하는 시의회의 명령을 항의하고, 1570년에 세 번이나 동일한 면제가 정해졌을 때에는, 베자는 추첨에서 자기를 면제하지 않도록 정부를 설득하는데 성공하였다[35](그와 반대로, 칼빈은 이 의무에서의 면제를 받아들였다).

그의 제네바에서의 정치적 역할은 칼빈에 비해 더욱 품위가 있었다. 베자는 칼빈이 가끔 한 것처럼, 외교상의 훈령을 정정하거나, 공식 의사록에 기입하거나 하는 일을 하지 않았다. 그는 정보나 조언을 주는 것으로 그쳤으며, 의미심장하게도 그는 회의실 책상 밑에 있는 걸상에서 그것을 주었는데, 1564년의 칼빈 사망 직후로부터 소의회 의원들이 그와 같이 통치하였다.[36]

다른 분야에서도 베자는 전력을 다해서 칼빈의 일을 계획하였다. 그는 루터파와 가톨릭 반대파와의 많은 논쟁을 이어받아 다소 평범하기는 하였으나, 정력적으로 그들을 설득시켰다. 그는 스코틀랜드에서 폴란드에 이르기까지의 칼빈의 거대한 국제적 통신의 네트워크를 이어받아, 유지하고, 그것을 트란실바니아와 같은 다소 새로운 방향으로 확장하기까지 하였다. 마지막으로 베자는 아카데미의 지도자로서의 칼빈의 역할을 이어받아, 1558년에는 아카데미의 초대 원장에 취임하였다. 여기서 베자의 기록은 특별히 탁월하다. 전쟁과 전염병, 그리고 기근이 이어지는 매우 어려운 시기에, 그는 아카데미를 유지하고, 1572년에는 법학강좌를 신설하므로 공헌을 더해갔다. 그는 아카데미에 대하여 특별한 애착을 갖고 매년 계속되는 목사회의 의장직을 사퇴하고, 1598년에는 설교하는 일을 포기한 후에도 오랫동안 신학강의를 계속하였다[37].

　　베자는 아마 무엇보다도 먼저 개인숭배와 싸우는 일을 통해서 칼빈의 일을 계속하였다고 할 수 있을 것이다. 그는 한 개인의 일이 아니라, 교회의 일을 지도하고 있었으며, 칼빈과 같이 감독제에 보조를 맞추는 것을 매우 위험하다고 생각하고 있었다. 매년 계속되는 목사회의 의장직은 마지못해 받아들인 부담이었는데, 1573년, 1576년, 1577년과 1578년에 그는 여기서 해방되기를 원하였다. 한번은 베자와 그의 동료들이 목사들은 매년, 혹은 3년마다 의장을 바꾸는 것이 허락되어야한다고 세 번이나 계속해서 시 당국자들에게 요구했으나, 그러나 그들은 세 번 다 거절했다. 결국 시의회는 1580년 3월에 목사회가 매주 의장을 바꾼다고 하는 더욱 철저한 제안에 동의하므로, 베자는 마침내는 사임할 수 있었다. 최근에 베자는 중한 폐병에 걸려, 7주 동안이나 독서와 필기를 할 수 없었으며, 회복은 완전하지 못했다(61세였다). 1580년 이후 베자의 필기는 떨리기 시작하고, 청력은 약회되고, 그리고 불면증과 몸 전체의 쇠약으로 고통을 당하였다.[38] 분명히 그는 제네바 교회를 지도하기 위해 필요한 일을 더 이상 해낼 수가 없게 되었다. 명확히 정의의 한 시대는 막을 내렸으나, 그것은 베자의 죽음과 함께 끝마쳐진 것이 아니라

(그것은 4분의 1세기 후에 왔다), 그의 부분적 은퇴에 의해서 된 것이었다. 베자는 칼반주의 시대의 제네바의 뱃머리에서 우두머리로 남아 있으면서 권력의 고삐를 겸손히 포기하는 길을 선택하였다. 그것은 은퇴하기에 매우 확실한 시기였다. 왜냐하면, 베자는 1582년까지 칼빈, 루터, 쯔빙글리, 멜랑히톤, 혹은 대부분의 더 작은 종교개혁자들보다 더 오래 생존했기 때문이었다.

칼빈이 죽은 후, 특히 1589년의 전쟁 발발 이후, 제네바 정부는 교회에 대한 지배권을 다시 찾기 시작했다.[39] 자애로운 아버지로 제네바 시의 일을 해가면서 소의회의 시 당국자들은 점점 더 그들의 선조가 누린 군주가 되고 주교가 되어갔다. 칼빈의 주일학교에서 훈련을 받고, 요리문답과 설교로 교육받았기 때문에, 그들은 상당한 신학적 지식을 갖고 있어, 새로운 성직 후보자의 정식시험을 훌륭하게 치룰 수 있었다. 그들 목사 본래의 영역에 대한 침해는, 1605년 3월에 목사회가 모일 때마다 소의회 의원 한 명을 출석시킬 수 있다는 가능성에 대해 검토하는 수준에까지 이르렀다. 그러나 성직자들은 이 움직임을 저지했다.[40] 제네바의 시 당국자들은 단순히 권력욕에서 행동하지 않았다. 이론상 그들은 칼빈의 신정정치(神政政治)의 이념과 목사들의 여러 가지 특권에 대해 충분히 찬성하고 있었으며 그리고 그들은 모두가 자기들 각서에서도 결코 1인칭의 인칭대명사를 사용하지 않은 자제력이 있는 사람들이었다. 1580년 베자가 은퇴하고, 시 당국자들은 그후 듀플레시-모레네(Duplessis-Mornay)와 같은 참으로 탁월한 인물(그들이 간단하게 고용하려고 하였던)을 구하는데 실패하고 나서 능력과 웅변에서 소의회 의원들 중에 가장 우수한 인물, 즉 미셀 로제와 같은 인물에 대등하는 목사를 찾을 수 없었다. 제네바 교회에서 데오도 베자의 진정한 후계자는 아카데미에서

법학교수를 겸임하고 있던 소의회 의원인 쟉크 렉크(Jacques Lect)였
다는 유진 소와지(Eugene Choisy)의 판단에 반대할 이유가 없을 것
같다. 그러나 또한 17세기 초기에서도 제네바 교회는 스위스의 다른
프로테스탄트 여러 주에서처럼, 국가에 깊이 종속되어 있지 않았었
다는 동일 저자의 또 다른 판단을 의심할 이유도 없을 것 같다.[41]

　　물론 목사의 활동에 대한 시 당국자들의 간섭은, 베자의 부분적
은퇴와 함께 즉시 시작된 것은 아니었다. 칼빈이 죽은 후 곧, 칼빈이
살아있을 때만큼 목사회 내부의 질서가 탄탄하게 잡혀있지 않다고,
시 당국자들은 목사회를 거칠게 질책한 경우가 많이 있었다. 1564년
에는 제네바의 통치자들은 중요한 사명을 띠고 나바르 여왕에게 갔
다가 돌아온 시내의 목사들을 해고하였다. 쟝 메를랑(Jean Merlin)은
전염병원에서 봉사할 자를 결정하는 추첨에서 베자를 제외시킨 행
동을 보고, 그것은 소의회 의원의 강압적인 행동, 즉 폭군의 행동이
라고 심하게 비평하였다. 목사회는 그를 가르치기 위해서 그의 폭언
에 대하여, 강단에서 사과하는 데까지 이르렀다. 그러나 그는 앞으로
시 당국에 절대 복종한다고 약속하려고 하지 않고, 보이지 않게 사라
졌다[42]. 1538년의 화렐과 칼빈의 추방 이후 시 정부에 복종하지 않은
것 때문에, 목사가 해고된 사건은 이번이 처음이었다.

　　메를랑의 사건에 이어 즉시 다른 두 사건이 있었다. 제네바에서
가장 유명한 법률가의 조카이며, 목사회의 서기이기도 하였던 니콜
리 콜라동(Nicholas Colladon)은 1568년에 체벌(體罰)의 새로운 법률
에 관해서 시 당국자들과 다투었으며, 1570년에는 다시 성직자에
대한 고백의 비밀에 관해서 다투었다. 1571년 베자가 없는 동안에
그가 세번째로 다투기 시작하자 소동이 일어났다. 베자가 돌아오자
즉시 콜라동과 그의 동료 쟝 르 가뉴(Jean Le Gagneux, 그는 콜라동

의 모든 행동을 지지하고 있었다)는 완전히 고집불통으로 변화의
희망이 전혀 없는 자들이라는 것을 시의회에 보고하였다. 이런 동료
들과 함께 일을 수행하는 것은 자기로서는 불가능하다는 말도 첨가
하였다. 르 가뉴는 그렇게 이해하고, 그러나 허락을 구하지 않고
즉시 이틀 후에 제네바를 떠나버렸다. 콜라동은 3개월 동안 머물다
가 법정 이자율에 관해서 베자와 새로운 논쟁을 시작했다. 베자는
자신이 설교 강단에서 최근의 이자율의 인상을 지지한데 대하여
콜라동이 그것을 비난하였다는 것을 특별히 언급하고, 베자는 그들
중 한 사람은 위선자임이 틀림없다고 정부에 이야기 했다. 이번에는
콜라동이 제네바를 영구히 떠나면서, 목사회의 공식의사록 얼마를
가지고 갔는데, 제네바는 그것을 되돌려 받는데 매우 어려운 수고를
하지 않을 수 없었다.[43]

　　의회가 만족하지 못한 결정을 바꾸지 않는 한 사임하겠다고
제네바의 목사들이 위협한 다른 경우들이 후에 있었다. 구라르
(Goulart)는 한번 1595년의 유명한 사건에서 이러한 위협 행동을 하
였다. 그러나 시의회가 목사회의 전원을 질책하기 위해 1575년 여름
에 그들을 소집하였는데, 그것은 시대의 한 징조였다.[44] 장로회가
비밀 결혼 때문에 정죄한, 공화국 서기의 처에 대하여, 시의회가
그녀에게 너무 관대하였다고 목사들은 베자를 선두로 하여 시의회
를 비난하였다. 그들은 일치하게 소의회 의원들의 허약함과 불공평
함을 설교강단에서 비난하였다. 성난 시의회는 그 후에 특별한「상
호견책제」를 위하여 목사들을 소집하였다. 최초로 그들은 베자와
그 동료들에게 그들의 경솔함을 인정하고, 공중 앞에서 사죄할 것,
그리고 그들 자신을 특별히 개인적으로 질책하도록 하기 위해 소환
하여, 한 사람 한 사람 그들 자신의 경솔함, 무분별함, 혹은 교만함을

스스로 책망하게 했다. 특별히 베자는 "그의 전임자의 본을 적절히 따르지 않았기 때문에", 그리고 그의 "너무 큰 재능" 때문에 꾸지람을 들었다. 목사회는 이 항의를 겸손히 받아들였으며, 베자는 자기는 의무를 다 할 수 없었다는 비난을 인정하는 말을 계속 반복하였다. 그리고 정부는 사건이 잘 마무리되었다는 것을 목사회에 확인시키고, 그들을 해산시켰다.

베를랑의 해고, 혹은 1575년의 정부의 질책과 같은 사건은, 제네바 교회가 칼빈 밑에서 얻은 완전한 독립과 세속권력과의 동등성을 교묘하게 뺏기게 되는 방향을 훌륭하게 보여주었으나, 그것들은 1564년 이후의 제네바 교회의 전부를 다 이야기 하는 것은 아니다. 많은 점에서 칼빈의 사후 여러 해 동안은 목사들의 여러 가지 활동의 정점을 보여주고 있다. 그들이 공동체의 도덕을 충실히 지키는 자로서의 의무를 다하는 철저함과 정력적임은 특별히 주목할 만한 가치가 있다45.

매우 적었던 사회활동이라고 해도, 칼빈주의 시대에 있어서의 제네바 목사들의 경고와 그리고 자주 있었던 비난은 거의 피할 수 없었다. 그들의 권한은 그들이 인정하고 있는 것처럼, 포괄적인 것이었으며, 거대한 책임을 품고 있는 것이었다. 1576년의 수정된 교회 법규의 서문은 그들의 입장을 훌륭하게 보여주고 있다.

우리 주 예수 그리스도의 거룩한 복음에 관한 교리가 순수하게 보존되고, 그리스도의 교회가 좋은 정부와 정치에 의해서 정당하게 유지되며, 그리고 또한 미래에 젊은이들이 건전하고 신앙적으로 교육을 받고, 가난한 자를 돕기 위해 구빈원(救貧院)이 적절히 운영되는 것은 어느 무엇보다 칭찬할만한 가치가 있다고 생각되며, 이 일들은 각자가 자기 지위에 알맞은 의무를 이해할 수 있는 어떤 생활상의 규칙과

질서가 확립될 때 비로소 달성된다.[46]

이와 같은 어떤 생활의 규칙과 질서를 확립한다는 것은 영구한 경계를 요구하는 복잡한 과업이었다. 칼빈의 죽음으로부터 1605년 베자가 죽을 때까지, 제네바에서는 목사들로부터 새로운 법률 제정의 요구가 없이 지나간 해는 한 번도 없었다. 이러한 요구는 어떤 때는 극히 사소한 악습을 치유하기 위해서였고, 또 어떤 때는 더 중대한 악습을 치유하기 위해서였다. 때로는 1574년 6월과 1579년에서처럼, 제네바의 목사들은 많은 불평거리를 일종의 교회의 대 항의 속에 함께 꿰매려고 시도하였다. 즉 설교를 들으려는 출석률이 저조하다, 제네바의 청년들은 타락하고 있다, 재판은 만족할만한 속도로 처리되지 않는다, 지나치게 사치스러운 의복들을 공공연히 입고 다닌다, 고리대금업자가 너무 많다, 곡물 가격이 너무 비싸다, 시장에서는 악담을 퍼붓는 자들이 지나치게 많다, 이런 것들이 그들이 호소한 불만이었다[47]. 이 항의를 보충하여 포괄적인 개혁안이 제출되었는데, 그 개혁안은 당시 제네바 시 모든 주민들의 정통적 관행, 직업, 도덕 등을 한 집씩 조사하는 형식을 취하는 그런 개혁이었다.

칼빈의 영향으로 고무된 도덕적, 종교적 입법이 마지막으로 법률로 성문화된 것은 칼빈이 죽은 후였다. 의복과 식사의 사치를 규제하는 사치 규제법은 칼빈주의 시대(칼빈의 시대가 아니라)의 제네바에서 시작되었다. 이 제네바의 많은 도덕적 입법은 매우 인상적이었다. 그러나 당시 다른 많은 유럽의 입법도 그러하였다. 특별히 그 기원이 14세기 이태리로 거슬러 올라가는 사치규제법의 경우가 그렇다. 특별히 칼빈주의 시대의 제네바의 명성을 생각할 때, 더욱 흥미가 있고, 더욱 가치가 있는 것은 이 법령이 얼마나 바로 실시되었는지를 알게 되는 것이다.

다행하게도 우리는 16세기 제네바의 가장 흥미를 돋우는 문제 두 가지에 관해서, 즉 사치와 고리대금의 억제에 관한 문제에 대해서 대답할 좋은 위치에 있게 되었다. 1558년으로 거슬러 올라가서 칼빈 이 살아있을 동안에, 목사들은 의복의 불필요한 사치의 교정을 요구 하였으나, 소수의 산만한 포고만이 공표되었으며, 소수의 위반자들 은 처벌되었다. 그러나 처벌받은 자들 중에는 소의회 의원의 처가 있었고, 어쩌면 당시 제네바에서 가장 저명한 소의회 의원이었던 앙브라르 꼬르느(Amblard Corne)의 딸도 있었다.[48] 1558년에 만들어 진 원형은 제네바의 사치규제법, 즉 1564년의 의복에 대해서, 그리고 1566년의 음식에 대한 법이 제정되고 공표되었을 때 반복되었다. 처벌은 부자와 가난한 자에게 다 똑같이 가해졌다. 1567년에는 가난 한 미망인이 고가의 명주실 목도리를 목에 걸치고 다니는 위반을 고의로 반복한 것 때문에 벌금이 부과되었다. 그녀는 역시 4일 동안 투옥되었다. 1569년에는 소의회 의원인 앙뜨완느 리훠르(Antoine Liffort)의 아내가 매우 고가의 블라우스를 샀는데, 이것 때문에 그녀 와 그녀의 여자 재봉사가 규정된 벌금을 지불하였다. 1575년에는 소의회 의원인 아미 바로(Ami Varro)의 아내가 너무 지나치게 옷치 장 한 것 때문에 장로회의 경고를 받았다. 목사들은 1577년에 더욱 엄격한 제한을 요구하였으나, 전년도에 불필요한 사치로 처벌받은 것은 겨우 5명의 위반자뿐이었다. 따라서 사치규제법은 보다 길게 성장하였다. 남자는 장발을, 그리고 여자는 곱슬머리를 하는 것이 금지되었다. 계급의 차이는 엄격해지고(제네바의 귀족 정치의 다른 하나의 징조), 그 결과 예를 들어 직장인의 처는 보석이 붙은 지환을 소유하는 것이 금지되었다. 위반하는 일이 꽤 상당히 많았으며, 평상

시에는 매년 약 12건의 위반자가 생겼다. 위반자는 사회의 여러 계층에서 나왔다. 아미 바로의 처는 명주옷을 입은 것 때문에 1595년에 벌금을 부과 받았으며, 1590년대의 위반자 중 몇 사람은 분명히 귀족경향의 사람이었다. 시치리아의 귀족 쥴리오 체자레 파스칼레(Guilio Cesare Pascale)의 딸, 펠리사리 부인과 드 노르망디 부인(Pellissari and De normandie) 쟈콥 앙죠랑 부인(Jacob Anjorrant), 부르라 마치양(Burla macchi) 등, 이 사람들은 모두가 프랑스 인 망명자요, 특히 이태리 인 망명자의 명사에 속한 사람들인데, 그들은 옷치장을 지나치게 했거나, 또는 지나치게 초라한 옷을 입었거나 해서 처벌을 받았다(류랑(Lullin)양은 지나친 복장 때문에 벌금을 지불했다). 그러나 위반자 중의 많은 사람은 직공들이었는데, 특별히 그들의 주인과 여주인의 의복을 입는 경우가 많았던 시종들이었다. 1599년에 제네바의 재봉사 대표가 소의회에 출두하므로 사태의 진실이 드러났는데, 이 때 그는 그들 중의 어떤 사람들은 살아가기 위해 사치규제법을 불복종할 수밖에 없었다는 것을 자인하였다.[49]

제네바의 사치규제법에 대하여 기억해야 할 중요한 것은, 칼빈주의적인 다른 모든 법령과 마찬가지로, 그 법령들이 특별히 엄격하다는 것이 아니라(사보나로라는 더욱 엄격한 법령을 만들 수 있었다), 그것들이 열심히, 그리고 공평하게 시행되었다는 데 있다. 16세기 후기에는 제네바는 가장 여행에 익숙해진 여행자들에게 가난하고 검소한 도시로 생각되었으나, 제네바의 목사들에게는 그렇지 않았다.

제네바는 1387년의 위대한 자유헌장이래, 이자의 징수를 인정하였다는 점에서 시대를 앞서 갔지만, 고리대금의 억제는 제네바에서 항상 끊임없는 문제가 되어있었다. 제네바는 1538년(칼빈이 추방되던 해)에 법정이자율을 5%로 고정하고, 그것을 1557년까지 유지하였으나, 그 해에 15분의 1로 인상하였는데, 이것은 사실상 7%를 의미하는 것이었다. 이 모든 것은 칼빈이 충분히 알고 있는 가운데서 행하였으나, 마지못해 승인한 것이었다.[50] 아무것도 변하지 않기를 원했던 칼빈의 소원에 충실한 그의 후계자들은 1572년에 이자율이 12분의 1로 인상되었을 때, 처음에는 불평하다가 묵묵히 따랐다. 목사들을 불안하게 했던 반감은 1568년 이후 한번 일어났으나, 제네바의 의원들은 그 해에 국립은행을 설립하므로, 그들은 10%의 이자로 돈을 빌릴 수 있는 권한을 갖게 되었다. 베자와 그의 동료들은 이것은 매우 높은 고리(高利)이며, 만일 이 대부가 상인에 대해서보다 가난한 자에게 적용된다면 그럴 것이라고 느끼고, "제네바의 모든 불평불만은 곧 산과같이 커질 것이다"라고 경고하였다[51]. 그들은 반감의 위협은 법정이자율이 위험이 적은 8가 3분의 1로 낮추어졌을 때에 비로소 사라질 것이라는 데 동의하였다.

이 영역에서 목사들은 형행의 법령에 대해서 거의 불만을 말하지 않았으나, 그 실시에 대해서는 자주 불만을 토하였다. 사치규제법에 대한 위반의 경우와는 달리, 공공연한 고리를 범하지는 아니하였다. 대부금은 공증인에 의해 기록되었으나, 그는 정확히 이율을 명기하지 않고, 그 대신 "법의 허락을 받은 이자로"와 같은 막연한 서식을 사용하였다. 고리의 계약을 명확히 기입하면 공증인들도 유죄로 되기 때문에, 그들은 그것을 기입하기를 원하지 않았다. 그들은 실제적으로 받은 것보다 더 많은 액수를 대부금으로 기재하는 그러한 다양하고 현명한 책략을 썼다[52]. 요리 조리 빠져 나갔음에도 불구하고, 칼빈주의적 제네바는 상당한 수의 고리대금업자를 체포하여 처벌하였다. 물론 그 정확한 수는 확실하지 않다. 사치규제법의 위반자의 경우와 마찬가지로, 여기서도 유죄선고를 받은 사람들 중에는 유명한 사람과 덜 유명한 사람들이 발견된다. 1558년에는 어떤 금세공사가 소액의 대부금에서 30%의 이자를 받았으며, 병기제작자가 월 8%를 받은 것 때문에 벌금을 부과 받았다. 1566년과 1567년에는 두 사람의 부유한 상인이 각각 40%와 48%의 이자를 취한 것 때문에 유죄가 되었다. 많은 고리대금업자는 10%와 15% 사이의 이자를 받는 것만으로는 그처럼 흉악하게 법을 어기는 것은 아니었다. 처벌받은 자들 중에는 제네바의 몇 사람의 지도적인 정치가가 있었다. 쟝 아미 쿠르테(Jean-Ami Curtet)의 아들은 소액의 대부금에 대해서 보 지방의 농민으로부터 15%의 이자를 받았다고 해서 1564년에 유죄가 선고되었으나, 이 대부는 구두(口頭)로, 상호 합의에 의해서 이루어졌다. 가장 유명한 사건이 1582년에 있었는데, 이때 아미 바로는 어떤 무명의 고리대금업자들이 대성당의 설교단에서 개, 호랑이, 그리고 도둑놈으로 공공연히 비난받고 있는 것을 들었다. 개인적으로 자신이 관계되어 있다고 느낀 바로는 시의회 앞에서 그때의 사정을 청취할 수 있기를 요구했다. 그는 유죄로 발견되어, 그가 10%의 이자로 대부한 50에큐의 몰수를 선고받았다.[53]

그러나 결국은 이 형벌은 매우 많지 않았다고 전해지고 있다. 확실히 베자는 시 당국자들이 고리대금업자를 처벌하기 위해서 전력을 다했다고 생각하지 않았다. 예를 들어 1568년에 "우리 중에 크게 지배하고 있는 대고리업" 때문에 전염병이 돌아왔다고 그는 주장하였다. 후에 1582년의 바로 사건이 있는 동안에 그는 동일한 문제를 가지고 다음과 같이 말한다. "이 마지막 2년 동안에 고리대금 문제가 꾸준히 화제가 되어왔으나, 그럼에도 불구하고, 3명 내지 4명의 고리대금업자만이 처벌되었을 뿐이었다. … 이 거리는 고리대금업자로 가득 차 있으며, 보통 이식은 10%, 혹은 그 이상이라는 것이 어디서나 주지의 사실로 되어있다.[54] 그러나 베자와 그의 동료들은 경제적 현실주의자는 아니었다는 생각에는 찬성할 수 없다. 1565년에 베자는 한번 고리대금업에 대한 법령을 제안한 사람들을 반대하였으나, 그것은 그의 의견에는 그 법령이 너무 엄격하기 때문이었다. 그의 주장대로, 그러한 법령이 시행된다면 대부 자본의 이자로 생활하고 있는 많은 사람들은 떠나서 어디론가 가지 않을 수 없게 될 것이라는 것이다.[55] 자본가로서의 생활의 엄연한 사실에 대한 목사의 예리한 인식에 대하여 많은 다른 실례를 인증할 수 있지만, 최근에 어떤 성직자가 스스로 어느 정도의 가벼운 이자를 받고 있었다는 사실이 발견되었다.[56]

제네바를 지나친 고리(高利)에서 해방시키려는 싸움에서 목사들은 귀중한 승리를 얻었다. 이것이 바로 그들이 기대했던 것의 전부였다. 탐욕은 허식과 마찬가지로 타락한 인간의 뿌리 깊은 본질적인 성질의 일부라는 것을 그들은 알고 있었던 것이다. 그리고 그들은 실행할 수 있는 최소한도 내에서 그 두 가지를 지키려고 하였을 뿐이었다. 마침내 그 죄인이 누구이든지 간에 그 정치적, 사회적 지위에 관계없이 제네바에서 처벌되었다. 이것은 16세기 유럽의 거의 다른 모든 지역에서 고리를 반대하는 법률을 위해서 말해주는 것이라고 할 수 있다.

사치와 탐욕에 대한 싸움에서 교회의 에네르기는 적은 부분만이 소비되었다. 칼빈주의적 제네바의 목사들을 점령하고 있던 다른 문제들은 "포도주 판매의 혼란"이었는데, 이것은 1577년에 하층계급에서 불만의 원인이 되어 있었다. 설교자들은 그러한 무질서는 다른 공화국에서도 볼 수 있었던 것과 같은 민중 폭동을 일으킬 수 있다고 경고하였다. 1592년에 목사들은 구약성경이 약탈행위를 대죄(大

罪)로 여긴다고 지적하고, 최근에 약탈죄를 범한 소수의 용병을 사면으로 석방시킨 데 대하여 엄격히 항의하였다. 그러나 이 항의는 잘못 받아들여져서 두 사람의 저명한 소의회 의원이 그 해의 부활절 성찬식에 고의로 불참하는 일까지 있었다. 1580년에 목사들은 견직물 제조 공장에서 행해지고 있던 부정행위에 대하여 정부에 불만을 호소하였다. 1590년에, 매가정의 조사를 하고 있는 동안에, 목사들은 수많은 악습을 발견하고, 정부에 항의하였는데, 여기에는 어린이에 대한 과도한 처벌과 4세 어린이의 영양실조에 의한 죽음이 포함되어 있었다. 목사들은, 부인들에게는 제네바에서 선술집을 운영할 수 없도록 하는 것과 역시 그들은 거리를 청결하게 하도록 노력하게 하는 것을 확실히 하였다.⁵⁷

때때로 그들의 조사 활동은 정부와 심한 대립을 일으키게 하였다. 이와 같은 사건은 1584년에 발생했는데, 이 해에 목사들은 제네바의 종합병원 운영에 몇 가지 중대한 악폐를 발견하고, 유효한 구제책을 취하도록 요구했다. 그들은 시의회의 회원뿐만 아니라, 제네바의 시민 전체가 집사가 될 수 있도록(벌써 행한 제네바의 장로들의 경우처럼) 하자고 제안했다. 그들은 또한 목사들은 정기적으로 구빈원을 감독하도록 허락이 되었으며, 시의회 의원의 회계보고가 감사되고 승인되었을 때에는 그들도 허용되어야 한다고 제안했다. 소의회는 이 제안의 대부분을 거부하고, 일 년에 네 번 이루어지는 구빈원의 조사가 있을 때에는, 목사 한 사람이 출석해도 좋다는 것을 승인하였을 뿐이었다.⁵⁸ 칼빈의 네 번째의 직제인 집사는 단순히 평신도가 아니라, 소의회 의원 조직체에 속해 있었고, 목사들은 제네바의 국가에 의한 자선사업의 제한된 감독권을 부여받았다.

구약 예언자의 역할을 떠맡으므로 칼빈주의적 제네바의 목사들은 전권을 가진 교회로 불렸던 기구를 세웠다. 조사에 관한 분야는 그들에게 거의 닫혀 지지 않았으며, 그리고 상투적 어구에는 어느 정도의 진리가 있었다. 그러나 구약 예언자들의 16세기 판이라고 할 수 있는 그들의 다양한 활동에는 교리에 관한 구약성경의 엄격함을 훈련하는 일도 역시 있었던 것 같다. 제네바의 목사들은 자신들을 정통파의 움직이지 않는 바위로 보고 있었다. 그들은 거의 전부가 지적 혁신을 반대하였으며, 그리고 전적으로 교리적으로 엄격한 자세에 쉽게 빠져 들어갔다. 그레고리 13세(Gregory XⅢ)의 달력의 개혁을 1582년에 그들이 알게 되었을 때, 그들은 제네바 정부와 이 문제를 놓고 열심히 토의하였다. 제네바의 어떤 연대기 작가는 다음과 같이 기록하였다. 즉 "그와 같은 개혁은 전적으로 바람직하지 않은 것은 아니었다. 그럼에도 불구하고, 우리는 그런 중요하지 않은 문제에 대해서까지 교황에게 굴복할 필요가 없다고 결정하였다".59 1605년에 베자가 죽었을 때, 제네바 교회는 완전히 부동주의의 원칙에 헌신하였다. 17세기의 초보수적인 프로테스탄트 신학자들(그들은 일반적으로 근대 사가들에 의해서 잘 평가된 일이 없었다)은 제네바 교회와 제네바 아카데미의 출신들이었다.60

　　제네바 교회에서 이 엄격한 준법주의의 이유를 찾는 것은 그리 어려운 것은 아니다. 가톨릭의 바다 속에 있는 프로테스탄트의 바위(암석)로서, 그리고 가장 가까운 프로테스탄트의 이웃(베른)이 진지한 의혹을 품고 관심을 갖고 있던 교리의 중심으로서, 교회가 1567년 이후 처해있던 환경 자체가 설명의 핵심을 제공해준다. 종교적 지리에서 고립되어 있던 제네바는 포위된 요새였으며, 시를 둘러싸고 있는 요새처럼 두텁고 높은 교리의 성벽으로 사방을 둘러싸고 있었다. 제네바 공화국이 그 독립을 유지하기 위해 싸운 것처럼,

부단히 방심하지 않고 경계하고 있던 제네바 교회는 그 종교적 정통
성을 지키기 위해서 싸웠던 것이다. 젊은 여행가 토마스 플래터
(Thomas Platter)가 1595년에 기록한 것처럼, 이 거리는 아름답지는
않았으나 강하였다.

성질을 달리하는 세계에서 각자의 주체성을 유지하고자 하는
상호투쟁의 당사자였던 도시와 교회는, 17세기 초기에는 점차로
싸움을 그만두었다. 목사들은 추문의 끊임없는 조사와 세속 권력과
의 사소한 대립을 조금씩 중단하였다. 그들은 조금씩 제네바의 상
층계급의 일부가 되고, 그들의 견해를 세속 통치자의 견해와 조화
시키고 있었다. 그들은 칼빈시대에는 매우 잘 해냈으나, 지방적인
제네바의 상황을 초월하려는 시도를 포기하였다. 그들의 태도가
변한 것은, 일부분은 제네바의 위치가 포위되어 있는 요새라는 것
을 점진적으로 의식했기 때문이었으며, 그리고 일부분은 그들은
벌써 "고향을 잃은 사람들"이 아니라는 것보다는 오히려 세속적인
이유에서였다. 1,600년대 초기에는 제네바 시내의 목사들 중 3명,
혹은 4명은 제네바 태생이었고, 한편 농촌 교구에서도 마찬가지로
프랑스 인 이주자 대신에 제네바 출신의 시민 목사들이 그 직책을
점령하고 있었다.[61] 주요한 망명자의 일족(一族)들이 제네바의 소의
회 의원에 흡수되었던 것처럼, 중요한 지방의 일족들이 마침내는
제네바 교회에 흡수되었다.

제8장 / 미주

1 A. Roget, "Les propositions de Jacques Boutillier, ou discussion constitutionelle
à Genève en 1578," in *MDG*, 17(1872), pp.58-76.

[2] 가장 유용한 전기는 Paul-F. Geisendorf, *Théodore de Bèze*(G., 1949)이다. H. Meylan과 A. Dufour에 의해서 출판되고 있는 베자의 서간집은 1961년에 시작되었다. 지금까지 출판된 4권은 1564년까지의 시기를 포함하고 있으며, 전체 계획은 20권의 출판을 더 필요로 하게 될 것이다. 그리고 F. Ganrdy, *Bibliographie des Oeuvres de Théodore de Bèze*(G., 1946), 여기에는 90건 이상의 문헌이 기재되어 있다.

[2a] R. M. Kingdon, *Geneva and Consolidation of French Protestant Movement, 1564-1572*, Chap.2를 보라.

[3]

[4] Roget, *HPG*, VII, pp.207-33.

[5] Henri Fazy, "Genève et la Saint-Barthélemy, 1572-1574," in *MIG*, 14(1879), esp. pp.10f, 25; Eugène Choisy, *L'Etat Chrétien calviniste à Genève au temps de Théodore de Bèze*(G.-Paris, 1902), pp.81-88.

[6] H. Fazy, "Genève, le parti Huguenot, et le Traitè de Soleure, 1574-1579," in *MIG*, 15(1883). 그리고 Ed. Rott, *Histoire de la representation diplomatique de la France auprès des cantons suisses*(Bern, 1902), II, pp.95f, 103ff. 를 보라. 교섭은 L. Cramer, *La Seigneurie de Genève et la Maison de Savoie de 1559 à 1593*(G., 1912), I, chs. 14-16과 Peter Stadler, *Genf, die grossen mächte und die Eidgenossischen glaubensparteien, 1571-1584*(Zurich, 1952), pp.131-83.에 지루할 정도로 상세하게 기술되어 있다.

[7] Fazy, "Genève et le Traité de Soleure," p.122f에 인용되었다.

[8] 교섭은 Cramer, *Genève et Savoie*(G., 1950), III, chs. 1-2,과 Stadler, *op. cit.*, pp.184-212에 기술되어 있다.

[9] L. Cramer, "La mission du conseiller Jean Malliet en Angleterre, 1582-1583," in *BHG*, 3(1912), pp.385-404(p.391 인용-)를 보라.

[10] H. Fazy, "L'alliance de 1584 entre Bern, Zurich, et Genève," in *BIG*, 31(1892), pp.277-399; Stadler, *op. cit.*, pp.215-51.

[11] Studies, pp.40-42; M. Bruchet, in *Revue Savoisienne*, 43(1902), pp.244ff.

[12] Chas. Borgeaud, *Histoire de l'Université de Genève*(G., 1900), I, p.235f; Choisy, *L'Etat Chrétien calviniste*, pp.243-48, 256ff.

[13] *Calendar of State Papers, foreign, Reign of Elizabeth*[June 1586-June 1588], p.165.

[14] J.-A. Gautier, *Histoire de Genève*, V, pp.575-87. 에 인쇄되어 있다.

[15] Alain Dufour의 탁월한 저술인 *La guerre de 1589-1593*(G., 1958: vol.4 of Cramer, *Genève et Savoie*)의 서문을 보라. 지시가 없는 한 다음 7단락의 모든 정보는 M. Dufour의 책에서 취해진 것이다.

16 Dufour, p.24f.

17 Voltaire, *La Henriade*, 제6시(詩)에 대한 주. Dufour, p.54에 인용되어 있다.

18 Dufour, p.251f.

19 François de Crue, "Henri IV etles députés de Genève, Chevalier it Chapearouge," in *MDG*, 25(1901)는 이 제네바 주재 대사의 활동을 상당히 상세하게 기술하고 있다.

20 이 사절단에 대해서는 Dufour, pp.191-93에, 그리고 그들의 경제적 성공에 대해서는 *Studies*, pp.46-48에 간단한 서술이 있다. 네덜란드에 파송된 이와같은 사절단에 대한 자료는 H. de Vries de Heekelingen, *Genève pepinière du Calvinisme hollandais* (The Hague, 1924), H, pp.345-404.

21 P.-F. Geisendorf, in *L'Escalade de Genève, 1602-1952; Histoire et tradition*(G., 1952) pp.147-96를 보라. Escalade에 관한 서적목록은 BPU의 카드 목록을 채우고 있다.

22 Henri Naef, "L'escalade de Genève, un evenement européen," in *BHR*, 17(1955), pp.320-28; R. P. Lajeunie, "Henri IV, Clement VIII, et Genève, 1601-1603" (AEG, 86/Ea/8 에 있는 원고, 1952)

23 조약의 본문은 *Sources du droit*, #1322에 있다.

24 B. Gagnebin, "Le XVIIᵉ siècle: la politique exterieure," *in Histoire de Genève.. à 1798*, pp.365-88.과 거기 인용된 문헌. 앙리 4세의 원조금은 *Studies*, pp.52ff 에 기술되었으며, 그 계속은 AEG, Fin. A3. 를 통해서 추적될 수 있다.

25 본서의 230쪽을 참조하라.

26 Dufour, *La guerre de 1589*, pp.187 n.3, 190-96; *Studies*, p.44f.

27 *Studies*, p.32.

28 *Ibid.*, p.98.

29 *Ibid.*, p.100; Choisy, *L'Etat Chretien Calviniste*, p.238f.

30 Marino Berengo, *Nobili e mercanti nella Lucca del Cinquecento*(Turin, 1965), pp.235ff.,을 E. Naujoks, "Obrigkeits gedanke, Zunftverfassung und Reformation," in *Veroff.* der Kommission für Landeskunde in *Baden-Wurttemburg*, 3(1958)과 대조하라.

31 이 문제에 대해서는, Robert M. Kingdon, *Geneve and the consolidation of the french Protestant Movement*, 1564-1572를 보라.

32 R. M. Kingdon, "the First Expression of Theodere Beza's Political Ideas," in *ARG*, 46(1955), pp.88-100; J. W. Allen, *History of Political Thought in the Sixteenth Century*(N. Y., paper ed., 1960), pp.306ff, 314ff.

33 Geisendorf, *Theodore de Bèza*, p.312; Fazy, "Genève et le Traité de Soleure,"

p.21; Chas. Dartigue, "Henri de Navarre et 'Messieurs de Genève, 1570-1580." in *BSHPF*, 95(1948), pp.1-18.

34 Geisendorf. *Bèze*, pp.256ff. esp.257 n.3.

35 *Ibid*, pp.251-55.

36 *Ibid.*, p.249.

37 이들 활동에 대하여는 *ibid.*, pp.261ff, 266-70. 290ff을 보라. 현재 출판 중에 있는 베자의 서간집은 그의 영향력을 더욱 밝히고 있다. 그것은 스캇틀랜드에까지 미치고 있으나, Geisendorf의 전기에서는 언급이 없다. John Knox, *Works*, ed. Laing, Ⅵ, pp.544ff, 562, 613ff; G. Donaldson, "Lord Chancellor Glamis and Beza," in *Miscellany, 8th Vol.*[vol.43, 3rd ser.], *Pub. of Scottish Hist. Soc.* (1951), pp.76ff.

38 Geisendorf, *Bèze*, pp.321-24.

39 이와같이 재주장을 시작한데 대하여는, R. M. Kingdon's forthcoming *Geneva and Consolidation of the French Protestant Movement, 1564-1572*, Chap.1를 보라.

40 Choisy, *L'Etat Christien Calviniste*, p.369.

41 *Ibid.*, pp.412, 451ff; Geisendorf, *Bèze*, p.323 n.5.

42 Choisy, *L'Etat Christien Calviniste*, pp.20-23; Roget, *HPG*, Ⅶ, pp.100ff.

43 H.-V. Aubert in *BHG*, 2(1899), pp..138-63; Geisendorf, *Bèze*, pp.258ff; Choisy, *L'Etat Christien Calviniste*, pp.51ff.

44 Geisendorf, *Bèze*, p.319f; Choisy, pp.121-25.

45 Choisy, *L'Etat Christien calviniste*, p.473.

46 *Ibid.*, p.145.

47 *Ibid.*, pp.106f, 144f. 1세기 후에 뉴잉글랜드의 성직자들에 의해서 행해진 비슷한 일반적인 항의에 대하여는 Perry Miller, *Errand Into the Wilderness*(Cambridge [Mass], 1956), p.7f,를 대조하라.

48 M.-L. de Gallatin, "Les ordonnances somptuaires à Genève au ⅩⅥe siècle," in *MDG*, 36(1938), pp.213-18.

49 *Ibid.*, pp.227, 229 237, 239, 243-48, 259ff, 269.

50 Andre Biéler, *La pensée éonomique et sociale de Calvin*(G., 1959)의 뛰어난 논고를 보라. 제네바가 1538년에 5퍼센트의 이자율을 채용한 것은, 제네바의 법률을 베른과 일치하게 만들려고 하였던 또 한번의 본을 보였다는 사실을 자주 잊어버리곤 했다. Feller, *Geschichte Bernes* Ⅱ, p.336 을 보라.

51 나의 "Change public à Genève, 1568-1581," in *Mélanges Antony Babel*(G, 1963), Ⅰ, pp.271f. 274를 보라.

52 J.-F. Bergier, "Taux de l'intérêt et crédit à court terme à Genève dans la seconde moitie du ⅩⅥe siècle," in *Studi in Onore di Amintore Fanfani*(Milan, 1962), Ⅳ, p.114f.

53 *Ibid.*, pp.101-04 and notes.

54 *Ibid*, p.101 n.39; Choisy, *L'Etat Christien calviniste*, pp.187ff.

55 Bergier, *art. cit.*, p.107 n.58.

56 R. M. Kingdon, "The Economic Behaviour of Ministers in Geneva in the Middle of the Sixteenth Century," in *ARG*, 50(1959), pp.33-39.

57 Choisy, "*L'Etat Christien calviniste*, pp.154, 299f, 463, 441f.

58 *Ibid.*, pp.235ff.

59 P.-F. Geisendorf, *Les annalistes genevois du debut du XⅧe siècle*(G., 1942), p.523.에 기재되어 있다.

60 주목할만한 예외는 Jacques Courvoisier, "L'Eglise de Genève de Théodore de Bèze à jean-Alphonse Turrettini," in *Reccuil de la facultè de théologie protestante de Genève*, 8(1942), pp.23-47.

61 H. Heyer, *L'Eglise de Genève, 1535-1909*(G, 1909), pp.417-530.의 제네바의 목사들의 전기와 그들의 취임연월일, pp.199-234.를 보라.

제9장 제네바의 위대함

칼빈의 제네바의 역사적 중요성은 주로 북아메리카의 영국식민지를 포함해서 기독교국의 다른 지역의 열렬한 프로테스탄트의 모델로서의 가치에 있다. 그들에게 제네바는 언덕위에 솟아있는 도시이며, 기독교적 훈련의 거의 완전한 모범을 의미하였다. 이것이 바로 오늘의 아메리카 합중국에, 단 한 곳의 취리히라는 이름과 여덟 곳의 파리라는 이름과 비교해서, 제네바라는 이름은 일곱 곳이 있다는 이유이다. 칼빈의 도시는 20세기에 이르기까지 거의 전적으로 도덕적 이유에서 그 명성을 유지하여 온 것이다. 대부분의 학자들과 거의 모든 평신도들에게 제네바는 청교도주의가 최초로 뿌리를 내린 토양으로 인정하게 되었다.

그러나 칼빈의 제네바는 특이하며, 역사가의 주의를 어느 정도 끌기에 가치가 있는 또 하나의 중요한 무엇이 있다. 제네바는 16세기에 독립 국가가 되고, 그것을 유지한 유럽의 거의 유일한 도시였

다. 제네바는 이 시대의 정치적 조류를 대항하여 강하게 헤엄쳐 나
아갔으며, 그리고 성공적으로 헤엄쳐 나아갔다.

제네바가 그 독립을 달성한 1530년대의 10년간은 유럽의 자치도시
로서는 특별히 잔인한 시대였다. 이 10년 동안의 말기에는, 네덜란드
17주의 가장 특권적인 도시가 황제 챨스 5세의 섭정을 반대하는 무분별
한 반란 후에 분쇄되었다.[1] 네덜란드에서 도시자치를 위한 최후의 투쟁
이었던 1539년의 간(Ghent)의 봉기는 짧았으나 어려움이 있던 성공기였
다. 그러나 1540년 2월 14일, 챨스 5세는 궁중의 사람들과 5,000명의
용병을 이끌고, 군사적으로 무방비 상태의 그 도시에 정식으로 입성(入
城)하였다. 그는 3개월 동안 간에 머물고 나서 이 반란도시에 전체적인
판결을 내렸다. 황제는 불복종과 폭동의 죄를 발견하고, 자치도시의
특허장과 대포, 그리고 자주 시민을 소집하는데 사용했던 제네바 시의
대종(大鐘)까지도 몰수하기로 선고하였다. 간의 시참사회원들은 30명의
유력한 시민들, 각 조합의 10명의 대표들, 50명의 직공(織工)들, 그리고
50명의 외국인들과 함께 모자를 벗고, 저고리를 벗은 채 그들 군주 앞에
서 공개적인 참회를 할 것을 명령받았다. 도시 주위의 해자(垓字)는 메꾸
어졌다. 지금 간은 황제에게 연공(年貢)을 바치지 않으면 안 되게 되었
다. 새로운 도시법이 공포되었는데, 이 법에 의하면, 군주가 시참사회원
을 임명하고, 전체 시민 총회를 폐지하였으며, 조합의 정치적 권리를
배제하고 각 교구에서 선출된 대표로 된 새로운 시의회를 임명하도록
되어있었다. 간은 그 주변 농촌에 대한 여러 가지 지배권을 상실하였다.
마지막으로 중요한 것은, 황제가 행정상의 중심으로 사용하기 위해 성
벽 안에 새로운 성을 구축한 사실이다.

그 같은 10년 초기에는, 보다 더 크고 보다 더 유명한 도시가
정치적 위기를 만나게 되었다. 르네상스 인문주의의 수도였던 홀로

렌스 공화국도 1530년 8월에 장기간의 포위 끝에 제국의 군대에 항복하였다.[2] 간과는 달리, 훌로렌스는 도시 공동체의 자치를 위한 투쟁에서 군사적으로 패배하였음에도 불구하고 독립을 유지하고 있었다. 그러나 간과 같이, 훌로렌스는 1530년 이후 서서히 공화 정치적 경향을 상실하고, 군주적 수도의 체질로 바꾸어지게 되었다. 말기의 훌로렌스 공화국은 시민적 애국주의의 놀랄만한 부활을 만들어냈다. 마키아벨리(Machiavelli)와 미켈안젤로(Michelangelo)와 같은 여러 가지로 유능한 인물들이 훌로렌스의 방어를 위해 활동하였다. 훌로렌스는 사보나로라(Savonarola)의 정신을 소생시키고, 신성모독자를 처벌하고, 대평의회를 미사로 개회하고, 그리고 1,100대 89표로 그리스도를 훌로렌스의 왕으로 선택하였다. 그러나 이 도시 공동체 정신에 대한 향수에 빠져 마지막 위대한 부흥은 실패하였다. 공화국이 모병할 수 있었던 것보다 더 많고 더 유능한 용병 부대의 힘에 눌리어 결국에는 패배하였던 것이다. 귀국한 메디치(Medici)가는 반란자들을 공포보다는 동정심을 갖고 대우하였다. 처형된 자는 겨우 6명뿐이었으며, 1530년에 도망간 도망자 대부분은 메디치가의 군주 밑에서 일하기 위해 점차로 돌아왔다. 복귀된 지배자들은 세속적인 국가의 통치자로 훌로렌스에 돌아와서 성벽 안에 요새를 축성하기로 계획을 세웠다. 유명한 역사가 후란체스코 귀잇챠르디니(Francesco Guicciardini)에 의해서 훌륭하게 대표되는 시의 귀족들은 메디치가에 대항하는 습성과 정부의 공화정치 형태의 관습을 모두 상실하였다. 그들은 스스로 메디치가의 군주를 만들려고 하지도 않았으며 메디치가 군주가 되는 것을 반대하지도 않았다. 마지막으로 1532년 4월에 교황 클레멘트 7세는 급히 시민총회를 열고, 구 훌로렌스 공화국의 기초제도인 「정의의 기수」와 윤번제의 시노리아

(signoria, 9명으로 구성된 최고 행정기관)를 폐지했다. 그 후 시는 종신 임기로 선출되는 두 의회와 국가 원수, 혹은 훌로렌스 공화국의 공작에 의해서 임명되는 행정부에 의해서 통치되었다. 구 공화국의 부속물들의 얼마는 그대로 남아있으나 그것들도 다음 수십 년 동안에 쇠퇴해 버렸다. 마지막 것이 제거된 것은 1560년에 메디치가 반역하는 시에나(Siena)를 탈환한 후였다. 공화주의적, 또는 자치적 여러 특징은 간에서는 급격히 말살되었으나, 훌로렌스에서는 서서히 사멸되어갔다. 그러나 어느 경우에서도 결과는 동일하였다. 두 도시가 다 1530년대에는 군주의 지배하에 있었던 것이다.

훌로렌스와 간에서, 이들 도시 변형의 배후에 놓여있는 효과적인 군사력은 챨스 5세의 군대에 의해 제공되었다. 그의 성가신 신하인 마틴 루터(Martin Luther)가 16세기의 종교사를 지배했던 것과 마찬가지로, 16세기의 정치를 좌우한 이 지배자는 반항하는 도시들에 대하여 철저하고 정력적으로 대항하였다. 후에 루이 14세(Louis XIV)가 후롱드(Fronde)의 반란에서 교훈을 얻은 것처럼, 그는 1519년의 스페인의 코뮤네로스(communeros)의 반란 후에 교훈을 배웠다. 챨스 5세는 훌란더와 이태리뿐만 아니라, 제국의 심장부에서도 도시 공동체 정신과 도시 공화주의의 잔재를 근절하려고 하였다. 그의 군대가 반란을 일으킨 프로테스탄트의 군주들과 도시들에게 (적어도 일시적으로) 승리한 1547년의 슈말칼덴 전쟁(Schmalkaldie War)이 있은 후, 황제는 남 독일의 약 28개 정도의 자유도시에서 과감한 도시제도의 개혁을 단행하였다.[3] 가톨릭의 도시들과 심지어는 전쟁 중에 중립을 지키고 있던 소수의 프로테스탄트의 도시들까지도 지금은 황제의 정화(淨化) 작업에 복종하였다. 챨스의 주목적은 상인단체에서 모든 중요한 지위를 박탈하고, 도시 정부를 귀족적인 소의회의 수중에 넘겨주는 것인데, 이 소의회 의원들은 종신직(終身職)으로 선출되었으며, 그리고 그 결원의 보충권을 갖는 것으로 되어 있었다. 공적으로 이러한 변화는 가난한 수공업자들을 자질구레한 일에서 해방시키고, 그들의 자녀를 바로 양육할 수 있게 하는데 있었다. 사실 남 독일의 도시에는, 문맹의 직공 시의회 의원이 있었다. 상인단체에 의해 지배를 받고 있던 어떤 시의회는 대단히 큰 의회였다. 울름(Ulm)의 소의회의 의원 72명이 황제 앞에 나타나자 황제는 "아아, 이런 군중이 의회에서 무슨 일을 할 수 있을까? 이런 둔하고 단순한 사람들이 어떻게 중요한 일들을 이해할 수 있을까?"라고 말하였다. 도시의 자치 정부에는, 황제가 교정하였던 진정한 악폐가 있었으며, 수년 후에 이들 몇 곳의 동일한 도시들이 다시 반란을 일으킬 때에도 황제의 개혁은 거의 전복되지 않았다.

찰스 5세가 슈말칼덴 전쟁에서 승리한 후에도 계속 저항한 남독일의 유일한 도시는 특별한 운명을 만났다.[4] 콘스탄스의 시민들은 1548년 여름에 제국의 파문, 혹은 법률보호의 정지처분을 선고받았다. 스페인의 보병부대는 길에서 닥치는 대로 모든 것에 방화하면서 시내에 진격하여 탈취하고 점령하였다. 절망한 시는 시의 열쇠를 가장 가까운 스위스의 관리인인 투루고(Thurgau)의 대법관(bailli)에게 건네주려고 하였으나 실패하였다. 결국 시는 찰스 5세와 화해하지 않으면 안 되었다. 콘스탄스는 황제의 종교적 해결책인 「제국잠정협정」을 뒤늦게 받아들였으나, 그것은 「제국잠정협정」이 제국자유도시들에게 부과 하고나서 오랜 시간이 지나서였다. 이것은 불충분하였다. 1548년 10월 15일에 콘스탄스는 제국자유도시의 지위에서 좌천되고, 그 시민은 오스트리아 가에 신하의 선서를 해야만 하였다. 그리하여 콘스탄스는 모든 종류의

정치적 자치권을 박탈당하고, 합스부르크 가(家)의 영토의 한부분
이 되었다. 콘스탄스의 개혁파 교회의 지도자를 포함해서 몇 사람
의 중요한 시민은 안전을 찾아 스위스로 피해갔다. "이렇게 해서
날은 밤이 되고, 빛은 흑암을 위해 물러갔다"고 연대기 작가는
기록하였다. 그것은 일찍이 5년 전에 제네바가 채용한 자랑스러운
표어 "암흑 후에는 빛이 있다(post tenebras lux)"는 말의 정확한
반대말이었다.

　　스위스 동맹과 정치적으로 동맹을 맺고 있던 도시인 콘스탄스
의 경우는 제네바에 관한한 위안을 받기에 너무도 가까운 곳에 있었
다. 곤궁한 시에 대한 스위스의 원조가 적었던가, 혹은 오히려 원조
가 없었다는 것은[5], 황제에 의해서 가해진 예외적으로 엄한 처벌과
결부되어 제네바에게 심각한 인상을 주었다(분명히 제네바는 다른
27개의 자유도시와 간에서 발생한 것에 주목하지도 않았고, 관심을
가지지도 않았다). 콘스탄스의 사건은 제네바에게 특별히 불길한
실례를 제공한 것 같다. "하나님의 은혜가 아니면, 그처럼 되는 것이
다" 오늘날의 앵글로-쌕손 세계의 케케묵은 상투어구인 이러한 사
상은 문자적 의미에서 1549년의 제네바 인들의 감정에 적합하다.
아무튼 그들은 도움을 받은 것이다.

　　I

제네바를 지켜준 것은 무엇이었던가? 제네바의 대다수의 역사가들
은 20세기에도 역시 예정의 완고한 술에 취해있었기 때문에 그들에
게 답은 명확한 것 같았다. 그것은 하나님의 의지이며, 그밖에 다른

것은 아무것도 없었다. 제네바 공화국을 지키는데 보다 따분하고 더욱 세속적인 원인을 찾지 아니하고, 그들은 문제를 그대로 두었다. 그들은 제네바의 역사의 성공적인 결과만을 기록하므로, 이 기이한 작은 나라를 둘러싸고 있는 위험들을 과소평가하거나 혹은 무시하는 경향이 있었다. 이미 로잔에서 있었던 것처럼, 베른의 보호가 베른에 의한 지배로 바뀌어 질수도 있다는 가능성, 사보이가 1602년의 에스칼라드에 의해서, 혹은 그 밖의 12개의 책략 어느 것에 의해서도 칼빈의 도시를 점령할 수 있었다는 가능성 - 이런 생각은 제네바의 역사의식의 심층에까지는 침투되어 있는 것 같지 않은 것 같았다. 제네바의 역사가들은 일반적으로 그들의 선조가 그렇게 하는 경향이 있었던 것처럼, 자기들은 구원받을 것이라는 신념에 사로잡혀 몽유병자의 확신을 품고 전진하여 나아갔던 것이다. 제네바의 생존 드라마는, 1567년의 알바공의 군대가 통과할 때, 혹은 1580년의 챨스-에마누엘에 의한 사보이 공작의 공작위 계승 후에 가장 선명하게 보여 진다. 제네바 사람들 자신은 그러한 위험이 있다고 하는 사실을 인정하면서도, 자기들은 반드시 보호받도록 정해져 있다는 이 신념 때문에, 그것들을 그 참된 가치로 평가할 수 없었다. 제네바의 소의회의원들의 태도는, 제네바가 이단임에도 불구하고, 1590년대에 그 도시를 지키려고 하였던 완고한 프랑스의 외교관들을 격분케 했다. 어떤 외교관은 이와 같은 "선민주의와 중요사에 대한 무관심"을 지금까지 한 번도 만나본 일이 없었다고 보고하였다.[6] 이와 동일한 태도는 제네바의 사료편찬사업에도 많이 보급되어, 그 결과 그들이 제네바의 적의 모습을 그린다고 해도 결코 참된 모습을 그릴 수는 없는 것이다. 제네바의 적인 악인들은 매년 열리는 시의 에스칼라드 축제에서 사보이의 병사를 상징하는데 사용되는 냄비와 같은 것이다. 어린이들은 "공화국의 적은 모두 다 이렇게 죽어라"라고 소리치면서 그것들을 부수고, 캔디의 둑을 쌓아 구르다시피 뛰어나간다.

그러나 16세기의 제네바는 진짜 적을 만나고, 진짜 위험에 직면하게 된다. 제네바가 챨스 5세 시대에 그와 같은 적과 위험에 승리할 수 있었던 것은, 아마 제네바가 합스부르크-발루아 전쟁에서 격리되어 있었다는 것과, 그리고 제네바가 베른의 방심하지 않고 보호를 받고 있는 위성국이어서 아무도 베른을 방해하려고 하지 않았기 때문일 것이다. 제네바가 잔인한 종교전쟁의 시대인 16세기 후반에 칼반주의와 독립을 계속 유지할 수 있었던 것은, 귀족정치적이며 유능한 정부를 발전시켰기 때문일 것이다. 남아있던 유럽의 자치도시들 중에, 1555년에서 1605년 사이에 그 특권이 침해되지 않은 도시는 거의 없었지만, 이 시기에 살아남은 도시는 모든 내분을 진압하고, 거의 모든 민주적인 영향력을 배제하는 대가를 치루고 그처럼 살아남게 된 것이다. 제네바의 위험은 1555년 이후가 그 이전보다 훨씬 더 컸지만, 제네바는 지금은 귀족정치와 칼빈주의적 정부를 소유하고 있었기 때문에, 그 위기를 극복하는데 훨씬 준비가 더 잘 되어 있었다.

제네바의 방어를 위하여 사용될 무기는, 1559년에 부흥한 사보이 공국으로부터의 위험을 공화국이 처음 눈치 챘을 때, "하나님을 신뢰하고 철저하게 경계하라"고 이미 기록해 놓은 말에 적절하게 결합되어 있다.[7] 제네바 공화국이 그 독립에 대한 반복적인 위협을 뒤집어엎으면서 성공한 것은 16세기 말기의 주목할 만한 것이었다. 한편 제네바의 성공은 순수한 의지력의 승리요, 저항이 절망적이라고 생각되었을 때에도(예를 들어 1589년의 베른군의 철수 후와 이어

서 있은 사보이 군과 스페인 군에 의한 포위 중에도) 저항하는 능력
의 승리였다. 다른 한편, 제네바의 성공은, 동시대의 유럽 여러 나라
들 중에서 거의 경쟁자를 볼 수 없었던 방어망을 건설한 제네바의
실제적인 예방조처의 결과였다. 제네바는 언덕위에 세워진 도시였
으나, 역시 강력한 요새이기도 하였던 신성한 도시였다. 제네바가
그처럼 많은 위기를 어떻게 관리했는가를 설명하기 위해서는 이
두 가지 이유에 의지할 수밖에 없다.

16세기의 제네바는 독특하게 성공한 도시였다. 그 성공의 가장
명백한 이유 중의 하나는 칼빈이 거의 30년 동안 성(城) 안에서 살았다
는 것이다. 그러나 이 설명은 첫 눈에 그렇게 생각하기에는 명백하지
않다. 제네바가 죤 칼빈을 경험하지 못하고는 이 세기에 그 불안정한
독립을 유지할 수 없었다는 것이 가장 확실하다. 1536년에 구체제를
전복시킨 도시 독립의 정신은, 외부의 원조 없이는 신체제를 유지할
수 없었다. 제네바는 그러한 원조를 받았으나, 다만 간접적으로 칼빈
그 사람으로부터 받은 것이다. 부흥한 사보이가의 국가의 압력에서
살아남기 위해 제네바가 1560년 이후 필요로 하였던 새로운 증원부대
는, 칼빈의 교육을 받은 훈련생 중에서, 특별히 칼빈이 채택한 도시에
서 살기위해 찾아온 수많은 유능한 제자들 중에서였다.

칼빈과 그의 도시의 명성은 1550년까지 유럽에서 매우 넓게
퍼져 나아갔다. 1550년대의 주민등록부에는 크레테(Crete), 말타
(Malta), 그리고 튜니스(Tunis)와 같은 먼 곳에서 찾아온 사람들의
이름이 기록되어 있다. 칼빈 아카데미의 최초기 학생들은 카탈로니
아, 스코틀랜드, 겔더랜드, 칼라브리아, 그리고 베니스(Catalonia,
Scotland, Gelderland, Calabria, and Venice)와 같은 곳에서 왔다. 1560
년경에는 칼빈은 리투아니아의 군주와 교신을 했고, 러시아의 개혁

파 교회의 감독으로부터는 훈련받은 인물을 보내달라는 요청을 받기도 했다.[8] 제네바의 버섯처럼 많이 생겨나는 인쇄공장으로부터 나오는 선전문서를 들고 유럽에 많이 몰려든 칼빈의 제자들은 이 시를 유명하게 만들었다. 칼빈이 1536년에 처음으로 왔을 때에는 제네바에 대하여 들어본 군주와 학자가 거의 없었으나, 지금은 모든 사람이 다 알고 있다. 존 낙스는 그의 고향친구에게, 제네바는 지금까지 보아온 중에 가장 진실하게 개혁된 곳이라고 말하였다. 전 주교인 베르제리오(Vergerio)는 같은 것을 가지고 더 많이 이태리 인에게 말하였다. 완전한 합창으로 그것을 프랑스 인에게 반복하였다. 보잘것없는 씨씨리아인들도 제네바에 대해서 "거기에는 사람들이 행복하게 지나며, 목사들은 좋은 사람들이다"라는 것을 알고 있다.[9] 칼빈의 예찬자들에게, 칼빈이 살았던 곳은 놀랄만한 도시가 되었으며, 그들은 그곳을 예루살렘과 비교하기도 하였다. 서적 행상인들은 프랑스의 많은 거리와 셀 수 없을 정도의 프랑스의 시골 마을들을 걸어다니면서 비밀히 이 메시지를 나누어주고, 희망에 찬 많은 망명자들을 도와 제네바에 끌어들였다. 칼빈의 도시는 놀라울 정도로 많은 사람들에게(그들 대부분은 제네바에서 100마일 이내에는 오지 못했다) 신성한 성채로 알려졌다.

칼빈의 시대에 제네바의 국제적 명성이 높았던가 하면, 한편 국제적 악명도 높았다. 칼빈의 도시에 대한 공격이 1555년에 칼빈의 적의 패배와 정확히 일치하게 시작되었다는 것은 이미 말한바 있다.[10] 추기경 사돌레토(Sadoleto)가 1539년에 편지를 썼을 때 사실 그대로 알려지지 않은 제네바에 대한 가톨릭의 적개심은, 지금은 지방적인 여러 사정들과 함께, 망명자들에 의해 널리 분배된 것과는 매우 다른 제네바의 모습을 만들어내게 하였다. 제네바는 죄악의 소굴로 묘사되

었다. 1559년의 카토-캄부레지(Cateau-Cambresis) 조약의 프랑스측 협
상자는 제네바를 유럽의 얼굴 위에 있는 구정물 웅덩이에 비교했다.
이 역선전에 의하면, 제네바는 프랑스와 다른 나라들의 쓰레기들이
그들의 호색적인 취미에 빠지기 위해 도망 온 방종한 도시였다. 결국
그처럼 많은 수도사들과 수녀들이 거기에 간 것은 달리 무슨 이유가
있었겠는가 하고, 가톨릭의 선전자들은 주장하는 것이었다. 거리에는
천민들과 행상인들, 그리고 하층계급의 사람들이 넘쳐나고 있는데,
그들 대부분은 단순히 국왕의 재판을 피해 도망나온 자들이라고도
말하였다. 얼마 안 있어서 시인들도 제네바를 반대하는 사람들 편에
서서 가톨릭의 비난의 합창에 가세하였다. 위대한 롱사르(Ronsard)는
제1차 프랑스 종교전쟁 동안에, 「현대의 비참에 대하여」라는 송시
하나를 작시하였다. 이 시의 제2부와 속편에는 제네바에 대한 한 절이
있는데, 그것은 다음과 같이 시작된다.[11]

> *Une ville est assise és champs Savoysiens,*
> *Qui par fraude a chassé ses seigneurs anciens,*
> *Miserable sejour de toute apostasie,*
> *D'opiniastreté, d'orgeuil, & d'heresie.*
>
> *Laquelle (en ce pendant que les Roys augmentoit*
> *Mes bornes, & bien loing pour l'honneur combatoient)*
> *Apellant les banis en sa secte damnable*
> *m'a fait comme tu vois chetive & miserable.*
>
> *Or mes Roys voyans bien qu'une telle cité*
> *Leur seroit quelque jour une infelicité,*
> *Deliberoient assés de la ruer par terre,*
> *Mais contre elle jamais n'ont entrepris la guerre,*
> *Ou soit par negligence, ou soit par le destin*
> *Entiere ils l'ont liassée: & de là vient ma fin.*

제네바를 천국이 아니라 지옥으로, 최고의 기독교 공동체가 아니라

최소의 기독교적인 거리로 묘사한 정반대의 제네바 상은 어느모로 보나 처음의 제네바 상과 전적으로 동일하게 널리 퍼져 나아갔다. 1580년 이후 사보이에서 꾸준히 제작된 이 선전문은 제네바를 대항하여 십자군을 끌어 모으지는 못했으나, 그것은 가끔 예기하지 못했던 결과를 만들어냈다. 예를 들어, 1567년 알바군이 진군하는 중에, 한 나폴리 사람이 현대의 소돔의 기적을 보기 위해 일시에 탈주하였다. 그는 저녁 예배 설교에 참석하고, 등불이 꺼지면서, 진탕 마시고 떠들기 시작될 것을 기다렸으나 아무 일도 일어나지 않았다. 그는 매우 실망하여 시골 여관집 주인을 찾아가 자신의 불편한 마음을 말하려고 하였다. 이 여관 주인은 제네바의 신앙심에 대해 그의 편견을 수정해주는 한편, 그 병사로 하여금 제네바에 살도록 설득하였다고 전해지고 있다.[12]

Ⅱ

이 긍정적이며 부정적인 선전 운동은 제네바의 이름을 전 유럽에 널리 알리었으나, 제네바 출신의 시민들은 이를 거의 알아채지 못했다. 보니바르와 미셸 로제와 같은 교육을 받고 사상을 표현할 수 있는 칼빈의 지지자들까지도 제네바의 국제적인 평판에 대해 전혀 알아차리지 못하고 있었던 것 같다.[13] 망명자들의 관심이 국제적이었는데 반해, 제네바 출신 시민들의 관심은 확고하게 지방적이었다. 망명자들만이 제네바와 제네바의 정의를 위한 선전을 산출하는데 관심을 가지고 있었던 것이다.

　　제네바에서의 칼빈의 명성은 그의 사후에는 필시 어느 정도

감소되었겠지만, 수십 년 동안 계속해서 사람들의 마음을 끌어당기는 매력이 있었다. 때로는 제네바의 명성에 대한 보상은, 제네바에서 훈련받은 목사들이 2, 30년 전에 밟은 것과 동일한 길을 걸은 공화국의 외교관들에 의해 현금으로 보답되었다. 네덜란드에 대해서 생각해 보자. 칼빈의 교회가 1557년에 안트워프에 목사 한 사람을 파송하고, 그 후 1566년에 프로테스탄트의 반란이 일어났을 때, 안트워프와 바렌시아에 불가사의한 사명을 주어 유명한 출판업자 쟝 크레스팡을 두 도시에 파견한 네덜란드에 대해서 생각해보자. 1619년의 유명한 도르트 종교회의까지는 제네바 교회는 분명히 네덜란드에 그 이상의 정식대표를 파견하지 않았으나, 제네바 공화국은 1586년 이후 자주 거기에 사절단을 파견하였다.[14] 제네바에 대한 동정은 돈으로 바뀌어져서, 이전에 목사들과 학생들이 통과한 길을 따라 송금되었다. 사보이와의 전쟁 중에 제네바는 사절단을 보냈는데, 그 사절단은 1591년에 제네바의 국고(國庫)에 39,388 훌로링의 돈을 가져왔다. 네덜란드의 또다른 기부금은 1593년에 58,909 훌로링이었는데, 그것은 제네바의 그 해의 전 수입의 4분의 1에 해당하는 돈이었다. 1594년에는 별도의 35,814 훌로링이 제네바의 금고에 들어갔다.[15] 이 돈이 없으면, 제네바는 매우 큰 강적과의 파멸적인 정도의 지출 투쟁으로 거의 파산을 면할 수 없었다.

네덜란드는 그렇다고 해서 제네바를 후원한 유일한 지역은 아니었다. 1589년의 전쟁 동안에, 공화국에 대한 기부는, 단찌히(Danzig)와 트란실바니아(Transylvania)와 같은 먼 곳에서도 이루어졌다. 1602년의 에스칼라드(Escalade) 직후, 제네바는 뇌샤뗼(Neuchatel, 4,162 훌로링), 하노바(Hanover, 312 훌로링), 그리고 팔

라틴 선거 후(Elector-Palatine, 22,748 훌로링)로부터 기부금을 받았다.[16] 제네바에 대한 자선 모금은 영국에서는 1583년과 1603년에, 그리고 프랑스 유그노 교회에서는 1567년과 1595년에 모금되었다. 자선으로 변한 제네바에 대한 동정은, 제네바가 재정적으로, 따라서 정치적으로 살아남는데 있어서 불가결의 요소가 되었다. 18세기의 프로시아가 국가를 가진 군대였던 것과 마찬가지로, 제네바는 도시를 가진 교회였다고 말해도, 과장이라고 말할 수 없다.

제네바의 명성을 넓히는데 있어서 망명자들의 활동만이 공화국에 대한 그들의 유일한 공로가 아니었다. 그들이 제네바의 의학과 법학의 전문직업을 사실상 독점하고 있었다는 것은 이미 말한바 있다. 망명자본을 활용하여 일하고 있던 망명사업가들이 17세기 제네바의 놀라운 번영의 기초를 놓았다는 것도 이미 말한바 있다. 이들 망명자들과 제네바의 옛 통치계급의 완전한 동화는 베자가 죽을 때까지 공화국과 교회를 동질적인 본토태생의 조직으로 되게 하였다. 이들 망명자들이 칼빈의 제네바에 가지고 들어온 재능과 부와 도덕적 열정은 칼빈이 죽은 후에도 여러 세기 동안 계속 제네바시에 도움이 되었다. 그들이 없었다면, 아마 제네바는 분명히 보통으로 중요한 도시로 남았을 것이다.

제네바 출신의 시민들이 칼빈의 교리를 흡수한 것과 마찬가지로, 그들은 이들 망명자들을 그들의 사회적, 정치적 구조에 흡수하였던 것이다. 이 두 가지가 효력을 거둔 후, 제네바는 새로운 종류의 귀족 계급, 즉 개인적 영예를 피하고, 철저한 책임감으로 물들여진 인간을 만들어냈다.[17] 미셸 로제의 처남인 쟝 후랑수아 베르나르(Jean Francois Bernard)와 같은 제네바의 통치자들은 사회를 위해 자기 재산의 절반을 기증하였다. 그와 같은 칼빈주의적 소의회 의원

들은 공직은 성직과 동일하게 의무, 즉 하나님 안에서 공동체를 봉
사하기 위한 책임이지, 개인적 진보의 수단이 아니라는 것을 잘 알
고 있었다.

III

16세기 제네바의 위대함에 대한 칼빈의 개인적인 공헌이라고 하는
미묘한 문제에 대하여 우리는 지금까지 신중하게 피해왔다. 그의
역할은 불가피한 것이었지만, 그러나 역시 간접적이었다는 것도 암
시하였다. 먼저 칼빈이 제네바에 대하여 특별한 애정을 갖고 있지
않았다는 것은 있을 수 있는 일이었다. 만일 그가 「조국」을 가지고
있었다면, 그것은 프랑스였다.[18] 그가 수십 년 동안 제네바에 살고
있었음에도 불구하고, 칼빈은 1564년에 죽음의 침상에서도 자신을
국외자로 보고 있었다. 칼빈에게 있어서 제네바는 다만 그가 소명을
수행하기 위해 하나님이 선택하신 장소에 불과했다. 그는 어느 다른
곳에서도 마찬가지로 충성을 다했을 것이라는 데는 조금도 의심의
여지가 없으며, 또한 어떤 장소에서도 더 많은 즐거운 기억을 갖고
떠났을 것이라는 것도 의심의 여지가 없다.

　칼빈은 제네바를 크게 예찬하지는 않았으나, 그럼에도 불구하
고 그는 시가 얻을 수 있었던 최대의 후원자였다. 그의 많은 전기
작가들이 일치하게 인정하고 있는 그의 기초적인 업적은, 전통적인
정신적 지도자들을 뿌리째 뽑아버리고, 고질적이며 혁명적이기까
지도 한 사람들에게 기독교적 훈련을 서서히 가르치는데 있었다.
훈련(권징)은 칼빈이 기독교강요 제4권 제12장에서 말하고 있는 대

로, 종교의 신경이다. 그는 루터가 신앙을 믿고 있었던 것처럼, 훈련
을 강하게 믿고 있었다. 한 유명한 역사가는 다소 과장된 문장으로
다음과 같이 말한다.

> 칼빈의 체계의 본질은 설교와 선전이 아니라, (물론 이들은 풍부하게
> 포함하고 있지만) 교회인 동시에 국가이기도 한 가시적 사회의 일상
> 생활 중에서 도덕적 이상을 구체화하려고 한 시도였다. 수도원 제도
> 를 전복했기 때문에, 그 목적은 세속적 세계를 거대한 수도원으로
> 바꾸려는데 있었다. 그리고 제네바에서 짧은 시간 안에 그것은 거의
> 성공하였다.[19]

칼빈이 제네바에서 하려고 하였던 것은, 인구 10,000명 이상의 도
시를 위하여 하나님께서 이전에 하시려고 하였던 것과 동일한 이
적적인 변화를 반복하는데 있었다. 즉 마음을 유순하게(혹은 가르
침을 받을 수 있도록. 칼빈이 자기의 회심이 애매한 것이라고 말할
때 사용한 라틴어) 환원하는데 있었다. 그것은 칼빈이 자주 자기
편지에서 언급한대로, 때로는 자기 능력을 넘어서는 것 같은 마음
아픈 일이었다. 그러나 특별한 역사적 환경은 그에게 호의를 베풀
었다. 만일 제네바가 독립한 도시가 아니었다면, 아마 칼빈은 더
많은 고난을 겪었을 것이다. 군주의 경건 여하를 불문하고, 동일한
방법으로 그 의무를 수행하고 있는 칼빈을 상상한다는 것은 불가
능하다. 만일 제네바가 스위스와 한자 동맹(Hanseatic)의 거리처
럼, 낡고 고자세의 자유도시였다면, 칼빈은 아마 도시 당국자로부
터 더 많은 저항까지도 받았을 것이다. 그러나 제네바는 칼빈이
점진적으로 훈련시키고 교육시킨 공동체로 형성된 유순한 재료였
다. 그것은 조직이 안 된 저항에 대하여 우수한 정신과 불굴의

의지의 승리였다.

칼빈의 승리를 위하여 제네바가 지불한 대가는 막중한 것이었다. 제네바의 많은 지도적 상인들은, 즉 군주 겸 주교를 대항하여 성공적 혁명을 수행한 사람들은 개혁된 시에 새로 시작된 독립적 정신적 권위에 화가 나 있었다. 이들 상인 혁명가들(앙브라르 꼬르느와 같은 사람들) 중에는 칼빈의 견해에 굴복하는 자들도 있었지만, 칼빈을 반대하는 자들도 많이 있었다(쟝 휠립과 아미 뻬랑은 그중의 가장 유명한 두 사람의 경우였다). 그들은 1555년에 영구히 타도되었는데, 부분적으로는 칼빈의 주일학교에서 교육받은 젊은 세대들에 의해서였다. 1536년 이후 해방된 제네바 시에 찾아온 외국인들도 칼빈의 엄격한 교육계획 때문에 고통을 받았다. 프랑스의 전(前) 수도사 볼섹크(Bolsec), 사보이에서 온 학교교사 까스텔리오(Castellio), 시칠리아의 귀족이며 시인인 빠스칼레(Pascale), 그리고 삐에몽의 의사 불란드라타(Blandrata) 등, 이 사람들은 모두가 제네바의 기독교단체에서 삭제되었다. 이 사람들은, 칼빈의 공동체가 논의의 장이 아니라 폐쇄된 사회라는 것을 겨우 알게 되었다. 1536년의 혁명가들과 토론을 요구한 불만꾼들은 칼빈의 제네바에서 주된 피해자였다.

그러나 제네바가 칼빈주의를 위해 많은 대가를 지불하였다면, 제네바 역시 큰 보상을 받았다. 칼빈이 가르쳐준 훈련과 선교의식이 없었다면, 어떻게 그처럼 많은 사람들과 재능이 많은 사람들이 1550년대까지 제네바에 관심을 가졌겠는가 하는 것을 상상하기가 힘들 것이다. 이 훈련이 없었다면, 아마 제네바는 프랑스 혁명 때까지 그 독립을 유지한 16세기의 혁명적 도시 공동체라고 하는 독자적인 위업을 달성하지 못했을 것이다. 칼빈이 없었다면, 제네바는 아마 사보이 가를 대항하여 반란을 일으킨 경제적으로 몰락하고 있는 알프스의 거리 이상 아무것도 아닐 것이다. 아마 10중 8, 9, 제네바는 성 프랜시스 드 살(St. Francis de Sales)의 시대 이전, 혹은 그중에, 이전 지배자에 의해 다시 점령되었을 것이다. 제네바는 가톨릭 종교 개혁사에서 다만 각주로 남을 것이며, 그 주민 이외에는 아무도 제네바의 중요성을 생각할 어떠한 이유도 있다고 여기지 않을 것이다. 칼빈과 함께 제네바는 세계 역사에서 주목의 몫을 차지하게 된 것이다.

제9장 / 미주

1 Henri Pirenne, *Histoire de Belgique*(Brussels, 1923), Ⅲ, pp.117-28. 그리고 Karl Brandi, *The Emperor Charles* Ⅴ, trans. C. V. Wedgood (London, 1939), pp.246-50.

2 Cecil Both, *The last Florentine Republic*(N. Y., 1930)은 가장 좋은 설화이다. 나의 논술은 Rudolf von Albertini, *Das Florentinische Staatsbewusstsein im Ubergang von der Republik zur Principat*(Bern, 1955).

3 Bernd Moeller, *Reichstadt und Reformation*(Gutersloh, 1962), pp.70-74.

4 A. Maurer, "Der Ubergang der Stadt Konstanz an das Haus Osterreich nach dem Schmalkaldischen Kriege," in *Schriften des Vereins für Geschichte des Bodensees und seiner Umgebung*, 33(1904), pp.1-86. Johannes Dieraur, *Histoire de la Confederation Suisse,* trans. Reymond(Lausanne, 1910), Ⅲ, pp.338-43에 훌륭하게 요약되어 있다.

5 예를 들어, 1587년에 동맹도시 뮬하우젠이 가톨릭의 손에 함락되려고 하였을 때, 스위스의 프로테스탄트 파는 재빨리, 그리고 효과적인 군사원조를 제공하였다. Dierauer, *Hist. de la Confed. Suisse*, Ⅲ, pp.451-50를 참조하라.

6 A. Dufour, *La guerre de 1589*(G., 1958), p.147.

7 본서의 p.177을 참조하라.

8 *L.H.*, pp.31, 118, 144, 190; Stelling-Michaud, ed., *Le Livre du Recteur*, pp.81-84(#11, 15, 42, 66, 68, 101, 117, 136, 137); *C.O.*, XVⅡ, #3000, 3014; XVⅢ, #3217, 3232.

9 Alain Dufour, "Le mythe de Genève au temps de Calvin," in *Schweizerische Zeitschrift für Geschichte*, n. s. 9(1959), p.504에 인용되었다.

10 *Ibid.*, pp.509ff; Dufour's *Histoire politique et psychologie historique*(G., 1966), pp.85-94, 97-130에 별도의 문서와 함께 인쇄되어 있다.

11 Ronsard, *Oeuvres Completes*, ed. Laumonier, XI, P. 55, lines 337-50. The floolowing is an approximate translation; the voice here is that of France herself.

In Savoyard fields sits a town
Who by fraud has expelled her ancient lords,
A miserable dwelling-place of every apostasy,
Of stubbornness, pride, and of heresy.

Who (while kings were enlarging my boundaries
And were fighting for honor far afield);
Calling banished men to her damnable sect
Has made me, as you see, puny and wretched

My kings, understanding that such a city
Would be a sorrow to them one day,
Were quite considering flattening her,
But they never began war against her;
Whether by negligence, or by destiny
They left her whole: and thence comes my downfall.

12 P.-F. Geisendorf. *Les annalistes genevois du début du XVI* siècle*(G., 1942), p.507f.

13 Dufour, "Le mythe de Genève," p.504f.

14 *R.C.P.*, II, p.74; Chas Paillard, "Note sur Jean Crespin," in *BSHPF*, 27(1878), pp.380-83. De Vries, *Genève pépiniere du calvinisme hollandais*, II, pp.162ff; Crespin, *Histoire des Martyrs*, ed. Benoit(Toulouse, 1887), I, x vi; III, p.529f

15 *Studies*, pp.46-48.

16 *Ibid.*, p.53.

17 André-E. Sayous, "La haute bourgeoisie de Genève entre le début du XVIIe siècle," in *Revue historique*, 180(1937), pp.31-57.의 뛰어난 프로필을 보라.

18 Dufour, "Le mythe de Genève," p.498f에 잘 논술되어 있다.

19 19. .R. H. Tawney, *Religion and the Rise of Capitalism*(Mentor paper ed., N.Y., 1959), p.101

참고도서 목록

나는 원칙적인 도서목록이 될 수 있도록 각장에 수반하는 주석이 달린 메모를 충분하고도 완전하게 작성하기를 시도하였다. 독자들은 16세기 제네바의 역사에서 어떤 특별한 점을 조사하는데 관심이 있으며, 따라서 색인과 제네바 역사의 공동연구[1]에서 풍부한 도서목록의 안내를 참조했다(G., 1951).

이 책에서 사용된 정보의 대부분은 제네바 지역의 역사가들의 저술에서 얻은 것들이다. 거기에는 오늘날의 상당히 많은 정보들이 있다. 그리고 이 주제에 대한 한 세기 이상의 성실하고 정확한 저술가들의 노력이 숨어 있는 것이다. The *Mémoires et documents publiés par la Sociéte d'histoir et dárchéologie de Genève*, begun 1841, 그리고 이 동일한 단체의 보고서는 50여권의 책들과 함께 엄밀함과 정확성의 진정한 모델이 되었다. 그처럼 19세기 중엽 이래 제네바의 역사가들에 의해 발표된 다른 모든 논문들도 그와 마찬가지로 진정한 모델이 되었다. 이 출판물들 외에 제네바 기록물보관소에 들어가 있는 책들이 곧 발견되어 뜻밖의 선물이 되었다. 공적이든 사적이든 제네바의 기록물들은 가장 완전하고 최상의 색인을 붙인 것들이다. 그리고 유럽에서 발견된 것 중에서 가장 잘 보존되었다. 그 매우 귀중한 색인들(공증되고, 형사 재판을 끝내고, 때로는 공공의사록)은 19세기 제네바의 근면하고 지칠 줄 모르는 기록물보관인들에 의하여 제작되었다.

그들의 출판물과 그들의 기록물보관소 조직에서 한 가지 배울 수 있는 것은, 그 유명한 제네바 사람들은 그들이 하는 일의 정확성을 사랑한다는 점이다. 이것은 칼빈주의적 산물인지, 혹은 시계 제조 사업과의 오래되고 명예로운 관계인지를 여기에 관련지을 필요는 없다. 내가 말하고자 하는 요점은 다만 그 기록물보관소 자산과 그 출판물 재료에서 제네바 시는 기술적으로 완전한 표준에 도달해 있다는 것이다. 그 사실들을 상위에 놓고 그 모든 명칭들을 정확하게 기록해보자. 그 이야기는 그 자체가 말할 것이다(18세기에 대한 변호와 함께) 불리워질 수 있는 것들을 들어보자. 시계제조업의 역사, 제네바의 수많은 대표부들, 종족들, 1927년에 발행된 한 논문에서 추려낸 다음의 한 작은 조각을 잠시 맛보도록 해보자2.

우리가 여기서 분석한 사건들에서 종합적인 개념을 뽑아내어 그것들을 보다 정확하게 역사에 내놓을 수 있을까? 우리는 그렇게 생각하지 않는다. 앞에 있는 일련의 사건들과 그 뒤에 있는 사건들 하나하나를 연구하므로 연구된 사실들의 정확한 의미를 찾아낼 수 있을 것이다. 그것은 명백한 의무인데도 비교회복을 통하지 않고는 그 사건들이 완전한 가치를 받지 못할 것이기 때문에, 그것은 신중하게 행동하며, 그리고 한계 내에서 여전히 알려지지 않은 것에 의하여 강요되었다. 다른 말로 하면, 제네바는 한 때 마르크블록(Marc Bloch)이 목격한 결함 때문에 심한 고통을 겪었다. 그 연구 설비의 기술적 정확성과 역사적 통합을 수행하는 두 차원의 양식 사이에서 신중하게, 그리고 한계 내에서 아직도 알려지지 않은 것에 의하여 강요되었다. 물론 가끔 엄격한 정밀도와 정확성의 이들 표준은 제네바에서 무너졌다.

제네바를 연구하는 비전문가들을 가장 당황하게 하는 것은 아마 갈리후가(家, Galiffe family)와 앙리 화지(Henri fazy) 주위를 중심한 19세기 제네바에서 왕성하게 활동한 반(反) 칼빈학파 역사가들에 대한 그의 평가에 있을 것이다. 이 사람들은 프랑스 프로테스탄트 제네바의 정통 칼빈주의자들과 치열한 투쟁을 수행하였다. 그리고 프랑스 개신교의 적대적인 협회를 대항하여 제네바 개신교 협회를 활기차게 운영하였으며, 칼빈의 수임의 범위와 같은 문제를 가지고도 싸웠다. 그들의 일은 1555년에 칼빈주의의 승리 후 제네바가 일종의 에덴의 축출을 경험하였다고 주장하는 것이었다. 특별히 갈리후가(家)는 은밀한 방법으로 그들의 선구자 운동을 수행하였다. 그들은 제네바의 기록물보관소에서 막대한 공문서를 훔쳐내는데 주저하지 않았다. 그러나 20세기의 상속물을 되돌려 내는 것은 쉬운 일이 아니었다. 그러나 화지와 칼리후가(家)에 의해서 일으켜진 먼지가 고착되어 있는 지금 우리는 이들 불평자들을 개신교에 대한 반역자일 뿐이라고 생각했다. 그들은 공동의 조직 제네바에 대하여 자기만족의 태도를 가지고 정통적인 반대자들과 뜻을 같이 한 자들이었다.

59권으로 된 '칼빈 전집'(Opera Calvini)으로 억제되고, 따라서 에밀 두메르그(Emil Doumergue)의 7권으로 된 방대한 '칼빈 전집' (*Jean Galvin: les hommes et les choses de son temps*)의 출판 (1899-1927)과 함께 그들의 환상을 쫓아버린 반대자들과 동숙(同宿)한 것 같다. 이 두 기념비적 저술들은 칼빈의 인격보다 주로 제네바의 역사에 관심을 갖는 사람들에게 돌풍을 일으켰다. 칼빈 전집의 본문, 특히 21권은 전자보다는 후자에 무게를 두었다. 두메르그의 저술들은 여기서 인용되지 않았으며, 그는 칼빈의 저술과 인격의 명예를 훼손하는 자들을 반박하기 위해 4천여 페이지의 책을 쓴 것이다. 두메르그는 칼빈에게서 아무 잘못도 발견할 수 없었다. 그러나 그는 자유의 도시 제네바의 발전에 대하여는 거의 지식이 없었거나, 혹은 전혀 개념이 없었다. 그리고 제네바에 있어서의 칼빈의 역할에 대하여도 마찬가지였다. 그에게 매우 중요한 도시 중의 하나인 제네바와 전권(全卷 III)과 여기에 더하여 다른 두 권(IV and V)이 제네바에게 바쳐졌다. 따라서 그는 인간의 위대함에 대한 개혁자 자신의 견해에 대하여도 크고 조직적으로 왜곡하고 있었다 ("그러나 나는 내가 한 모든 일은 하나 같이 가치가 없는 것들이다. 나는 비참한 피조물이다"라고 칼빈이 목사회에 마지막 고별사에서 말한 것처럼, 나는 조용히 말한다). 칼빈으로 하여금 두메르그의 전기를 관찰하게 한다면 아마 그것은 재미있는 광경이 될 것이다.

나는 대단히 귀중한 작품 하나를 발견하였는데 이 작품에서 3장과 4장을 찾아냈다. 그리고 어딘가에서 그것은 추적되었으며, 그것은 Amédée Roget의 7권으로 된 제네바 시민의 역사이다(*Histoir du peuple de Genève depuis la Réforme Fusg'à l'Escalade*). 이 책은 1870년에 시작되고 칼빈이 죽은 바로 그해, 그리고 그 저자가 죽은 1887년에 완성되었다. 로제(Roget)는 탁월한 제네바 사람이요 제임스 화지의 지역정치에서의 급진주의를 반대한 독립심이 강한 보수주의자였다. 제네바 대학에서 동료들의 좋은 평판을 받은 다소 신중한 국민 사교수였으며 흥미 있는 강의를 하였으나, 중심을 잃는 경향이 있었다.[3] 그리고 19세기의 가장 훌륭한 역사의 얼마를 만들어 낸 신자들 중의 한 사람이기도 하였다. 그는 자기가 읽은 책에 집착하였으나 그가 현대화한 철자법은 여전히 이따금 보다 넓은 전경을 볼 수 있다. 로제는 사실상 19세기 의회의 당파를 뒤로 돌아가 16세기의 당파(칼빈의 제네바의 옛 가톨릭의 역사가인 Kampschulte와 Cornelius는 특히 이에 대한 책임이 있다)를 읽은 그 시대의 주요한 결함을 피한 것처럼 보이는 책에 밀접히 달라붙어 있었다. 그러나 내가 조사한 곳은 어디에서도 정확하다. 무엇보다도 그는 칼빈을 옹호하거나 반대하거나 조직적으로 공평무사하며 편견이 없었다. 로제는 의역이나 현대화 한 철자법 같은 것에 기술적으로 결함이 없었으며(형사재판과 감독원 의사록의 남용에서 오는 그의 저술에), 가벼운 잘못도 없었다. 그는 칼빈의 제네바를 실제보다 더 생경하고 평온한 도시를 만들고, 짧은 역사이지만 법을 준수하는 시민으로 만들려고 하였다. 로제는 경제사의 실재를 전적으로 모르고 있었다. 그러나 지난 수세대 동안 제네바의 다른 모든 역사가들도 그러하였다. 무엇보다도 중요한 것은 로제는 내가 준비한 것 보다 더 강하고 공평 정대한 4대 혜택 중에 켐브릿지대학교의 취임강좌에서 그를 지명한 액톤경(Lord Acton)으로부터 훌륭한 공로훈장을 받은 것이다.[4] 그의 연구는 불경기 속에서도 만족하게 지속되었으며, 칼빈의 제네바를 진정으로 또는 공평하게 연구하는 사람에게 그것은 지금도 반드시 필요한 일이다.

참고도서 목록/ 미주

[1] *Histoire de Genève des Origines à 1798*(G., 1951), pp.185f, 214ff, 228f, 254f, 280f, 312ff, 333f.

[2] Henri Naef, *Fribourg au Secours de Genève, 1525-1526* (Fribourg, 1927), pp.276-77

[3] See Chas. Borfeaud, *Histoire de l'université de Genève*, III, 426; IV, 145-47. Traces of his political activities lie scattered through F. Ruchon, *Histoire policique de la République de Genève ... de 1813 à 1907*(G., 1953), vol II

[4] Printed in Acton's *Lectures on Modern History*(Meridian paper ed., N.Y., 1961), p.32. There is a good appreciation of the first four volumes in the *Revue Historigue*, 8(1878), pp.197-205. For a grudging modern tribute by a warm admirer of *Calvins Wirken in Genf*, p.10("liberaller, aber ehlicher liberaller")

부록_ 목사들에게 행한 '칼빈의 고별사' 원본[1]

Calvin's Farewell Address to the Pastors (April 28, 1564)

There are two extant versions of Calvin's final address to the Geneva Company of Pastors on April 28, 1564. The longer and more polished version drawn from the notes of pastor Jean Pinault was printed in *C.O.*, IX, cols. 891–94, and has been reproduced elsewhere, for example in Bernard Gagnebin's *À la rencontre de Jean Calvin* (G., 1964). We have fully translated it on pp. 95–97. The second version, taken from the notes of "B. B. dit Corneille," who was the pastor Bonaventure Bertram, later husband of Beza's niece and professor of Hebrew at the Academy, has to the best of our knowledge remained unpublished. This version exists in BPU, Mss. Tronchin, vol. I, fols. 16^v–17^v, immediately following Pinault's. The variations between them are slight. Bertram's version touches on nearly all the same points as Pinault's, although not quite in the same order and often in a more abridged manner; Bertram's style is somewhat cruder, and it is possible that his account was simply jotted down hastily and never retouched. The text which follows has been established by M. Louis Binz, *sous-archiviste* at Geneva's Archives d'Etat.

†

"Touchant ce qu'il a demandé de parler aux frères, qu'il avoit bien autrefois esté affligé, mais non pas tant que maintenant il sent sa faiblesse augmenter. Quant aux sens, qu'il les a fort entiers et subtilz plus que iamais, mais que la nature est defaillante. Quant à la nature substantive, qu'il s'eslourdit bien, mais que nonobstant il est tout rassis tousiours. Ne le dit par ambition, mais d'autant que la verité est telle! Dieu veut faire en lui tout au contraire de tous les hommes, à qui tout defaut de sens et de l'entendement; qu'il a souvent predit qu'ils perdroit la parolle quelques iours devant que mourir et qu'il le croyoit encores.

"Touchant sa vie, quant vinst en ceste ville, chassé pour ne vouloir laisser Farel qui n'avoit qu'un aveugle qu'il avoit amené, a tout trouvé sans moeurs et sans discipline, ne vie. Il y avoit bien des presches, d'un Me Froment. A reglé, mais qu'il luy a bon cousté; qu'il a beaucoup travaillé après les meschans, et à les dompter, s'y opposer en assmblées grandes et y venir avec son bonet. 'Tuez-moi,' 'Tuez-moi,' bien qu'on dist qu'on ne m'en vouloit; a eu des obades de 50 ou 60 coups d'arque-butes; a resisté aux complots secrets et a plus de 500 fois veillé que les autres dormoyent.

"Que ceste ville auroit des assaulx de dehors, mais que Dieu s'en vouloit servir, qui nous devoit estre un rocher invincible pour ne la poinct quitter. Que ceux de [Bern] trahirent ceste Eglise à son banisse-ment à cause de l'Eucharistie et encores le craignent plus qu'ils ne l'aiment, veut qu'ils scachent qu'il est décédé de ce monde avec telle opinion d'eux.

"Touchant ses escripts et presches, c'est qu'il n'y a rien de ce qu'il désireroit de perfection telle qu'il luy souhaiteroit mais tant y a qu'il a suivy une simplicité et sens naif tel qu'il luy a esté cognu: n'a usé de subtilitez, n'y allegories encores qu'il le peust et n'a voulu se faire valoir pour quelque nouveau intellec forgé à sa poste, n'a usé de so-phisterie, veut vivre et mourir en la doctrine qu'il a eue. Prie les frères d'y preserver et de l'enseigner de la sorte, de ne s'y faire valoir, ne cercher leur ambition ny profit, mais suivre la vraye et naifve sentence de l'esprit de Dieu.

"Touchant l'amitié entre nous et comment nous devons estre vigilans en nostre charge. De la nation meschante qu'à ceste heure qu'il s'en va mourir, ils ont besoing de ouspiller plus que jamais, qu'il n'a point cognu telle amour et humanité entre nous qu'il eust voulu mais plustost des picques couvertes et brocards, que le tout y doit mieux estre que cy devant. Aimez vous l'un l'autre, supportez-vous l'un l'autre, qu'il n'y ait point d'envie.

"Touchant que sommes obligez au ministere et promesses de vivre et mourir en ceste Eglise, qu'y avisons; il scait bien qu'on cerchera force occasions et moyens par dessous, mais tant y a que ce sera pour se monstrer desloyaux à Dieu et aux promesses par nous faictes.

"Touchant de n'innover rien et des prières et catechisme. Quant aux prières qu'elles sont prinses, surtout celles du dimanche, de celles de l'Eglise de Strasbourg. A fait le formulaire du baptesme à la haste pour les enfans de quelques anabaptistes apportez de 10 ou 12 lieux. Quant au catechisme, qu'il a faict à la haste à cause qu'estant rappellé

ne vouloist demeurer icy que Messieurs ne luy eussent accordé la disci-
pline et un catechisme, qu'il leur monstra quant il le faisoit, qu'il y a
bien eu Viret, mais qu'il ne luy servoit de rien; a souvent pensé de le
refaire, mais Dieu ne l'a voulu. Est d'avis de n'innover. Prie les frères
qu'ils luy pardonnent d'avoir esté si impatient, colere et soudain, qu'ils
prient Dieu pour luy. Pour ce faict, recognoist que si Dieu ne l'avoit
soustenu, il seroit reprouvé, mais Dieu luy a tousiours assisté et croit
qu'il le fera et s'il luy plaist le soulager en ses maux et allonger sa vie.

"Touchant Mr de Bèze, puisque les frères l'ont esleu pour estre en
sa place, qu'ils advisent de le susporter et lui bailler courage à lui de
s'efforcer et faire valoir les graces que Dieu y a mises. Item se preparer
aux combats.

"Puis a touché la main de tous priant qu'on priast Dieu pour luy afin
que le Seigneur le fortifiast."

---

1 상기 본문은 제네바의 국립 공문서 보관소의 기록 보관계의 조수 루이 빈쯔(Louis
Binz)로부터 특별한 도움을 받았다. 그는 지금까지 출판되지 않은 원본에서,
칼빈이 목사회에서 행한 마지막 '고별사' 본문을 확보하고 있었는데, 나는 그것
을 이 책의 부록으로 싣는다. ('칼빈의 고별사' 전문은 본서 pp.144-48에 번역되
어 있다.)

색인 (인명, 지명 및 주제)